从自我评估到质量治理

——信息公开视角下的本科教学质量报告研究

赵　强　著

华中科技大学出版社
中国·武汉

图书在版编目(CIP)数据

从自我评估到质量治理：信息公开视角下的本科教学质量报告研究/赵强著.—武汉：华中科技大学出版社，2023.4

ISBN 978-7-5680-9265-4

Ⅰ.①从…　Ⅱ.①赵…　Ⅲ.①本科-教学质量-研究报告-中国　Ⅳ.①G649.2

中国国家版本馆 CIP 数据核字(2023)第 067601 号

从自我评估到质量治理——信息公开视角下的本科教学质量报告研究

Cong Ziwo Pinggu dao Zhiliang Zhili——

Xinxi Gongkai Shijiaoxia de Benke Jiaoxue Zhiliang Baogao Yanjiu

赵强　著

策划编辑：汪　粲

责任编辑：刘艳花　李　昊

封面设计：廖亚萍

责任校对：刘小雨

责任监印：周治超

出版发行：华中科技大学出版社(中国·武汉)　电话：(027)81321913

武汉市东湖新技术开发区华工科技园　邮编：430223

录　　排：武汉市洪山区佳年华文印部

印　　刷：湖北恒泰印务有限公司

开　　本：787mm×1092mm　1/16

印　　张：21.75

字　　数：446 千字

版　　次：2023 年 4 月第 1 版第 1 次印刷

定　　价：88.00 元

华中出版

前　　言

高校信息公开是继政府信息公开之后在信息公开领域的又一重要举措，作为教育信息公开的主要内容，既是打造高校办学监管平台的必要信息支撑，也是高校对社会公众教育信息知情权的回应，更是社会民主法治的体现。从我国高校现代大学治理、公共权力和教育平等的三个角度观察，我国高校信息公开对于发挥高校现代民主与弘扬法治精神，建设公开、透明的现代大学具有深远意义。同时，从实务角度观察，高校信息公开对实现高校有效治理、预防高校腐败、构建现代大学制度、促进高校治理体系与治理能力的现代化有积极的意义。

随着高等教育进入普及化阶段，参与高等教育利益群体的成员越来越多。政府、高校、家长和学生等均对高等教育提出了不同的利益诉求，如透明和质量。《本科教学质量报告》①是高校内部对于教学职能的自我评估事项。但是从信息公开视角审视，本科教学质量报告的发布与使用使高等教育的利益相关主体拥有了一个有效参与高等教育领域中其最关心的质量治理问题的途径。在信息公开视角下，本科教学质量报告逐渐从一种高校自我评估行为转变为一种行政指导的高等教育质量治理行为，兼顾了利益相关者对于高等教育期望中的透明与质量等治理要求。

"管、办、评"分离是我国教育管理体制改革的总方向，也是高等教育公共治理的突破口。自 2015 年起，在中国高等教育学会高校信息公开与公开信息课题组的带领下，笔者开始关注高校信息公开工作。由于自身撰写过多年本科教学质量报告，高校信息公开视角下的本科教学质量报告评价研究得到了中国高等教育学会的大力支持。笔者根据国家相关政策文件初步构建出一套较为科学合理的《高校信息公开视角下本科教学质量报告测评指标体系》，并在连续五年的测评与研究中不断从相关新政策、新要求中汲取灵感，对指标体系进行不断更新，建立了具有更新机制和容错机制的本科教学质量报告年度测评制度。

在运用数字化、指标化监测方法的同时，本书运用了大量实际案例，尝试突破"冰

---

① 因自《国务院教育督导委员会办公室关于普通高等学校编制发布 2018—2019 学年本科教学质量报告的通知》（国教督办函〔2019〕52 号）文件开始，对"本科教学质量报告"的描述不再带有"《》"，因此本研究中除了特殊强调部分内容中使用"《本科教学质量报告》"的表述外，其他部分内容中均使用"本科教学质量报告"的表述，与相关文件中的最新表述方式保持一致。

冷”的指标监测，而探寻一份“鲜活”有温度的质量报告，体现一个个“活生生”的本科教学情景与过程。通过定量和定性结合的测评、分析和反馈，力求从“静止质量评价观”转变为“动态质量评价观”，从而实现了超越工具理性的评价理念和评价规则的转变。

笔者通过对高校信息公开中民众最关心、最能代表高校办学水平的本科教学质量报告连续五年的测评和研究，在形成系列分析报告的基础上，整理出本书。本书旨在一方面总结高校信息公开制度的真实情况，反馈和推动高校信息公开制度的落实；另一方面使本科教学质量报告按照信息公开的要求从文本走向实践，使质量报告能够充分发挥从自我质量评估走向治理体系构建的作用。

本书基于学术研究的视角，对质量报告相关问题进行了评价和分析。这些成果仅代表了个人的研究观点和实时的测评结果，重在从学术层面对相关问题进行探讨。期望以学术研究积极推动高校信息公开的实践，以及参与到更宏大的高等教育质量治理中来，为促进国家治理体系与治理能力的现代化增添力量。

著者

2023 年 2 月

目　录

第一章　高校信息公开的历史追溯与制度设计

我国高校信息公开制度是依据国家对公共信息公开相关规定逐步建立的。从政府信息公开扩展至企事业单位信息公开，再到教育部颁布的高校信息公开文件中提出的高校信息公开的具体要求，是我国信息公开工作逐步细化、深化的体现。我国信息公开制度逐步细化的过程，形成了高校信息公开的制度历史和运行土壤。目前，随着相关法律法规的出台，我国高校信息公开制度已实现了从自发阶段到规定阶段的跨越。

一、高校信息公开的历史追溯

（一）政府信息公开

“梳理我国高校信息公开的历史脉络时不能脱离我国政府信息公开的大历史背景”①。早在20世纪80年代，我国就开始了政务公开的探索，在党的十三大报告中便提出了建立社会协商对话制度，提高领导机关活动的开放程度。但一直到2007年第492号国务院令公布的《中华人民共和国政府信息公开条例》（以下简称《条例》），才标志着我国政务公开制度初步建立。有的学者认为《条例》的颁布是我国行政法制建立中的一个标志性事件，是我国政府信息公开制度建立的里程碑②。《条例》于2008年5月1日正式施行，并在2019年4月3日由中华人民共和国国务院令第711号进行修订，规定了各级人民政府及其部门，通过政府公报、政府网站、新闻发布会以及报刊、广播、电视等便于公众知晓的方式，公开行政法规、规章和规范性文件等③几十项政府信息。

《条例》的发布意味着公民获取政务信息的权益拥有了法律依据，政府的信息公开工作也成为法律的义务。随后，国务院也相继颁发了《国务院办公厅关于做好施行〈中

① 马怀德.公立高校信息公开研究[M].北京：中国法制出版社，2012.

② 江必新，李广宇.政府信息公开行政诉讼若干问题探讨[J].政治与法律，2009(03)：35.

③ 中国高等教育学会.高教专题研究参考[J].中国高教研究，2010(09)：24.

华人民共和国政府信息公开条例〉准备工作的通知》《国务院办公厅关于施行〈中华人民共和国政府信息公开条例〉若干问题的意见》等文件，使得政务信息工作在各级政府部门中得以深入展开和有效落实。

（二）企事业单位信息公开

《条例》中第5章第37条规定了包括教育部门在内的其他企事业单位信息公开的规定，具体为“教育、医疗卫生、计划生育、供水、供电、供气、供热、环保、公共交通等与人民群众利益密切相关的公共企事业单位在提供社会公共服务过程中制作、获取的信息的公开，参照本条例执行，具体办法由国务院有关主管部门或者机构制定。”①并且《条例》要求，为了积极稳妥地推进信息公开工作，“各级行政机关特别是国务院各部门（单位）、各省（区、市）人民政府及其部门（单位）和相关企事业单位都要建立健全政府信息主动公开机制，增强工作的主动性和实效性。”②

在《条例》的相关规定下，各相关企事业单位正在逐步建立信息公开工作的长效机制，拓展公开范围，加强公开力度，提高公开效率，从而保证公民获取政务信息。这意味着公众对企事业单位的监督权正在对着信息公开工作展开的逐步落实。

（三）教育部对高校信息公开工作的部署

在教育领域，2007年开始教育部便根据《中华人民共和国高等教育法》和《条例》部署了高校信息公开工作，旨在加强高校管理、保障个人、法人和其他组织获取信息，对促进高校依法治校和高校信息公开起到重要作用③。2010年3月30日，教育部第5次部长办公会议审议通过《高等学校信息公开办法》（以下简称《办法》）。《办法》于2010年4月6日正式颁布，2010年9月1日执行，“《办法》的制订工作历时两年零三个月”④。《办法》的颁布，其意义与《条例》之于政府信息公开一样，是我国高等学校依法治校制度建设中的一个标志性事件，也是我国高校信息公开制度建立的里程碑。

相比于之前《教育部关于加强依法治校工作的若干意见》中提到的“校务公开”，《办法》要求建立的高等学校信息公开制度更具有针对性和整体性。与“校务公开”制度相比，《办法》对高校信息公开的要求在目的、组织形式、适用范围、内容范围等都有很大不同。而且《办法》是专门针对高校信息公开领域颁发的政策文件，其中编制了高校信息公开的目录以及指南，完善了高校信息公开的具体程序和措施，构建了比较完备的高校信息公开制度体系，这使高校信息公开能够顺利运行。尤其是《办法》规定，高校信息公开的适用对象既包括了校内教职工，也包括了家长、校友、社会公众等利益相关主体，将校务公开一种高等教育管理范式转变为利益相关者参与的高等教育治理

---

①② 国务院办公厅. 中华人民共和国政府信息公开条例[Z]. 2007-04-05.

③ 刘静. 对美国高校信息公开的几点思考[J]. 图书馆工作与研究，2012(01)：35.

④ 教育部政务公开办公室编著.《高等学校信息公开办法》读本[M]. 北京：北京中国法制出版社，2011.

范式，这对促进我国高等教育治理体系与治理能力现代化是一种有力的推进。

二、高校信息公开的制度设计

高校信息公开的性质是依法公开。公民获取高校相关信息是法律赋予的权利，高校信息公开的行为属于法律义务。来源于政府信息公开的高校信息公开，政策制定伊始即以服务社会为基本目的。高校信息公开不但为本校师生实时了解学校情况设计了制度性保障，促进高校依法治校，建立现代大学制度。而且可以促进利益相关者参与高等教育治理，加快推进高等教育治理体系与治理能力现代化。教育部近年来逐步完善了高校信息公开的制度设计，出台了多项高校信息公开相关政策，从法律角度指导高校有序开展信息工作，为利益相关群体通过信息公开逐步参与到高等教育治理中来奠定了基础。

（一）高校信息公开的适用范围

高校信息公开的适用范围是高校信息公开所适用的对象，在《办法》第 2 条规定了高校信息公开的适用范围是“高等学校在开展办学活动和提供社会公共服务过程中产生、制作、获取的以一定形式记录、保存的信息，应当按照有关法律法规和本办法的规定公开”①。

首先，从主体范围来讲，《办法》规定的“高等学校”在 29 条中明确为“本办法所称的高等学校，是指大学、独立设置的学院和高等专科学校，其中包括高等职业学校和成人高等学校”②。并且，《办法》第 29 条第 2 款提出了除“高等学校”外的参照适用主体，即“高等学校以外其他高等教育机构的信息公开，参照本办法执行”③。按照《高等教育法》第 68 条所解释的“其他高等教育机构是指除高等学校和经批准承担研究生教育任务的科学研究机构以外的从事高等教育活动的组织”④。《办法》所建立的高等教育信息公开制度适用主体为按照国家规定设立的大学、独立设置的学院、高等专科学校、经批准设立的科学研究机构和实施非学历高等教育的其他高等教育机构等几类主体。

其次，从信息范围来讲，《办法》所要求公开的信息是高校在开展办学活动和提供社会公共服务过程中产生、制作、获取的，以一定形式记录、保存的信息。这里的形式包括书面材料、磁盘、磁带及其他存储介质保存的信息，也包括以数据电文形式传送的信息等。如果不是高校在开展办学活动和提供社会公共服务过程中产生、制作、获取的信息，或者口头形式的信息，以及需要对现有信息进行加工、整理、分析或研究后的获得的相关信息等则不在《办法》所规定了高校信息公开范围。

---

①②③④　中华人民共和国教育部政府门户网站. 高等学校信息公开办法[EB/OL]. [2010-05-11]. http://www.moe.gov.cn/srcsite/A02/s7049/201005/t20100511_170528.html.

（二）高校信息公开的内容范围

高校信息公开的内容范围是高校信息公开制度中的关键部分，也是社会民众最关心的部分之一。在《办法》的第二章，即第7至第10条中，对公开的内容范围进行了详细的规定。如《办法》第7条规定："高等学校应当主动公开以下信息：（一）学校名称、办学地点、办学性质、办学宗旨、办学层次、办学规模，内部管理体制、机构设置、学校领导等基本情况。"①等十二条信息类型；并在第8条中规定了"除第七条规定需要公开的信息外，高等学校应当明确其他需要主动公开的信息内容与公开范围。"②这是对第7条的补充，也是高校主动公开信息的内容范围，高校应主动公开十二条信息包括"学校基本信息、学校规章制度信息、学校规划与计划信息、学生培养信息、教学科研信息、学生工作信息、人事信息、收费信息、财务财产信息、自然灾害应急信息、对外交流信息、其他信息。"③。如《办法》第9条规定，"除高等学校已公开的信息外，公民、法人和其他组织还可以根据自身学习、科研、工作等特殊需要，以书面形式（包括数据电文形式）向学校申请获取相关信息"。这是对依申请公开内容的规定范围。再如《办法》第10条规定，"高等学校对下列信息不予公开：（一）涉及国家秘密的；（二）涉及商业秘密的；（三）涉及个人隐私的；（四）法律、法规和规章以及学校规定的不予公开的其他信息。"④即对不予公开的信息进行了规定。

2014年7月25日，为进一步推进高校信息公开工作，扩大社会监督，提高教育工作透明度，教育部根据《条例》和《办法》，研究制定了《高等学校信息公开事项清单》（以下简称《清单》）。《清单》内容共含有10大类50项需公开的事项，10大类分别是：基本信息、招生考试信息、财务资产及收费信息、人事师资信息、教学质量信息、学生管理服务信息、学风建设信息、学位学科信息、对外交流与合作信息、其他信息⑤。为加强督促和指导高校信息公开工作的落地，《清单》对高校公开各类信息给出了相应的"有关文件"和"指导司局"，以便高校公开内容能够按照相关要求公开符合要求的信息。比如"教学质量信息"一栏信息公开内容除了要符合《办法》对规定外还要依据"有关文件"既要符合《国家中长期教育改革和发展规划纲要（2010—2020年）》《教育部关于推进学校艺术教育发展的若干意见》《教育部办公厅关于普通高等学校编制发布2012年〈本科教学质量报告〉的通知》等文件要求进行公开，还受到高教司、学生司、体卫艺司指导。此外，《清单》也对《办法》十二大类主动公开信息细化的基础上也对其进行了规整分类，如《清单》的"基本信息"大类包含了《办法》中"学校基本情况、学校章程以及各项规章制度、学校发展规划和年度工作计划"⑥的内容。《清单》将《办法》中的"自然灾害应急"信息调整至"其他信息"中的"自然灾害等突发事件的应急处理预案、预警信息

①②③④⑥ 中华人民共和国教育部政府门户网站. 高等学校信息公开办法[EB/OL]. [2010-05-11]. http://www.moe.gov.cn/srcsite/A02/s7049/201005/t20100511_170528.html.

⑤ 谌思宇. 我国高校信息公开现状研究及其国际经验借鉴. [D]. 上海：上海交通大学，2016：11.

和处置情况，涉及学校的重大事件的调查和处理情况”①。除了《办法》中规定的内容，《清单》中新添加了一项“学风建设信息”，这也侧面反映出教育部正在按照“立德树人”等教育内部逻辑逐渐优化高校信息公开制度。《清单》与《办法》内容类别对比具体如表 1-1 所示。

表 1-1　《清单》与《办法》内容类别对比表

文件名称	内容类别对比情况							
《办法》内容类别	学校基本信息、学校规章制度信息、学校规划与计划信息	学生培养信息	教学科研信息	学生工作信息	人事信息	收费信息、财务财产信息	灾害应急信息	对外交流信息	
《清单》内容类别	基本信息	招生考试信息、教学质量信息、学生管理服务信息、学位学科信息	教学质量信息、学位学科信息	学生管理服务信息	人事师资信息	财务资产及收费信息	其他信息	对外交流与合作信息	学风建设信息

（三）高校信息公开的实施方式

按照《办法》第 7 至第 9 条规定，高校信息公开的实施方式分为主动公开和依申请公开两种。主动公开是高校主动将相关信息予以公开；依申请公开是高校依个人或组织申请将相关信息予以公开。

主动公开方面，《办法》第 12 条规定了主动公开的具体实施方式②。《办法》要求：“高等学校应当根据实际情况，通过学校网站、校报校刊、校内广播等校内媒体和报刊、杂志、广播、电视等校外媒体以及新闻发布会、年鉴、会议纪要或者简报等方式予以公开”，并要求高校“设置公共查阅室、资料索取点、信息公告栏或者电子屏幕等场所、设施”。《办法》第 13 条规定了“高等学校应当在学校网站开设信息公开意见箱，设置信息公开专栏，建立有效链接，及时更新信息”。教育部将在教育部门户网站添加直属高校信息公开专栏，作为公众查询高校信息公开的统一入口。除此之外，《办法》还规定：“各高校应当编制学校上一学年信息公开工作年度报告，对清单所列信息的公开情况

① 中华人民共和国教育部政府门户网站. 高等学校信息公开办法[EB/OL]. [2010-05-11]. http://www.moe.gov.cn/srcsite/A02/s7049/201005/t20100511_170528.html.

② 储著斌. 对完善我国高等学校信息公开制度的思考[J]. 武汉交通职业学院学报，2010(12)：13.

逐条详细说明。年度报告应当于每年10月底前向社会公布，并报送所在地省级教育行政部门和上级主管部门备案”①。

《清单》也在“四、构建统一公开平台”部分中规定，2014年10月底前部属高校应当在学校门户网站开设信息公开专栏，统一公布清单各项内容②。同时要求高校应充分利用新闻发布会及微博、微信等新媒体方式，及时公开信息，加强信息解读，回应社会关切③。

除了以上主动公开的内容，《办法》还规定了设立依申请公开地获取信息方式。《办法》指出，申请人按照规定出示有效证件并填写相应的申请表，可在15个工作日内等待高校做出回复。依申请公开方式是对于主动公开方式的有效补充，可以在一定程度上保障了利益相关群体获取对其所需求高校信息的权利。但对于其依申请公开的信息是否属于公开内容，在《办法》第16条规定了“高校完成信息制作或者获取信息后，应当明确该信息属于公开还是保密的属性。如果属于公开的，应当明确公开的受众；如果确定不予公开的，应当说明理由；如果难以确定公开与否的，应当及时报请高等学校所在地省级教育行政部门或者上级主管部门审定”④。

---

①④ 中华人民共和国教育部政府门户网站．高等学校信息公开办法[EB/OL]．[2010-05-11]．http://www.moe.gov.cn/srcsite/A02/s7049/201005/t20100511_170528.html.

② 牟秋菊，常青．高校财务信息公开探讨——基于对贵州省47所高校的调查[J]．行政事业资产与财务，2015(01):25.

③ 邓欣，秦宏毅．自媒体时代高校网络舆情研究[J]．学理论，2015(01):16.

第二章　高校信息公开的合法性、特殊性与价值意义

高校信息公开是实现高等教育治理体系和治理能力现代化的重要途径。在高校信息公开逐渐走向制度化、法制化的过程中，社会公众的期待和要求也日益提升。在高等教育普及化阶段，高校信息公开正在面临越来越多的关注，承担着越来越多的职能。使关心高等教育发展的机构和个人获取相关信息成为常态，它必将使更多群体和个人获益。可以说，高校信息公开在高等教育现代化进程中有其合法性、特殊性和价值意义。

一、高校信息公开的理论基础

高校信息公开制度在实际运行过程中受到多重复杂关系的掣肘，其理论基础也涉及多个学科。它尝试运用政治学、法理学、管理学、经济学、教育学等多种视角和理论来研究高校信息公开的合理性和合法性，可以为高校信息公开奠定充实的理论基础，从不同视角为高校信息公开制度的建立提供了理论支撑[①]。

（一）人民主权理论：高校信息公开的政治学理论基础

人民主权理论是政治学中一个重要的理论，其源自 14 世纪卢梭提出的社会契约论。这一理论认为国家是由人民签订契约而成立的，国家中的人民必须服从契约精神，而公共意志作为社会中的重要组成部分，国家最高的权力属于人民，即人民享有国家最高主权[②]。同样，我国在 1954 年颁布的第一部《中华人民共和国宪法》中也规定："中华人民共和国的一切权力属于人民。"法学家列文斯丹在其著作中认为，国家的人民主权是一种对政治权力有效的制衡机制[③]。

依照人民主权理论观点，人民是国家主权的享有者。人民享有知晓所有与自己相关信息的权利，包括其作为利益相关者知晓高校相关具体信息的权利。在美国的《信

---

① 马海群. 高校信息公开的理论基础研究[J]. 新世纪图书馆，2014(02)：20.

② 马海群. 高校信息公开政策研究[M]. 北京：知识产权出版社，2014.

③ 高思静. 面向突发事件的高校信息公开对策研究[D]. 哈尔滨：黑龙江大学，2012：09.

息自由法》中写道："没有什么比秘密更能损害人民主权，国家权力如果想真正地实现民有、民治、民享，那么人民就必须能够详细地了解相关信息。"①

政治学理论中的人民主权理论认为，政府机构及相关公共企事业单位，其行使的是行政权力，从事的是公务活动，负有向授权者公开其掌握的公共行政信息的义务，且自觉地接受国家权力主人的监督。因此，高校作为一种公共事业单位，也应该将高等教育相关信息公开给国家和人民，以此保障国家和人民的人民民主权益。在高等教育领域中的信息公开能够有效地消除高等教育中行政权力扩张所带来的危害性，有助于国家和人民监督和治理高等教育，并且可使国家和人民在高等教育领域的权益制衡得以实现。

（二）利益相关者理论：高校信息公开的管理学理论基础

"利益相关者"是现代企业管理中提出的概念。利益相关者指除企业"股东"之外其他与企业有利害关系的个人或团体（如股东、员工、客户、分销商、供应商、贷款者、消费者、监督者等）。与传统的企业管理理论不同，利益相关者理论否定了以企业股东利益为中心的观点，认为现代企业应是集多种利益相关者的利益于一身的现代化组织，企业应当实现多种利益相关者和谐共处，并考虑多种利益相关者的利益的共同实现②。

随着利益相关者理论的不断完善和现代社会的快速发展，利益相关者理论对高等教育领域相关事项的解释内容，已经延伸至高等教育的各个领域。如罗索夫斯基在著作《美国校园文化——学生、教授、管理》中将高等学校的利益相关者按相关重要程度划分为四类群体③。第一层群体是高等学校的教职工和学生，是高等学校最重要的相关利益群体；第二层群体是高等学校的出资者如董事、捐赠者以及校友，是高等学校重要的利益相关群体；第三层群体是政府等部分拥有高等学校的利益相关群体；第四层群体是与高等学校相关的社会、社区、家长、市民、媒体等，他们可以纳入高等学校的利益相关者行列但在利益相关者群体层次中属于比较边缘的部分④。

按照利益相关者理论，高等教育事业作为一种公共事务，具有非常广泛的社会参与属性，其利益相关者涉及整个社会中的诸多群体。尤其是高等教育自"象牙塔"走到社会中心之后，高等教育与社会之间的联系越来越密切，其利益相关者也越发广泛，高等教育的管理方式也逐步走向利益相关者参与治理的方式。而获得高等教育的信息是利益相关者有效参与高等教育治理的关键所在，也是高等教育与利益相关者建立合作共赢关系的基础，更是在高等教育质量滑坡的情况下重获社会公信力和社会力量支

---

① 冯晴．我国突发事件中的政府信息公开制度研究[D]．上海：复旦大学，2010：45.
② 马怀德．公立高校信息公开研究[M]．北京：中国法制出版社，2012.
③ 朱科蓉．教育信息公开研究[M]．重庆：重庆大学出版社，2005.
④ 胡赤第．高等教育中的利益相关者分析[J]．教育研究，2005(03)：38-46.

持的关键[1]。在高等教育治理体系与治理能力现代化过程中，若利益相关者对高等教育信息所知甚少，他们是不可能从真正意义上参与高等教育治理的。若利益相关者对高等教育信息获取困难，也不可能建立一个利益相关者有效参与治理的沟通机制，更谈不上利益相关者与高等学校良性互动，共同促进高等教育和社会的全面发展。

（三）公民知情权理论：高校信息公开的法理学理论基础

公民知情权是由美国学者肯特·库泊在 1945 年首次提出的，其基本含义是公众有权知道其所应该知道的事情，即根据相关法律规定，社会公民、法人及组织具有向国家机关、公共单位以及其他社会公民、组织请求公开不涉及保密的信息的权利[2]。联合国在 1948 年的《世界人权宣言》第十九条规定："人人都有权享有主张和发表意见的自由；此项权利包括持有主张而不受干涉的自由，和通过任何媒介和不论国界寻求、接受和传递信息和思想的自由。"

在某些领域，公民知情权的实现不仅要主动获取信息，还要求相关部门主动公开相关信息。有的学者认为，"获取信息权是公民知情权的重要组成部分，高等教育信息公开是民众知情权在高等教育领域实现的基本保障"[3]。高等学校具有公共教育机构的属性和行使公权力的属性，应当主动公开相关信息以及提供依申请公开信息的途径，以保证民众高等教育领域合法知情权的实现。尤其是对于具有"神秘"色彩和研究高深学问的高等学校，如果不建立信息公开制度，民众想获取高等学校某些较为专业的信息是非常有难度的。如此，民众的知情权非常容易成为空谈，利益相关者参与高等教育治理更无从谈起。

（四）不完全信息非合作博弈理论：高校信息公开的经济学理论基础

博弈论是一种最早发端于经济学领域的理论，由美国学者冯·诺伊曼和摩根斯坦恩在《博弈论和经济行为》一书中提出，主要探讨经济学领域中的合作博弈与合作均衡问题。后来，美国经济学家纳什提出了非合作博弈和非合作均衡的概念，美国经济学家塔克提出了"囚徒困境"，两人将博弈论的研究转向了非合作博弈论领域。

非合作博弈的产生源于各博弈主体单方面寻求自我利益最大化需求，而实现合作的前提是各方博弈主体考虑自身利益的同时也要兼顾对方的利益[4]。在公共领域的诸多政策执行过程中，其博弈活动主要是非合作类型博弈，即在博弈过程中，各博弈主体行为遵循理性原则，在既定规则下，以自身效用最大化为目的来选择主体行为。

---

① 刘庆红.日本高校信息公开研究——面向利益相关者的社会责任[M].北京：人民出版社，2017.

② 马海群.高校信息公开政策研究[M].北京：知识产权出版社，2014.

③ 马海群.高校信息公开的理论基础研究[J].新世纪图书馆，2014(02)：20.

④ 周国雄.博弈：公共政策执行力与利益主体[M].上海：华东师范大学出版社，2008.

完整的博弈模型包括博弈主体、信息、行动、支付函数、策略、结果、均衡等七个要素。根据博弈主体对其他博弈主体的类型特征、行动、策略和支付函数等信息的掌握程度,可以将其行为类型分为完全信息博弈类型和不完全信息博弈类型。完全信息博弈是指每个博弈主体对所有其他博弈主体的类型特征、行动、策略和支付函数等完全掌握;否则,便称之为不完全信息博弈①。在公共领域诸多活动中的博弈类型是典型的不完全信息博弈,即在博弈过程中,各博弈主体对其他博弈主体的类型特征、行动、策略和支付函数等不完全掌握。

用不完全信息非合作博弈理论分析公共领域问题的主要代表人物是美国学者巴得克。他把公共领域中的博弈行为看作一种"赛局",参与者是公共领域的利益相关者,在这一过程中,参与者的信息获取程度、利害关系、策略与技术、竞争者的资源、取胜条件、公平竞赛的规则、沟通情况、所得结果等因素都将对公共领域活动的结果产生影响。他从利益冲突和信息不对称的角度,开启了公共领域活动研究的全新视角,有力促进了公共政策研究的发展。

在高等教育领域,如果高校信息公开不完善,各方利益相关者难以获得相关信息,就会导致不完全信息非合作博弈的产生。因此,高校信息公开制度的建立是解决高等教育领域不完全信息非合作博弈问题的有效途径。通过高校信息公开制度的建立,高校可以以信息流为中心促进和辐射高等教育领域中的各方主体,以便信息获取均衡和合作博弈的产生。同时,高校将更容易获得高等教育领域中其他各方利益相关主体的信任,进而使各方利益相关者采取合作的方式共同促进高等教育事业发展。

(五)教育公平理论:高校信息公开的教育学理论基础

高校信息公开制度是社会公众在高等教育领域实现公平的重要手段。按照社会公众在公共生活中深入人心的"公平原则"而建立的高校信息公开制度,是使大多数社会公众教育公平基本权利得到满足的有效途径。可以说,高校信息公开制度建立于教育公平理论之上,高校信息公开是大多数社会公众在高等教育领域实现公平权利的体现。

美国学者罗尔斯提出了公平原则,包含平等性、差异性和补偿性三个方面原则②。从平等性原则来考虑,社会公众在高等教育领域对信息的获取权应当基本相等,即社会公众应享有获取高校相关信息的平等权利与均等机会。要在高等教育领域中切实做到教育发展为人民、人民参与教育发展、人民共享教育发展成果,就要协调好高校信息公开与民众公平诉求间的相互关系,立足于平等原则建立起高校信息公开制度。这一点是高校信息公开制度建立的基石,它保证了社会公众获取高校信息的权利平等与

① 张维迎.博弈论与信息经济学[M].上海:上海人民出版社,2004.

② 约翰·罗尔斯.正义论[M].北京:中国社会科学出版社,2001.

机会均等①。

从差异性原则来讲，在高等教育领域的信息公开方面差异性是客观存在的。因为在社会公共事项中，社会公众本身就存在极大的差异性。有的公众关心高校的招生信息，有的公众关心高校的财务信息。并且，不同的高等学校也存在极大的差异性，有的高校承担了较多国家保密项目或特殊项目，存在许多不便公开的信息。因此，高校信息公开需要立足于主体、环境、时空间等的差异性，高等学校在按照《办法》和《清单》建立主动公开信息的同时，也能构建好依申请公开制度，满足社会公众对高等学校信息获取的差异性，做好高等教育领域的公平原则。

补偿性原则很大程度是建立在差异性原则之上的。按照补偿性原则，在高等教育领域中应该通过建立合理的信息公开制度来缩小其中不同主体之间的信息活动不公平性。比如通过主动信息公开制度消除高等学校与普通民众之间的信息壁垒；通过申请公开制度消除不同社会公众之间的信息获取差异②；通过整体高校信息公开制度推进解决高等教育领域内各利益相关主体之间的信息不对称问题，进而实现高等教育领域中的公平与共赢发展。

二、高校信息公开的特殊性

在我国，由于高等学校作为二类社会公益事业单位的特殊性，高校在建立信息公开制度时具有与政府信息公开、企业信息公开、一类公益事业单位信息公开所不同的特点。高校作为集人才培养、科学研究、社会服务等职能于一体的机构，在信息公开领域从信息公开内容到信息公开形式都具有一定的特殊性。因此，在构建高校信息公开制度时，除了充分学习政府信息公开的先进经验，还要充分考虑高等学校的特殊性。

（一）规范性公开

高等学校作为二类社会公益事业单位，其信息公开虽然与政府信息公开、企业信息公开、一类公益事业单位信息公开不同，但也必须接受《办法》等相关法律法规对信息公开的规范性要求。尤其是对于高校信息公开的主体范围、内容范围、实施途径以及监督和保障措施等都应有规范的规定③。各高等学校在进行信息公开时，应将高校信息公开作为自己的一项必要义务，按照相应的政策规范公开信息，不能随意性地公开信息。目前，高校在主动信息公开时大多都能符合《办法》和《清单》的具体要求，并且接受各种监督。但是在依申请公开领域，各高校也不能忽视信息公开的规范性，尤其是要按照《办法》第 16 至第 19 条合理、合规地公开相关信息内容。

---

① 康京涛，张庆晓．我国高校信息公开制度的现状与反思——基于 820 所本科院校门户网站的调查分析[J]．南昌师范学院学报，2014(10)：15．

② 马海群．高校信息公开制度与评价研究[M]．北京：知识产权出版社，2015．

③ 李凯，赵萌．全国 100 所高校信息公开工作现状研究[J]．黑龙江高教研究，2016(10)：5．

（二）时效性公开

因为高等教育领域中的许多信息具有很强的时效性，所以高校在实施信息公开时要非常注重按时公开相关信息，使社会公众能够及时了解到与自己有关的各种信息的最新情况，从而提高其生产效率、丰富其科研成果，甚至是改善其生活质量①。尤其是关于招生、财务等时效性比较强的信息，如果不及时公开可能成为无效信息，造成的后果难以挽回。所以在《办法》第 17 条和第 18 条中，对高校信息公开的时效性进行了明确规定，“在信息制作完成或者获取的 20 个工作日内予以公开，变更的消息在 20 个工作日内予以更新，依申请信息应在 15 个工作日内做出答复”②。并且《办法》第 24 条和《教育部关于公布〈高等学校信息公开事项清单〉的通知》中要求，各高校上一学年的信息公开工作年度报告，应当于每年 10 月底前向社会公布，并按时报送所在地省级教育行政部门和上级主管部门备案③。

（三）持续性公开

高校信息公开是一项需要长久进行的事项，也是一项庞大的工程。由于高校每时每刻都在产生着信息，故高校也应该按照相关要求持续公开相关信息④。《办法》第 24 条明确规定高等学校信息公开工作年度报告每年 10 月底前都要报送所在地省级教育行政部门。这条规定说明高校信息公开工作是一项年复一年的长期工作，并不是阶段性的任务，显示了高校信息公开工作具有持续性特点⑤。2014 年 7 月印发的《清单》中明确要求，《本科教学质量报告》等信息作为高校信息公开的主要内容，必须每年按时在学校官网信息公开栏专门公开。如 2015 年《国务院教育督导委员会办公室关于普通高等学校编制发布 2014 年〈本科教学质量报告〉的通知》要求，普通高等学校自 2016 年 1 月 1 日向社会公开发布本校 2014 年《本科教学质量报告》，发布期为 1 年。2016 年要求，普通高等学校自 2017 年 1 月 1 日向社会公开发布本校 2016 年《本科教学质量报告》，发布期为 1 年。虽然历年《通知》要求普通高等学校公开本校《本科教学质量报告》的时间节点要求在逐渐提前，但是持续每年要求公开《本科教学质量报告》的要求和持续发布一年期限的要求没有变，这也反映出高校信息公开是一种持续性公开。并且，在《教育部办公厅关于施行〈高等学校信息公开办法〉的通知》中也明确要求高等学校树立依法公开的观念，把高校信息公开工作当作一项长期性持续性的工作来做出成效。

---

①⑤ 李博，马海群．我国高校信息公开的特点、原则、主要问题及相关制度建设[J]．现代情报，2011(03)：15．

② 康京涛．高校信息公开法律制度的理论及现实适用[J]．中州大学学报，2013(12)：20．

③ 中华人民共和国教育部政府门户网站．教育部关于公布《高等学校信息公开事项清单》的通知[EB/OL]．[2014-07-28]．http://www.moe.gov.cn/srcsite/A01/s7048/201407/t20140728_174685.html．

④ 马海群．高校信息公开政策研究[M]．北京：知识产权出版社，2014．

（四）有选择性公开

不同社会主体在信息公开方面有自己的要求和规律。对于高校主动信息公开的内容一般采取列举式的要求，具备选择性公开的特点①。比如《办法》要求高校主动公开12项内容，包括学校基本信息、学校规章制度信息、学校规划与计划信息、学生培养信息、教学科研信息、学生工作信息、人事信息、收费信息、财务财产信息、自然灾害应急信息、对外交流信息、其他信息。《清单》要求高校主动公开10大项内容：基本信息、招生考试信息、财务资产及收费信息、人事师资信息、教学质量信息、学生管理服务信息、学风建设信息、学位学科信息、对外交流与合作信息、其他信息②。除了上述列举出来的信息外，高等学校的其他信息则可以参照豁免原则来选择不公开或不主动公开。

按照有选择性公开这一特点，高校想要公开这些列举之外的信息时，需要进行充分的研究。看其是否会损害公共利益，必要的时候还需要请示上级才能做出选择③。此外，高等学校作为研究高深学问和具有学术自由的公共教育机构，在某些方面拥有一定的对信息公开的选择权和决策权。比如在《教育部关于公布〈高等学校信息公开事项清单〉的通知》中规定，高等学校各事项公开的具体要求要遵照清单“有关文件”栏目所列文件的规定执行。高校也可在《清单》基础上选择进一步扩大公开范围，细化公开内容④。因此，各高校在信息公开的具体过程中也可在相关要求的基础上按照自己的需求和特点对信息公开内容做出选择。

（五）合教育规律性公开

从宏观视角来分析，若希望高等教育中的某项制度长远发展，除了要遵照高等教育外部的政治、经济、社会规律外，还必须充分尊重高等教育内部的规律性，需要建立适应外部与内部规律之间的高等教育制度⑤。高校信息公开制度也应从这样的出发点展开，使高校信息公开制度在充分适应外部发展趋势的同时也能以信息公开调动内部的创造性，从而激发高等教育内部的强大发展动力，推进高等教育治理能力现代化。这不仅有利于高等教育的发展，提高高等教育的公信力和竞争力，也将促进整个社会人才培养和科学研究的进步。因此，好的高校信息公开制度不仅要与外部环境相适应，也要符合高等教育自身的规律。这就需要在设计与实施高校信息公开制度时从更加理性、更加长远的角度去审视和思考。比如在教育部新公布的《清单》内容中除了

---

① 李硕，王西. 现代大学管理中信息公开制度存在问题及其对策建议[J]. 情报科学，2016，34(03)：57-61.

② 高思静. 面向突发事件的高校信息公开对策研究[D]. 哈尔滨：黑龙江大学，2012：09.

③ 刘庆红. 日本高校信息公开研究——面向利益相关者的社会责任[M]. 北京：人民出版社，2017.

④ 中华人民共和国教育部政府门户网站. 教育部关于公布《高等学校信息公开事项清单》的通知[EB/OL]. [2014-07-28]. http://www.moe.gov.cn/srcsite/A01/s7048/201407/t20140728_174685.html.

⑤ 张应强. 教育内外部关系规律及其在高等教育研究中的运用[J]. 复旦教育论坛，2020，18(05)：8.

《办法》中规定的内容,还按照教育的规律添加了“学风建设信息”一项,这就反映出教育部正在按照“立德树人”等教育内部逻辑设计、研究、开展合教育规律性的信息公开活动。

三、高校信息公开的必要性与价值

充分认识高校信息公开的必要性与价值,是构建高校信息公开制度的前提,也是真正落实高校信息公开的第一步。自 2007 年教育部开始部署高校信息公开工作,到 2010 年 4 月 6 日正式颁布《高等学校信息公开办法》,再到 2014 年 7 月 25 日公布《高等学校信息公开事项清单》,高校信息公开制度在实践中逐渐成长与完善。同时,关于高校信息公开的必要性与价值也在高校信息公开制度的实践探索中逐渐明晰。具体来讲,高校信息公开的必要性与价值主要体现在以下几个方面。

(一)促进高等教育治理体系和治理能力的现代化

自党的十八届三中全会提出“国家治理体系和治理能力现代化”等全面深化改革总目标以来,高等教育作为国家治理体系中的重要组成部分,高等教育治理体系和治理能力的现代化也随之成为高等教育领域研究的热点和社会公众关注的焦点①。促进高等教育治理体系和治理能力的现代化是时代赋予高等教育的发展要求。高等教育治理体系和治理能力的现代化要求高等教育利益相关者参与到共同治理中来,不论是在高校内部还是在高校外部,利益相关者参与共同治理的前提是知情。建立高等学校信息公开制度是实现高等教育治理体系和治理能力的现代化的内在规定性。高校信息公开有益于高校与社会的有效联系,使高校与社会经济发展需求相适应。因此,无论是从高校内部还是从高校外部来看,建立高校信息公开制度都对促进高等教育治理体系和治理能力的现代化有重要的意义。

具体来讲,高等教育治理分为内部治理与外部治理。在高等教育内部,信息公开是健全高校内部治理结构的基础。高校内部的民主管理是现代高校内部治理的重要特征,高校内部自身的力量对高等教育的变革与发展有着不可替代的内生作用,也是推动高等教育治理体系和治理能力的现代化进程的重要保证②。

在高等教育内部,广大师生教职员工要想通过一定的途径和形式行使自己的民主权利直接或间接地参与学校事务的管理,就必须保证其知情权、监督权等权利的落实③。并且,只有在了解高校相关信息的情况下,才能让他们真正地参与到高校的管理中来,产生“主人翁”意识,进而把高校内部的才能和动力充分调动起来,促进高校的改革与发展。

---

① 张丹,周奔波,赵光华.浅析高等教育治理体系及治理能力现代化[J].西安建筑科技大学学报(社会科学版),2015,34(02):88-91.

②③ 张斌,蒋渊.现代大学制度架构下高校民主管理[J].中国劳动关系学院学报,2007(05):79-82.

在高等教育外部，社会公民等利益相关者有效地参与高等教育治理是推动高等教育现代化发展的前提，是促进高等教育治理体系和治理能力的现代化的必要条件①。从高等教育治理体系层面来讲，高等教育必须建立一种利益相关者共同参与，合力推动高等教育与社会经济共同发展的体系。在这种体系结构中，高等教育的利益相关者能够各得其所、各尽所能、各行其责，而要发挥利益相关者的意愿、能力、责任感，就必须让利益相关者获得与之相对应的充分信息以便其有意愿、能力、责任感做出合理的决策。可以说，利益相关者对高等教育信息的掌握程度与其参与治理的意愿、能力、责任感基本成正相关关系。利益相关者对高等教育信息掌握得越充分，其参与高等教育治理的意愿、能力、责任感就越强烈，尤其是当其所需的信息得到了满足时，其参与高等教育治理的意愿、能力、责任感也越强烈。因此，高校信息公开制度在利益相关者之间建立了强有力的纽带联系，能使外界更好地了解和参与高等教育，推动高等教育向前发展。同时，高等教育也能够更好地了解外界发展需求，为国家和地方社会经济建设服务。

（二）规制权力，遏制教育腐败

高校信息公开的必要性与价值除了体现在实现共同治理外，还体现在规制权力，推行去行政化，遏制教育腐败，提高公信力等方面。高校信息公开制度在极大程度上让高校公共权力运行展现在阳光下，对于规制高校公共权力运行，遏制教育腐败有非常明显的作用。如果高等学校的信息不公开或公开程度有限，各利益相关者对高校情况知之甚少，就会导致高校公共权力运行监督的困难与缺失，从而造成高等学校的内部管理主体权力过大，进而滋生教育腐败。

在高等学校内部，如果广大师生对学校的发展规划、学科建设方向、师资队伍建设等重大事项知之甚少，就不可能有效地参与到学校的决策和管理中来。这会导致很多关系到其切身利益的重大事项决策基本上只由少数行政管理者决定。如此不但会加重高校内部的等级意识和行政化管理色彩，使高校的行政管理者与广大师生之间成为一种命令与服从的关系，而且也会造成广大师生教职员工对学校发展的冷漠甚至对抗。因此，在高校内部也应通过信息公开保障广大师生的知情权，进而促进其关心、参与和监督学校的发展，实现依法治校、民主决策。

如果高等学校的信息公开只是校务公开，集中在高校内部公开，则必然致使高等学校和社会公众之间的信息壁垒的产生，容易造成高等教育领域的“信息黑箱”，导致高等教育领域中产生滥用职权及寻租等行为②。有学者指出，因为高等教育是社会中的稀缺资源，而高等学校是社会公众心目中的“神秘花园”和“向往之地”，高校中的行

① 朱胜晖．省域高等教育现代化治理体系的意蕴及建构［J］．浙江树人大学学报（人文社会科学），2020，20（05）：106-111．

② 马海群．高校信息公开政策研究［M］．北京：知识产权出版社，2014．

政管理者对于这些稀缺资源的绝对掌握使其具有一定的垄断权力。在高等教育中,无论是招生就业中的权钱交易,还是教室建设招标、科研设备采购等大型项目中的贿赂,都带有极强的隐蔽性。这些都是高等教育中权力失去监督、进行暗箱操作的典型表现,也是高等教育领域教育腐败现象屡禁不止的原因之一。因此,高校信息公开中应将内部信息公布于众,让利益相关者能够充分地参与到高校治理中来。通过信息公开,让权力受到充分的监督,杜绝暗箱操作,从而达到规制权力、遏制教育腐败的目的。

(三)保障教育公平与合法权益

教育公平是整个社会公平的起点和核心环节。在高等教育领域中,每个人都有接受教育、终身参加学习的权利。每个人都能获得均等的教育机会很大程度上是以每个人能够获得均等教育信息为前提的。尤其是在高等教育领域,许多家庭还处于“第一代大学生”时代,整个家庭对高等教育相关信息的不了解,可能让学生错失相应的机会。如高校的招生信息,对于每一位社会成员来说,都意味着一次改变命运的机会。

在高校信息公开制度的设计中一定要考虑及时性和便利性。获取高等教育信息可能需要具备一定知识储备和信息搜集的能力,否则即便高校信息就在身边,也无法获取和利用。这就需要高校在信息公开时尽可能遵照公平和便利原则,将信息用社会公众能够方便获取和容易使用的方式公布出来,否则将难以达到高校信息公开的目的,也违背了教育公平的理念①。

高校信息公开制度的建立,是保障每个人都能获得平等接受高等教育机会的重要措施,是教育公平理念在高等教育领域的重要体现,也是高等教育发展中的必然选择。只有社会公众切身了解到高等教育领域的相关信息,才能真正享受高等教育所赋予的公平权利,最终实现教育公平。

保障高等教育公平与合法权益,是《办法》发布后高校在信息公开实施工程中需要遵照的理念和实现目标的关键点。高校信息公开可以有效解决社会公众与高校之间信息不对称的问题,促进社会公众对高等教育资源的了解,让其可以根据自己的特长、兴趣、需求来选择学校和专业。让所有人能够更加平等地竞争和享受良好的高等教育,是信息公开制度在推进教育公平方面的价值所在。

---

① 马海群.高校信息公开制度与评价研究[M].北京:知识产权出版社,2015.

第三章　以本科教学质量报告为例的高校信息公开测评制度化构建

教育部在2014年7月印发的《清单》中，颁布了10大类50项基本事项，其中第35项为《本科教学质量报告》的公开要求。《清单》详细规定了本科教学质量报告的撰写办法以及包含的基本内容，确定本科教学质量报告在高校信息公开中的作用①。《本科教学质量报告》的编撰与公开，既是高等教育质量自我评估制度建立的标志，也是高等教育质量治理体系构建过程的一个缩影。从高校信息公开视角探索本科教学质量报告的测评与完善，可以为中国高等教育质量评估保障体系研究与高校信息公开制度研究提供一个交汇点，也可以为促进高等教育治理体系和治理能力现代化研究提供一个有力抓手。可以说，高校信息公开视角下的本科教学质量报告测评，同时是以本科教学质量报告为载体构建高校信息公开测评体系的过程。高校信息公开与本科教学质量报告研究的有效融合，可以促进本科教学质量报告从自我评估到质量治理的功能跨越，也可以促进高校信息公开制度从设计实施到执行反馈的闭环完善。

一、本科教学质量报告的理论探索脉络梳理与评析

自2010年7月颁布的《国家中长期教育改革和发展规划纲要(2010—2020)》中要求"建立高等学校质量年度报告发布制度"②的政策提议开始，一直到各高校最终发布其本科教学质量报告，再到《清单》要求建立本科教学质量报告的信息公开制度。这一发展过程反映了我国高教界对人才培养质量评估和教育治理体系的认识正在逐渐发展，已经迈入了公开透明的新阶段。总体来讲，高教界对本科教学质量报告的研究脉络梳理如下。

(一)本科教学质量报告理论探索的脉络梳理

厦门大学是《本科教学质量报告》学术研究的"先锋军"与"集团军"。仅2012年一

---

① 尹艳君．我国高水平研究型大学本科教学质量分析与评价[D]．长沙：湖南大学，2016：48.

② 张金丽．高校信息公开及其法律规范[D]．苏州：苏州大学，2014：16.

年，以厦门大学为发表单位的邬大光教授发表了《高等教育质量意识的涵义与价值——基于〈质量报告〉的视角》《高等学校〈本科教育教学质量报告〉透视》，别敦荣教授发表了《社会问责与〈质量报告〉》《关于发布年度〈本科教学质量报告〉相关问题的探讨》，吴凡发表了《〈质量报告〉的功能》，薛成龙发表《〈质量报告〉中的问题解读与思考》，尹宁伟发表了《中国一流大学实践教学体系构建的新趋势——基于〈“985”工程大学2010年度本科教学质量报告〉的文本分析》。这一单位的诸多关于本科教学质量报告研究的高质量文章在这一年井喷式的问世，从意义、价值、功能等方面对本科教学质量报告进行了较为全面的理论分析与透视。此后，2013年吴凡发表了《我国“985”工程高校本科教育教学国际化研究——基于2010年度〈本科教学质量报告〉的文本分析》，2014年李小桂、莫玉婉发表了《“211工程”大学本科毕业生就业结构研究——基于〈“211”工程大学本科教学质量报告〉的分析》等文件，也体现了厦门大学在这一领域研究的延续性和拓展性。

就《本科教学质量报告》本身价值的研究也大都集中在2012年和2013年，如刘尧(2012)发表了《本科教学质量报告要全面真实》，刘振天(2012)发表了《〈高等学校教学质量报告〉应该报告什么》，张希胜(2012)发表了《全国“985工程”高校〈2010年本科教学质量报告〉比较与分析》，董云川、徐娟(2013)发表了《真正的“本科教学质量报告”在哪里？——对七所“985工程”高校教学质量报告的文本分析》，邹晓平(2013)发表了《本科教学质量：高等学校如何报告？》，罗云、韩阿伟(2013)发表了《“985”高校2010年度〈本科教学质量报告〉分析》等文章。这些研究就本科教学质量报告的目的、价值、存在问题等进行了较为深刻的反思，推动了本科教学质量报告撰写的规范性和深刻性。

对《本科教学质量报告》所展现出来的高等教育质量现状与趋势研究是这一领域学术研究的发展方向。如童杰、张晓鹏(2012)发表了《国内高水平大学通识教育实践现状扫描一基于39所大学本科教学质量报告的分析》，李红惠(2012)发表了《我国研究型大学本科教育培养目标定位研究——基于“985”高校2010年度“本科教学 质量报告”的文本分析》，白逸仙(2014)发表了《走向“以学生为中心”的评估模式——以中国〈本科教学质量报告〉与美国NSSE为比较对象》，施林淼、刘贵松(2015)发表了《我国研究型大学教学科研融合的方式、问题及对策——以清华大学等6所高校发布的本科教学质量报告为例》。这些文章对本科教学质量报告所反映出的通识教育、培养目标定位、评估模式、科研融合等问题进行了多样化的研究和独特的分析，透过本科教学质量报告更加深入分析中国高等教育的各个方面，拓展和延伸了本科教学质量报告的学术研究价值。

同时，还有4篇硕士论文对《本科教学质量报告》进行了较为系统性的论述，分别是李婷婷(2013)的《中国一流大学〈质量报告〉透视其本科教育质量观——基于学习产出理论视角》，韩阿伟(2014)的《我国“985”大学〈本科教学质量报告〉分析》，钱同新(2014)的《高校本科教学质量报告现状研究》，张金丽(2014)的《高校信息公开及其法律规范——以"高校本科教学质量报告"为例》。这4篇硕士论文对从不同的角度对本科教学质量报告进行了较为系统性的研究，使本科教学质量报告的研究更具系统化和深入性。

国外方面，2012年发布的《麦可思研究：高校人才培养质量年度报告设计建议》中提及，自20世纪80年代以来美国有很多州相继立法要求各公立大学每年向所在州政府提交年度教育报告，这被认为是国外的高等教育质量报告。尤其是在美国，一些高校已经形成了每年发布的"年度报告"或"年度责任报告"的传统。以《加州大学2012年度责任报告》(University of California 2012 Accountability Report)为例，该报告主要由加州大学简介、指标及校园比较、相关数据附录等3个部分组成，包括14个一级指标，67项二级指标[①]，是一种比较全面的高等学校质量报告。

（二）本科教学质量报告理论探索评析

综上所述，现有《本科质量报告》的理论探索为后续研究奠定了良好的基础，但也存在一定的研究空间，主要体现在：一是目前国内对本科质量报告的研究多从单一质量评价与保障角度进行分析，少有从行政和学术两个视角去还原报告的撰写与公开背景的研究，尤其是从信息公开角度深入分析本科教学质量报告的研究基本上没有；二是对本科质量报告的研究基本都是只分析部分较高层次高校(如"985"高校)的本科质量报告，没对中国整体本科高校的本科教学质量报告有一个较为全面的分析和思考；三是国内对本科教学质量报告的研究随着《国家中长期教育改革和发展规划纲要(2010—2020)》文件的出台而成为热点，但在近几年对其研究热度呈下降趋势，整体研究数量也有限，尤其是连续性、系统性地研究和分析更少。本科教学质量报告作为一种年度性、连续性的教学质量自我评估制度需要随着报告本身的发展而对其进行连续性、系统性地分析研究。

二、本科教学质量报告信息公开的实践探索与评析

（一）本科教学质量报告信息公开的实践探索脉络

我国不仅在理论上对《本科教学质量报告》进行了深入的研究，自2011年以来，中国高等教育界也在依照高校信息公开要求对本科教学质量报告进行了一系列的编撰与发布实践，形成了具有中国特色的高等教育的自我评估制度和教育质量信息公开制度。

为了指导高校信息公开工作，教育部办公厅于2014年7月印发的《清单》中颁布了10大类50项所应该公开的基本事项，并标明了这50项基本事项公开中所需要依托的文件和指导司局。《清单》中第33、34、35项分别为《高校毕业生就业质量年度报

---

① 韩阿伟. 我国"985"大学《本科教学质量报告》研究[D]. 兰州：兰州大学，2014：23.

告》《艺术教育发展年度报告》和《本科教学质量报告》，是与社会大众所普遍关心的质量、就业等热点问题的系统回应。这三个报告的指导司局分别是学生司、体卫艺司和高教司，依托的文件分别是《高等学校信息公开办法》（教育部令第 29 号）、《教育部办公厅关于编制发布高校毕业生就业质量年度报告的通知》（教学厅函〔2013〕25 号）、《教育部关于推进学校艺术教育发展的若干意见》（教体艺〔2014〕1 号）、《教育部办公厅关于普通高等学校编制发布 2012 年〈本科教学质量报告〉的通知》（教高厅函〔2013〕33 号）等具体文件①。这些具体文件详细规定了各类报告的编撰与公开要求，规定了相关报告应向社会全面反映各校某一年度或学年的学生就业、教学和艺术教育等情况。

对于《本科教学质量报告》的要求，其实早在 2011 年教育部就发了《关于“985 工程”高校公布 2010 年〈本科教学质量报告〉的通知》（教高司函〔2011〕137 号），要求在“985 工程”高校先行公布 2010 年《本科教学质量报告》。2011 年 9 月，以武汉大学为代表“985 工程”高校率先在其官方网站发布 2010 学年《本科教学质量报告》，这成为中国高等教育历史上第一批高校的《本科教学质量报告》，也代表着中国高等教育界将本科教学质量与高校信息公开制度初步建立了联系，但是当时各校公布的《本科教学质量报告》规定性不足，因此也在其发布后在学界引起来《本科教学质量报告》应该如何编撰与发布的争论与研究。

2012 年教育部发文《关于继续试点部分高等学校编制发布〈本科教学质量报告〉的通知》（教高司函〔2012〕118 号），提出在总结 39 所高水平大学发布 2010 年《本科教学质量报告》工作的基础上，扩大高校《本科教学质量报告》的实施范围，要求“211 工程”高校编制并发布 2011 年《本科教学质量报告》，也代表着中国本科教学质量自我评估与公开制度正在逐步改进与发展。

2013 年，教育部决定将《本科教学质量报告》的编撰与公开范围拓展至所有普通高校。因此，2013 年教育部以《教育部办公厅关于普通高等学校编制发布 2012 年〈本科教学质量报告〉通知》（教高厅函〔2013〕33 号）的形式向各省、自治区、直辖市教育厅（教委），新疆生产建设兵团教育局，部属各高等学校下发相关要求。通知文件明确将《本科教学质量报告》的实施范围进一步扩大，要求各省级教育行政部门参照《普通高等学校 2012 年度本科教学质量报告基本要求》，结合本地区实际情况，对本区域的高校其本科教学质量报告编制内容进行适当补充完善后实施。至此，我国《本科教学质量报告》制度在普通本科高校范围内基本实施，也意味着全国大多数高校开始加入《本科教学质量报告》的编制和发布中来②。中国高校本科教学质量的神秘面纱第一次比较全面在公众面前以年报的形式展示出来，使利益相关群体能够融入中国高校本科教

① 中华人民共和国教育部政府门户网站. 教育部关于公布《高等学校信息公开事项清单》的通知[EB/OL]. [2014-07-28]. http://www.moe.gov.cn/srcsite/A01/s7048/201407/t20140728_174685.html.

② 白逸仙. 走向“以学生为中心”的评估模式——以中国《本科教学质量报告》与美国 NSSE 为比较对象[J]. 中国高教研究，2014(11)：64-68.

学质量的治理中。

此外，2013年通知文件提出“编制并发布本科教学质量报告，是开展自我评估、建立健全高等教育质量保障体系、完善信息公开制度的一项重要工作，是进一步增强社会责任意识、回应社会关切的重要体现，也是向社会展示学校风貌和办学特色、宣传办学理念和教学成果的重要途径。高校本科教学质量报告应在自我评估基础上完成。各省级教育行政部门和高校要高度重视本科教学质量报告编制工作，实行主要领导负责制，以编制本科教学质量报告为契机，不断提高教育教学质量。”①并且，在文件后有两个附件，附件1是“普通高等学校2012年度本科教学质量报告基本要求”，其对本科教学质量报告的重点内容进行了要求，提出了重点内容应包括本科教育基本情况、师资与教学条件、教学建设与改革、质量保障体系、学生学习效果、特色发展、需要解决的问题七个组成部分的明确要求，改变过去《本科教学质量报告》编制报喜不报的忧随意性问题。附件2是“普通高等学校2012年度本科教学质量报告支撑数据”，对本科教学质量报告中的核心数据内容规定了“本科生占全日制在校生总数的比例、教师数量及结构、当年本科招生专业总数”等25项具体项目，并规定了本科教学质量报告的数据的计算方法参照《教育部关于印发〈普通高等学校基本办学条件指标（试行）〉的通知》（教发〔2004〕2号）文件，部分数据参照《教育部办公厅关于开展普通高等学校本科教学工作合格评估的通知》（教高厅〔2011〕2号）文件进行统计，使本科教学质量报告有了“硬骨头”和“干货”。通过进一步统一本科教学质量报告的数据统计标准，在方便社会公众查阅核心信息的同时也使不同高校之间的本科教学质量报告有了可比性。

2014年，教育部继续发布了《教育部办公厅关于普通高等学校编制发布2013年〈本科教学质量报告〉的通知》，并且随着教育部办公厅于2014年7月印发的《清单》，明确要求了《本科教学质量报告》作为高校信息公开的主要内容之一，必须在学校官网信息公开网站专门公开《本科教学质量报告》②。这意味着我国高等教育的信息公开制度和本科教学质量保障制度在《本科教学质量报告》公开事项上产生了正式交汇。两种制度的强强组合，形成了制度上的互相强化，使本科教学质量报告从自我评估功能到质量治理功能迈出了关键一步。

随后，在2015年发布的《国务院教育督导委员会办公室关于普通高等学校编制发布2014年〈本科教学质量报告〉的通知》（国教督办函〔2015〕40号）中，发文单位已经从教育部办公厅改为国务院教育督导委员会办公室，关于本科教学质量报告发布要求的单位由“教”字头文件升级为“国”字头，可见国家对《本科教学质量报告》的重视程度

---

① 中华人民共和国教育部政府门户网站.教育部办公厅关于普通高等学校编制发布2012年《本科教学质量报告》的通知[EB/OL].[2013-10-14].http://www.moe.gov.cn/srcsite/A08/s7981/201310/t20131018_166966.html.

② 中华人民共和国教育部政府门户网站.教育部办公厅关于普通高等学校编制发布2013年《本科教学质量报告》的通知[EB/OL].[2014-9-12].http://www.moe.gov.cn/srcsite/A08/s7981/201409/t20140912_175575.html.

在不断上升。文件要求各普通高等学校应编制本校的本科教学质量报告，并自2016年1月1日始在学校门户网站开设的信息公开专栏，向社会公开发布，发布期为1年。并且，在文件的附件1："普通高等学校2012年度本科教学质量报告基本要求"中添加了对本科教学质量报告格式的要求。如要求标题为黑体小二加粗居中，单倍行距；一级标题为黑体小三顶左，单倍行距；二级标题为黑体四号顶左，单倍行距；三级标题为黑体小四顶左，单倍行距；段落文字要求为宋体小四，两端对齐书写，段落首行缩进2个汉字符；行距20磅；表格要求表名置于表的上方，宋体五号居中，表格内文字为宋体，大小根据表的内容自行调整；图要求为图名置于图的下方，宋体五号居中，单倍行距等。附件2："普通高等学校2012年度本科教学质量报告支撑数据"添加了第四条，要求本科教学质量报告中的各项数据均保留小数点后两位数字。这两项规定从形式上对《本科教学质量报告》的编撰和公开提出了更加详细的要求，增强了本科教学质量报告信息公开制度的规范性。

2016年，国务院教育督导委员会发布了《国务院教育督导委员会办公室关于普通高等学校编制发布2015—2016学年〈本科教学质量报告〉的通知》（国教督办函〔2016〕75号）。文件第一次将本科教学质量报告的撰写时间段要求从自然年转变为学年，使本科教学质量报告能够更好地符合本科教学的规律。文件规定财务数据（如经费、工资等）按照自然年计算比较合适，教学数据（学生、教师、专业、课程等）按照学年计算比较合适，本科教学质量报告的数据统计和编撰内容中也更加科学化。因文件要求从2015年度本科教学质量报告改为2015—2016学年本科教学质量报告，本科教学质量报告的编撰从时间节点上提前了半年，同时使本科教学质量报告的公开进度也提前了半年。

2017年，国务院教育督导委员会办公室继续发布了《国务院教育督导委员会办公室关于普通高等学校编制发布2016—2017学年〈本科教学质量报告〉的通知》（国教督办函〔2017〕86号）。值得注意的是，在2017年12月4日湖南省教育厅转发《国务院教育督导委员会办公室关于普通高等学校编制发布2016—2017学年〈本科教学质量报告〉的通知》中提及，从2017年开始，湖南省将试点开展独立学院本科教学质量报告编制发布工作，各独立学院须按照上述文件要求独立编制，同时提出各高校教学质量报告的编制应依托高等教育质量监测国家数据平台进行。在2017年，高等教育质量监测国家数据平台新开放了"质量报告生成"功能。高校在本科教学基本状态数据填报完成后，从平台的"分析与应用"栏目进入，点击"质量报告生成"按钮即可生成该校的"学校2016—2017年度质量报告"。学校可在这个基于数据生成的简易版本科教学质量报告的基础上进行充实、完善，最终形成向社会公众公开的学校2016—2017学年《本科教学质量报告》。但是由于当时高等教育质量监测国家数据平台功能开放性不够，全国大部分高校没有从平台中导出"学校2016—2017年度质量报告"。但不可否认的是，高等教育质量监测国家数据平台的这一功能为《本科教学质量报告》的编撰从自主编撰到自动生成埋下了转折的伏笔。

2018年，按照《国务院教育督导委员会办公室关于普通高等学校编制发布2017—2018学年〈本科教学质量报告〉的通知》(国教督办函〔2018〕83号)(以下简称《通知》)文件要求，将报告公开时间从第二年(2019年)的1月1日提前至本年度(2018年)的12月31日始，发布期为1年。2018年6月25日，时任教育部部长陈宝生同志在全面贯彻落实习近平总书记5月2日在北京大学师生座谈会上重要讲话精神是提出了“以本为本、四个回归”的论述，并指出“本科不牢地动山摇”，将本科教学工作的重要性提到了一个新的高度。因此在2018年相关通知中，与自2013年形成并运行了5年的七部分构成的《本科教学质量报告》模板有所改变，具体变化情况如表3-1所示。尤其是增加了“培养能力”的一项，要求本科教学质量报告中公布包括“各专业培养目标展示本科专业培养能力和发展水教学条件、人才培养等情况，特别是人才培养目标定位与社会人才需求适应性、培养方案特点，专任教师数量和结构、生师比、教学经费投入、教学资源、实践教学及实习实训基地，立德树人落实机制、专业课程体系建设、教授授课、实践教学、创新创业教育、学风管理等概况。”[①]在附件2:《普通高等学校2017—2018学年度本科教学质量报告支撑数据》中，要求第2、4、15、16、18、20、21、22、23项数据不但要呈现全校平均数据而且要呈现分专业数据。这一要求体现了本科教学质量报告制度或者说是本科教学质量自我评估制度的设计理念从院校层面细化到专业层面，是一种从宏观评估视角到微观评估视角的转变。这标志着国家从院校评估转向专业评估的细化评估趋势，也使本科教学质量报告的编撰更加精细化和科学化。并且附件2还增加第19条“实践基地”的分专业公开要求，体现了本科教学质量评估更加关注实践教学层面的改变。这些变化反映了本科教学状态数据在细化，本教学质量报告的编撰与公开在细化，本科教学质量治理的行动逻辑也在细化、深化。

表3-1　2017年通知要求与2018年通知要求变化对比表

2017年通知要求	第一项	第二项	第三项	第四项	第五项	第六项	第七项		附表
	基本情况	师资条件	教学建设与改革	保障体系	学生学习效果	特色	问题与对策		未强行要求附表;未做分专业要求
2018年通知要求	第一项	第二项	第三项	第四项	第五项	第六项	第七项	第八项	附表
	基本情况	师资条件	教学建设与改革	培养能力	保障体系	学生学习效果	特色	问题与对策	强行要求做附表;第2、4、15、16、18、20、21、22、23项数据增加呈现分专业要求，增加19条实践基地要求

① 湖南省教育厅政府门户网站.转发国务院教育督导委员会办公室关于普通高等学校编制发布2017—2018学年《本科教学质量报告》的通知[EB/OL].[2018-10-22]. http://jyt.hunan.gov.cn/sjyt/xxgk/tzgg/201810/t20181022_5145200.html.

还有一点值得注意的是，从2018年开始，高等教育质量监测国家数据平台彻底开放了“质量报告生成”功能。普通高校在教育部高等教育教学评估中心提交本校教学基本状态数据后，第二天在“应用与分析”平台的新功能“质量报告生成”功能会根据所选年份下载报告。以某普通高校为例，“质量报告生成”功能自动生成的《本科教学质量报告》大概为25页，篇幅大概在9000字。自动生成的《本科教学质量报告》的内容已经比较齐全，并且是WORD文件，下载后可以进行编辑 。这标志着本科教学质量报告正式进入“生成化”时代。自动生成的本科教学质量报告给高校带来了方便的同时也对质量报告制度提出了新的挑战。比如它会导致部分高校偷懒，直接公开自动生成版的本科教学质量报告，而导致社会公众看到的本科教学质量报告中缺失本应存在的未自动生成的内容。自动生成的本科教学质量报告对《通知》要求公开内容有无涉及的详细情况如表3-2所示。

表3-2 生成质量报告涉及《通知》要求详细情况表(以2018年为例)

<table>
<tr><th>一级标题名称</th><th>质量报告涉及《通知》要求二级指标个数</th><th>自动生成质量报告无涉及《通知》要求二级指标个数</th><th>无涉及二级标题名称</th></tr>
<tr><td>一、基本情况</td><td>8</td><td>1</td><td>服务面向</td></tr>
<tr><td>二、师资条件</td><td>17</td><td>0</td><td></td></tr>
<tr><td>三、教学建设与改革</td><td>10</td><td>1</td><td>培养方案特点</td></tr>
<tr><td rowspan="8">四、保障体系</td><td rowspan="8">2</td><td rowspan="8">8</td><td>人才培养中心地位落实情况</td></tr>
<tr><td>校领导班子研究本科教学工作情况</td></tr>
<tr><td>出台的相关政策措施</td></tr>
<tr><td>规范教学行为等质量改进情况</td></tr>
<tr><td>本科教学基本状态分析情况</td></tr>
<tr><td>专业评估情况介绍或说明</td></tr>
<tr><td>专业认证情况介绍或说明</td></tr>
<tr><td>国际评估情况介绍或说明</td></tr>
<tr><td rowspan="3">五、学生学习效果</td><td rowspan="3">5</td><td rowspan="3">3</td><td>学生学习满意度调查方法、结果</td></tr>
<tr><td>社会用人单位评价调查方法、结果</td></tr>
<tr><td>毕业生成就介绍</td></tr>
<tr><td>六、特色发展</td><td>0</td><td>1</td><td>全部内容</td></tr>
<tr><td>七、问题与对策</td><td>0</td><td>3</td><td>全部内容</td></tr>
</table>

2018年4月23日，国务院教导委员会办公室对各省、自治区、直辖市教育厅(教委)、新疆生产建设兵团教育局发布了《国务院教育督导办公室关于对普通高等学校

2016—2017 学年〈本科教学质量报告〉发布情况督查结果进行确认的通知》。国务院教导委员根据《国务院教育督导委员会办公室关于做好普通高等学校编制发布2016—2017 学年〈本科教学质量报告〉的通知》(国教督办函〔2017〕86 号)有关要求对全国各校 2016—2017 学年《本科教学质量报告》发布情况督查结果进行了监测和通告。该文件告知了相关单位其所属各普通高校有无发布《本科教学质量报告》,并告知了所属各普通高校发布《本科教学质量报告》的网址,请其核对。这是对于本科教学质量报告信息公开的一次督查,也使本科教学质量报告信息公开制度进一步得到强化。

2019 年,《国务院教育督导委员会办公室关于普通高等学校编制发布 2018—2019 学年〈本科教学质量报告〉的通知》(国教督办函〔2019〕52 号)文件要求,将报告公开时间从本年度(2019 年)的 12 月 31 日提前至本年度(2019 年)的 12 月 25 日,发布期为 1 年。即报告的公开时间再次前移。2019 年通知增加了附件 3:"普通高等学校 2018—2019 学年本科教学质量报告发布情况汇总表"。该附件强调了按照属地化管理原则,各省级教育行政部门要强化负责组织本省(区、市)域内普通高等学校本科教学质量报告编制发布工作,并且要求各省级教育行政部门要对本省(区、市)域内普通高等学校本科教学质量报告编制发布情况进行监督和审核。尤其是本科教学质量报告主要内容完备性、支撑数据准确性、编制发布时效性、在学校门户网站信息公开专栏发布情况等进行审核,而国务院教育督导委员会办公室将进行复核,并将结果将向社会公开①。

2020 年,国务院教育督导委员会办公室发布了《国务院教育督导委员会办公室关于普通高等学校编制发布 2019—2020 学年〈本科教学质量报告〉的通知》(国教督办函〔2020〕42 号)文件,虽然内容方面与上一年《通知》要求没有太大改变,但是持续每年公开《本科教学质量报告》的要求和持续发布一年期限的要求反映出本科教学质量报告的编撰与公开作为一种持续性制度安排已经基本建立了起来。

(二) 本科教学质量报告信息公开的实践探索评析

纵观《本科教学质量报告》编撰与公开十年多来的实践,本科教学质量报告正在从单纯的信息载体功能的自我评估材料转变为具有反馈监督功能的高等教育治理工具。通过梳理发现十多年来的质量报告编撰与公开实践中政策执行重点发生了从报告的质量如何到报告的质量如何保障,再到报告如何保障教学质量转变。不论是从自我评估保障手段视角还是从社会治理问责视角,本科教学质量报告都已经逐渐成为国家意志和高校抓手,发挥着以评促建的作用,促进本科教学质量的提升。同时也可以发现,利益相关者对本科教学质量报告的要求和期待,已经从一种从技术评价手段上升到一种协商性的参与治理模式,其也正在逐步引领高等教育质量保障体系从自我评估走向质量治理。这些都体现着本科教学质量报告尤其是本科教学质量报告信息公开在高

① 韩阿伟. 我国"985"大学《本科教学质量报告》研究[D]. 兰州:兰州大学,2014:32.

等教育质量治理中的独特价值定位。

三、本科教学质量报告信息公开测评体系的制度化构建

随着我国高等教育发展阶段的跨越，参与高等教育的利益群体越来越多。政府、高校、家长和学生等均对高等教育提出不同的利益诉求，比如透明和质量。从行政和学术相结合的多元化视角，对本科教学质量报告的信息公开情况进行测评。一方面可以通过本科教学质量报告年度测评机制的建立，呈现高校教学质量自我评估的结论，更全面地掌握高校本科教学质量信息与数据；另一方面可以推动高校运行和信息公开透明化，促进高校治理体系与治理能力的现代化①。可以说，本科教学质量报告信息公开测评体系的制度化构建，可以对高等教育利益相关者提出的质量和透明利益诉求进行有效回应。

（一）本科教学质量报告信息公开测评的体系脉络

沿着为什么要建立本科教学质量报告信息公开年度测评制度（测评内涵）——什么时候用什么标准开展本科教学质量报告信息公开年度测评（测评设计）——怎样完成本科教学质量报告信息公开年度测评（测评实施）——本科教学质量报告信息公开年度测评的作用如何展现（测评反馈）的基本思路，本书力求建立一个具有更新机制和容错机制的信息公开视角下的本科教学质量报告年度测评制度，以促进本科教学质量报告实现从自我评估到体系治理的作用。比如根据国家相关政策文件构建出一套较为科学合理的《高校信息公开视角下本科教学质量报告测评指标体系》，与时俱进地从相关新政策、新要求中汲取灵感，并且在每年的测评与研究中对前期测评进行反馈改进，尤其是对指标体系进行不断更新。

其中，有三个重点步骤。一是制度设计。即设计信息公开视角下的本科教学质量报告年度测评制度，其中包括测评的指标体系和构建年度测评机制，并根据国家相关政策文件进行更新与改善。二是实施年度测评与研究。以年为单位连续使用指标体系对本科教学质量报告进行测评和提取数据，科学地对各有特色的本科教学质量报告从信息公开层面进行测评研究，准确地从数量庞大本科教学质量报告监测点进行数据提取从而得到了珍贵的过程资料和数据。三是合理分析与反馈。对本科教学质量报告测评结果和相关数据科学反思找出其中的问题，提出改进策略并反馈给高校，通过以评促建，实现本科教学质量报告从自我评估到体系治理的作用。

（二）本科教学质量报告信息公开测评的重点内容

信息公开视角下的本科教学质量报告测评是一个复杂的工程。虽然本书对本科

① 马莉，苟丽华. 高校治理现代化视域下科研管理信息化问题研究[J]. 玉林师范学院学报，2021，42(02)：137-140.

教学质量报告的撰写与公开进行了连续五年的实践研究，但研究仍处于初级阶段。

在建立信息公开视角下的本科教学质量报告时，测评的焦点首先应放在本科教学质量报告信息公开内容的完整性、及时性等问题上，即对本科教学质量报告信息公开内容有无的测评上，后续再进一步拓展到公开内容质量的测评上。因此在制定的“高等学校本科教学质量报告测评指标体系（1.0 版）”时，主要设计思路是按照《通知》的要求对本科教学质量报告的公开有无情况进行测评。理论上是集中对在本科教学质量报告的信息载体质量进行测评。

“高等学校本科教学质量报告测评指标体系（1.0 版）”（详见附录）指标体系共有一级指标 7 项，分别为本科教育基本情况、师资与教学条件、教学建设与改革、质量保障体系、学生学习效果、特色发展、需要解决的问题；一级指标下设二级指标 35 项，第一大项科教育基本情况下设二级指标 5 项赋分值 18 分、第二大项师资与教学条件下设二级指标 6 项赋分值 25 分、第三大项教学建设与改革下设二级指标 4 项赋分值 12 分、第四大项质量保障体系下设二级指标 9 项赋分值 18 分、第五大项学生学习效果下设二级指标 7 项赋分值 17 分、第六大项特色发展下设二级指标 1 项赋分值 4 分、第七大项需要解决的问题下设二级指标 3 项赋分值 6 分，总分 100 分。具体如图 3-1 所示。

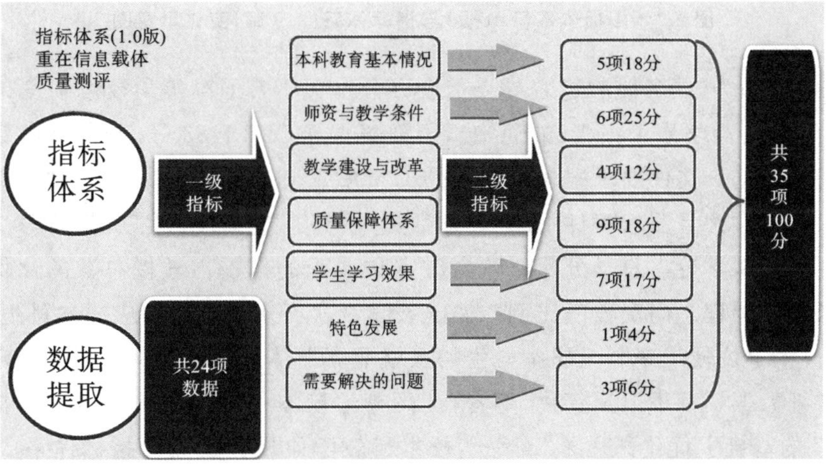

图 3-1　高等学校本科教学质量报告测评指标体系（1.0 版）体系图

2018 年，基于 3 年的测评经验，作者在“高等学校本科教学质量报告测评指标体系（1.0 版）”的基础上进一步细化工作，升级构建了“高等学校本科教学质量报告测评指标体系（2.0 版）”（详见附录）。指标体系（2.0 版）共有一级指标拓展为 8 项，分别为本科教育基本情况、师资与教学条件、教学建设与改革、质量保障体系、学生学习效果、特色发展、需要解决的问题、发布情况测评。并将指标体系有二级拓展为三级指标。第一大项科教育基本情况下设二级指标 4 项三级指标 8 项赋分值 12 分；第二大项师资与教学条件下设二级指标 4 项三级指标 17 项赋分值 20 分；第三大项教学建设与改革下设二级指标 4 项三级指标 12 项赋分值 18 分；第四大项质量保障体系下设二级指标 3 项三级指标 10 项赋分值 19 分；第五大项学生学习效果下设二级指标 3 项三级指标 8 项赋分值 13 分；第六大项特色发展下设二级指标 1 项赋分值 4 分；第七大项需要解决的问题下设二级指标 3 项赋分值 6 分；第八大项发布情况测评下设二级指标 4 项三级指标 8 项赋分值 8 分，总分值共 100 分。与指标体系（1.0 版）相比，指标体系（2.0 版）的具体变化设计如图 3-2 所示。

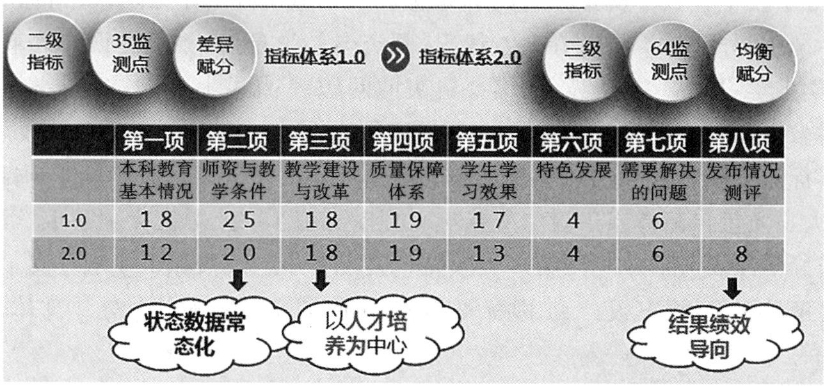

图 3-2　指标体系（1.0 版）与指标体系（2.0 版）变化示意图

2019 年，因为《国务院教育督导委员会办公室关于普通高等学校编制发布 2017—2018 学年〈本科教学质量报告〉的通知》（国教督办函〔2018〕83 号）与前期政策文件相比有较大的变动。文件要求报告从原来的七章增加到八章，其中第四章“专业培养能力”为新增要求，并且要求附件中的“教师数量及结构”“生师比”“实践教学学分占总学分比例”“选修课学分占总学分比例”“主讲本科课程的教授占教授总数的比例”“教授授本科课程占课程总门次数的比例”“实践教学及实习实训基地”“应届本科生毕业率”“应届本科生学位授予率”“应届本科生初次就业率”“体质测试达标率”等 11 项提供分专业的详细数据。基于以上变化，笔者在“高等学校本科教学质量报告测评指标体系（2.0 版）”的基础上优化试用了“高等学校本科教学质量报告测评指标体系（2.1 版）”（详见附录），并在实际测评中将指标体系（2.0 版）与指标体系（2.1 版）同时使用，但分别进行分析。这样既做到了与之前测评数据的可对比性，又做到了与国家相关文件最新要求相呼应。

指标体系（2.1 版）在分数的最后增加了 5 分的加分项，总分为 105 分。附加分项目中，“增加第四章专业培养能力”设定 2 分；“相应数据分专业呈现” 设定 3 分，具体打分规则为“满分 3 分，其中只有部分数据分专业呈现扣 1 分，无第 19 项“实践教学及实习实训基地”扣 1 分”。并且在指标体系（2.1 版）中使用了颜色标注法，对特殊项目进行了标注处理。如绿色标注为附加分指标；黄色标注为未自动生成报告关注部分指标；蓝色为研究设计第八项具体指标；红色为国家报告中自动生成，但很少出现在学校报告中的指标，需特别注意。与指标体系（2.0 版）相比，指标体系（2.1 版）的具体变化设计如图 3-3 所示。

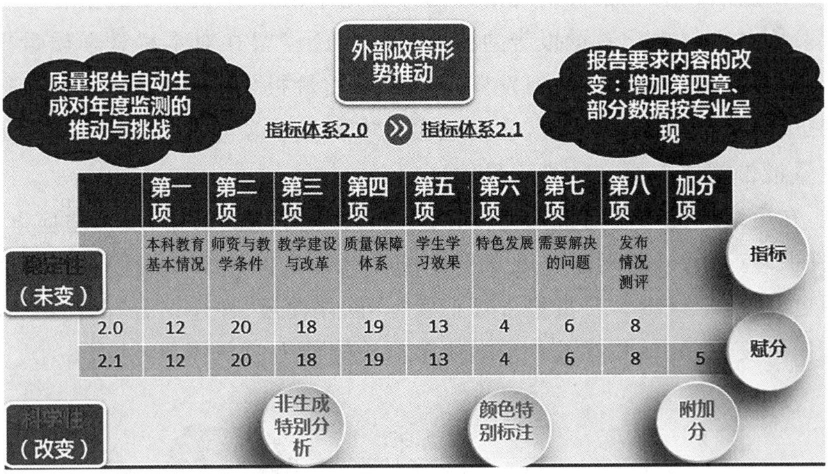

图 3-3　指标体系（2.0 版）与指标体系（2.1 版）变化示意图

本科教学质量报告的信息公开作为一种持续性的信息公开，对其测评与研究也应该有一定的持续性。并且，应该根据外部政策要求和内部发展规律的双重动力下持续更新本科教学质量报告测评制度，使其不仅能够跟上外部的形式变化，也能发挥其作为质量保障功能的实现。

总体来讲，从指标体系（1.0 版）到指标体系（2.0 版）的大版本更新，意在从测评本科教学质量报告信息公开内容的有无到测评信息公开内容的质量。从指标体系（2.0 版）到指标体系（2.1 版）的小版本更新，意在使本科教学质量报告测评制度能够与时俱进，紧跟政策。

同时，在高等学校本科教学质量报告测评指标体系的版本更新中，笔者也试图尝试按照本科教学质量报告本身的发展逻辑超越政策文件的更新进度。如 2017 年 1～3 月，笔者除了使用指标体系（1.0 版）连续三次对 114 所直属高校的 2015—2016 学年本科教学质量报告信息公开情况进行了测评与研究，还在测评中增加了涉及报告的公开形式（包括公开年份）、公开及时性、公开的内容等 3 个方面的测评统计。但是基于测评指标体系的稳定性考虑，这 3 个方面的测评统计未进行计分。2017 年 10 月，笔者在参加中国高等教育学会举办的“信息公开与公开信息研讨会”上论述指标体系（2.0 版）初稿时，提出了增加第八项“发布情况”，内含“时效性、便捷性、科学性、准确性”四项内容，并在 2017 年 12 月 29 日使用指标体系（2.0 版）对本科教学质量报告进行了测评。而 2018 年 10 月中国务院教育督导委员会办公室发布的《通知》中也提出了要对本科教学质量报告的内容完备性、支撑数据准确性、编制发布时效性、在学校门户网站信息公开专栏发布情况等进行督察。可以说，指标体系（2.0版）的更新进度在时间点上超越了政策更新进度，甚至是引领了政策更新的方向。

通过高等学校本科教学质量报告测评指标体系三个版本的升级与探索，初步建立了连续且有更新机制和容错机制的信息公开视角下的本科教学质量报告年度测评制度。但现阶段对本科教学质量报告的测评与研究还停留在对本科教学质量报告本身信息载体功能的测评和研究，如何发挥本科教学质量报告的质量保障功能，通过反馈与改进促进本科教学质量的提升，全面地实现本科教学质量报告的价值，才是达成本科教学质量报告测评与研究的真正目的。

因此，在后续研究中还需按照指标体系完善度、目的达成度、外部适应度、社会认可度、条件保障（可行）度，对本科教学质量报告测评指标体系2.1版进行2.2版、3.0版的不断更新，使本科教学质量报告真正发挥“以评促建、评建结合”的作用，促进本科教学的高质量发展，推动高等教育治理体系与治理能力的现代化（见图3-4）。

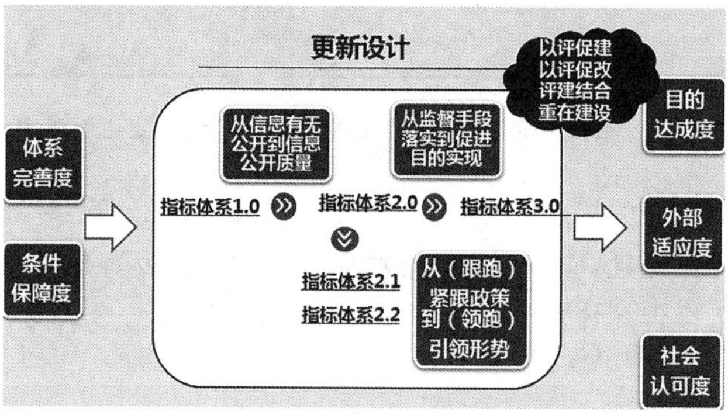

图3-4 《本科教学质量报告》年度测评制度更新设计图

（三）本科教学质量报告信息公开测评的创新与可能

1. 本科教学质量报告信息公开测评的创新之处

以信息公开的视角来对本科教学质量报告进行分析。从行政和学术的多元化视角来连续的监测和分析本科教学质量报告，一方面可以督促政策为主导的信息公开事项落地，有效地促进高校信息透明化；另一方面测评高校和社会最关心的教育质量水平，以促进在提高教学质量上精准发力，促进高校治理体系与治理能力的现代化。

通过连续五年的测评，时刻且全面地掌握高校本科教学质量信息与过程数据，为高校本科教学质量分析与研究提供科学的依据和手段。在运用数字化、指标化的监测方法的同时，努力突破“冰冷”的指标监测，充分运用典型问题与优秀案例展示，而探寻一份“鲜活”的质量报告，追寻报告背后的故事，还原一个“活生生”本科教学情景与过程。通过螺旋上升式的监测、分析和反馈的测评制度，力求引导从“静止质量观”转变为“增值质量观”的评价理念和评价规则转变。

2. 本科教学质量报告信息公开测评的可能性

从法理、学理上的可能性来讲，随着我国高等教育阶段的发展，参与高等教育相关利益群体的成员越来越多，国家和社会越来越重视本科教学质量报告的撰写与发布。国家出台了相应的政策为本科教学质量报告信息公开测评提供了法理上的依据。同时，学界对本科教学质量报告的研究也逐渐完善，相关利益者理论、公共治理理论等学术理论和深入研究为本科教学质量报告信息公开测评框架的确立与实施提供了学理上的支撑。

从技术上的可能性来讲，本科教学质量报告信息公开测评指标体系已经更新了三个版本，测评过程稳定运行，不断升级。而且，笔者为研究本科教学质量报告信息公开测评成立了课题组，其中组成人员既有前期已取得较丰富研究成果的学者，也有多年从事本科质量报告编撰的高校人员，研究基础扎实、研究能力较强。

从实践上的可能性来讲，具备了较为完备的实践条件。笔者在高校教务处教学质量监控与评估中心任职，教学质量监控与评估中心是学校本科教学质量报告的撰写发布与评估的部门，具有较好的实践经验。笔者主持和参与的多个涉及信息公开监测或本科教学质量领域的调查研究中，有较强的专业技术支撑平台，为本研究提供了必要的实践基础。

第四章　2015：制度初建谱新章

规范与质量：
信息公开视角下教育部直属高校
2013年本科教学质量报告评价研究

一、信息公开视角下的本科教学质量报告测评研究情景分析

中国高等教育经历了由"精英教育阶段"到"大众化教育阶段"再到"普及化教育阶段"的发展历程。高校已经不仅仅是一个封闭的组织，而是一个与社会紧密相连的开放机构。社会公众对于高校的关注和需求也日益增加，公平、透明和质量等都成为现阶段高等教育的重要社会责任。美国、日本等国家纷纷出台了高等教育信息公开和质量保障的相关法案，拉开了高等教育信息公开和高等教育质量治理的序幕。这不仅是建立现代化大学制度的必由之路，也是今后高等教育和社会各界关注的焦点，更是《世界高等教育大会宣言》中明确指出的21世纪高等教育的时代命题①。为了更好地回应这一时代命题，需要我们从高等教育质量治理的关键点出发进行深入的分析研究。在这样的情景下，以高校信息公开为视角，以最能代表高校办学质量的《本科教学质量报告》为研究对象，对我国高校信息公开和本科教育质量治理问题进行融合研究，或将有利于揭开上述问题研究关键的神秘面纱。

（一）2015年测评研究情景回溯分析

《本科教学质量报告》是我国高校以公开形式向政府和社会汇报学校教育质量的文本文件，是社会各界关注者深入洞察和剖析高校教育质量现状的难得机会，也是高等学校走向开放透明、质量一流的必经之路。

在《本科教学质量报告》编撰与发布领域，2010年7月颁布的《国家中长期教育改革和发展规划纲要（2010—2020）》中指出，要求"建立高等学校质量年度报告发布制

① 刘尧.中国大学：你今天到底怎么了？[J].民主与科学，2012(01)：28-33.

度”，这也是第一次针对《教学质量报告》提出建立发布制度。2011 年，教育部发文《关于“985 工程”高校公布 2010 年〈本科教学质量报告〉的通知》（教高司函〔2011〕137 号）指出，“为贯彻《国家中长期教育改革与发展规划纲要（2010—2020）》精神……我部决定在‘985 工程’高校先行公布 2010 年〈本科教学质量报告〉”。2011 年 9 月 26 日，武汉大学官方网站发布 2010 学年《本科教学质量报告》报告一经发布便在全社会引起空前关注，仅 1 天点击即超过 6000 人次。2012 年，教育部高教司《关于继续试点部分高等学校编制发布〈本科教学质量报告〉的通知》（教高司函〔2012〕118 号）提出“在总结 39 所高水平大学发布 2010 年《本科教学质量报告》工作的基础上，我部决定‘211 工程’高校编制并发布 2011《本科教学质量报告》”。2014 年 9 月 10 日，教育部办公厅发布《教育部办公厅关于普通高等学校编制发布 2013 年〈本科教学质量报告〉的通知》（简称《通知》），要求各省级教育行政部门参照《普通高等学校 2013 年度本科教学质量报告基本要求》，结合本地区实际情况，对本科教学质量报告编制内容进行适当补充完善后实施。

在高校信息公开领域，2008 年 5 月 1 日《中华人民共和国政府信息公开条例》（简称《条例》）开始实施，随后《高等学校信息公开办法》（简称《办法》）于 2010 年 9 月 1 日正式实施，该《办法》的制定是落实《条例》全面推进高校信息公开工作的重要举措。2014 年 7 月 25 日，为进一步推进高校信息公开工作，教育部根据《条例》和《办法》，研究制定了《高等学校信息公开事项清单》（简称《清单》），《清单》内容共含有 10 大类 50 项需公开的事项。其中 10 大类分别是：基本信息、招生考试信息、财务资产及收费信息、人事师资信息、教学质量信息、学生管理服务信息、学风建设信息、学位学科信息、对外交流与合作信息、其他信息①。其中在“教学质量信息”一项明确了信息公开内容应包括《本科教学质量报告》。

从信息公开制度与高校本科报告制度分别开始设计布局实施，到《清单》中关于高校本科报告信息公开的具体要求，两种制度在政策层面终于产生了交叉点，也为信息公开视角下的高校本科报告测评与研究提供了基础。而这一点也被中国高等教育学会的相关领导与专家准确地捕捉到了。因此，从 2015 年开始，中国高等教育学会启动了中国高校信息公开与公开信息的相关研究，并编制了中国高校信息公开发展报告。在中国高等教育学会的支持和鼓励下，笔者作为本科教学质量报告信息公开专项测评的负责人，开始了长达 5 年的连续测评与研究之路。因为 2015 年 7 月份才开始正式测评，教育部对于 2014 年《本科教学质量报告》的规定文件还没有出台，大部分高校也未正式发布其 2014 年《本科教学质量报告》，所以 2015 年的测评还是以 2013 年《本科教学质量报告》为对象。中国高校数量较多，不论是对其信息公开还是对其质量报告的测评与研究工作量较大，因此经过专家研讨对起我国高校中信息公开和质量报告工

① 谌思宇. 我国高校信息公开现状研究及其国际经验借鉴[D]. 上海：上海交通大学，2016：11.

作比较有代表性的75所教育部直属高校进行测评与研究。这也保证了与中国高等教育学会2015年信息公开相关研究选取对象的一致性。

（二）测评对象情况分析

基于上述测评情景回溯分析，2015年测评的对象为75所教育部直属高校的2013年本科教学质量报告。本科教学质量报告相关内容已经在第三章进行了简要探析。本部分主要就75所教育部直属高校进行简要分析。75所教育部直属高校分别是北京大学、中国人民大学、清华大学、北京科技大学、北京化工大学、北京师范大学、北京语言大学、北京外国语大学、北京交通大学、北京邮电大学、中国石油大学（北京）、中国石油大学（华东）、中国农业大学、中国传媒大学、北京林业大学、中国政法大学、中央财经大学、中央音乐学院、中央戏剧学院、中央美术学院、北京中医药大学、对外经济贸易大学、南开大学、天津大学、华北电力大学、东北大学、大连理工大学、吉林大学、东北师范大学、东北林业大学、复旦大学、同济大学、上海交通大学、华东理工大学、东华大学、华东师范大学、上海外国语大学、南京大学、上海财经大学、东南大学、中国矿业大学、中国矿业大学（北京）、河海大学、江南大学、南京农业大学、合肥工业大学、中国药科大学、浙江大学、厦门大学、山东大学、中国海洋大学、武汉大学、华中科技大学、中国地质大学（武汉）、中国地质大学（北京）、武汉理工大学、华中师范大学、华中农业大学、中南财经政法大学、湖南大学、中南大学、中山大学、华南理工大学、四川大学、西南财经大学、西南交通大学、电子科技大学、重庆大学、西南大学、西安交通大学、西北农林科技大学、陕西师范大学、西安电子科技大学、长安大学和兰州大学。

2015年测评时，其中有“985”工程高校32所，“211”工程高校72所，是“211”而非“985”工程高校40所，非“985”且非“211”工程高校3所。教育部直属高校层次结构如图4-1所示。总体而言，75所教育部直属高校办学层次较高，它们基本都为“211”工程高校，即使是3所非“211”工程高校（北京语言大学、中央美术学院、中央戏剧学院），也是各专业领域的顶尖高校。

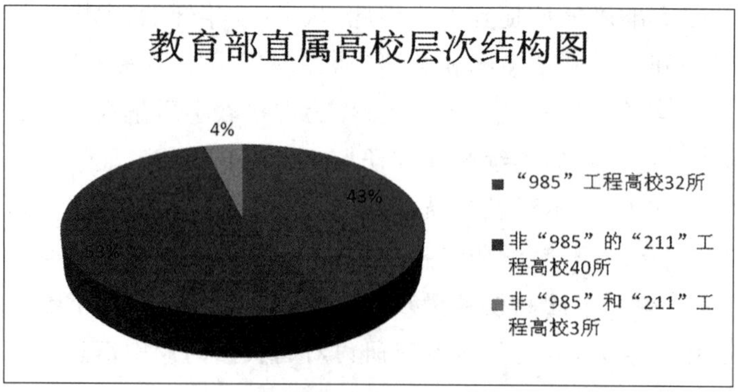

图4-1 教育部直属高校层次结构图

就地区分布来看，75 所教育部直属高校区域分布如下，北京 24 所，天津 2 所，辽宁 2 所，吉林 2 所，黑龙江 1 所，上海 8 所，江苏 7 所，浙江 1 所，安徽 1 所，福建 1 所，山东 3 所，湖北 7 所，湖南 2 所，广东 2 所，四川 4 所，重庆 2 所，陕西 5 所，甘肃 1 所，说明教育部直属高校大体分布较为广泛。但北京、上海、江苏、湖北四地部属高校共 46 所，占总数的 61.3%，而西部地区共 12 所高校，仅占总数的 16%，75 所教育部直属高校总体分布的均衡性不足。

就学校类别来看，75 所教育部直属高校中有综合类院校 21 所，工科类 27 所，农林类 6 所，师范类 6 所，医药类 2 所，语言类 4 所，财经类 5 所，艺术类 3 所，政法类 1 所。教育部直属高校类别如图 4-2 所示，75 所教育部直属高校以综合类和理工类为主、农林类、师范类、财经类等各类别也有所涉及，总体而言类别较为齐全。

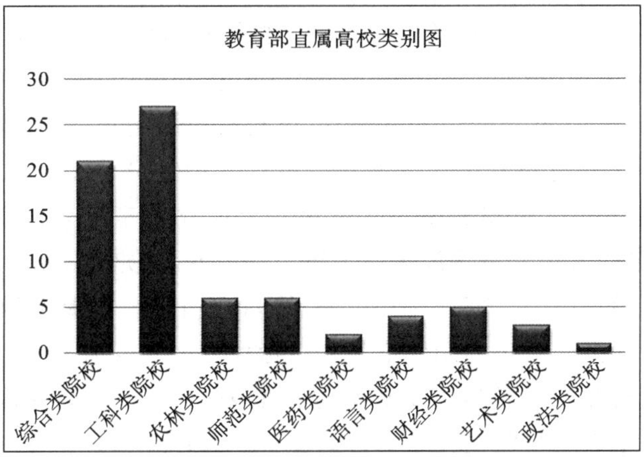

图 4-2　教育部直属高校类别图

二、信息公开视角下的本科教学质量报告测评制度的初步构建

（一）测评目标的初步拟定

75 所不同类型的部属高校，其本科教学质量报告按照统一的标准来评论其好坏可能是不可取的。但按照《通知》的要求，从信息公开的视角对《本科教学质量报告》的信息公开情况进行测评，存在一定的合理性。

本科教学质量报告作为呈现高校人才培养质量的重要文件，充分发挥质量报告的自我评估作用可以帮助高校教学质量的总结与改进。对其测评找出高校教学质量自我评价工作中的短板，以评促建，反馈改进其本科教学质量。并且，从信息公开的视角对 75 所教育部直属高校本科教学质量报告的测评与研究，可以全面了解部属高校本科教学质量报告信息公开的质量，也可以侧面反映出其本科教学自我评估制度的质量。以测评的方式加强对高校本科教学质量报告的监督，引起各高校在本科教学质量报告撰写与公开方面的重视，加强各高校与其他利益相关主体在信息公开方面联系，可以以此促进利益相关者共同做好高校信息公开工作，完善高等教育治理体系。

2015 年，在中国高等教育学会的带领下，笔者根据《通知》要求针对信息公开视角下的本科教学质量报告测评制定了《高等学校本科教学质量报告测评指标体系(1.0版)》和《高等学校本科教学质量报告支撑数据提取表(1.0 版)》。2015 年 8 月笔者使用该测评指标对 75 所教育部直属高校的 2013 年本科教学质量报告进行了测评与分析，并进行了数据提取。

（二）测评指标体系的初步构建

2015 年制定《高等学校本科教学质量报告测评指标体系(1.0 版)》时主要根据《通知》以及《教育部办公厅关于普通高等学校编制发布 2013 年〈本科教学质量报告〉的通知》等相关政策文件。初步拟定的《高等学校本科教学质量报告测评指标体系(1.0版)》共有一级指标 7 项，分别为本科教育基本情况、师资与教学条件、教学建设与改革、质量保障体系、学生学习效果、特色发展、需要解决的问题；一级指标下设二级指标 35 项，第一大项本科教育基本情况下设二级指标 5 项赋分值 18 分、第二大项师资与教学条件下设二级指标 6 项赋分值 25 分、第三大项教学建设与改革下设二级指标 4 项赋分值 11 分、第四大项质量保障体系下设二级指标 9 项赋分值 18 分、第五大项学生学习效果下设二级指标 7 项赋分值 17 分、第六大项特色发展下设二级指标 1 项赋分值 4 分、第七大项需要解决的问题下设二级指标 3 项赋分值 7 分，总分 100 分。

《高等学校本科教学质量报告支撑数据提取表(1.0 版)》共提取数据 25 大项 35 小项，分别为本科生占全日制在校生总数的比例、教师数量及结构、专业设置情况(全校本科专业总数、当年本科招生专业总数以及当年新增专业、停招专业名单)、生师比、生均教学科研仪器设备值、当年新增教学科研仪器设备值、生均图书、电子图书、电子期刊种数、生均教学行政用房(包括生均实验室面积)、生均本科教学日常运行支出、本科专项教学经费(自然年度内学校立项用于本科教学改革和建设的专项经费总额)、生均本科实验经费(自然年度内学校用于实验教学运行、维护经费生均值)、生均本科实习经费(自然年度内用于本科培养方案内的实习环节支出经费生均值)、全校开设课程总门数(学年度内实际开设的本科培养计划内课程总数，跨学期讲授的同一门课程计一门)、实践教学学分占总学分比例、选修课学分占总学分比例、主讲本科课程的教授占教授总数的比例(不含讲座)、教授讲授本科课程占课程总门次数的比例、应届本科生毕业率、应届本科生学位授予率、应届本科生初次就业率、体质测试达标率、学生学习满意度(包括调查方法与结果)、用人单位对毕业生满意度(包括调查方法与结果)、其他与本科教学质量相关数据。

（三）测评实施的过程步骤

2015 年 3—4 月，笔者全面收集相关政策、文件资料，梳理并分析维度。2015 年

5—7 月，在参考中国高等教育学会《高校信息公开测评指标体系》的基础上，针对本科教学质量报告尤其是针对 75 所教育部直属高校的 2013 年本科质量报告制定了《高等学校本科教学质量报告测评指标体系(1.0 版)》和《高等学校本科教学质量报告支撑数据提取表(1.0 版)》。

2015 年 8 月 10—16 日，使用该测评指标对 75 所教育部直属高校 2013 年本科教学质量报告进行了第一次测评，并进行了数据提取。

2015 年 9 月，汇总 75 所教育部直属高校 2013 年本科教学质量报告的测评信息，及提取数据汇总，并制定《75 所教育部直属高校 2013 年〈本科教学质量报告〉测评反馈报告》模板。

2015 年 10 月，撰写《75 所教育部直属高校 2013 年〈本科教学质量报告〉测评反馈报告》，对 75 所教育部直属高校撰写了《关于对 2013 年本科教学质量报告测评情况一对一反馈的函》以及《对××大学 2013 年本科教学质量报告测评情况反馈》。在与 75 所教育部直属高校一对一反馈的基础上，收集相关反馈意见，进行相关分数、数据的复查和修订，撰写了《教育部直属高校 2013 年〈本科教学质量报告〉测评研究报告》。

(四) 测评研究技术路线图

测评研究技术路线图如图 4-3 所示。

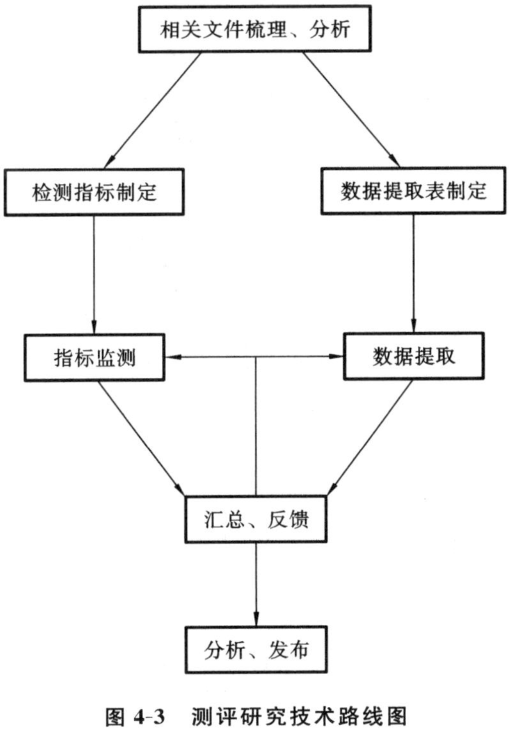

图 4-3　测评研究技术路线图

三、2015 年测评研究结果分析

（一）2015 年测评研究结果总览

1. 总得分与排名情况

总得分与排名如表 4-1 所示。

表 4-1 总得分及排名表

总排名	学校名称	总得分
1	中国石油大学(华东)	96
2	华东理工大学	92
2	河海大学	92
2	华南理工大学	92
5	中国石油大学(北京)	91
6	东北大学	89
6	中山大学	89
8	中央戏剧学院	88
9	北京科技大学	87
10	吉林大学	86
10	华中师范大学	86
10	四川大学	86
13	东华大学	85
14	华东师范大学	84
14	中国矿业大学	84
16	东北师范大学	83
17	华北电力大学	82
17	武汉理工大学	82
17	西南财经大学	82
20	北京交通大学	81
20	中央音乐学院	81
20	同济大学	81
20	上海外国语大学	81
24	清华大学	80
24	浙江大学	80

续表

总 排 名	学 校 名 称	总 得 分
26	大连理工大学	79
26	西南大学	79
26	长安大学	79
26	上海财经大学	78
26	东南大学	78
26	华中农业大学	78
32	中国药科大学	77
32	西安电子科技大学	77
34	北京师范大学	75
34	南京农业大学	75
36	中国农业大学	74
36	北京林业大学	74
38	中国传媒大学	73
39	南开大学	72
40	中国地质大学(北京)	71
40	中南财经政法大学	71
42	中央财经大学	70
43	中国政法大学	69
43	厦门大学	69
43	西北农林科技大学	69
46	南京大学	67
46	中国矿业大学(北京)	67
46	江南大学	67
46	山东大学	67
46	中国海洋大学	67
46	陕西师范大学	67
52	湖南大学	66
52	兰州大学	66
54	合肥工业大学	65
54	武汉大学	65
54	华中科技大学	65

续表

总排名	学校名称	总得分
57	北京邮电大学	64
58	北京大学	63
59	复旦大学	61
60	中央美术学院	60
61	中国地质大学(武汉)	58
62	中南大学	56
63	北京化工大学	55
64	北京中医药大学	41
65	北京语言大学	28
66	中国人民大学	0
66	北京外国语大学	0
66	对外经济贸易大学	0
66	天津大学	0
66	东北林业大学	0
66	上海交通大学	0
66	西南交通大学	0
66	电子科技大学	0
66	重庆大学	0
66	西安交通大学	0
总分		4842
75 所高校平均分		64.56
去 0 分高校平均分		74.49

2. 分项结果

(1)第一项本科教育基本情况得分及排名如表 4-2 所示。

表 4-2 第一项本科教育基本情况得分及排名表

第一项排名	学校名称	第一项本科教育基本情况得分(满分 18 分)
1	北京师范大学	18
1	东华大学	18
1	上海外国语大学	18

续表

第一项排名	学校名称	第一项本科教育基本情况得分（满分18分）
1	中国矿业大学	18
1	武汉理工大学	18
1	西南大学	18
7	中国石油大学(华东)	16
7	东北师范大学	16
7	复旦大学	16
7	华中师范大学	16
11	北京科技大学	14
11	中国石油大学(北京)	14
11	中国传媒大学	14
11	中央财经大学	14
11	中央音乐学院	14
11	中央戏剧学院	14
11	南开大学	14
11	东北大学	14
11	大连理工大学	14
11	华东理工大学	14
11	华东师范大学	14
11	南京大学	14
11	河海大学	14
11	中国地质大学(武汉)	14
11	中山大学	14
11	华南理工大学	14
11	西安电子科技大学	14
28	清华大学	12
28	北京邮电大学	12
28	中国农业大学	12
28	华北电力大学	12
28	吉林大学	12

续表

第一项排名	学校名称	第一项本科教育基本情况得分（满分 18 分）
28	上海财经大学	12
28	东南大学	12
28	南京农业大学	12
28	合肥工业大学	12
28	中国药科大学	12
28	西南财经大学	12
28	陕西师范大学	12
28	长安大学	12
41	北京大学	10
41	北京交通大学	10
41	中国政法大学	10
41	北京中医药大学	10
41	同济大学	10
41	中国矿业大学(北京)	10
41	江南大学	10
41	浙江大学	10
41	中国海洋大学	10
41	武汉大学	10
41	华中科技大学	10
41	华中农业大学	10
41	四川大学	10
41	西北农林科技大学	10
41	兰州大学	10
56	北京林业大学	8
56	中央美术学院	8
56	厦门大学	8
56	山东大学	8
56	中国地质大学(北京)	8
56	中南财经政法大学	8

续表

第一项排名	学 校 名 称	第一项本科教育基本情况得分（满分 18 分）
56	湖南大学	8
56	中南大学	8
64	北京化工大学	6
65	北京语言大学	4
66	中国人民大学	0
66	北京外国语大学	0
66	对外经济贸易大学	0
66	天津大学	0
66	东北林业大学	0
66	上海交通大学	0
66	西南交通大学	0
66	电子科技大学	0
66	重庆大学	0
66	西安交通大学	0

（2）第二项师资与教学条件得分及排名如表 4-3 所示。

表 4-3 第二项师资与教学条件得分及排名表

第二项排名	学 校 名 称	第二项师资与教学条件得分（满分 25 分）
1	北京交通大学	25
1	北京邮电大学	25
1	中国石油大学(北京)	25
1	中国石油大学(华东)	25
1	中央戏剧学院	25
1	华北电力大学	25
1	东北大学	25
1	吉林大学	25
1	东北师范大学	25
1	同济大学	25
1	华东理工大学	25

续表

第二项排名	学校名称	第二项师资与教学条件得分（满分25分）
1	华东师范大学	25
1	河海大学	25
1	中国地质大学（武汉）	25
1	中国地质大学（北京）	25
1	武汉理工大学	25
1	华中师范大学	25
1	中南财经政法大学	25
1	中山大学	25
1	华南理工大学	25
1	四川大学	25
1	西南财经大学	25
1	西南大学	25
24	北京科技大学	24
24	东华大学	24
24	长安大学	24
24	北京林业大学	23
24	大连理工大学	23
24	南京大学	23
24	上海财经大学	23
24	南京农业大学	23
24	华中科技大学	23
24	华中农业大学	23
24	陕西师范大学	23
24	西安电子科技大学	23
36	清华大学	22
36	上海外国语大学	22
36	厦门大学	22
39	北京化工大学	21
39	中国矿业大学（北京）	21
39	江南大学	21

续表

第二项排名	学 校 名 称	第二项师资与教学条件得分（满分 25 分）
39	浙江大学	21
39	西北农林科技大学	21
39	兰州大学	21
45	中国矿业大学	20
45	中国药科大学	20
47	北京师范大学	19
47	中国传媒大学	19
47	东南大学	19
47	山东大学	19
51	中央音乐学院	18
51	中国海洋大学	18
51	中南大学	18
54	中央财经大学	17
55	中国政法大学	16
55	合肥工业大学	16
57	北京大学	15
57	武汉大学	15
59	湖南大学	14
60	南开大学	13
61	复旦大学	13
62	中国农业大学	12
63	中央美术学院	11
64	北京中医药大学	9
65	中国人民大学	0
65	北京语言大学	0
65	北京外国语大学	0
65	对外经济贸易大学	0
65	上海交通大学	0
65	西南交通大学	0
65	电子科技大学	0

续表

第二项排名	学校名称	第二项师资与教学条件得分（满分 25 分）
65	重庆大学	0
65	西安交通大学	0
65	天津大学	0
65	东北林业大学	0

（3）第三项教学建设与改革得分及排名如表 4-4 所示。

表 4-4 第三项教学建设与改革得分及排名表

第三项排名	学校名称	第三项教学建设与改革得分（总分 12 分）
1	中央财经大学	12
1	北京师范大学	12
1	中国石油大学(北京)	12
1	中国石油大学(华东)	12
1	中国农业大学	12
1	中国政法大学	12
1	中央戏剧学院	12
1	东北大学	12
1	大连理工大学	12
1	东北师范大学	12
1	华东理工大学	12
1	东南大学	12
1	中国矿业大学(北京)	12
1	河海大学	12
1	中国药科大学	12
1	厦门大学	12
1	武汉理工大学	12
1	中山大学	12
1	华南理工大学	12
1	四川大学	12
1	西南财经大学	12
1	西南大学	12

续表

第三项排名	学校名称	第三项教学建设与改革得分（总分12分）
1	西安电子科技大学	12
1	长安大学	12
25	北京大学	10
25	北京化工大学	10
25	北京交通大学	10
25	北京邮电大学	10
25	中国传媒大学	10
25	同济大学	10
25	华东师范大学	10
25	上海财经大学	10
25	合肥工业大学	10
25	武汉大学	10
25	华中农业大学	10
25	湖南大学	10
25	西北农林科技大学	10
38	北京科技大学	8
38	北京林业大学	8
38	中央音乐学院	8
38	中央美术学院	8
38	华北电力大学	8
38	吉林大学	8
38	东华大学	8
38	上海外国语大学	8
38	南京大学	8
38	中国矿业大学	8
38	江南大学	8
38	南京农业大学	8
38	浙江大学	8
38	山东大学	8

续表

第三项排名	学 校 名 称	第三项教学建设与改革得分（总分 12 分）
38	中国海洋大学	8
38	中国地质大学(武汉)	8
38	华中师范大学	8
38	兰州大学	8
56	清华大学	6
56	北京语言大学	6
56	南开大学	6
56	复旦大学	6
56	华中科技大学	6
56	陕西师范大学	6
62	中国地质大学(北京)	4
62	中南财经政法大学	4
64	北京中医药大学	2
64	中南大学	2
66	中国人民大学	0
66	北京外国语大学	0
66	对外经济贸易大学	0
66	天津大学	0
66	东北林业大学	0
66	上海交通大学	0
66	西南交通大学	0
66	电子科技大学	0
66	重庆大学	0
66	西安交通大学	0

（4）第四项质量保障体系得分及排名如表 4-5 所示。

表 4-5　第四项质量保障体系得分及排名表

第四项排名	学 校 名 称	第四项质量保障体系得分（总分 18 分）
1	清华大学	18
1	中央音乐学院	18

续表

第四项排名	学校名称	第四项质量保障体系得分（总分18分）
1	中央戏剧学院	18
1	东南大学	18
5	北京科技大学	16
5	中国石油大学（华东）	16
5	中央美术学院	16
5	东北大学	16
5	吉林大学	16
5	华东理工大学	16
5	中国矿业大学	16
5	浙江大学	16
5	中山大学	16
5	华南理工大学	16
5	四川大学	16
16	北京大学	14
16	北京化工大学	14
16	北京交通大学	14
16	中国石油大学（北京）	14
16	中国农业大学	14
16	南开大学	14
16	华北电力大学	14
16	河海大学	14
16	武汉理工大学	14
16	华中师范大学	14
16	长安大学	14
27	北京师范大学	12
27	北京语言大学	12
27	北京邮电大学	12
27	同济大学	12
27	东华大学	12

续表

第四项排名	学校名称	第四项质量保障体系得分（总分 18 分）
27	华东师范大学	12
27	山东大学	12
27	武汉大学	12
27	中国地质大学(北京)	12
27	中南财经政法大学	12
27	湖南大学	12
38	中国传媒大学	10
38	北京林业大学	10
38	中国政法大学	10
38	北京中医药大学	10
38	上海外国语大学	10
38	上海财经大学	10
38	合肥工业大学	10
38	中国药科大学	10
38	华中农业大学	10
38	中南大学	10
38	西南财经大学	10
38	西安电子科技大学	10
38	兰州大学	10
51	中央财经大学	8
51	大连理工大学	8
51	东北师范大学	8
51	中国矿业大学(北京)	8
51	厦门大学	8
51	中国海洋大学	8
51	华中科技大学	8
51	陕西师范大学	8
59	江南大学	6
59	南京农业大学	6

续表

第四项排名	学校名称	第四项质量保障体系得分（总分18分）
59	西南大学	6
59	西北农林科技大学	6
63	复旦大学	4
63	南京大学	4
65	中国人民大学	0
65	对外经济贸易大学	0
65	天津大学	0
65	东北林业大学	0
65	中国地质大学（武汉）	0
65	西南交通大学	0
65	电子科技大学	0
65	重庆大学	0
65	西安交通大学	0
65	北京外国语大学	0
65	上海交通大学	0

（5）第五项学生学习效果得分及排名如表4-6所示。

表4-6　第五项学生学习效果得分及排名表

第五项排名	学校名称	第五项学生学习效果得分（总分17分）
1	北京科技大学	17
1	中国石油大学（华东）	17
1	北京林业大学	17
1	河海大学	17
1	华南理工大学	17
6	北京交通大学	16
6	中国石油大学（北京）	16
6	南京农业大学	16
9	中央财经大学	15
9	中央音乐学院	15

续表

第五项排名	学 校 名 称	第五项学生学习效果得分（总分 17 分）
9	中央戏剧学院	15
9	南开大学	15
9	华北电力大学	15
9	吉林大学	15
9	华东理工大学	15
9	浙江大学	15
9	中国海洋大学	15
9	华中农业大学	15
9	四川大学	15
20	中国农业大学	14
20	东北大学	14
20	同济大学	14
20	中国矿业大学	14
20	湖南大学	14
20	中山大学	14
26	中国政法大学	13
26	东华大学	13
26	华东师范大学	13
26	上海外国语大学	13
26	上海财经大学	13
26	中国药科大学	13
26	华中师范大学	13
26	西南财经大学	13
34	中国传媒大学	12
34	大连理工大学	12
34	东北师范大学	12
34	复旦大学	12
34	中国矿业大学(北京)	12
34	江南大学	12

续表

第五项排名	学校名称	第五项学生学习效果得分（总分17分）
34	山东大学	12
34	中国地质大学（北京）	12
34	中南财经政法大学	12
34	西南大学	12
34	西北农林科技大学	12
45	中国地质大学（武汉）	11
45	长安大学	11
47	北京师范大学	10
47	南京大学	10
47	华中科技大学	10
47	中南大学	10
51	中央美术学院	9
51	厦门大学	9
53	清华大学	8
53	武汉大学	8
53	陕西师范大学	8
53	西安电子科技大学	8
57	东南大学	7
57	合肥工业大学	7
57	武汉理工大学	7
57	兰州大学	7
61	北京语言大学	6
62	北京邮电大学	5
63	北京大学	4
63	北京中医药大学	4
65	中国人民大学	0
65	北京化工大学	0
65	北京外国语大学	0
65	东北林业大学	0

续表

第五项排名	学校名称	第五项学生学习效果得分（总分17分）
65	西南交通大学	0
65	电子科技大学	0
65	重庆大学	0
65	西安交通大学	0
65	对外经济贸易大学	0
65	天津大学	0
65	上海交通大学	0

（6）第六项特色发展得分及排名如表4-7所示。

表4-7 第六项特色发展得分及排名表

第六项排名	学校名称	第六项特色发展得分（总分4分）
1	北京大学	4
1	清华大学	4
1	北京科技大学	4
1	北京化工大学	4
1	北京师范大学	4
1	中国石油大学(北京)	4
1	中国石油大学(华东)	4
1	中国农业大学	4
1	中国传媒大学	4
1	北京林业大学	4
1	中国政法大学	4
1	中央财经大学	4
1	中央音乐学院	4
1	中央戏剧学院	4
1	中央美术学院	4
1	南开大学	4
1	华北电力大学	4
1	东北大学	4

续表

第六项排名	学 校 名 称	第六项特色发展得分（总分4分）
1	大连理工大学	4
1	吉林大学	4
1	东北师范大学	4
1	复旦大学	4
1	同济大学	4
1	华东理工大学	4
1	东华大学	4
1	华东师范大学	4
1	上海外国语大学	4
1	南京大学	4
1	上海财经大学	4
1	东南大学	4
1	中国矿业大学(北京)	4
1	河海大学	4
1	江南大学	4
1	南京农业大学	4
1	合肥工业大学	4
1	中国药科大学	4
1	浙江大学	4
1	厦门大学	4
1	山东大学	4
1	中国海洋大学	4
1	武汉大学	4
1	华中科技大学	4
1	中国地质大学(北京)	4
1	武汉理工大学	4
1	华中师范大学	4
1	华中农业大学	4
1	中南财经政法大学	4

续表

第六项排名	学 校 名 称	第六项特色发展得分（总分 4 分）
1	湖南大学	4
1	中南大学	4
1	中山大学	4
1	华南理工大学	4
1	四川大学	4
1	西南财经大学	4
1	西南大学	4
1	西北农林科技大学	4
1	陕西师范大学	4
1	西安电子科技大学	4
1	长安大学	4
1	兰州大学	4
60	北京中医药大学	2
60	中国矿业大学	2
62	北京语言大学	0
62	北京交通大学	0
62	北京邮电大学	0
62	中国地质大学(武汉)	0
62	中国人民大学	0
62	北京外国语大学	0
62	对外经济贸易大学	0
62	天津大学	0
62	东北林业大学	0
62	上海交通大学	0
62	西南交通大学	0
62	电子科技大学	0
62	重庆大学	0
62	西安交通大学	0

（7）第七项需要解决的问题得分及排名如表 4-8 所示。

表 4-8　第七项需要解决的问题得分及排名表

第七项排名	学校名称	第七项需要解决的问题得分（总分 6 分）
1	北京大学	6
1	清华大学	6
1	北京交通大学	6
1	中国石油大学(北京)	6
1	中国石油大学(华东)	6
1	中国农业大学	6
1	中国政法大学	6
1	南开大学	6
1	大连理工大学	6
1	吉林大学	6
1	东北师范大学	6
1	复旦大学	6
1	同济大学	6
1	华东理工大学	6
1	东华大学	6
1	华东师范大学	6
1	上海外国语大学	6
1	南京大学	6
1	上海财经大学	6
1	东南大学	6
1	中国矿业大学	6
1	河海大学	6
1	江南大学	6
1	南京农业大学	6
1	合肥工业大学	6
1	中国药科大学	6
1	浙江大学	6
1	厦门大学	6

续表

第七项排名	学校名称	第七项需要解决的问题得分（总分6分）
1	山东大学	6
1	武汉大学	6
1	中国地质大学(北京)	6
1	华中师范大学	6
1	华中农业大学	6
1	中南财经政法大学	6
1	西南财经大学	6
1	西南大学	6
1	西北农林科技大学	6
1	陕西师范大学	6
1	西安电子科技大学	6
1	兰州大学	6
41	北京科技大学	4
41	中国传媒大学	4
41	北京林业大学	4
41	中央财经大学	4
41	中央音乐学院	4
41	中央美术学院	4
41	北京中医药大学	4
41	华北电力大学	4
41	东北大学	4
41	中国海洋大学	4
41	华中科技大学	4
41	湖南大学	4
41	中南大学	4
41	中山大学	4
41	华南理工大学	4
41	四川大学	4
57	武汉理工大学	2

续表

第七项排名	学校名称	第七项需要解决的问题得分（总分6分）
57	长安大学	2
59	中国人民大学	0
59	北京化工大学	0
59	北京师范大学	0
59	北京语言大学	0
59	北京外国语大学	0
59	北京邮电大学	0
59	中央戏剧学院	0
59	东北林业大学	0
59	上海交通大学	0
59	中国矿业大学(北京)	0
59	中国地质大学(武汉)	0
59	西南交通大学	0
59	电子科技大学	0
59	重庆大学	0
59	西安交通大学	0
59	对外经济贸易大学	0
59	天津大学	0

（二）2015年测评结果各项指标得分情况分析

1. 得分情况分析

(1) 总体分析。

得分总表（见表4-9）显示，2015年测评中75所教育部直属高校的总平均分为64.56分。本次测评总得分最高的是中国石油大学（华东），得分96分；有74.67%的高校高于平均得分；有10所高校（约占75所高校的13.33%）因测评时网页打不开或信息公开网站中没有2013年本科教学质量报告而得0分，这表明部分高校对于本科教学质量报告信息公开工作还不够重视。在本次测评中，75所教育部直属高校的7项一级指标得分情况整体尚好。总平均分及各具体单项平均分与标准分值的比较图如图4-4所示。

表 4-9 得分总表

名称	总分	第一项	第二项	第三项	第四项	第五项	第六项	第七项
分值	100	18	25	12	18	17	4	6
平均分	64.56	10.53	18.23	8.13	10.13	10.36	3.2	4.11

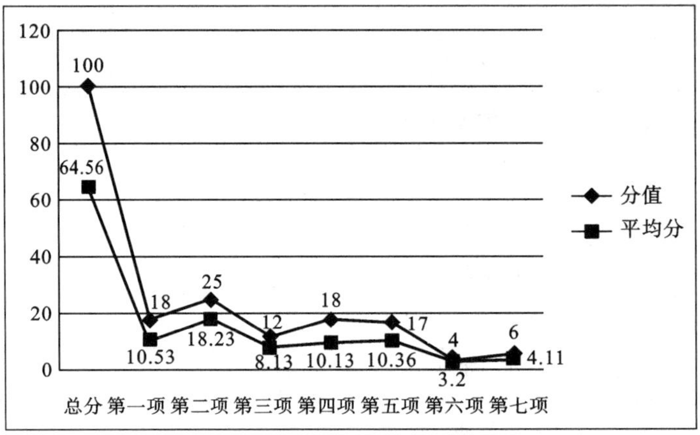

图 4-4 总平均分及各具体单项平均分与标准分值的比较图

(2) 单项得分率。

2015 年测评中 75 所教育部直属高校的 7 项一级指标得分率如表 4-10 所示，由高到低排列分别为：第六项特色发展 80%、第二项师资与教学条件 72.92%、第七项需要解决的问题 68.5%、第三项教学建设与改革 67.75%、第五项学生学习效果 60.94%、第一项本科教育基本情况 58.50%、第四项质量保障体系 56.28%。得分率高于 60%的一级指标有 5 项，低于 60%的一级指标有 2 项。

表 4-10 单项得分率表

名称	总分	第一项	第二项	第三项	第四项	第五项	第六项	第七项
得分率	64.56%	58.50%	72.92%	67.75%	56.28%	60.94%	80%	68.5%

总体而言，2015 年测评中 75 所教育部直属高校 2013 年本科教学质量报告 7 项一级指标得分率显示，有 2 项一级指标的得分率低于 60%，但接近 60%。这说明 75 所教育部直属高校整体上对本科教学质量报告各项指标信息公开的理解达到一般水平，需公开的各项事务在报告中均有所涉及。7 项一级指标中得分率最高的一项达 80%，已经达到较高级别，表明公布报告的各校对此项理解比较清晰。但导致 75 所教育部直属高校总得分率为 64.56%的原因，是某些分值较高的指标得分率较少，拉低了整体得分率，详细情况见优、劣势指标分析。

(3) 优、劣势指标。

2015 年测评中 75 所教育部直属高校 2013 年本科教学质量报告各项一级指标得分率显示，本次测评中一级指标得分率最高的为第六项特色发展，得分率 80%(如图 4-5 所

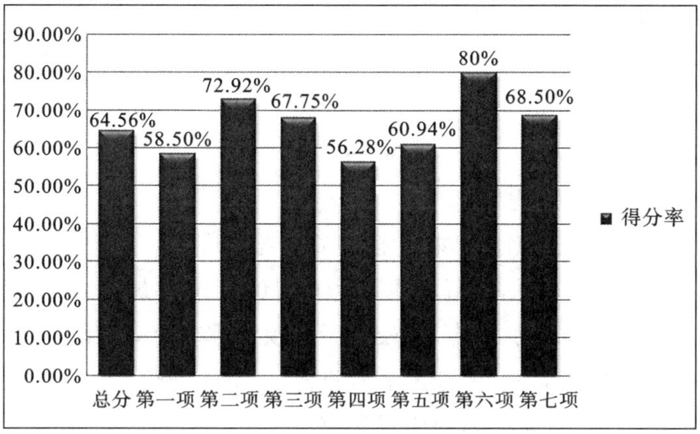

图 4-5　总得分率与单项得分率柱形图

示)，是本次测评中的优势指标。从指标赋分权重情况分析，第六项特色发展的一级指标下只设了一个二级指标，赋分值 4 分，分值较小，因此其对总分的影响权重较小，这也是此项得分率有 80%而总分得分率只有 64.56%的原因之一。从指标内容分析，第六项特色发展作为各校展示自我特点的自由发挥项目，其内容和形式本就是依据各校特色而定，形式多样，相对容易操作。虽然从质量角度难以判断高下，但是从信息公开角度只要该条目具备并且内容涉及各校特色就可以得分，这也是本项得分率最高的原因。

本次测评劣势指标为第四项质量保障体系，得分率只有 56.28%。从指标赋分权重情况分析，第四项质量保障体系一级指标下设 9 个二级指标，赋分值 18 分，在 7 个大项中所赋分值中处于第二高，权重较大，对总体得分的影响较大。从指标内容分析，第四项质量保障体系的二级指标内容为：①学校人才培养中心地位落实情况、②校领导班子研究本科教学工作情况、③相关政策措施、④教学质量保障体系建设、⑤日常监控与运行情况、⑥本科教学基本状态分析、⑦专业评估情况、⑧专业认证、⑨国际评估情况。综观 75 所教育部直属院校，此项测评情况，除了③相关政策措施、④教学质量保障体系建设等 2 项二级指标得分较好之外，其他 7 项二级指标得分率普遍较低。这说明 75 所教育部直属高校在教学质量保障体系建设的总体框架下，其实质性的内容如日常监控、认证评估等许多方面还有所欠缺，许多关键的因素比如人才培养中心地位落实、校领导班子研究本科教学工作情况等还不到位。如果这些方面不能够补充落实，整体的本科教学质量保障体系将很难发挥其应有作用。从影响总体得分率因素分析，第一大项教育基本情况下设 5 项二级指标，赋分值 18 分，权重与第四项一样，但其得分率为 58.5%，为第二劣势指标。第四项与第一项两大劣势一级指标共 36 分，超过总分值的三分之一，这两项一级指标得分率均低于 60%，从而拉低了整体得分率，直接导致本次测评总平均分只有 64.56%的水平。

2. 各单项得分离散程度分析

某一单项得分离散程度，代表着 75 所教育部直属高校总体对此项指标的理解和落实程度，可以通过得分的标准差来分析。

标准差的计算公式为：

$$\sigma = \sqrt{\frac{1}{N}\sum_{i=1}^{N}(x_i - \mu)^2}$$

式中：N 代表计数，μ 代表平均数。

75 所教育部直属高校 2013 年本科教学质量报告 7 项一级指标单项标准差如图 4-6 所示。在本次测评各单项中，第六项特色发展的标准差最小，得分离散程度最小，说明各高校在此单项得分比较平均，各校对于此项掌握较好，理解比较一致；而第二项师资与教学条件的标准差最大，得分离散程度最大，即各校对此项的理解和把握有较大差异，有相当一部分学校此项问题比较严重。

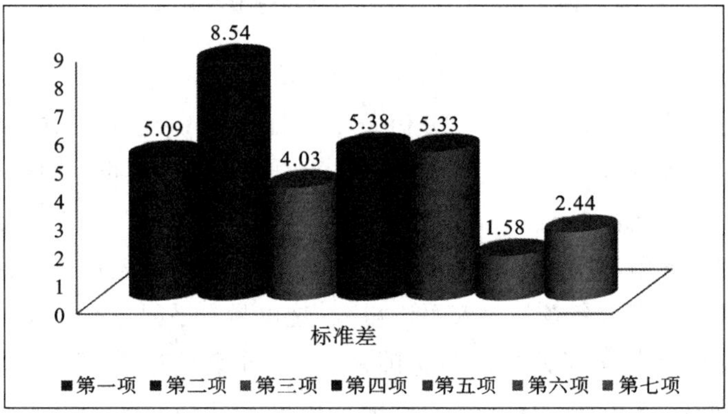

图 4-6　单项标准差柱状图

值得探讨的是，第二项师资与教学条件的得分率高达 72.92%，是第二大优势指标。其原因是部分高校此项得分较高，带动此项整体得分上升所致，但其标准差却有 8.54，得分离散程度最大，得分两极分化程度最为严重，有相当部分高校在此项得分很低。第二项是 7 项一级指标中得分率第二高，得分离散程度最大，两者呈现出了巨大的反差(见图 4-7)。

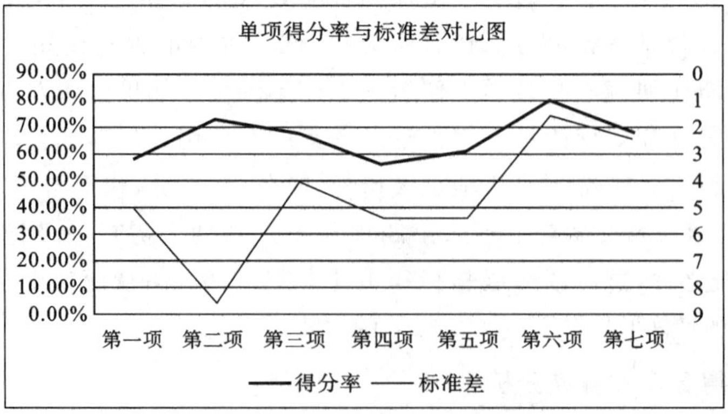

图 4-7　单项得分率与标准差对比图

（三）2015 年测评结果区域与层次维度分析

1. 地域分布与得分

如表 4-11 所示，按照区域进行划分，75 所教育部直属高校 2013 年本科教学质量报告测评各区域平均得分最高的为广东，最低的为黑龙江。北京得分为 61.42 分，排名第十二；上海得分为 70.25 分，排名第八。出现此情况的原因还需进一步分析。

表 4-11　各区域平均得分表

排　名	地　区	平　均　分	区域部属高校数	区域 0 分高校数
1	广东	90.5	2	0
2	吉林	84.5	2	0
3	辽宁	82.5	2	0
4	浙江	80	1	0
5	江苏	77.14	7	0
6	山东	76.67	3	0
7	湖北	72.14	7	0
8	上海	70.25	8	1
9	福建	69	1	0
10	甘肃	66	1	0
11	安徽	65	1	0
12	北京	61.42	24	3
13	湖南	61	2	0
14	陕西	58.4	5	1
15	四川	42	4	2
16	重庆	39.5	2	1
17	天津	36	2	1
18	黑龙江	0	1	1

2. 学校类别与得分

如图 4-8 所示，按高校类别划分，75 所教育部直属高校 2013 年本科教学质量报告测评平均得分中师范类院校平均分最高，平均得分 79 分。平均分由高到低依次为师范类 79 分、艺术类 76.33 分、工科类 70.39 分、政法类 69 分、农林类 61.67 分、财经类 60.2 分、医药类 59 分、综合类 51.38 分、语言类 45.5 分。排行最后的三类院校平均分没有达到60分，三类总数有27所。

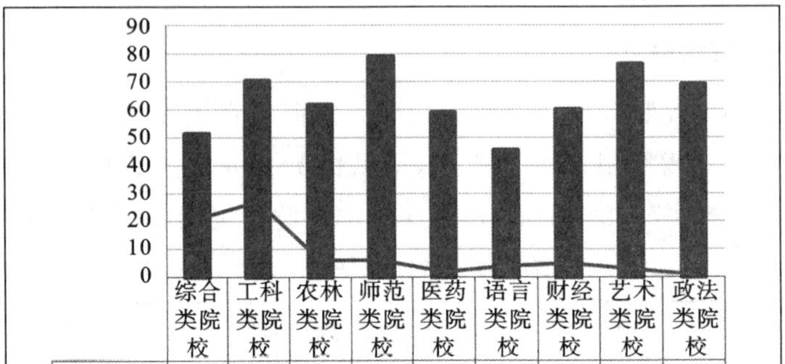

	综合类院校	工科类院校	农林类院校	师范类院校	医药类院校	语言类院校	财经类院校	艺术类院校	政法类院校
平均分	51.38	70.39	61.67	79	59	45.5	60.2	76.33	69
数量	21	27	6	6	2	4	5	3	1

图4-8　各类别高校平均分示意图

四、2015年测评研究发现与建议

（一）公开性与差异化：信息公开视角下的本科教学质量报告初测问题所在

1. 本科教学质量报告的公开性和完整性有待提高

2015年测评中有10所教育部直属高校（约占75所高校的13.33%）得0分，主要原因有三：一是在测评时间内，这些高校的信息公开网页打不开；二是在测评时间内，这些高校信息公开网页中没有2013年本科教学质量报告；三是在测评时间内，信息公开网页2013年本科教学质量报告链接错误，并且在部分高校的公开网页上，其2013年本科教学质量报告只能链接打开，无法选定和下载。这样的方式不但不方便阅读，更不方便查找和统计，也反映出本科教学质量报告的公开性不够。

本科教学质量报告质量的高低首先要看其完整性。本次测评总平均得分为64.56分表明：总体上，75所教育部直属高校2013年本科教学质量报告的完整程度水平一般，存在缺枝少叶的问题。尤其是面对可以酌情公开的事项，多数高校选择了“不公开”的态度和做法。因为本科教学质量报告内容完整程度上存在问题，其作用也就大打折扣，未能发挥出其充分自我评估与反思改进的应有作用。

2. 本科教学质量报告中有的内容针对性不足，有的数据可能会被社会误读

2015年测评发现，大多教育部直属高校采用较为谨慎的态度撰写与公开本科教学质量报告，报告内容缺乏针对性和特色。如对“培养目标”的描述，有的学校给予笼统地回答，不够具体，很难反映高校在2013年这一学年的时间里，在本科教育各个年级具体的培养目标，以及提高质量方面的突出措施，具体成绩等内容。

另一个问题是各校本科教学质量报告中公开的部分数据可能会被社会误读。比

如，应届本科生毕业率、应届本科生学位授予率、应届本科生初次就业率、学生学习满意度以及用人单位对毕业生满意度都很高。如此高的百分率似乎说明高校的教学质量已经很好了，与社会的切合度已经很高了，没有改革的必要了。因此，如何解释和看待公布的这些统计结果，如何进一步做好信息统计与公开工作，如何通过报告进一步反推教育质量的提升成为接下来本科质量报告制度完善中的关键。

3. 信息公开视角下的本科教学质量报告测评排名与社会印象差异较大

2015 年测评显示，高校的教学质量公开意愿和行动（测评得分排名）与社会印象的高校层级之间不完全存在正相关关系。实际情况是类似于倒 U 形分布，层级较高的和较低的高校总体得分较低，层级居中的高校总体得分较高。特别是部分社会声望较高的高校，其测评结果排名与其社会印象十分不相称，在此次测评中总得分仅有 60 分左右的水平。出现这种现象的原因之一，是学校还没有将本科教学质量报告的撰写和公开工作给予足够的重视。区域平均得分数据显示，北京高校平均得分只有 61.42 分，上海高校平均得分也只有 70.25 分，其得分与在社会印象差异较大。

4. 测评显示部分直属高校教学条件有待提高（有关数据见附件）

根据 2015 年测评提取的 75 所教育部直属高校 2013 年本科教学质量数据显示，各高校中生师比最大值为 21.46，已接近教育部普通高等学校基本办学条件指标招生限制最大值 23；生师比平均值为 16.6，已经接近普通本科院校生师比平均值 17.7。生均图书最小值为 51，已经高于普通高等学校基本办学条件指标招生最小值 35，仅低于普通高等学校基本办学条件指标合格标准最小值 70。生均教学行政用房平均值为 15.78，略高于 2013 全国普通本科院校平均值 13.4。但高校生均教学行政用房最小值为 3.39，略低于普通高等学校基本办学条件指标招生最小值 5。这说明部分教育部直属高校在某些教学条件方面已接近指标临界点，甚至有的高校教学条件和资源等相当紧张，教学条件短板亟待改善，存在难以支撑其办学规模的危险。如不及时改变这种危险的状况，必将严重影响教育教学质量。

（二）规范化与制度化：本科教学质量报告优化的阶段要点

1. 建议进一步重视本科教学质量报告撰写与公开，确保报告的完整、真实

2015 年测评结果表明，75 所教育部直属高校中部分高校对撰写和公布本科教学质量报告还不够重视。思想上的重视是做好本科教学质量报告撰写与公开的基础，在完整公开的前提下尽可能做到真实地反映学校教学情况。高校要发挥好本科教学质量报告的信息载体功能，体现出其应有价值。通过发布本科教学质量报告向社会公众发布自己真实信息，提升自身工作透明度和信誉度。除完整性、真实性外，高校在本科教学质量报告上也应该表现出自己独特的风味，在针对性上多下功夫，使报告体现出自己学校的特点，体现在报告的各个单项上，做出有自己个性化的报告。

2. 建议相关机构加强本科教学质量报告发布的规范化、制度化、专业化

建议高等教育主管部门建立起相应机制，促使高校发布高质量的本科教学质量报告，避免流于形式。高等教育主管部门通过建立起规范化、制度化地发布和推进机制，建成本科教学质量报告的逐年发布制度，并建立本科教学质量常态数据库，完善高校信息发布平台，使本科教学质量报告的撰写和公开工作进入常态化、专业化。

3. 建议在搭建本科教学质量保障体系框架的基础上，积极充实具体内容

2015 年测评中，“质量保障体系”指标下设二级指标 9 项，赋予分值 18 分。其二级指标得分率显示，除了“政策措施”“ 教学质量保障体系建设”2 项外，其他 7 项如“学校人才培养中心地位落实情况”“校领导班子研究本科教学工作情况”“日常监控与运行情况”“本科教学基本状态分析”“专业评估情况”“专业认证”“国际评估情况”得分率都较低，侧面反映出部分校在质量保障体制的建设过程中只重视总体框架而不重视具体内容，在整体框架中还有很多实质内容有待补充。因此，高校应该在搭好教学质量保障体系建设总框架的同时，应该加强实质内容的填充，使教学质量保障体系“有血有肉”，从而发挥出提升教学质量的效果。

4. 建议教育主管部门和各高校，高度重视得分离散程度高的单项，敦促高校加强对相应单项的理解和落实

第二项师资与教学条件标准差高达 8.54，值得教育主管部门和各高校认真反思。在以后的测评中，也将更加注意此项测评，以此推动高校对此单项能有较好把握，特别是提高教育部直属高校对此单项的理解水平和把握程度，促进其在师资队伍建设和教学条件的整体改善。

5. 建议加大相应投入，保证本科教学质量

教学条件上的短板对其整体教学质量上的影响是非常严重的。根据本次提取数据显示，即便是教育部直属高校，在许多教学条件上也已经接近指标临界点，甚至部分教学条件和资源已存在不能支持其办学规模的危险。所以，建议各高校针对自己存在的严重问题，有的放矢加大投入，改善教学条件上的短板，切实贯彻落实提高高校教学水平和创新能力，使若干高校和一批学科达到或接近世界一流水平的要求①。同时也建议教育主管部门和各高校规范同一项目的统计口径，保证本科教学质量报告数据能够真实地反映高校本科教学质量的现状并有效指导高校本科教学质量的提升。

---

① 钟颖莉，玄萍. 大学精神：高等学校的立校之魂[J]. 黑龙江高教研究，2016(06)：121-123.

第五章　2016:对比变化显差异

透明与监督：
信息公开视角下教育部直属高校
2014年本科教学质量报告问题与完善分析

一、信息公开视角下的本科教学质量报告测评制度更新概况

编制发布本科教学质量报告是《国家中长期教育改革与发展规划纲要（2010—2020)》中对高校信息公开的规划部署，是教育部《高等学校信息公开事项清单》中的一项重要内容，是建立健全高等教育质量保障体系的重要举措，也是高等学校向社会展示办学特色、宣传办学理念和教学成果的重要途径。按照《国务院教育督导委员会办公室关于普通高等学校编制发布2014年〈本科教学质量报告〉的通知》(国教督办函〔2015〕40号)(本章以下简称《通知》)文件要求，各普通高等学校应编制本校的本科教学质量报告并在学校门户网站开设的信息公开专栏，向社会公开发布，并在2015年11月30日前由省级教育行政部门上交国务院教育督导委员会。

按照《通知》要求，笔者于2015年12月24日开始继续使用高等学校本科教学质量报告测评指标体系(1.0版)启动了对75所教育部所属高校2014年度本科教学质量报告的测评与研究，保持了测评的及时性和连续性，并在2016年进行了复查和数据分析。本次测评主要在对2014年本科教学质量报告监测的基础上加入了与2013年本科教学质量报告分析数据的对比情况呈现，使分析记过更具有针对性和对比性，力求建立具有功能再造机制的年度测评制度。

二、2016年测评研究结果分析与对比

(一) 2016年测评结果对比总览

1. 总分排名及变化情况

得分、排名及变化情况如表5-1所示。

表 5-1 得分、排名及变化情况表

学 校 名 称	本次总分	第一次总分	总分变化	本次排名	第一次排名	排名变化
武汉大学	100	65	35	1	54	53
湖南大学	100	66	34	1	46	45
山东大学	98	67	31	3	46	43
中国地质大学(武汉)	98	58	40	3	61	58
北京邮电大学	97	64	33	5	54	49
中国矿业大学	96	84	12	6	14	8
江南大学	96	67	29	6	46	40
中南大学	96	56	40	6	62	56
中国石油大学(华东)	95	96	−1	9	1	−8
华东理工大学	95	92	3	9	2	−7
浙江大学	95	80	15	9	26	17
长安大学	95	79	16	9	20	11
中国地质大学(北京)	94	71	23	13	40	27
华中农业大学	94	78	16	13	26	13
中南财经政法大学	94	71	23	13	40	27
武汉理工大学	93	82	11	13	17	4
大连理工大学	92	79	13	17	26	9
华中科技大学	92	65	27	17	54	37
中国石油大学(北京)	90	91	−1	19	2	−17
东南大学	90	78	12	19	26	7
河海大学	90	92	−2	19	5	−14
西南财经大学	90	82	8	19	17	−2
陕西师范大学	90	67	23	19	57	38
北京大学	89	63	26	24	58	34
华北电力大学	89	82	7	24	17	−7
华东师范大学	89	84	5	24	14	−10
西北农林科技大学	88	69	19	27	46	19
东北林业大学	87	0	87	28	66	38
中国海洋大学	87	67	20	28	46	18
中央财经大学	86	70	16	30	42	12

续表

学校名称	本次总分	第一次总分	总分变化	本次排名	第一次排名	排名变化
同济大学	86	81	5	30	20	−10
上海外国语大学	86	81	5	30	24	−6
重庆大学	86	0	86	30	66	36
东北大学	85	89	−4	34	6	−28
中国药科大学	84	77	7	35	32	−3
北京林业大学	82	74	8	36	36	0
兰州大学	82	66	16	36	43	7
北京师范大学	76	75	1	38	32	−6
中国人民大学	75	0	75	39	66	27
华中师范大学	75	86	−11	39	10	−29
上海交通大学	73	0	73	41	66	25
北京中医药大学	72	41	31	42	64	22
复旦大学	71	61	10	43	59	16
上海财经大学	71	78	−7	43	26	−17
北京语言大学	66	28	38	45	65	20
中央音乐学院	66	81	−15	45	20	−25
中央戏剧学院	62	88	−26	47	8	−39
中国政法大学	48	69	−21	48	43	−5
清华大学	0	80	−80	49	24	−25
北京科技大学	0	87	−87	49	9	−40
北京化工大学	0	55	−55	49	63	14
北京外国语大学	0	0	0	49	66	17
北京交通大学	0	81	−81	49	20	−29
中国农业大学	0	74	−74	49	34	−15
中国传媒大学	0	73	−73	49	36	−13
中央美术学院	0	60	−60	49	60	11
对外经济贸易大学	0	0	0	49	66	17
南开大学	0	72	−72	49	39	−10
天津大学	0	0	0	49	66	17
吉林大学	0	86	−86	49	10	−39

续表

学校名称	本次总分	第一次总分	总分变化	本次排名	第一次排名	排名变化
东北师范大学	0	83	-83	49	16	-33
东华大学	0	85	-85	49	13	-36
南京大学	0	67	-67	49	43	-6
中国矿业大学(北京)	0	67	-67	49	46	-3
南京农业大学	0	75	-75	49	38	-11
合肥工业大学	0	65	-65	49	52	3
厦门大学	0	69	-69	49	52	3
中山大学	0	89	-89	49	6	-43
华南理工大学	0	92	-92	49	2	-47
四川大学	0	86	-86	49	10	-39
西南交通大学	0	0	0	49	66	17
电子科技大学	0	0	0	49	66	17
西南大学	0	79	-79	49	26	-23
西安交通大学	0	0	0	49	66	17
西安电子科技大学	0	77	-77	49	34	-15
总分	4131	4842	-711			
75所高校平均分	55.08	64.56	-9.48			
去0分高校平均分	86.06	74.49	11.57			

注:"第一次"指第四章对2013年度本科教学质量报告的测评。

2. 分项测评结果

(1)第一项本科教育基本情况(赋分值18分)得分及变化(见表5-2)。

表5-2 第一项本科教育基本情况得分及变化情况表

学校名称	本次得分	第一次得分	得分变化	本次排名	第一次排名	排名变化
北京邮电大学	18	12	6	1	28	27
北京中医药大学	18	10	8	1	41	40
湖南大学	18	8	10	1	56	55
华北电力大学	18	12	6	1	28	27
华东理工大学	18	14	4	1	11	10
山东大学	18	8	10	1	56	55
武汉大学	18	10	8	1	41	40

续表

学校名称	本次得分	第一次得分	得分变化	本次排名	第一次排名	排名变化
中国地质大学(武汉)	18	14	4	1	11	10
中国石油大学(华东)	18	16	2	1	7	6
中南财经政法大学	18	8	10	1	56	55
中央财经大学	18	14	4	1	11	10
北京大学	16	10	6	12	41	29
大连理工大学	16	14	2	12	11	-1
华中科技大学	16	10	6	12	41	29
华中农业大学	16	10	6	12	41	29
江南大学	16	10	6	12	41	29
上海财经大学	16	12	4	12	28	16
中国地质大学(北京)	16	8	8	12	56	44
中国矿业大学	16	18	-2	12	1	-11
中南大学	16	8	8	12	56	44
浙江大学	15	10	5	21	41	20
北京师范大学	14	18	-4	22	1	-21
东北大学	14	14	0	22	11	-11
东北林业大学	14	0	14	22	66	44
河海大学	14	14	0	22	11	-11
华东师范大学	14	14	0	22	11	-11
华中师范大学	14	16	-2	22	7	-15
上海外国语大学	14	18	-4	22	1	-21
武汉理工大学	14	18	-4	22	1	-21
西南财经大学	14	12	2	22	28	6
长安大学	14	12	2	22	28	6
中国海洋大学	14	10	4	22	41	19
中国人民大学	14	0	14	22	66	44
中国石油大学(北京)	14	14	0	22	11	-11
中央戏剧学院	14	14	0	22	11	-11
重庆大学	14	0	14	22	66	44
北京语言大学	12	4	8	37	65	28

续表

学校名称	本次得分	第一次得分	得分变化	本次排名	第一次排名	排名变化
东南大学	12	12	0	37	28	−9
复旦大学	12	16	−4	37	7	−30
兰州大学	12	10	2	37	41	4
陕西师范大学	12	12	0	37	28	−9
同济大学	12	10	2	37	41	4
西北农林科技大学	12	10	2	37	41	4
中国药科大学	12	12	0	37	28	−9
中央音乐学院	12	14	−2	37	11	−26
上海交通大学	10	0	10	46	66	20
中国政法大学	8	10	−2	47	41	−6
北京林业大学	6	8	−2	48	56	8
北京化工大学	0	6	−6	49	64	15
北京交通大学	0	10	−10	49	41	−8
北京科技大学	0	14	−14	49	11	−38
北京外国语大学	0	0	0	49	66	17
电子科技大学	0	0	0	49	66	17
东北师范大学	0	16	−16	49	7	−42
东华大学	0	18	−18	49	1	−48
对外经济贸易大学	0	0	0	49	66	17
合肥工业大学	0	12	−12	49	28	−21
华南理工大学	0	14	−14	49	11	−38
吉林大学	0	12	−12	49	28	−21
南京大学	0	14	−14	49	11	−38
南京农业大学	0	12	−12	49	28	−21
南开大学	0	14	−14	49	11	−38
清华大学	0	12	−12	49	28	−21
厦门大学	0	8	−8	49	56	7
四川大学	0	10	−10	49	41	−8
天津大学	0	0	0	49	66	17
西安电子科技大学	0	14	−14	49	11	−38

续表

学 校 名 称	本次得分	第一次得分	得分变化	本次排名	第一次排名	排名变化
西安交通大学	0	0	0	49	66	17
西南大学	0	18	−18	49	1	−48
西南交通大学	0	0	0	49	66	17
中国传媒大学	0	14	−14	49	11	−38
中国矿业大学(北京)	0	10	−10	49	41	−8
中国农业大学	0	12	−12	49	28	−21
中山大学	0	14	−14	49	11	−38
中央美术学院	0	8	−8	49	56	7

(2) 第二项师资与教学条件(赋分值25分)得分及变化(见表5-3)。

表5-3　第二项师资与教学条件得分及变化情况表

学 校 名 称	本次得分	第一次得分	得分变化	本次排名	第一次排名	排名变化
北京大学	25	15	10	1	57	56
北京邮电大学	25	25	0	1	1	0
大连理工大学	25	23	2	1	24	23
东北大学	25	25	0	1	1	0
河海大学	25	25	0	1	1	0
湖南大学	25	14	11	1	59	58
华北电力大学	25	25	0	1	1	0
华东理工大学	25	25	0	1	1	0
华东师范大学	25	25	0	1	1	0
华中科技大学	25	23	2	1	24	23
华中农业大学	25	23	2	1	24	23
江南大学	25	21	4	1	39	38
兰州大学	25	21	4	1	39	38
山东大学	25	19	6	1	47	46
陕西师范大学	25	23	2	1	24	23
上海外国语大学	25	22	3	1	36	35
同济大学	25	25	0	1	1	0
武汉大学	25	15	10	1	57	56
武汉理工大学	25	25	0	1	1	0

续表

学校名称	本次得分	第一次得分	得分变化	本次排名	第一次排名	排名变化
西北农林科技大学	25	21	4	1	39	38
西南财经大学	25	25	0	1	1	0
长安大学	25	24	1	1	24	23
中国地质大学(北京)	25	25	0	1	1	0
中国地质大学(武汉)	25	25	0	1	1	0
中国海洋大学	25	18	7	1	51	50
中国矿业大学	25	20	5	1	45	44
中国石油大学(北京)	25	25	0	1	1	0
中国石油大学(华东)	25	25	0	1	1	0
中国药科大学	25	20	5	1	45	44
中南财经政法大学	25	25	0	1	1	0
中南大学	25	18	7	1	51	50
中央财经大学	25	17	8	1	54	53
北京林业大学	23	23	0	33	24	−9
东南大学	23	19	4	33	47	14
浙江大学	23	21	2	33	39	6
中央戏剧学院	22	25	−3	36	1	−35
北京师范大学	21	19	2	37	47	10
上海交通大学	21	0	21	37	65	28
重庆大学	21	0	21	37	65	28
华中师范大学	20	25	−5	40	1	−39
东北林业大学	19	0	19	41	65	24
上海财经大学	19	23	−4	41	24	−17
复旦大学	18	13	5	43	61	18
北京语言大学	16	0	16	44	65	21
中国人民大学	15	0	15	45	65	20
北京中医药大学	12	9	3	46	64	18
中央音乐学院	11	18	−7	47	51	4
中国政法大学	4	16	−12	48	55	7
北京化工大学	0	21	−21	49	39	−10

续表

学校名称	本次得分	第一次得分	得分变化	本次排名	第一次排名	排名变化
北京交通大学	0	25	−25	49	1	−48
北京科技大学	0	24	−24	49	24	−25
北京外国语大学	0	0	0	49	65	16
电子科技大学	0	0	0	49	65	16
东北师范大学	0	25	−25	49	1	−48
东华大学	0	24	−24	49	24	−25
对外经济贸易大学	0	0	0	49	65	16
合肥工业大学	0	16	−16	49	55	6
华南理工大学	0	25	−25	49	1	−48
吉林大学	0	25	−25	49	1	−48
南京大学	0	23	−23	49	24	−25
南京农业大学	0	23	−23	49	24	−25
南开大学	0	13	−13	49	60	11
清华大学	0	22	−22	49	36	−13
厦门大学	0	22	−22	49	36	−13
四川大学	0	25	−25	49	1	−48
天津大学	0	0	0	49	65	16
西安电子科技大学	0	23	−23	49	24	−25
西安交通大学	0	0	0	49	65	16
西南大学	0	23	−23	49	1	−48
西南交通大学	0	0	0	49	65	16
中国传媒大学	0	19	−19	49	47	−2
中国矿业大学(北京)	0	21	−21	49	39	−10
中国农业大学	0	12	−12	49	62	13
中山大学	0	25	−25	49	1	−48
中央美术学院	0	11	−11	49	63	14

(3) 第三项教学建设与改革(赋分值 12 分)得分及变化(见表 5-4)。

表 5-4　第三项教学建设与改革得分及变化情况表

学校名称	本次得分	第一次得分	得分变化	本次排名	第一次排名	排名变化
北京大学	12	10	2	1	25	24

续表

学 校 名 称	本次得分	第一次得分	得分变化	本次排名	第一次排名	排名变化
北京林业大学	12	8	4	1	25	24
北京师范大学	12	12	0	1	25	24
北京邮电大学	12	10	2	1	38	37
北京语言大学	12	6	6	1	38	37
大连理工大学	12	12	0	1	1	0
东北大学	12	12	0	1	66	65
东北林业大学	12	0	12	1	25	24
东南大学	12	12	0	1	56	55
河海大学	12	12	0	1	64	63
湖南大学	12	10	2	1	1	0
华北电力大学	12	8	4	1	66	65
华东理工大学	12	12	0	1	1	0
华东师范大学	12	10	2	1	66	65
华中科技大学	12	6	6	1	1	0
华中农业大学	12	10	2	1	38	37
江南大学	12	8	4	1	1	0
兰州大学	12	10	2	1	66	65
山东大学	12	8	4	1	56	55
陕西师范大学	12	6	6	1	25	24
上海外国语大学	12	8	4	1	1	0
同济大学	12	10	2	1	25	24
武汉大学	12	10	2	1	38	37
武汉理工大学	12	12	0	1	1	0
西南财经大学	12	12	0	1	25	24
长安大学	12	12	0	1	1	0
浙江大学	12	8	4	1	56	55
中国地质大学(北京)	12	4	8	1	25	24
中国地质大学(武汉)	12	8	4	1	38	37
中国海洋大学	12	8	4	1	38	37
中国矿业大学	12	8	4	1	38	37

续表

学校名称	本次得分	第一次得分	得分变化	本次排名	第一次排名	排名变化
中国人民大学	12	0	12	1	38	37
中国石油大学(华东)	12	12	0	1	38	37
中国药科大学	12	12	0	1	38	37
中国政法大学	12	12	0	1	56	55
中南财经政法大学	12	4	8	1	56	55
中南大学	12	2	10	1	1	0
中央财经大学	12	18	−6	1	38	37
中央音乐学院	12	8	4	1	56	55
重庆大学	12	0	12	1	25	24
北京中医药大学	10	2	8	41	66	25
上海财经大学	10	10	0	41	38	−3
上海交通大学	10	0	10	41	1	−40
西北农林科技大学	10	10	0	41	66	25
中国石油大学(北京)	10	12	−2	41	25	−16
复旦大学	8	6	2	46	25	−21
华中师范大学	8	8	0	46	1	−45
中央戏剧学院	8	12	−4	46	1	−45
北京化工大学	0	10	−10	49	66	17
北京交通大学	0	10	−10	49	25	−24
北京科技大学	0	8	−8	49	1	−48
北京外国语大学	0	0	0	49	1	−48
电子科技大学	0	0	0	49	66	17
东北师范大学	0	12	−12	49	1	−48
东华大学	0	8	−8	49	38	−11
对外经济贸易大学	0	0	0	49	25	−24
合肥工业大学	0	10	−10	49	62	13
华南理工大学	0	12	−12	49	38	−11
吉林大学	0	8	−8	49	38	−11
南京大学	0	8	−8	49	38	−11
南京农业大学	0	8	−8	49	1	−48

续表

学校名称	本次得分	第一次得分	得分变化	本次排名	第一次排名	排名变化
南开大学	0	6	−6	49	1	−48
清华大学	0	6	−6	49	66	17
厦门大学	0	12	−12	49	1	−48
四川大学	0	12	−12	49	1	−48
天津大学	0	0	0	49	1	−48
西安电子科技大学	0	12	−12	49	1	−48
西安交通大学	0	0	0	49	62	13
西南大学	0	12	−12	49	64	15
西南交通大学	0	0	0	49	1	−48
中国传媒大学	0	10	−10	49	1	−48
中国矿业大学(北京)	0	12	−12	49	38	−11
中国农业大学	0	12	−12	49	1	−48
中山大学	0	12	−12	49	38	−11
中央美术学院	0	8	−8	49	66	17

(4) 第四项质量保障体系(赋分值 18 分)得分及变化(见表 5-5)。

表 5-5 第四项质量保障体系得分及变化情况表

学校名称	本次得分	第一次得分	得分变化	本次排名	第一次排名	排名变化
湖南大学	18	12	6	1	27	26
武汉大学	18	12	6	1	27	26
武汉理工大学	18	14	4	1	16	15
长安大学	18	14	4	1	16	15
浙江大学	18	16	2	1	5	4
东北林业大学	16	0	16	6	65	59
东南大学	16	18	−2	6	1	−5
江南大学	16	6	10	6	59	53
山东大学	16	12	4	6	27	21
中国地质大学(北京)	16	12	4	6	27	21
中国地质大学(武汉)	16	0	16	6	65	59
中国矿业大学	16	16	0	6	5	−1
中南大学	16	10	6	6	38	32

续表

学校名称	本次得分	第一次得分	得分变化	本次排名	第一次排名	排名变化
重庆大学	16	0	16	6	65	59
北京邮电大学	15	12	3	15	27	12
北京林业大学	14	10	4	16	38	22
华东理工大学	14	16	−2	16	5	−11
华中农业大学	14	10	4	16	38	22
陕西师范大学	14	8	6	16	51	35
西北农林科技大学	14	6	8	16	59	43
中国海洋大学	14	8	6	16	51	35
中国石油大学(北京)	14	14	0	16	16	0
中国石油大学(华东)	14	16	−2	16	5	−11
北京大学	12	14	−2	24	16	−8
北京师范大学	12	12	0	24	27	3
北京中医药大学	12	10	2	24	38	14
大连理工大学	12	8	4	24	51	27
河海大学	12	14	−2	24	16	−8
华东师范大学	12	12	0	24	27	3
华中科技大学	12	8	4	24	51	27
华中师范大学	12	14	−2	24	16	−8
同济大学	12	12	0	24	27	3
西南财经大学	12	10	2	24	38	14
中国人民大学	12	0	12	24	65	41
中南财经政法大学	12	12	0	24	27	3
中央戏剧学院	12	18	−6	24	1	−23
北京语言大学	10	12	−2	37	27	−10
东北大学	10	16	−6	37	5	−32
华北电力大学	10	14	−4	37	16	−21
兰州大学	10	10	0	37	38	1
上海财经大学	10	10	0	37	38	1
上海交通大学	10	0	10	37	65	28
上海外国语大学	10	10	0	37	38	1

续表

学校名称	本次得分	第一次得分	得分变化	本次排名	第一次排名	排名变化
中央音乐学院	10	18	−8	37	1	−36
复旦大学	8	4	4	45	63	18
中国药科大学	8	10	−2	45	38	−7
中国政法大学	8	10	−2	45	38	−7
中央财经大学	6	8	−2	48	51	3
北京化工大学	0	14	−14	49	16	−33
北京交通大学	0	14	−14	49	16	−33
北京科技大学	0	16	−16	49	5	−44
北京外国语大学	0	0	0	49	65	16
电子科技大学	0	0	0	49	65	16
东北师范大学	0	8	−8	49	51	2
东华大学	0	12	−12	49	27	−22
对外经济贸易大学	0	0	0	49	65	16
合肥工业大学	0	10	−10	49	38	−11
华南理工大学	0	16	−16	49	5	−44
吉林大学	0	16	−16	49	5	−44
南京大学	0	4	−4	49	63	14
南京农业大学	0	6	−6	49	59	10
南开大学	0	14	−14	49	16	−33
清华大学	0	22	−22	49	1	−48
厦门大学	0	8	−8	49	51	2
四川大学	0	16	−16	49	5	−44
天津大学	0	0	0	49	65	16
西安电子科技大学	0	10	−10	49	38	−11
西安交通大学	0	0	0	49	65	16
西南大学	0	6	−6	49	59	10
西南交通大学	0	0	0	49	65	16
中国传媒大学	0	10	−10	49	38	−11
中国矿业大学(北京)	0	8	−8	49	51	2
中国农业大学	0	14	−14	49	16	−33

续表

学校名称	本次得分	第一次得分	得分变化	本次排名	第一次排名	排名变化
中山大学	0	16	−16	49	5	−44
中央美术学院	0	16	−16	49	5	−44

（5）第五项学生学习效果（赋分值 17 分）得分及变化（见表 5-6）。

表 5-6　第五项学生学习效果得分及变化情况表

学校名称	本次得分	第一次得分	得分变化	本次排名	第一次排名	排名变化
北京林业大学	17	17	0	1	1	0
北京邮电大学	17	5	12	1	62	61
大连理工大学	17	12	5	1	34	33
东南大学	17	7	10	1	57	56
河海大学	17	17	0	1	1	0
湖南大学	17	14	3	1	20	19
华中科技大学	17	10	7	1	47	46
华中农业大学	17	15	2	1	9	8
江南大学	17	12	5	1	34	33
山东大学	17	12	5	1	34	33
陕西师范大学	17	8	9	1	53	52
上海外国语大学	17	13	4	1	26	25
武汉大学	17	8	9	1	53	52
西北农林科技大学	17	12	5	1	34	33
西南财经大学	17	13	4	1	26	25
浙江大学	17	15	2	1	9	8
中国地质大学（北京）	17	12	5	1	34	33
中国地质大学（武汉）	17	11	6	1	45	44
中国矿业大学	17	14	3	1	20	19
中国石油大学（北京）	17	16	1	1	6	5
中国药科大学	17	13	4	1	26	25
中南财经政法大学	17	12	5	1	34	33
中南大学	17	10	7	1	47	46
东北林业大学	16	0	16	24	65	41
华东理工大学	16	15	1	24	9	−15

续表

学校名称	本次得分	第一次得分	得分变化	本次排名	第一次排名	排名变化
华东师范大学	16	13	3	24	26	2
长安大学	16	11	5	24	45	21
中国石油大学(华东)	16	17	−1	24	1	−23
复旦大学	15	12	3	29	34	5
同济大学	15	14	1	29	20	−9
中央财经大学	15	15	0	29	9	−20
北京大学	14	4	10	32	63	31
东北大学	14	14	0	32	20	−12
华北电力大学	14	15	−1	32	9	−23
上海交通大学	14	0	14	32	65	33
武汉理工大学	14	7	7	32	57	25
兰州大学	13	7	6	37	57	20
重庆大学	13	0	13	37	65	28
中国海洋大学	12	15	−3	39	9	−30
中国人民大学	12	0	12	39	65	26
北京师范大学	11	10	1	41	47	6
华中师范大学	11	13	−2	41	26	−15
中央音乐学院	11	15	−4	41	9	−32
北京中医药大学	10	4	6	44	63	19
北京语言大学	6	6	0	45	61	16
上海财经大学	6	13	−7	45	26	−19
中国政法大学	6	13	−7	45	26	−19
中央戏剧学院	2	15	−13	48	9	−39
北京化工大学	0	0	0	49	65	16
北京交通大学	0	16	−16	49	6	−43
北京科技大学	0	17	−17	49	1	−48
北京外国语大学	0	0	0	49	65	16
电子科技大学	0	0	0	49	65	16
东北师范大学	0	12	−12	49	34	−15
东华大学	0	13	−13	49	26	−23

续表

学 校 名 称	本次得分	第一次得分	得分变化	本次排名	第一次排名	排名变化
对外经济贸易大学	0	0	0	49	65	16
合肥工业大学	0	7	−7	49	57	8
华南理工大学	0	17	−17	49	1	−48
吉林大学	0	15	−15	49	9	−40
南京大学	0	10	−10	49	47	−2
南京农业大学	0	16	−16	49	6	−43
南开大学	0	15	−15	49	9	−40
清华大学	0	8	−8	49	53	4
厦门大学	0	9	−9	49	51	2
四川大学	0	15	−15	49	9	−40
天津大学	0	0	0	49	65	16
西安电子科技大学	0	8	−8	49	53	4
西安交通大学	0	0	0	49	65	16
西南大学	0	10	−10	49	34	−15
西南交通大学	0	0	0	49	65	16
中国传媒大学	0	12	−12	49	34	−15
中国矿业大学(北京)	0	12	−12	49	34	−15
中国农业大学	0	14	−14	49	20	−29
中山大学	0	14	−14	49	20	−29
中央美术学院	0	9	−9	49	51	2

(6) 第六项特色发展(赋分值 4 分)得分及变化(见表 5-7)。

表 5-7 第六项特色发展得分及变化情况表

学 校 名 称	本次得分	第一次得分	得分变化	本次排名	第一次排名	排名变化
北京大学	4	4	0	1	1	0
北京林业大学	4	4	0	1	1	0
北京师范大学	4	4	0	1	1	0
北京邮电大学	4	0	4	1	62	61
北京语言大学	4	0	4	1	62	61
北京中医药大学	4	2	2	1	60	59
大连理工大学	4	4	0	1	1	0

续表

学校名称	本次得分	第一次得分	得分变化	本次排名	第一次排名	排名变化
东北大学	4	4	0	1	1	0
东北林业大学	4	0	4	1	62	61
东南大学	4	4	0	1	1	0
复旦大学	4	4	0	1	1	0
河海大学	4	4	0	1	1	0
湖南大学	4	4	0	1	1	0
华北电力大学	4	4	0	1	1	0
华东理工大学	4	4	0	1	1	0
华东师范大学	4	4	0	1	1	0
华中科技大学	4	4	0	1	1	0
华中农业大学	4	4	0	1	1	0
华中师范大学	4	4	0	1	1	0
江南大学	4	4	0	1	1	0
兰州大学	4	2	2	1	1	0
山东大学	4	4	0	1	1	0
陕西师范大学	4	4	0	1	1	0
上海财经大学	4	4	0	1	1	0
同济大学	4	4	0	1	1	0
武汉大学	4	4	0	1	1	0
武汉理工大学	4	4	0	1	1	0
西北农林科技大学	4	4	0	1	1	0
西南财经大学	4	4	0	1	1	0
长安大学	4	4	0	1	1	0
浙江大学	4	4	0	1	1	0
中国地质大学(北京)	4	4	0	1	1	0
中国地质大学(武汉)	4	0	4	1	62	61
中国海洋大学	4	4	0	1	1	0
中国矿业大学	4	2	2	1	60	59
中国人民大学	4	0	4	1	62	61
中国石油大学(北京)	4	4	0	1	1	0

续表

学校名称	本次得分	第一次得分	得分变化	本次排名	第一次排名	排名变化
中国石油大学(华东)	4	4	0	1	1	0
中国药科大学	4	4	0	1	1	0
中国政法大学	4	4	0	1	1	0
中南财经政法大学	4	4	0	1	1	0
中南大学	4	4	0	1	1	0
中央财经大学	4	4	0	1	1	0
中央戏剧学院	4	4	0	1	1	0
中央音乐学院	4	4	0	1	1	0
重庆大学	4	0	4	1	62	61
上海交通大学	2	0	2	47	62	15
上海外国语大学	2	4	−2	47	1	−46
北京化工大学	0	4	−4	49	1	−48
北京交通大学	0	0	0	49	62	13
北京科技大学	0	4	−4	49	1	−48
北京外国语大学	0	0	0	49	62	13
电子科技大学	0	0	0	49	62	13
东北师范大学	0	4	−4	49	1	−48
东华大学	0	4	−4	49	1	−48
对外经济贸易大学	0	0	0	49	62	13
合肥工业大学	0	4	−4	49	1	−48
华南理工大学	0	4	−4	49	1	−48
吉林大学	0	4	−4	49	1	−48
南京大学	0	4	−4	49	1	−48
南京农业大学	0	4	−4	49	1	−48
南开大学	0	4	−4	49	1	−48
清华大学	0	4	−4	49	1	−48
厦门大学	0	4	−4	49	1	−48
四川大学	0	4	−4	49	1	−48
天津大学	0	0	0	49	62	13
西安电子科技大学	0	4	−4	49	1	−48

续表

学校名称	本次得分	第一次得分	得分变化	本次排名	第一次排名	排名变化
西安交通大学	0	0	0	49	62	13
西南大学	0	4	−4	49	1	−48
西南交通大学	0	0	0	49	62	13
中国传媒大学	0	4	−4	49	1	−48
中国矿业大学(北京)	0	4	−4	49	1	−48
中国农业大学	0	4	−4	49	1	−48
中山大学	0	4	−4	49	1	−48
中央美术学院	0	4	−4	49	1	−48

(7) 第七项需要解决的问题(赋分值 6 分)得分及变化(见表 5-8)。

表 5-8 第七项需要解决的问题得分及变化情况表

学校名称	本次得分	第一次得分	得分变化	本次排名	第一次排名	排名变化
北京大学	6	6	0	1	1	0
北京林业大学	6	4	2	1	41	40
北京邮电大学	6	0	6	1	59	58
北京语言大学	6	0	6	1	59	58
北京中医药大学	6	4	2	1	41	40
大连理工大学	6	6	0	1	1	0
东北大学	6	4	2	1	41	40
东北林业大学	6	0	6	1	59	58
东南大学	6	6	0	1	1	0
复旦大学	6	6	0	1	1	0
河海大学	6	6	0	1	1	0
湖南大学	6	4	2	1	41	40
华北电力大学	6	4	2	1	41	40
华东理工大学	6	6	0	1	1	0
华东师范大学	6	6	0	1	1	0
华中科技大学	6	4	2	1	41	40
华中农业大学	6	6	0	1	1	0
华中师范大学	6	6	0	1	1	0
江南大学	6	6	0	1	1	0

续表

学校名称	本次得分	第一次得分	得分变化	本次排名	第一次排名	排名变化
兰州大学	6	6	0	1	1	0
山东大学	6	6	0	1	1	0
陕西师范大学	6	6	0	1	1	0
上海财经大学	6	6	0	1	1	0
上海交通大学	6	0	6	1	59	58
上海外国语大学	6	6	0	1	1	0
同济大学	6	6	0	1	1	0
武汉大学	6	6	0	1	1	0
武汉理工大学	6	2	4	1	57	56
西北农林科技大学	6	6	0	1	1	0
西南财经大学	6	6	0	1	1	0
长安大学	6	2	4	1	57	56
浙江大学	6	6	0	1	1	0
中国地质大学(武汉)	6	0	6	1	59	58
中国海洋大学	6	4	2	1	41	40
中国矿业大学	6	6	0	1	1	0
中国人民大学	6	0	6	1	59	58
中国石油大学(北京)	6	6	0	1	1	0
中国石油大学(华东)	6	6	0	1	1	0
中国药科大学	6	6	0	1	1	0
中国政法大学	6	6	0	1	1	0
中南财经政法大学	6	6	0	1	1	0
中南大学	6	4	2	1	41	40
中央财经大学	6	4	2	1	41	40
中央音乐学院	6	4	2	1	41	40
重庆大学	6	0	6	1	59	58
中国地质大学(北京)	4	6	−2	46	1	−45
北京师范大学	2	0	2	47	59	12
北京化工大学	0	0	0	48	59	11
北京交通大学	0	6	−6	48	1	−47

续表

学校名称	本次得分	第一次得分	得分变化	本次排名	第一次排名	排名变化
北京科技大学	0	4	−4	48	41	−7
北京外国语大学	0	0	0	48	59	11
电子科技大学	0	0	0	48	59	11
东北师范大学	0	6	−6	48	1	−47
东华大学	0	6	−6	48	1	−47
对外经济贸易大学	0	0	0	48	59	11
合肥工业大学	0	6	−6	48	1	−47
华南理工大学	0	4	−4	48	41	−7
吉林大学	0	6	−6	48	1	−47
南京大学	0	6	−6	48	1	−47
南京农业大学	0	6	−6	48	1	−47
南开大学	0	6	−6	48	1	−47
清华大学	0	6	−6	48	1	−47
厦门大学	0	6	−6	48	1	−47
四川大学	0	4	−4	48	41	−7
天津大学	0	0	0	48	59	11
西安电子科技大学	0	6	−6	48	1	−47
西安交通大学	0	0	0	48	59	11
西南大学	0	6	−6	48	1	−47
西南交通大学	0	0	0	48	59	11
中国传媒大学	0	4	−4	48	41	−7
中国矿业大学(北京)	0	0	0	48	59	11
中国农业大学	0	6	−6	48	1	−47
中山大学	0	4	−4	48	41	−7
中央美术学院	0	4	−4	48	41	−7
中央戏剧学院	0	0	0	48	59	11

（二）2016年测评研究结果各项指标得分情况对比分析

1. 得分情况分析

（1）平均分及变化情况分析(见表5-9)。

表 5-9　平均分及变化值表

名称	总分	第一项	第二项	第三项	第四项	第五项	第六项	第七项
分值	100	18	25	12	18	17	4	6
第一次平均分	64.56	10.53	18.23	8.13	10.13	10.36	3.2	4.11
本次平均分	55.08	9.32	14.51	7.39	8.36	9.32	2.51	3.68
平均分变化值	−9.48	−1.21	−3.72	−0.74	−1.77	−1.04	−0.69	−0.43

本次测评有 27 所高校因信息公开专栏网页中没有 2014 年本科教学质量报告或打不开信息公开专栏网页而得 0 分，占 75 所教育部直属高校的 36%。这比测评 2013 年本科教学质量报告时的 10 所高校得 0 分情况有所加剧，由此直接影响了本次测评的总平均分和各单项平均分。表 5-9 所示，75 所教育部直属高校 2014 年本科教学质量报告测评平均得分 55.08 分，比第一次测评平均得分 64.56 分下降 9.48 分，并且低于 60 分，这是一个较为危险的信号，说明在规定的时间内，75 所教育部直属高校 2014 年本科教学质量报告整体信息公开情况在下滑。本次测评中有 62.67%的高校高于平均得分，最高得分为武汉大学与湖南大学，得分均为 100 分。

两次测评各单项平均得分对比情况如图 5-1 所示，在本次测评中 7 项一级指标平均得分：第一项本科教育基本情况为 9.32，第二项师资与教学条件为 14.51，第三项教学建设与改革为 7.39，第四项质量保障体系为 8.36，第五项学生学习效果为 9.32，第六项特色发展为 2.51，第七项需要解决的问题为 3.68。7 个单项与对 2013 年测评的得分相比均有下降，两次测评中的曲线呈现整体向下平移的趋势，本次测评中分数下降最多的为第二项师资与教学条件，下降了 3.72 分；下降最少的指标为第七项需要解决的问题，下降了 0.43 分。

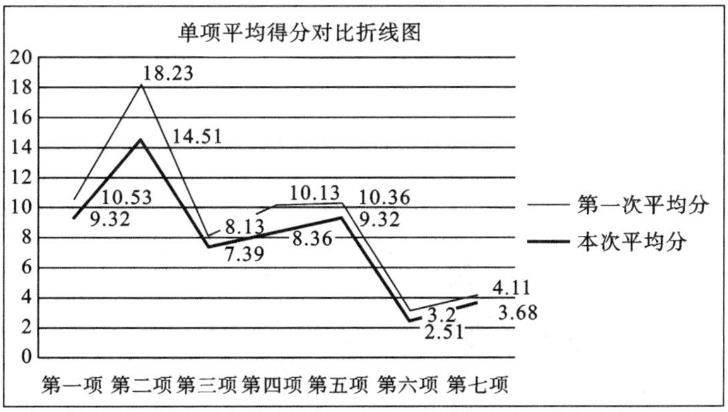

图 5-1　单项平均得分对比折线图

（2）单项得分率分析。

7 项一级指标得分率由高到低分别是：第六项 62.75%、第三项 61.58%、第七项

61.33%、第二项58.04%、第五项54.82%、第一项51.78%、第四项46.44%。从一级指标得分率情况分析，有3项得分率处于60%以上，4项得分率没有达到60%。各项得分率如表5-10所示。

表5-10 得分率及变化值表

名称	总分	第一项	第二项	第三项	第四项	第五项	第六项	第七项
第一次得分率	64.56%	58.50%	72.92%	67.75%	56.28%	60.94%	80.00%	68.50%
本次得分率	55.08%	51.78%	58.04%	61.58%	46.44%	54.82%	62.75%	61.33%
得分率变化值	−9.48%	−6.72%	−14.88%	−6.17%	−9.84%	−6.12%	−17.25%	−7.17%

7项一级指标得分率情况较第一次测评相比都有不同程度的下滑，并且有4项得分率在60%以下，第六项和第二项下滑最严重。至少从信息公开的角度来看，教育部直属高校对2014年度本科教学质量报告的整体重视和理解程度不升反降。

（3）优、劣势指标分析。

两次测评得分率排名折线如图5-2所示，两次测评中各项的得分率排名大体相同。得分率最高的均为第六项特色发展，得分率为80%和62.75%，是本次测评中的优势指标。第六项特色发展一级指标下面只设了一项二级指标，赋分值4分。从分值大小分析，第六项对总分的影响权重较小，这也是总分得分率只有64.56%和55.08%的原因之一。并且特色发展作为各校展示自我特点的自由发挥项目，其内容和形式本就是依据各校特色而定，形式多样。虽然从质量角度难以判断高下，但是从信息公开角度只要该条目具备内容，并且内容涉及各校特色就可以得分，这也是本项得分率最高的原因。

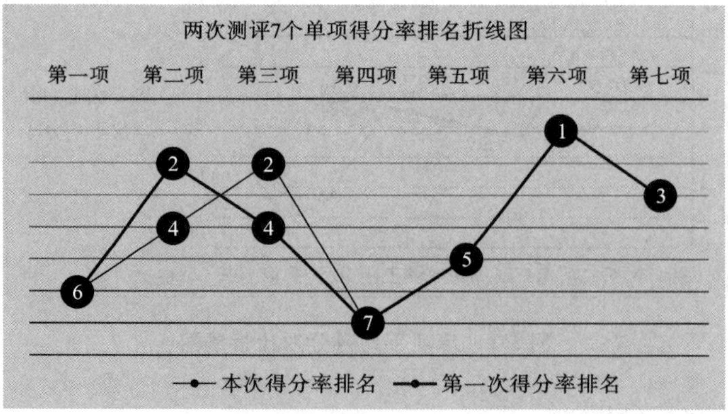

图5-2 两次测评7个单项得分率排名折线图

如图 5-2、图 5-3 所示，两次测评劣势指标都为第四项质量保障体系，得分率只有 56.28%和 46.44%，均未达到 60%，排名均在最后。该项下设二级指标 9 项赋分值 18 分，在 7 项一级指标中所赋分值中处于第二高，对总体得分的影响权重较大。其二级指标内容为：①学校人才培养中心地位落实情况、②校领导班子研究本科教学工作情况、③相关政策措施、④教学质量保障体系建设、⑤日常监控与运行情况、⑥本科教学基本状态分析、⑦专业评估情况、⑧专业认证、⑨国际评估情况。纵观两次测评，在第四项质量保障体系的具体内容方面，第一次测评中本项除了③相关政策措施和④教学质量保障体系建设两项二级指标得分较好之外，其他 7 项二级指标得分率普遍较低；第二次测评中③相关政策措施和④教学质量保障体系建设两项二级指标得分依旧较好，①学校人才培养中心地位落实情况、②校领导班子研究本科教学工作情况、⑤日常监控与运行情况、⑥本科教学基本状态分析等 4 项二级指标得分有所改善，⑦专业评估情况、⑧专业认证、⑨国际评估情况等 3 项二级指标得分依旧很低。这说明各部属高校在教学质量保障体系建设中已有部分得到了改善，但还有许多内容依旧未引起重视。

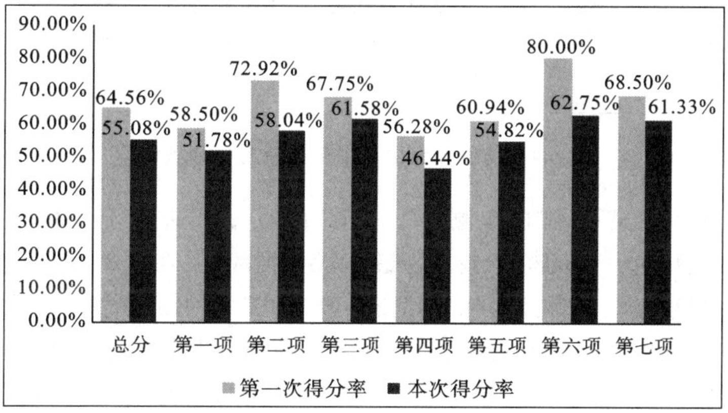

图 5-3　总体及各单项得分率对比柱形图

从影响总体得分率权重层面分析，第一大项教育基本情况下设二级指标 5 项赋分值 18 分，其两次得分率排名都排在倒数第二名，只有 58.5%和 51.78%，两次均未达到 60%。第四项质量保障体系和第一项教育基本情况分值合计接近全部分值的三分之一，权重很大。但两次测评中，该两项得分都较低，直接拉低了总平均分。值得注意的是，第二项师资与教学条件得分率排名下降，由第二退居第四，说明师资与教学条件的信息公开及公开内容成为亟待关注的问题。

2. 各单项得分离散程度分析

各单项得分的离散程度，即直属高校总体对某单项指标的理解和落实程度，可以通过各项得分的标准差来分析。标准差的数值越大，代表大部分数值与其平均值之间离散程度大，各校对该项的把握程度差异也越大；标准差的数值越小，则反之，得分较平均地分布在平均分周围。

如图 5-4 所示，75 所教育部直属高校 2014 年本科教学质量报告 7 项一级指标得分标准差由低到高分别是：第六项 1.92、第七项 2.9、第三项 5.65、第四项 6.76、第一项 7.37、第五项 7.6、第二项 11.52。相比第一次测评数据普遍都有所上升，其原因与 23 所 80 分以上高校和 27 所 0 分高校的得分情况有密切关系，特别是 27 所 0 分高校数据对各单项得分的离散程度有较大影响，故要客观、辩证地看待这一分析。

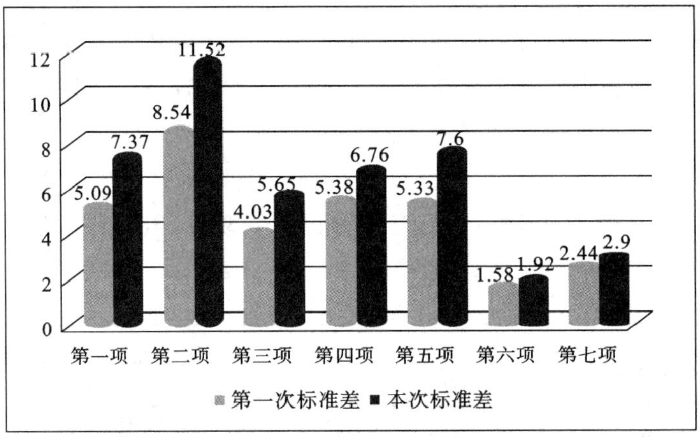

图 5-4 两次测评各单项标准差对比柱状图

从图 5-5 中数据显示，在两次测评中各项的得分标准差排名大体相同，但有细微的变化。第六项特色发展的标准差均为最小，说明各高校在本项得分比较平均，即各校对于本项掌握情况较好。而第二项师资与教学条件的标准差均为最大，各校在此项得分离散程度较大的状况没有得到改变，这说明各校对本项的理解和把握依旧有较大差异，依旧有相当一部分学校此项问题比较严重。值得注意的是，第四项质量保障体

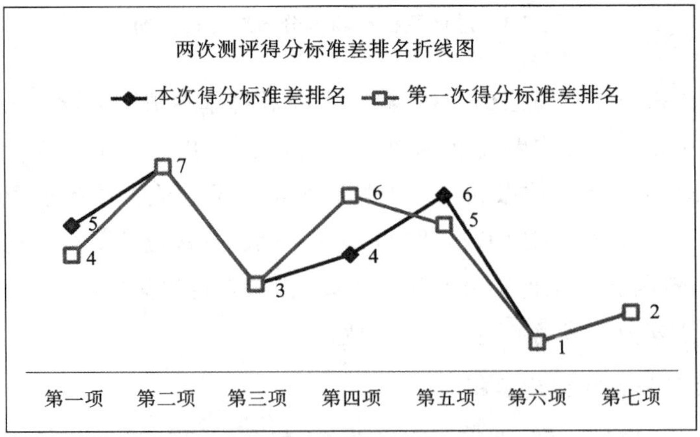

图 5-5 两次测评得分标准差排名折线图

系的标准差由第六名变为第四名,说明各高校在这一项的得分上变得较为接近,各高校对本项的理解和把握有相一致的趋势。

如图 5-6 所示,第二项师资与教学条件得分率为 58.04%,排名第 4,而标准差却有 11.52,排名第 7,呈现出较大的反差。这种情况虽与第一次测评时的反差相比已经有所改善,但 11.52 的标准差说明各高校在此项目中分数分布较为分散,是本次测评中两极分化程度最为严重的指标。这表明各高校对这一项理解差异程度较大,还有相当部分高校在此项得分很低。

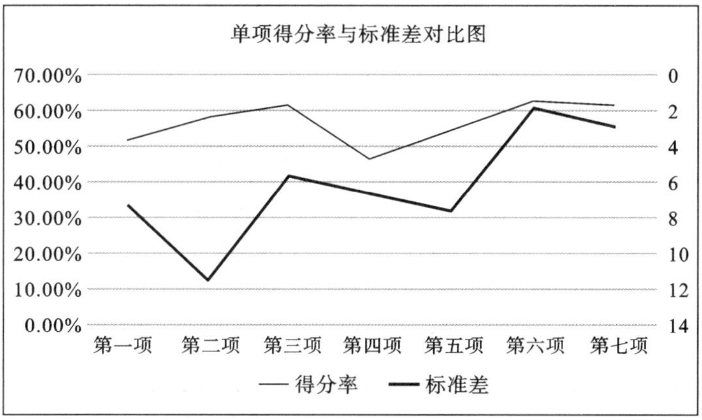

图 5-6 2014 年得分率与标准差对比折线图

3. 其他分析

(1) 地域分布与得分。

从表 5-11 所示的 75 所教育部直属高校 2014 年本科教学质量报告按各区域平均得分可知,得分最高为湖南 98 分,平均得分上升 37 分。平均得分上升最多为黑龙江,上升 87 分。平均得分下降最多为广东,下降 90.5 分。排名上升最多为湖南和黑龙江,均上升 12 名;排名下降最多为广东,下降 13 名。本次北京得分为 45.5 分,下降 15.92 分,排名 11,下降 1 名。本次上海得分为 71.39 分,上升 1.14 分,排名第 8,名次与第一次排名一致。

表 5-11 各区域平均得分对比表

地区	本次平均分	第一次平均分	得分变化	本次排名	第一次排名	排名变化
湖南	98	61	37	1	13	12
浙江	95	80	15	2	4	2
山东	93.33	76.67	16.66	3	6	3
湖北	92.29	72.14	20.15	4	7	3
辽宁	88.5	82.5	6	5	3	−2

续表

地区	本次平均分	第一次平均分	得分变化	本次排名	第一次排名	排名变化
黑龙江	87	0	87	6	18	12
甘肃	82	66	16	7	10	3
上海	71.39	70.25	1.14	8	8	0
江苏	65.14	77.14	−12	9	5	−4
陕西	54.6	58.4	−3.8	10	14	4
北京	45.5	61.42	−15.92	11	12	1
重庆	43	39.5	3.5	12	16	4
四川	22.5	42	−19.5	13	15	2
广东	0	90.5	−90.5	14	1	−13
吉林	0	84.5	−84.5	14	2	−12
福建	0	69	−69	14	9	−5
安徽	0	65	−65	14	11	−3
天津	0	36	−36	14	17	3

（2）学校类别与得分。

按高校类别来分析，如图 5-7 所示，75 所教育部直属高校 2014 年本科教学质量报告的平均得分中，医药类院校平均分最高，平均得分 78 分。平均分由高到低依次为医药类 78 分、财经类 68.2 分、综合类 58.95 分、农林类 58.5 分、师范类 55 分、政法类 48 分、艺术类 42.67 分、语言类 38 分、工科类 35.97 分。平均得分上升最多为医药类院校，上升 19 分。平均得分下降最多为工科类院校，下降了 34.42 分。

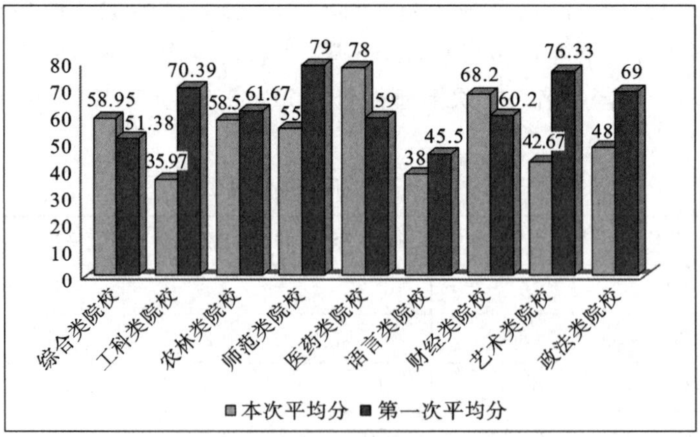

图 5-7　各类别高校平均分对比图

(三)水平上升与亮点创新:本科教学质量报告信息公开的发展特点

1. 编写水平有所上升

通过与上一年测评情况对比发现,教育部直属高校2014年本科教学质量报告编写水平上升。其具体表现为:发布了2014年度本科教学质量报告的48所高校平均得分为86分,80分以上的高校有37所。第一次测评时,发布了2013年本科教学质量报告的65所高校平均得分为74.49分,80分以上的高校只有25所,两次测评的去除得零分高校数据后的平均得分是呈上升状态的。换言之,除去没有发布或未来得及发布的部属高校,其他直属高校的本科教学质量报告编写水平有所上升。究其原因,第一是在教育部大力狠抓高校信息公开的大背景下,各高校逐渐对信息公开有了深入理解,具有了更加主动公开的意愿;第二是通过中国高等教育学会课题组对本科教学报告的第一次测评后,对直属高校进行了"一对一"反馈测评情况,达到了高校对本科教学质量报告的编写与公开工作引起重视的目的;第三是在高校普遍追求内涵式发展的过程中,高校内部正在主动加强对本科教学质量报告撰写的研究及公开工作①。

就内容而言,2014年本科教学质量报告的编写越来越完善与合理,比如应届本科生毕业情况中"体质测试达标率"一项,2013年本科教学质量报告中大部分学校没有公开这一数据,而在2014年本科教学质量报告中大部分学校都公开了这项数据。这说明各高校在本科教学质量报告的公开意愿和公开力度上有所增加。再比如课程建设中"实践教学学分占总学分比例"一项,2013年本科教学质量报告中大部分学校给出的是一个综合比例数据,而在2014年本科教学质量报告中大部分学校是按照不同的学科专业给出了不同的比例数据。这样更加细致的数据符合学科教学的特点,体现了本科教学质量报告的编写水平按照教育教学规律正在逐步完善。

2. 亮点创新

数据是一个报告的关键支撑点,再华丽的报告如果没有相应的关键数据作为支撑就会显得华而不实。在2014年本科教学质量报告的测评中,直属高校对"本科教学条件数据"的公开相比去年有了较大的改善,这一点从数据项目最多的第二项得分排名有所提高就可以得到印证。

值得称赞的是,江南大学、山东大学、华中科技大学、中南财经政法大学、湖南大学、中南大学、西南财经大学等学校,在其2014年本科教学质量报告中有专门支撑数据附件。从信息公开的角度分析,这种做法有利于公众较快、较方便地查阅相应的数据。这一数据公开方式值得推广。而且在《清单》中,对相应的支撑数据也用专门的附件名来呈现,把支撑数据作为附件单列也是对此要求的一种较好回应。

公布的48所直属高校2014年本科教学质量报告中,很少有学校列出了对上一年

---

① 康乐.高校自愿性社会责任信息披露的实践问题研究[J].现代教育管理,2014(10):52-55.

问题改进情况的反馈内容，虽然这一要求在相关文件中没明确规定，但这样的反馈对本科教学质量的改进是必需的。在华中师范大学的 2014 年本科教学质量报告中有“上年度存在问题的改进情况”一项，这种反馈改进的信息呈现方式值得推广，具体如图 5-8 所示。

> **8. 存在问题及改进情况**
>
> **8. 1 上年度存在问题的改进情况**
>
> （1）教师队伍结构上仍然不尽合理，教师队伍能力在建设国际化、信息化方面还不能完全适应人才培养的要求。
>
> 改进情况：
>
> 一是教师队伍规模进一步扩大：学校加大人才招聘宣传力度，不断提升学校在海内外的知名度和影响力。本学年新进教师 70 人（其中高层次人才 16 人），新进教师的学缘、学位、职称结构合理；引进有副教授以上职称 25 人、博士后进站 36 人、公开招聘院长 4 人。
>
> 二是高层次人才队伍建设取得重大突破：学校积极物色、推荐、组织校内外学者专家申报国家级、省部级人才计划及专家项目，全年新增国家级、省部级人

图 5-8 华中师范大学“上年度存在问题的改进情况”一项截图

（四）及时与改进：本科教学质量报告信息公开优化的阶段要点

1. 及时性有待提高

《国教督办函〔2015〕40 号文》要求各普通高校在自 2015 年 11 月 30 日前完成 2014 年本科教学质量报告并上交国务院教育督导委员会。但截至 2015 年 12 月 25 日，仍有 27 所教育部直属高校没有在自己学校信息公开专栏网页向社会发布 2014 年本科教学质量报告，与测评 2013 年度本科教学质量报告时数据相比，测评 0 分率从 13.33%上升为 36%，整体下滑较大。究其原因，主要是部分学校还在陆续发布过程中。2015 年 12 月 15 日，课题组进行预浏览时，只有 32 所高校发布了 2014 年本科教学质量报告；12 月 25 日测评结束时，已经有 48 所高校在其信息公开专栏网页上发布了 2014 年本科教学质量报告。在 10 天的时间中有 16 所高校公布了 2014 年本科教学质量报告，占总校数量的 21.33%，但 12 月 25 日距离《国教督办函〔2015〕40 号文》规定的 11 月 30 日已经过去了将近一个月时间。部属高校本科教学质量报告公开的及时性有待提高。

2. 存在部分共性问题值得改进

通过总体分析发现，在各校 2014 年本科教学质量报告信息公开测评中存在一些共性问题值得改进。比如，本次测评得分率排名第 7 的第四项质量保障体系，其得分率只有 46.44%。重要原因之一是此项中的二级指标“专业评估”“专业认证”“国际评估”得分普遍较低，说明了各高校对“专业评估”“专业认证”“国际评估”事项公开重视

不够,也从侧面反映出在实际操作层面,各高校在这三项上有欠缺,无相关情况可公布也未做相关说明。尤其是"国际评估"一项,只有少数几所学校有所涉及,建议各校一定要重视此项的实施与信息公开,即使没有相关信息也要进行相关的情况说明而不能刻意忽略。再比如,第七项需要解决的问题,虽然得分率有 61.33%,但是大部分学校对此项的分析不够深刻。尤其是对本科教学中存在的问题及原因分析不够到位,大部分学校把原因与问题混在一起,缺少解决方案或解决方案不具体,虽然从信息公开的角度可以得分,但是从信息质量角度就很难达到应有效果。建议各高校一定要利用好本科教学质量报告的编撰与公开契机,不断地总结本科教学中的问题,并向社会公众展现出自己每年对于本科教学质量的改进提升情况,提高社会公众对于高校本科教学质量的认可度①。

3. 排名与社会印象有所差异

本次测评数据显示,总体上测评得分与学校应有的社会影响力之间并不存在正相关关系,高校的教学质量公开意愿及行动与学校层次之间不存在正相关关系。特别是部分社会声望较高、影响力较大的高校,在此次测评中甚至得 0 分,与其社会印象十分不相称。这类高校的教学质量真实水平毋庸置疑,但 0 分的测评结果与这些高校对本科教学质量报告撰写和公开的重视有很大关系。作为顶尖名校,社会公众了解国内高校本科教学质量,首先想到的就是此类高校,而部分名校在公开本科教学质量报告上的不及时性,有损自己的社会公信力。建议教育部有关司局择机召开专门会议或举行专门培训班推动此类高校的信息公开工作。

① 宋鸿雁.我国高等教育质量问责:背景、问题与改革[J].江苏高教,2016(04):24-27.

第六章　2017：扩容分类初探索

差异与保障：
部委直属高校2015—2016学年本科教学质量报告测评与分析

一、本科教学质量报告测评制度扩容分类更新概况

按照《国务院教育督导委员会办公室关于普通高等学校编制发布2015—2016学年〈本科教学质量报告〉的通知》（国教督办函〔2016〕75号）（本章以下简称《通知》）文件要求，各普通高等学校应编制本校的本科教学质量报告，并自2017年1月1日开始在学校门户网站开设的信息公开专栏，向社会公开发布，发布期为1年。为了紧跟从教育部发文要求直属高校编制公开本科教学质量报告，到国务院教育督导委员会发文要求全国各普通高等学校均应编制和公开本校的本科教学质量报告这一变化，笔者在继续对75所教育部直属高校进行研究的基础上，增加了对39所除教育部外的中央部委直属本科高校（下文简称39所直属高校）进行测评研究，测评对象覆盖了114所教育部直属高校和中央部委直属本科高校（下文简称114所直属高校）。因此，2017年度的研究更新首先是从研究对象上进行了更新，实现了除省属高校外的本科高校全覆盖。

114所直属高校分别是北京大学、中国人民大学、清华大学、北京科技大学、北京化工大学、北京师范大学、北京语言大学、北京外国语大学、北京交通大学、北京邮电大学、中国石油大学（北京）、中国石油大学（华东）、中国农业大学、中国传媒大学、北京林业大学、中国政法大学、中央财经大学、中央音乐学院、中央戏剧学院、中央美术学院、北京中医药大学、对外经济贸易大学、南开大学、天津大学、华北电力大学、东北大学、大连理工大学、吉林大学、东北师范大学、东北林业大学、复旦大学、同济大学、上海交通大学、华东理工大学、东华大学、华东师范大学、上海外国语大学、南京大学、上海财经大学、东南大学、中国矿业大学、中国矿业大学（北京）、河海大学、江南大学、南京农业大学、合肥工业大学、中国药科大学、浙江大学、厦门大学、山东大学、中国海洋大学、武汉大学、华中科技大学、中国地质大学（武汉）、中国地质大学（北京）、武汉理工大学、

华中师范大学、华中农业大学、中南财经政法大学、湖南大学、中南大学、中山大学、华南理工大学、四川大学、西南财经大学、西南交通大学、电子科技大学、重庆大学、西南大学、西安交通大学、西北农林科技大学、陕西师范大学、西安电子科技大学、长安大学、兰州大学、北京航空航天大学、北京理工大学、哈尔滨工业大学、哈尔滨工程大学、南京航空航天大学、南京理工大学、西北工业大学、中央民族大学、大连民族大学、中南民族大学、西南民族大学、西北民族大学、北方民族大学、中国人民公安大学、中国人民武装警察部队学院、中国刑事警察学院、公安海警学院、铁道警察学院、中国民航大学、大连海事大学、中国民用航空飞行学院、塔里木大学、石河子大学、中国科学院大学、中国科学技术大学、华侨大学、暨南大学、北京电子科技学院、北京协和医学院、外交学院、北京体育大学、中华女子学院、中央团校(中国青年政治学院)、中国劳动关系学院、华北科技学院、防灾科技学院、中央司法警官学院、上海海关学院、南京森林警察学院。

2017 年 1—3 月,笔者继续使用“高等学校本科教学质量报告测评指标体系(1.0 版)”连续三次对 114 所直属高校的 2015—2016 学年本科教学质量报告信息公开情况进行了测评与研究。除此之外,2017 年笔者还增加了涉及报告的公开形式(包括公开年份)、公开及时性、公开的内容等三个方面的测评统计,旨在引起各高校从的及时性和全面性等方面重视本科教学质量报告的编撰与公开工作,完善高校信息公开制度与本科教学质量自我评价制度。但是基于测评指标体系的稳定性考虑,这三个方面的测评统计未进行计分。并且基于结果的可对比性,本年度在形成测评研究报告的时候,在部分展示内容上采取了 75 所教育部直属高校和 39 所中央部委直属高校分别计分统计的方式,以便与前两年数据进行对比。

需要说明的是,因为测评中发现教育部直属与中央部委直属高校中近 40%的高校《本科教学质量报告》依然为 2015 年度报告,其数据与 2015—2016 学年报告在统计口径上有较大不同,放在一起分析的可比性较差,所以本年度测评研究未提取报告中的数据,而是以连续三次对报告的公开形式(包括公开年份)、公开及时性、公开的内容之测评来描述其状态。

在连续三次的报告测评中,1 月 10 日测评结果显示有 54 所高校发布了本科教学质量报告;2 月 15 日测评结果显示有 64 所高校发布了报告,较上次增加 10 所;3 月 11 日测评结果显示有 67 所高校发布了报告,较上次增加 3 所。本次测评中的测评数据以 3 月 11 日记录的本科教学质量报告信息公开情况为最终测评样本进行分析研究,通过不断更新的测评形式和测评内容使本科教学质量报告年度测评制度更加完善。

二、教育部直属高校测评情况研究分析

(一)报告公开形式测评结果概览与对比

教育部直属高校本科教学质量报告公开形式测评结果如表 6-1 所示。

表 6-1 教育部直属高校本科教学质量报告公开形式测评结果表

学校名称	报告公开形式	报告公开年份	第一次测评（1月10日）	第二次测评（2月15日）	第三次测评（3月11日）
北京大学	可下载	2015 年度	有	有	有
中国人民大学	可下载	2015 年度	有	有	有
清华大学	可下载	2015—2016 学年	有	有	有
北京科技大学	可下载	2015 年度	有	有	有
北京化工大学	无	无	无	无	无
北京师范大学	可下载	2015 年度	无	有	有
北京语言大学	可下载	2015 年度	有	有	有
北京外国语大学	无	无	无	无	无
北京交通大学	可下载	2015—2016 学年	有	有	有
北京邮电大学	可下载	2015—2016 学年	有	有	有
中国石油大学（北京）	在线看	2015 年度	有	有	有
中国石油大学（华东）	可下载	2015 年度	有	有	有
中国农业大学	可下载	2015 年度	有	有	有
中国传媒大学	在线看	2015 年度	有	有	有
北京林业大学	无	无	无	无	无
中国政法大学	可下载	2015 年度	有	有	有
中央财经大学	可下载	2015 年度	有	有	有
中央音乐学院	无	无	无	无	无
中央戏剧学院	可下载	2015 年度	有	有	有
中央美术学院	无	无	无	无	无
北京中医药大学	可下载	2015—2016 学年	有	有	有
对外经济贸易大学	可下载	2015 年度	有	有	有
南开大学	在线看	2015—2016 学年	有	有	有
天津大学	无	无	无	无	无
华北电力大学	可下载	2015 年度	有	有	有
东北大学	无	无	无	无	无
大连理工大学	无	无	无	无	无
吉林大学	可下载	2015—2016 学年	有	有	有
东北师范大学	无	无	无	无	无

续表

学校名称	报告公开形式	报告公开年份	第一次测评（1月10日）	第二次测评（2月15日）	第三次测评（3月11日）
东北林业大学	可下载	2015—2016学年	有	有	有
复旦大学	无	无	无	无	无
同济大学	可下载	2015—2016学年	有	有	有
上海交通大学	无	无	无	无	无
华东理工大学	无	无	无	无	无
东华大学	可下载	2015年度	有	有	有
华东师范大学	可下载	2015—2016学年	有	有	有
上海外国语大学	在线看	2015年度	有	有	有
南京大学	在线看	2015年度	有	有	有
上海财经大学	无	无	无	无	无
东南大学	在线看	2015—2016学年	有	有	有
中国矿业大学	可下载	2015—2016学年	有	有	有
中国矿业大学（北京）	可下载	2015—2016学年	有	有	有
河海大学	可下载	2015年度	有	有	有
江南大学	可下载	2015年度	无	有	有
南京农业大学	可下载	2015年度	有	有	有
合肥工业大学	无	无	无	无	无
中国药科大学	无	无	无	无	无
浙江大学	无	无	无	无	无
厦门大学	无	无	无	无	无
山东大学	可下载	2015年度	有	有	有
中国海洋大学	在线看	2015年度	有	有	有
武汉大学	可下载	2015—2016学年	有	有	有
华中科技大学	可下载	2015—2016学年	有	有	有
中国地质大学（武汉）	无	无	无	无	无
中国地质大学（北京）	可下载	2015—2016学年	有	有	有
武汉理工大学	可下载	2015—2016学年	有	有	有
华中师范大学	无	无	无	无	无
华中农业大学	无	无	无	无	无

续表

学校名称	报告公开形式	报告公开年份	第一次测评（1月10日）	第二次测评（2月15日）	第三次测评（3月11日）
中南财经政法大学	可下载	2015—2016学年	无	有	有
湖南大学	可下载	2015—2016学年	有	有	有
中南大学	可下载	2015—2016学年	有	有	有
中山大学	无	无	无	无	无
华南理工大学	可下载	2015年度	有	有	有
四川大学	可下载	2015—2016学年	有	有	有
西南财经大学	无	无	无	无	无
西南交通大学	无	无	无	无	无
电子科技大学	无	无	无	无	无
重庆大学	可下载	2015—2016学年	有	有	有
西南大学	可下载	2015—2016学年	有	有	有
西安交通大学	无	无	无	无	无
西北农林科技大学	可下载	2015—2016学年	有	有	有
陕西师范大学	可下载	2015—2016学年	无	有	有
西安电子科技大学	可下载	2015—2016学年	无	有	有
长安大学	无	无	无	无	无
兰州大学	无	无	无	无	无

75所教育部直属高校中有48所(占64%)高校在2017年3月11日公布了该高校的本科教学质量报告，其中7所高校的本科教学质量报告公开形式为网络在线观看，41所高校的本科教学质量报告可以下载。

按照《通知》相关要求，本次本科教学质量报告公开的内容时间节点从以往的自然年变为学年，在公开的48份本科教学质量报告中有25所高校的本科教学质量报告为2015—2016学年报告，23所高校发布的本科教学质量报告依然为2015年度报告。

（二）报告公开质量测评研究结果概览

1. 总得分与排名情况

总得分(满分100分)及排名如表6-2所示。

表 6-2　总得分(满分 100 分)及排名表

总排名	学 校 名 称	总得分	总排名	学 校 名 称	总得分
1	武汉大学	100	30	陕西师范大学	90
1	湖南大学	100	32	对外经济贸易大学	89
3	北京师范大学	99	32	中南财经政法大学	89
4	北京邮电大学	98	34	中国石油大学(北京)	88
5	中国石油大学(华东)	98	35	东北林业大学	87
5	南开大学	98	36	中国矿业大学(北京)	86
5	山东大学	98	37	上海外国语大学	84
5	武汉理工大学	98	38	北京交通大学	81
5	中南大学	98	38	西北农林科技大学	81
5	西安电子科技大学	98	40	同济大学	78
11	江南大学	96	41	中国人民大学	77
11	重庆大学	96	42	中国农业大学	76
13	北京科技大学	95	43	北京中医药大学	76
13	中国海洋大学	95	44	东华大学	75
15	北京大学	94	45	北京语言大学	69
15	清华大学	94	46	中央戏剧学院	65
15	吉林大学	94	47	中国传媒大学	30
15	华东师范大学	94	48	中国政法大学	24
15	南京大学	94	49	北京化工大学	0
15	中国矿业大学	94	49	北京外国语大学	0
15	河海大学	94	49	北京林业大学	0
15	中国地质大学(北京)	94	49	中央音乐学院	0
15	华南理工大学	94	49	中央美术学院	0
24	中央财经大学	92	49	天津大学	0
24	南京农业大学	92	49	东北大学	0
24	华中科技大学	92	49	大连理工大学	0
24	四川大学	92	49	东北师范大学	0
28	华北电力大学	91	49	复旦大学	0
28	东南大学	91	49	上海交通大学	0
30	西南大学	90	49	华东理工大学	0

续表

总排名	学校名称	总得分	总排名	学校名称	总得分
49	上海财经大学	0	49	中山大学	0
49	合肥工业大学	0	49	西南财经大学	0
49	中国药科大学	0	49	西南交通大学	0
49	浙江大学	0	49	电子科技大学	0
49	厦门大学	0	49	西安交通大学	0
49	中国地质大学(武汉)	0	49	长安大学	0
49	华中师范大学	0	49	兰州大学	0
49	华中农业大学	0	—	—	—

注：本报告所有图表，并列高校不分先后。

2. 分项得分与排名情况

（1）第一项本科教育基本情况得分及排名（见表 6-3）。

表 6-3 第一项本科教育基本情况（满分 18 分）得分及排名表

排名	学校名称	得分	排名	学校名称	得分
1	北京师范大学	18	11	南京大学	16
1	中国石油大学(华东)	18	11	中国矿业大学	16
1	中国农业大学	18	11	江南大学	16
1	南开大学	18	11	南京农业大学	16
1	华北电力大学	18	11	华中科技大学	16
1	山东大学	18	11	中国地质大学(北京)	16
1	中国海洋大学	18	11	武汉理工大学	16
1	武汉大学	18	11	中南财经政法大学	16
1	中南大学	18	26	西南大学	16
1	西安电子科技大学	18	26	北京科技大学	14
11	北京大学	16	26	北京语言大学	14
11	北京邮电大学	16	26	中国石油大学(北京)	14
11	中央财经大学	16	26	中央戏剧学院	14
11	北京中医药大学	16	26	吉林大学	14
11	对外经济贸易大学	16	26	东北林业大学	14
11	华东师范大学	16	26	东南大学	14
11	上海外国语大学	16	26	中国矿业大学(北京)	14

续表

排名	学校名称	得分	排名	学校名称	得分
26	河海大学	14	49	大连理工大学	0
26	华南理工大学	14	49	东北师范大学	0
26	重庆大学	14	49	复旦大学	0
26	陕西师范大学	14	49	上海交通大学	0
39	中国人民大学	12	49	华东理工大学	0
39	清华大学	12	49	上海财经大学	0
39	北京交通大学	12	49	合肥工业大学	0
39	同济大学	12	49	中国药科大学	0
39	东华大学	12	49	浙江大学	0
39	四川大学	12	49	厦门大学	0
39	西北农林科技大学	12	49	中国地质大学(武汉)	0
46	湖南大学	10	49	华中师范大学	0
47	中国政法大学	4	49	华中农业大学	0
48	中国传媒大学	2	49	中山大学	0
49	北京化工大学	0	49	西南财经大学	0
49	北京外国语大学	0	49	西南交通大学	0
49	北京林业大学	0	49	电子科技大学	0
49	中央音乐学院	0	49	西安交通大学	0
49	中央美术学院	0	49	长安大学	0
49	天津大学	0	49	兰州大学	0
49	东北大学	0	—	—	—

(2) 第二项师资与教学条件得分及排名(见表 6-4)。

表 6-4　第二项师资与教学条件得分(满分 25 分)及排名表

排名	学校名称	得分	排名	学校名称	得分
1	北京大学	25	1	华北电力大学	25
1	清华大学	25	1	吉林大学	25
1	北京科技大学	25	1	华东师范大学	25
1	北京邮电大学	25	1	南京大学	25
1	中国石油大学(北京)	25	1	河海大学	25
1	中国石油大学(华东)	25	1	江南大学	25
1	中央财经大学	25	1	南京农业大学	25
1	南开大学	25	1	山东大学	25

续表

排名	学校名称	得分	排名	学校名称	得分
1	中国海洋大学	25	47	北京化工大学	0
1	武汉大学	25	47	北京外国语大学	0
1	华中科技大学	25	47	中国传媒大学	0
1	中国地质大学(北京)	25	47	北京林业大学	0
1	武汉理工大学	25	47	中国政法大学	0
1	湖南大学	25	47	中央音乐学院	0
1	中南大学	25	47	中央美术学院	0
1	华南理工大学	25	47	天津大学	0
1	四川大学	25	47	东北大学	0
1	重庆大学	25	47	大连理工大学	0
1	陕西师范大学	25	47	东北师范大学	0
1	西安电子科技大学	25	47	复旦大学	0
29	北京师范大学	24	47	上海交通大学	0
30	中央戏剧学院	23	47	华东理工大学	0
30	同济大学	23	47	上海财经大学	0
30	东华大学	23	47	合肥工业大学	0
30	中国矿业大学	23	47	中国药科大学	0
30	中国矿业大学(北京)	23	47	浙江大学	0
35	东南大学	22	47	厦门大学	0
36	西南大学	21	47	中国地质大学(武汉)	0
37	北京交通大学	20	47	华中师范大学	0
37	对外经济贸易大学	20	47	华中农业大学	0
37	中南财经政法大学	20	47	中山大学	0
37	西北农林科技大学	20	47	西南财经大学	0
41	东北林业大学	19	47	西南交通大学	0
42	上海外国语大学	17	47	电子科技大学	0
43	中国农业大学	16	47	西安交通大学	0
43	北京中医药大学	16	47	长安大学	0
45	中国人民大学	13	47	兰州大学	0
46	北京语言大学	10	—	—	—

（3）第三项教学建设与改革得分及排名（见表6-5）。

表6-5　第三项教学建设与改革得分（满分12分）及排名表

排名	学校名称	得分	排名	学校名称	得分
1	北京大学	12	1	华南理工大学	12
1	中国人民大学	12	1	四川大学	12
1	清华大学	12	1	重庆大学	12
1	北京科技大学	12	1	西南大学	12
1	北京师范大学	12	1	陕西师范大学	12
1	北京语言大学	12	1	西安电子科技大学	12
1	北京交通大学	12	38	中国石油大学（北京）	10
1	北京邮电大学	12	38	中国农业大学	10
1	中国石油大学（华东）	12	38	对外经济贸易大学	10
1	中央财经大学	12	38	南开大学	10
1	北京中医药大学	12	42	中央戏剧学院	8
1	吉林大学	12	42	华北电力大学	8
1	东北林业大学	12	42	同济大学	8
1	华东师范大学	12	42	东华大学	8
1	上海外国语大学	12	42	西北农林科技大学	8
1	南京大学	12	47	中国政法大学	6
1	东南大学	12	48	中国传媒大学	4
1	中国矿业大学	12	49	北京化工大学	0
1	中国矿业大学（北京）	12	49	北京外国语大学	0
1	河海大学	12	49	北京林业大学	0
1	江南大学	12	49	中央音乐学院	0
1	南京农业大学	12	49	中央美术学院	0
1	山东大学	12	49	天津大学	0
1	中国海洋大学	12	49	东北大学	0
1	武汉大学	12	49	大连理工大学	0
1	华中科技大学	12	49	东北师范大学	0
1	中国地质大学（北京）	12	49	复旦大学	0
1	武汉理工大学	12	49	上海交通大学	0
1	中南财经政法大学	12	49	华东理工大学	0
1	湖南大学	12	49	上海财经大学	0
1	中南大学	12	49	合肥工业大学	0

续表

排名	学校名称	得分	排名	学校名称	得分
49	中国药科大学	0	49	西南财经大学	0
49	浙江大学	0	49	西南交通大学	0
49	厦门大学	0	49	电子科技大学	0
49	中国地质大学(武汉)	0	49	西安交通大学	0
49	华中师范大学	0	49	长安大学	0
49	华中农业大学	0	49	兰州大学	0
49	中山大学	0	—	—	—

(4) 第四项质量保障体系得分及排名(见表 6-6)。

表 6-6　第四项质量保障体系得分(满分 18 分)及排名表

排名	学校名称	得分	排名	学校名称	得分
1	北京大学	18	12	山东大学	16
1	清华大学	18	12	中国地质大学(北京)	16
1	北京科技大学	18	12	中南大学	16
1	北京师范大学	18	12	华南理工大学	16
1	北京邮电大学	18	12	四川大学	16
1	对外经济贸易大学	18	12	西安电子科技大学	16
1	南开大学	18	27	华东师范大学	14
1	武汉大学	18	27	上海外国语大学	14
1	武汉理工大学	18	27	南京大学	14
1	湖南大学	18	27	中国海洋大学	14
1	重庆大学	18	27	中南财经政法大学	14
12	中国人民大学	16	27	西南大学	14
12	中国石油大学(华东)	16	27	西北农林科技大学	14
12	华北电力大学	16	34	北京语言大学	12
12	吉林大学	16	34	北京交通大学	12
12	东北林业大学	16	34	中国石油大学(北京)	12
12	东南大学	16	34	中国农业大学	12
12	中国矿业大学	16	34	中央财经大学	12
12	河海大学	16	34	中央戏剧学院	12
12	江南大学	16	34	北京中医药大学	12

续表

排名	学 校 名 称	得分	排名	学 校 名 称	得分
34	同济大学	12	49	上海交通大学	0
34	南京农业大学	12	49	华东理工大学	0
34	华中科技大学	12	49	上海财经大学	0
34	陕西师范大学	12	49	合肥工业大学	0
45	中国传媒大学	10	49	中国药科大学	0
45	中国矿业大学(北京)	10	49	浙江大学	0
47	中国政法大学	8	49	厦门大学	0
47	东华大学	8	49	中国地质大学(武汉)	0
49	北京化工大学	0	49	华中师范大学	0
49	北京外国语大学	0	49	华中农业大学	0
49	北京林业大学	0	49	中山大学	0
49	中央音乐学院	0	49	西南财经大学	0
49	中央美术学院	0	49	西南交通大学	0
49	天津大学	0	49	电子科技大学	0
49	东北大学	0	49	西安交通大学	0
49	大连理工大学	0	49	长安大学	0
49	东北师范大学	0	49	兰州大学	0
49	复旦大学	0	—	—	—

(5)第五项学生学习效果得分及排名(见表6-7)。

表6-7　第五项学生学习效果得分(满分17分)及排名表

排名	学 校 名 称	得分	排名	学 校 名 称	得分
1	清华大学	17	1	华东师范大学	17
1	北京师范大学	17	1	上海外国语大学	17
1	北京邮电大学	17	1	南京大学	17
1	中国石油大学(北京)	17	1	东南大学	17
1	中国石油大学(华东)	17	1	中国矿业大学	17
1	中央财经大学	17	1	中国矿业大学(北京)	17
1	南开大学	17	1	河海大学	17
1	吉林大学	17	1	江南大学	17
1	同济大学	17	1	南京农业大学	17

续表

排名	学校名称	得分	排名	学校名称	得分
1	山东大学	17	48	北京化工大学	0
1	武汉大学	17	48	北京外国语大学	0
1	华中科技大学	17	48	北京林业大学	0
1	中国地质大学(北京)	17	48	中国政法大学	0
1	武汉理工大学	17	48	中央音乐学院	0
1	中南财经政法大学	17	48	中央美术学院	0
1	湖南大学	17	48	天津大学	0
1	中南大学	17	48	东北大学	0
1	华南理工大学	17	48	大连理工大学	0
1	四川大学	17	48	东北师范大学	0
1	重庆大学	17	48	复旦大学	0
1	西南大学	17	48	上海交通大学	0
1	西北农林科技大学	17	48	华东理工大学	0
1	陕西师范大学	17	48	上海财经大学	0
1	西安电子科技大学	17	48	合肥工业大学	0
34	北京科技大学	16	48	中国药科大学	0
34	东北林业大学	16	48	浙江大学	0
34	中国海洋大学	16	48	厦门大学	0
37	北京交通大学	15	48	中国地质大学(武汉)	0
37	对外经济贸易大学	1	48	华中师范大学	0
39	中国人民大学	14	48	华中农业大学	0
39	华北电力大学	14	48	中山大学	0
39	东华大学	14	48	西南财经大学	0
42	北京大学	13	48	西南交通大学	0
43	北京语言大学	11	48	电子科技大学	0
44	中国农业大学	10	48	西安交通大学	0
44	北京中医药大学	10	48	长安大学	0
46	中国传媒大学	4	48	兰州大学	0
46	中央戏剧学院	4	—	—	—

（6）第六项特色发展得分及排名（见表 6-8）。

表 6-8　第六项特色发展得分（满分 4 分）及排名表

排名	学校名称	得分	排名	学校名称	得分
1	北京大学	4	1	山东大学	4
1	中国人民大学	4	1	中国海洋大学	4
1	清华大学	4	1	武汉大学	4
1	北京科技大学	4	1	华中科技大学	4
1	北京师范大学	4	1	中国地质大学（北京）	4
1	北京语言大学	4	1	武汉理工大学	4
1	北京交通大学	4	1	中南财经政法大学	4
1	北京邮电大学	4	1	湖南大学	4
1	中国石油大学（北京）	4	1	中南大学	4
1	中国石油大学（华东）	4	1	华南理工大学	4
1	中国农业大学	4	1	四川大学	4
1	中国传媒大学	4	1	重庆大学	4
1	中央财经大学	4	1	西南大学	4
1	中央戏剧学院	4	1	西北农林科技大学	4
1	北京中医药大学	4	1	陕西师范大学	4
1	对外经济贸易大学	4	1	西安电子科技大学	4
1	南开大学	4	46	上海外国语大学	2
1	华北电力大学	4	47	北京化工大学	0
1	吉林大学	4	47	北京外国语大学	0
1	东北林业大学	4	47	北京林业大学	0
1	东华大学	4	47	中国政法大学	0
1	华东师范大学	4	47	中央音乐学院	0
1	南京大学	4	47	中央美术学院	0
1	东南大学	4	47	天津大学	0
1	中国矿业大学	4	47	东北大学	0
1	中国矿业大学（北京）	4	47	大连理工大学	0
1	河海大学	4	47	东北师范大学	0
1	江南大学	4	47	复旦大学	0
1	南京农业大学	4	47	同济大学	0

续表

排名	学校名称	得分	排名	学校名称	得分
47	上海交通大学	0	47	华中农业大学	0
47	华东理工大学	0	47	中山大学	0
47	上海财经大学	0	47	西南财经大学	0
47	合肥工业大学	0	47	西南交通大学	0
47	中国药科大学	0	47	电子科技大学	0
47	浙江大学	0	47	西安交通大学	0
47	厦门大学	0	47	长安大学	0
47	中国地质大学(武汉)	0	47	兰州大学	0
47	华中师范大学	0	—	—	—

（7）第七项需要解决的问题得分及排名(见表 6-9)。

表 6-9　第七项需要解决的问题得分(满分 6 分)及排名表

排名	学校名称	得分	排名	学校名称	得分
1	北京大学	6	1	吉林大学	6
1	中国人民大学	6	1	东北林业大学	6
1	清华大学	6	1	同济大学	6
1	北京科技大学	6	1	东华大学	6
1	北京师范大学	6	1	华东师范大学	6
1	北京语言大学	6	1	上海外国语大学	6
1	北京交通大学	6	1	南京大学	6
1	北京邮电大学	6	1	东南大学	6
1	中国石油大学(北京)	6	1	中国矿业大学	6
1	中国石油大学(华东)	6	1	中国矿业大学(北京)	6
1	中国农业大学	6	1	河海大学	6
1	中国传媒大学	6	1	江南大学	6
1	中国政法大学	6	1	南京农业大学	6
1	中央财经大学	6	1	山东大学	6
1	北京中医药大学	6	1	中国海洋大学	6
1	对外经济贸易大学	6	1	武汉大学	6
1	南开大学	6	1	华中科技大学	6
1	华北电力大学	6	1	武汉理工大学	6

续表

排名	学校名称	得分	排名	学校名称	得分
1	中南财经政法大学	6	48	东北师范大学	0
1	湖南大学	6	48	复旦大学	0
1	中南大学	6	48	上海交通大学	0
1	华南理工大学	6	48	华东理工大学	0
1	四川大学	6	48	上海财经大学	0
1	重庆大学	6	48	合肥工业大学	0
1	西南大学	6	48	中国药科大学	0
1	西北农林科技大学	6	48	浙江大学	0
1	陕西师范大学	6	48	厦门大学	0
1	西安电子科技大学	6	48	中国地质大学(武汉)	0
47	中国地质大学(北京)	4	48	华中师范大学	0
48	北京化工大学	0	48	华中农业大学	0
48	北京外国语大学	0	48	中山大学	0
48	北京林业大学	0	48	西南财经大学	0
48	中央音乐学院	0	48	西南交通大学	0
48	中央戏剧学院	0	48	电子科技大学	0
48	中央美术学院	0	48	西安交通大学	0
48	天津大学	0	48	长安大学	0
48	东北大学	0	48	兰州大学	0
48	大连理工大学	0	—	—	—

三、39 所直属高校测评研究情况分析

(一) 报告公开形式测评研究结果概览与对比

39 所直属高校本科教学质量报告公开形式测评结果如表 6-10 所示。

表 6-10　39 所直属高校本科教学质量报告公开形式测评结果表

学校名称	报告公开形式	报告公开年份	第一次测评(1月10日)	第二次测评(2月15日)	第三次测评(3月11日)
北京航空航天大学	无	无	无	无	无
北京理工大学	无	无	无	无	无

续表

学校名称	报告公开形式	报告公开年份	第一次测评（1月10日）	第二次测评（2月15日）	第三次测评（3月11日）
哈尔滨工业大学	无	无	无	无	无
哈尔滨工程大学	无	无	无	无	无
南京航空航天大学	无	无	无	无	无
南京理工大学	可下载	2015—2016学年	无	有	有
西北工业大学	可下载	2015年度	无	无	有
中央民族大学	无	无	无	无	无
大连民族大学	无	无	无	无	无
中南民族大学	在线看	2015年度	无	有	有
西南民族大学	可下载	2015—2016学年	无	无	有
西北民族大学	无	无	无	无	无
北方民族大学	在线看	2015年度	无	有	有
中国人民公安大学	可下载	2015—2016学年	有	有	有
中国人民武装警察部队学院	无	无	无	无	无
中国刑事警察学院	在线看	2015年度	无	有	有
公安海警学院	无	无	无	无	无
铁道警察学院	可下载	2015—2016学年	有	有	有
中国民航大学	可下载	2015年度	有	有	有
大连海事大学	无	无	无	无	无
中国民用航空飞行学院	无	无	无	无	无
塔里木大学	在线看	2015—2016学年	无	有	有
石河子大学	在线看	2015—2016学年	无	有	有
中国科学院大学	可下载	2015—2016学年	有	有	有
中国科学技术大学	可下载	2015—2016学年	有	有	有
华侨大学	无	无	无	无	无
暨南大学	可下载	2015—2016学年	有	有	有
北京电子科技学院	无	无	无	无	无
北京协和医学院	可下载	2015—2016学年	有	有	有
外交学院	无	无	无	无	无
北京体育大学	无	无	无	无	无

续表

学校名称	报告公开形式	报告公开年份	第一次测评(1月10日)	第二次测评(2月15日)	第三次测评(3月11日)
中华女子学院	可下载	2015年度	有	有	有
中央团校(中国青年政治学院)	无	无	无	无	无
中国劳动关系学院	可下载	2015—2016学年	有	有	有
华北科技学院	无	无	无	无	无
防灾科技学院	无	无	无	无	无
中央司法警官学院	无	无	无	无	无
上海海关学院	可下载	2015—2016学年	有	有	有
南京森林警察学院	可下载	2015—2016学年	有	有	有

39所直属高校中有19所(占48.72%)高校在2017年3月11日公布了本科教学质量报告,其中5所高校的本科教学质量报告公开形式为网络在线观看,14所高校的本科教学质量报告可以下载。

在公开的19份本科教学质量报告中有13所高校的本科教学质量报告为2015—2016学年报告,6所高校发布的本科教学质量报告依然为2015年度报告。

(二)报告公开质量测评研究结果概览

1. 总得分与排名情况

总得分(满分100分)及排名如表6-11所示。

表6-11　总得分(满分100分)及排名表

总排名	学校名称	总得分	总排名	学校名称	总得分
1	西北工业大学	96	10	北京协和医学院	82
2	南京森林警察学院	91	12	中国民航大学	81
3	铁道警察学院	90	12	中华女子学院	81
3	塔里木大学	90	14	中国刑事警察学院	79
5	南京理工大学	88	14	中国劳动关系学院	79
5	中南民族大学	88	16	中国科学技术大学	78
5	西南民族大学	88	17	石河子大学	75
8	暨南大学	87	18	北方民族大学	67
8	上海海关学院	87	19	中国科学院大学	61
10	中国人民公安大学	82	20	北京航空航天大学	0

续表

总排名	学校名称	总得分	总排名	学校名称	总得分
20	北京理工大学	0	20	中国民用航空飞行学院	0
20	哈尔滨工业大学	0	20	华侨大学	0
20	哈尔滨工程大学	0	20	北京电子科技学院	0
20	南京航空航天大学	0	20	外交学院	0
20	中央民族大学	0	20	北京体育大学	0
20	大连民族大学	0	20	中央团校(中国青年政治学院)	0
20	西北民族大学	0	20	华北科技学院	0
20	中国人民武装警察部队学院	0	20	防灾科技学院	0
20	公安海警学院	0	20	中央司法警官学院	0
20	大连海事大学	0	—	—	—

2. 分项得分与排名情况

(1) 第一项本科教育基本情况得分及排名(见表 6-12)。

表 6-12 第一项本科教育基本情况(满分 18 分)得分及排名表

排名	学校名称	得分	排名	学校名称	得分
1	西南民族大学	18	14	北京协和医学院	12
1	南京森林警察学院	18	14	中华女子学院	12
3	中南民族大学	16	19	北方民族大学	10
3	铁道警察学院	16	20	北京航空航天大学	0
3	中国民航大学	16	20	北京理工大学	0
3	塔里木大学	16	20	哈尔滨工业大学	0
3	暨南大学	16	20	哈尔滨工程大学	0
3	上海海关学院	16	20	南京航空航天大学	0
9	南京理工大学	14	20	中央民族大学	0
9	西北工业大学	14	20	大连民族大学	0
9	中国刑事警察学院	14	20	西北民族大学	0
9	石河子大学	14	20	中国人民武装警察部队学院	0
9	中国劳动关系学院	14	20	公安海警学院	0
14	中国人民公安大学	12	20	大连海事大学	0
14	中国科学院大学	12	20	中国民用航空飞行学院	0
14	中国科学技术大学	12	20	华侨大学	0

续表

排名	学 校 名 称	得分	排名	学 校 名 称	得分
20	北京电子科技学院	0	20	华北科技学院	0
20	外交学院	0	20	防灾科技学院	0
20	北京体育大学	0	20	中央司法警官学院	0
20	中央团校(中国青年政治学院)	0	—	—	—

(2) 第二项师资与教学条件得分及排名(见表 6-13)。

表 6-13　第二项师资与教学条件得分(满分 25 分)及排名表

排名	学 校 名 称	得分	排名	学 校 名 称	得分
1	南京理工大学	25	20	北京理工大学	0
1	西北工业大学	25	20	哈尔滨工业大学	0
1	中南民族大学	25	20	哈尔滨工程大学	0
1	中国人民公安大学	25	20	南京航空航天大学	0
1	铁道警察学院	25	20	中央民族大学	0
1	塔里木大学	25	20	大连民族大学	0
1	中国科学技术大学	25	20	西北民族大学	0
1	暨南大学	25	20	中国人民武装警察部队学院	0
1	上海海关学院	25	20	公安海警学院	0
1	南京森林警察学院	25	20	大连海事大学	0
11	石河子大学	24	20	中国民用航空飞行学院	0
11	中国劳动关系学院	24	20	华侨大学	0
13	西南民族大学	23	20	北京电子科技学院	0
13	中国刑事警察学院	23	20	外交学院	0
13	中国科学院大学	23	20	北京体育大学	0
13	北京协和医学院	23	20	中央团校(中国青年政治学院)	0
17	北方民族大学	21	20	华北科技学院	0
18	中国民航大学	20	20	防灾科技学院	0
19	中华女子学院	19	20	中央司法警官学院	0
20	北京航空航天大学	0	—	—	—

(3) 第三项教学建设与改革得分及排名(见表 6-14)。

表 6-14　第三项教学建设与改革得分(满分 12 分)及排名表

排名	学 校 名 称	得分	排名	学 校 名 称	得分
1	西北工业大学	12	1	中南民族大学	12

续表

排名	学校名称	得分	排名	学校名称	得分
1	西南民族大学	12	22	哈尔滨工业大学	0
1	中国人民公安大学	12	23	哈尔滨工程大学	0
1	塔里木大学	12	24	南京航空航天大学	0
1	中国科学技术大学	12	25	中央民族大学	0
1	暨南大学	12	26	大连民族大学	0
1	中华女子学院	12	27	西北民族大学	0
1	中国劳动关系学院	12	28	中国人民武装警察部队学院	0
1	上海海关学院	12	29	公安海警学院	0
11	铁道警察学院	10	30	大连海事大学	0
11	中国民航大学	10	31	中国民用航空飞行学院	0
11	北京协和医学院	10	32	华侨大学	0
11	南京森林警察学院	10	33	北京电子科技学院	0
15	南京理工大学	8	34	外交学院	0
15	北方民族大学	8	35	北京体育大学	0
15	中国科学院大学	8	36	中央团校(中国青年政治学院)	0
18	中国刑事警察学院	6	37	华北科技学院	0
18	石河子大学	6	38	防灾科技学院	0
20	北京航空航天大学	0	39	中央司法警官学院	0
21	北京理工大学	0	—	—	—

(4) 第四项质量保障体系得分及排名(见表6-15)。

表6-15 第四项质量保障体系得分(满分18分)及排名表

排名	学校名称	得分	排名	学校名称	得分
1	西北工业大学	18	5	中国民航大学	12
2	南京理工大学	16	5	塔里木大学	12
3	西南民族大学	14	5	中华女子学院	12
3	北方民族大学	14	5	南京森林警察学院	12
5	中南民族大学	12	13	北京协和医学院	10
5	中国人民公安大学	12	14	石河子大学	8
5	中国刑事警察学院	12	14	中国科学技术大学	8
5	铁道警察学院	12	14	暨南大学	8

续表

排名	学 校 名 称	得分	排名	学 校 名 称	得分
14	中国劳动关系学院	8	20	公安海警学院	0
14	上海海关学院	8	20	大连海事大学	0
19	中国科学院大学	6	20	中国民用航空飞行学院	0
20	北京航空航天大学	0	20	华侨大学	0
20	北京理工大学	0	20	北京电子科技学院	0
20	哈尔滨工业大学	0	20	外交学院	0
20	哈尔滨工程大学	0	20	北京体育大学	0
20	南京航空航天大学	0	20	中央团校(中国青年政治学院)	0
20	中央民族大学	0	20	华北科技学院	0
20	大连民族大学	0	20	防灾科技学院	0
20	西北民族大学	0	20	中央司法警官学院	0
20	中国人民武装警察部队学院	0	—	—	—

(5)第五项学生学习效果得分及排名(见表6-16)。

表6-16　第五项学生学习效果得分(满分17分)及排名表

排名	学 校 名 称	得分	排名	学 校 名 称	得分
1	西北工业大学	17	16	西南民族大学	11
1	中南民族大学	17	16	中国人民公安大学	11
1	铁道警察学院	17	18	北方民族大学	8
1	北京协和医学院	17	19	中国科学院大学	2
5	暨南大学	16	20	北京航空航天大学	0
5	中华女子学院	16	20	北京理工大学	0
5	上海海关学院	16	20	哈尔滨工业大学	0
5	南京森林警察学院	16	20	哈尔滨工程大学	0
9	南京理工大学	15	20	南京航空航天大学	0
9	塔里木大学	15	20	中央民族大学	0
9	中国劳动关系学院	15	20	大连民族大学	0
12	中国刑事警察学院	14	20	西北民族大学	0
13	中国民航大学	13	20	中国人民武装警察部队学院	0
13	石河子大学	13	20	公安海警学院	0
13	中国科学技术大学	13	20	大连海事大学	0

续表

排名	学 校 名 称	得分	排名	学 校 名 称	得分
20	中国民用航空飞行学院	0	20	中央团校(中国青年政治学院)	0
20	华侨大学	0	20	华北科技学院	0
20	北京电子科技学院	0	20	防灾科技学院	0
20	外交学院	0	20	中央司法警官学院	0
20	北京体育大学	0	—	—	—

(6) 第六项特色发展得分及排名(见表 6-17)。

表 6-17 第六项特色发展得分(满分 4 分)及排名表

排名	学 校 名 称	得分	排名	学 校 名 称	得分
1	南京理工大学	4	16	中央民族大学	0
1	西北工业大学	4	16	大连民族大学	0
1	西南民族大学	4	16	中南民族大学	0
1	中国人民公安大学	4	16	西北民族大学	0
1	中国刑事警察学院	4	16	北方民族大学	0
1	铁道警察学院	4	16	中国人民武装警察部队学院	0
1	中国民航大学	4	16	公安海警学院	0
1	塔里木大学	4	16	大连海事大学	0
1	石河子大学	4	16	中国民用航空飞行学院	0
1	中国科学院大学	4	16	中国科学技术大学	0
1	暨南大学	4	16	华侨大学	0
1	北京协和医学院	4	16	北京电子科技学院	0
1	中华女子学院	4	16	外交学院	0
1	上海海关学院	4	16	北京体育大学	0
1	南京森林警察学院	4	16	中央团校(中国青年政治学院)	0
16	北京航空航天大学	0	16	中国劳动关系学院	0
16	北京理工大学	0	16	华北科技学院	0
16	哈尔滨工业大学	0	16	防灾科技学院	0
16	哈尔滨工程大学	0	16	中央司法警官学院	0
16	南京航空航天大学	0	—	—	—

(7) 第七项需要解决的问题得分及排名(见表 6-18)。

表 6-18　第七项需要解决的问题得分(满分 6 分)及排名表

排名	学校名称	得分	排名	学校名称	得分
1	南京理工大学	6	20	北京理工大学	0
1	西北工业大学	6	20	哈尔滨工业大学	0
1	中南民族大学	6	20	哈尔滨工程大学	0
1	西南民族大学	6	20	南京航空航天大学	0
1	北方民族大学	6	20	中央民族大学	0
1	中国人民公安大学	6	20	大连民族大学	0
1	中国刑事警察学院	6	20	西北民族大学	0
1	铁道警察学院	6	20	中国人民武装警察部队学院	0
1	中国民航大学	6	20	公安海警学院	0
1	塔里木大学	6	20	大连海事大学	0
1	石河子大学	6	20	中国民用航空飞行学院	0
1	中国科学院大学	6	20	华侨大学	0
1	中国科学技术大学	6	20	北京电子科技学院	0
1	暨南大学	6	20	外交学院	0
1	北京协和医学院	6	20	北京体育大学	0
1	中华女子学院	6	20	中央团校(中国青年政治学院)	0
1	中国劳动关系学院	6	20	华北科技学院	0
1	上海海关学院	6	20	防灾科技学院	0
1	南京森林警察学院	6	20	中央司法警官学院	0
20	玄乎航空航天大学		—	—	—

四、2017 年测评研究结果分析

(一) 2017 年测评研究各项指标得分情况分析

1. 总体分析

本次测评总得分显示,114 所直属高校在本次测评中平均分为 50.6 分。75 所教育部直属高校和 39 所直属高校的平均得分,分别为 55.97 分和 40 分(见表 6-19)。

表 6-19　总得分及平均分表(含 0 分高校)

114 所直属高校		75 所教育部直属高校		39 所直属高校	
总分	平均分	总分	平均分	总分	平均分
5768	50.6	4198	55.97	1570	40

在114所直属高校中，总分最高的高校为武汉大学和湖南大学，得分100分。有65所(占总数的57.02%)高校在本次测评中高于平均得分，有47所高校(占总数的41.23%)因测评时网页打不开或信息公开网站中没有2015—2016学年或2015年本科教学质量报告而得0分。其中75所教育部直属高校有27所为0分，占比为36%；39所其他部委直属高校有20所为0分，占比为51.28%。

2. 单项得分及得分率

总体而言，114所直属高校7项一级指标得分率普遍处于中下水平，但去除得零分的高校后的得分率普遍在80%以上。这说明114所直属高校整体上对《本科教学质量报告》公开不够重视。但在已经发布报告的高校中，其报告在各项指标公开上已达到较好水平。导致总分得分率为50.60%的原因，一是部分高校未公开质量报告得分为0，拉低了整体得分率；二是某些分值较高的公开事项得分率较低，拉低了整体得分率，详细情况见优、劣势指标分析。

7项一级指标得分率如表6-20所示，由高到低排列分别为：第七项需要解决的问题57.67%、第三项教学建设与改革53.33%、第六项特色发展53%、第二项师资与教学条件52.72%、第五项学生学习效果51.35%、第一项本科教育基本情况47.56%、第四项质量保障体系44.72%。

表6-20 114所直属高校单项得分率表(含0分高校)

名称	总分	第一项	第二项	第三项	第四项	第五项	第六项	第七项
分值	100	18	25	12	18	17	4	6
平均分	50.6	8.56	13.18	6.4	8.05	8.73	2.12	3.46
得分率	50.60%	47.56%	52.72%	53.33%	44.72%	51.35%	53.00%	57.67%

3. 优、劣势指标

如图6-1所示，各项一级指标得分率显示，在本次测评中第七项需要解决的问题得分率57.67%，成为得分率最高的一级指标，是本次测评中的优势指标。从指标赋分权重情况分析，第七项一级指标下虽设了3项二级指标，但总分值只有6分，分值较小，因此其对总分的影响权重较小。从指标内容分析，第七项为需要解决的问题，项目本身为定性论述内容，比较容易描述，加之目前高校在外部院校评估环境非常重视“问题与对策”描述的情况下，对这一部分内容给予了足够程度的重视。如审核评估的自评报告中更是专门要求1/3的篇幅谈问题。这对质量报告的撰写有明显的导向和影响，促使本项成为得分率最高的项目。

本次测评劣势指标为第四项质量保障体系，得分率只有44.72%。从指标赋分权重情况分析，第四项质量保障体系一级指标下设9个二级指标，赋分值18分，在7个大项所赋分值中排名第二，权重较大，对总体得分的影响较大。从指标内容分析，第四项质量保障体系的二级指标内容为：①学校人才培养中心地位落实情况、②校领导班

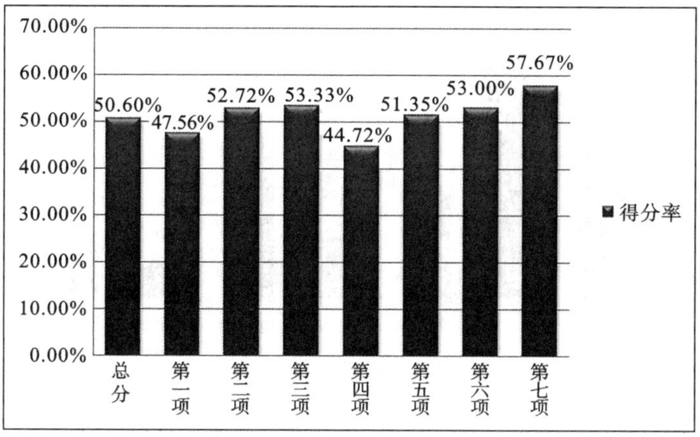

图 6-1　各项指标得分率

子研究本科教学工作情况、③相关政策措施、④教学质量保障体系建设、⑤日常监控与运行情况、⑥本科教学基本状态分析、⑦专业评估情况、⑧专业认证、⑨国际评估情况。纵观 114 所直属高校此项得分情况，除了③相关政策措施、④教学质量保障体系建设两项二级指标得分较好之外，第四项中其他二级指标得分率普遍较低。这说明各高校在教学质量保障体系建设的总体框架下，其实质性的内容如日常监控、认证评估等许多方面呈现还有所欠缺，许多关键的因素如人才培养中心地位落实、校领导班子研究本科教学工作情况等内容的总结与呈现还不到位。如果这些方面不能够补充落实，整体的本科教学质量保障体系将很难发挥其应有作用。

（二）2017 年测评研究各单项得分离散程度分析

1. 标准差分析

114 所直属高校在本次测评中 7 项一级指标的单项标准差如图 6-2 所示。7 项一级指标得分标准差排名由低到高排列分别为：第六项特色发展、第七项需要解决的问题、第三项教学建设与改革、第四项质量保障体系、第一项本科教育基本情况、第五项学生学习效果、第二项师资与教学条件。

第六项特色发展的标准差最小，得分离散程度最小。这说明各高校在此单项得分比较平均，各校对此项总体掌握较好，呈现质量比较一致。而第二项师资与教学条件的标准差最大，得分离散程度最大。这说明各校对此项的理解和公开程度有较大差异，有相当一部分学校在此项问题上比较严重。

2. 个性问题与共性问题分析

如图 6-3 所示，值得探讨的是第二项师资与教学条件的得分率排名第 4，标准差排名第 7，呈现较大反差。居中的平均得分率表明各校在此项上平均得分尚可，但较大标准差表明各校在此项上得分分布较为分散，由此说明各高校在此项得分上两极分化

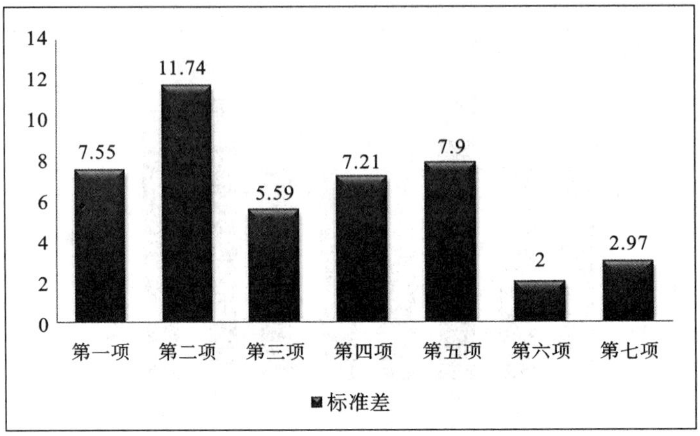

图 6-2　单项标准差柱状图

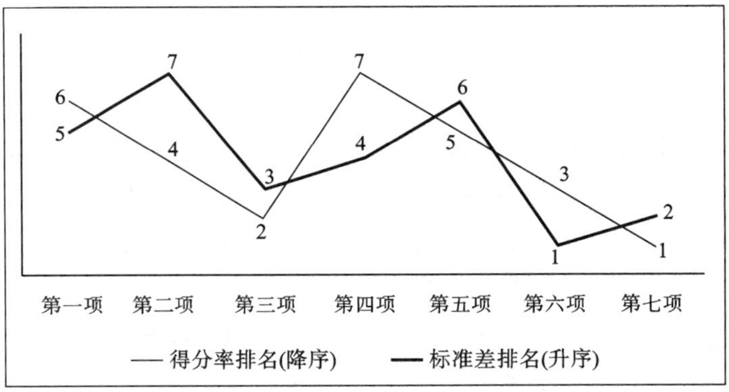

图 6-3　单项得分率与标准差对比图

程度严重，部分高校此项得分较高，还有相当一部分高校在此项得分很低，问题比较严重。这一项指标对应的问题属于本次质量报告信息公开测评中小部分高校存在的个性问题。

与第二项相反，第四项质量保障的得分率排名第 7，而标准差排名第 4，适中的标准差表明各校在此项上的得分分布差异不是特别大，最低得分率表明各高校在此项上得分普遍较低。由此说明高校在此项上总体得分比较接近，得分两极分化程度适中，但整体得分较低。这一项指标对应的问题属于本次质量报告信息公开测评中大部分高校存在的共性问题。

五、2017 年测评研究发现与建议

(一) 关注真实性与科学性：期待本科教学质量报告编发进入新阶段

1. 本科教学质量报告的公开性和时效性有待提高

2017 年连续三次对 114 所直属高校的本科教学质量报告信息公开形式进行测评

的结果显示:114 所直属高校中仅有 67 所高校在测评结束时公布了 2015—2016 学年本科教学质量报告(此时距教育部要求 2017 年 1 月 1 日前公布的时间节点过去了 2 个月),还有 47 所高校(占 41.23%)未公开其相应年度本科教学质量报告。在公开的 67 份报告中,有 12 份报告公开形式为网络在线观看,55 份公开形式为可以下载查看。长达数十页的质量报告只能在信息公开网站上在线观看,无法选定和下载,有些网页还不能查找关键词,不方便阅读,更不方便查找,此类报告公开的便捷性还有待提高。

连续三次的信息公开形式测评中,分别有 54 所高校、64 所高校和 67 所高校在其信息公开网上公开本科教学质量报告。有 60 所高校未在《通知》规定的 2017 年 1 月 1 日前公开本科教学质量报告,并且超过规定时间 2 个多月后,仍有 47 所高校未按照要求在学校信息公开网上公开本校本科教学质量报告,可见部分高校的高校本科教学质量报告公开的及时性有待提高。

2. 本科教学质量报告的完整性和准确性还需加强

本科教学质量报告信息公开质量的高低首先取决于其信息公开的完整性。114 所直属高校在本次测评中的总平均得分仅为 50.6 分,说明高校本科教学质量报告的完整程度水平总体上还需加强。

按照《通知》相关要求,本次本科教学质量报告公开内容时间节点从以往的自然年变为学年,在公开的 67 份本科教学质量报告中有 38 所高校发布的报告为 2015—2016 学年本科教学质量报告,29 所高校(占 67 所高校的 43.28%)发布的报告依然为 2015 年度本科教学质量报告。这些仍然以年度来撰写的本科教学质量报告在统计时间节点和数据统计口径等方面都不符合要求。由此显示出本科教学质量报告撰写与公开的准确性还需加强。

3. 本科教学质量报告的真实性和科学性应更受重视

通过测评发现,114 所直属高校中大多高校依然采用较为谨慎的态度撰写本科教学质量报告,报告内容缺乏针对性。这些 2015—2016 学年或 2015 年的本科教学质量报告的内容很难反映出相关学校在该学年(或该年度)里在提高本科教学质量方面采取的关键措施,或取得的具体成绩。如对“培养目标”的描述,部分高校给予笼统的回答,不够具体;对“需要解决的问题”的描述,部分高校避重就轻,回避关键问题 ,每年公布的报告中问题内容基本没有变化,这些都使报告的真实性打折扣。

此外,各校本科教学质量报告中部分内容的科学性应更受重视,按照《国务院教育督导委员会办公室关于普通高等学校编制发布 2015—2016 学年〈本科教学质量报告〉的通知》文件要求,各高校编制的本科教学质量报告应从年度报告变为学年报告,许多教学方面的数据以学年为单位统计更具有科学性。但在《通知》做出此规定之前,只有同济大学等少数学校在编制质量报告时“超前”地编制了学年质量报告,大部分高校的质量报告没有按照质量报告本身更加科学合理的角度来撰写。并且,在《通知》要求更改之后,还有多所高校发布报告的统计时间节点依然为 2015 年度,这部分高校应更加重视本科教学质量报告编撰与公开的科学性。

4. 本科教学质量报告的诊断性和反馈性作用不明显

本次测评的各项一级指标得分率显示，第七项“需要解决的问题”成为得分率最高的一级指标，其得分率为57.67%，是本次测评中的优势指标。但综观各高校报告中所论述的问题内容，其中大多问题是如投入不足、体制机制不健全等笼统的问题，并没有借本学年总结之际深入学校实际中找到有针对性的关于本科教学过程的个性问题，没有诊断性地指出本学年(或一年)本科教学质量方面的优缺点，以便在下一学年提出切实可行的举措。更谈不上利用本科教学质量报告中的数据对学校本科教学进行治理，利用本科教学质量报告中统计的数据指导提升本科教学质量。因此，从总体上看，本科教学质量报告的诊断性和反馈性作用并不明显，还处于“自我评估”阶段，并未达到“以评促建”和“反馈改进”的“质量治理”阶段。

5. 本科教学质量报告信息公开中暴露出的短板内容值得深思

通过第二项师资与教学条件、第四项质量保障的典型问题分析，测评中反映出来的个性问题与共性问题对比发现，第四项属于高校质量报告信息公开的短板问题和共性问题。通过对第四项的二级指标的分析可以看出，在高校本科教学质量保障系统建设的总体框架下，在日常监控、认证评估等许多方面实质性内容还有所欠缺，许多关键因素如人才培养中心地位落实、校领导班子研究本科教学工作情况等还没有总结与落实到位，这也折射出高校本科教学质量保障体系构建过程中的共性短板。

高校质量保障体系由外部质量保障系统和内部质量保障系统组成，测评反映出高校质量报告擅长描绘学校外部质量保障系统的建设成果，而对内部质量保障系统本身的关注和呈现不够。单靠增加人力、财物的投入等外部保障来提升本科教学质量是不充分的。内部质量保障系统中，存在的如日常监控、认证评估等方面的问题值得高度重视。呈现出这样的结果的原因值得深入分析，是报告本身描述遗漏的问题？还是信息公开指标设置和信息公开测评方式的问题？又或是各高校在办学实际中本身就存在忽略内部质量保障系统建设的问题？这将是下一步本科教学质量报告测评的重点，也可以成为学校本科教学质量自我评估中的重点。

(二) 回应社会，借鉴特色：本科教学质量报告编发须逐步走向成熟

1. 从质量报告的公开性和时效性来回应社会

本次测评结果表明，114所直属高校对本科教学质量报告的公开程度、及时程度都还有待提高。另在测评中发现，在39所直属高校的主页上，还有部分高校未建立专门的信息公开网，建议高校按照相关要求建立完善专门的信息公开网页，及时公开本校的质量报告，在形式上提高质量报告的公开性和时效性。在本科教学质量报告发布的内容上，各高校应从思想上进一步重视报告内容的真实性和深入性，使本科教学质

量报告对内成为一种自我总结的工具，对外成为回应社会关切的责任。同时，重视本科教学质量报告的内外部作用，通过发布本科教学质量报告向社会公众发布真实教学信息，提升工作透明度、信誉度和美誉度。通过进一步完善本科教学质量报告的编撰与公开机制，从质量报告的公开性、时效性上来增强社会责任意识，提供社会参与治理渠道，回应社会关切。

2. 从质量报告的完整性和准确性来规范质量报告

本次本科教学质量报告测评重点是对报告公开内容完整性进行测评。测评结果显示，114 所直属高校本科教学质量报告的完整性和准确性还远远不够。因此建议各高校在编撰和公开本科教学质量报告过程中进一步提高思想认识，优化报告的编制方式、方法，从完整性和准确性来规范质量报告内容，提升报告的质量。尤其是在报告编撰过程中，逻辑要更加严密，内容要更加严谨，形式要更加严格。同时处理好规范化和个性化问题，避免出现千篇一律或是特立独行的质量报告。用一份完整的质量报告总结一年来的本科教学情况，用一份准确的质量报告来回应利益相关者对本科教学质量的关切，使质量报告既能成为高校自我评估的手段，也能成为利益相关者共同治理本科教学质量的工具。

3. 从质量报告真实性和科学性呈现高校教学质量现状

本科教学质量报告作为一种学年总结式的报告，应该重视报告本身的真实性和科学性，在完整公开的前提下做到真实、科学地反映本科教学质量的真实现状。因此，高校在编写质量报告时除了要有本科教学结果的展示，还要有必要的本科教学过程的展示和问题的披露。在向社会呈现的报告中，除了要按照相关规定公开教学数据，还要根据教育规律对指标进行细分和升华，使其能更真实和科学地呈现学校本科教育教学的全部现状。

4. 从质量报告的诊断性和反馈性促进本科教学质量提升

本科教学质量报告除了具有信息载体功能和反馈监督功能外，还具有质量保障的功能，是促进教学质量提升的有力抓手。从本次测评结果来看，大多高校在第七项总结的本科教学问题依然是共性问题和外在问题，并没有以报告为抓手深入查找学校本科教学中的个性问题、关键问题。要真正发挥质量报告的质量保障功能，首先就需要高校建立起规范化、制度化的报告编撰机制，并利用本科教学质量常态数据库，完善高校质量信息大数据平台，使报告的撰写达到常态化、专业化水平，做到报告中数据统计准确、科学，报告分析定性与定量相结合。其次还要有相应的诊断报告和反馈报告做配套，从内部建立起完善的反馈机制，真正地形成循环闭合，从而发挥质量报告的诊断性和反馈性功能，以此促进本科教学的持续改进并达到保障质量的目的。

5. 从质量报告中的共性短板推进教育教学改革

提高质量是高等教育中永恒的主题。本次本科教学质量报告测评中出现的共性短板问题或许可以为 114 所直属高校的本科教育教学改革提供一些依据。比如，通过测评发现第四项质量保障体系各校普遍得分较低，尤其是通过进一步分析显示各高校在教学质量保障体系建设的总体框架下，其实质性的内容如日常监控、认证评估等许多方面呈现还有所欠缺，许多关键的因素如人才培养中心地位落实、校领导班子研究本科教学工作情况等内容的总结与呈现还不到位。高校面对这些共性短板问题，要有直面问题的胆识、自揭其短的勇气、深入挖掘的气魄、坚决改革的决心，从质量报告中的共性短板来真正推进教育教学改革。

6. 部分高校本科教学质量报告的特色值得借鉴

（1）湖南大学的本科教学质量报告在本次测评中得到满分，其质量报告内容充实，报告中数据表格一目了然，且附有支撑报告的专门数据附件（见图 6-4）。从信息公开的角度分析，这种做法有利于社会大众较快较方便地查阅相应的数据，值得推广。而且在《清单》中，对相应的支撑数据也是用专门的附件名来呈现的，把支撑数据作为附件单列也是对此要求的一种较好回应。

湖南大学 2015—2016 学年本科教学质量报告

附录二

《湖南大学2015-2016学年本科教学质量报告》支撑数据

序号	指标		数据
1	本科生占全日制在校生总数的比例		55.75%
2	教师数量及结构	专任教师	1930
		教授	499
		副教授	715
		讲师及以下	716
		全校本科专业总数	67

图 6-4 湖南大学本科教学质量报告支撑数据附表截图

（2）南开大学的本科教学质量报告图文并茂，数据翔实，并且许多数据都有与前一年数据的对比，最后还附有学校 2015—2016 学年中发布的相关本科教学文件目录作为报告的支撑，值得各高校借鉴（见图 6-5、图 6-6）。

（3）在东华大学本科教学质量报告中，许多数据与教育部相关标准有对比，使报告的数据更有对比性和说服力（见图 6-7）。

（4）在华东师范大学本科教学质量报告中，主动公开了许多对 2015—2016 学年的教学状态具有支撑作用的数据附件，比如各学部、院系学生学习成绩平均绩点分布情况；各年级学生学习成绩平均绩点分布情况；各学部、院系学生补考人次一览表；各学部、院系学生重修人次一览表；各学部、院系学生转专业人次一览表等（见图 6-8）。

（5）在西南民族大学本科教学质量报告中，有非常详细的数据支撑，每项数据都

表4.1　南开大学2015年与2014年主要数据对比

项目	2015年	2014年	变化
本科生在校生总人数	14069	13733	2.45%
本科生占全日制在校生总数的比例	55.43%	54.33%	2.02%
生师比	16.77	17.09	-1.87%
生均本科教学日常运行支出（元）	6533.28	6215.34	5.12%
生均本科实验经费（元）	826.99	534.63	54.68%
生均本科实习经费（元）	509.32	480.57	5.98%
本科教学改革和建设专项经费总额（元）	24426061.10	17688900	38.09%
生均教学行政用房（平方米）	31.16	20.15	54.64%
生均实验室面积（平方米）	11.60	10.39	11.64%
生均教学科研仪器设备值（万元）	3.98	3.49	14.01%
当年新增教学科研仪器设备（万元）	19873.68	9607.13	106.86%
应届本科生毕业率	97.28%	97.08%	0.2%
应届本科生学位授予率	97.01%	96.43%	0.6%

图 6-5　南开大学本科教学质量报告两年数据对比截图

附录：

南开大学本科教育教学文件

1.南开大学关于 2014-2015 学年第一学期学位授予的决定（南发字【2015】1号）

2.关于印发南开大学 2015 年工作要点的通知（南党发【2015】5号）

3. 转发实验室设备处《关于公布 2012—2014 年度实验教学技术成果奖和教学实验室管理成果奖获奖名单的通知》（南办发【2015】8号）

4. 南开大学关于 2014—2015 学年第一学期（第二次）学士学位授予的决定（南发字【2015】10号）

5. 关于印发《南开大学国家“基础学科拔尖学生培养试验计划”境外交流资助办法》的通知（南发字【2015】17 号）

6. 关于印发《南开大学“十三五”规划编制工作方案》的通知（南党发【2015】23 号）

7. 转发 2015 届毕业生有关工作安排的通知（南办发【2015】34号）

8. 关于调整校本科生教学指导委员会组成人员的通知（南发字【2015】35号）

9. 关于公布南开大学第八届学位评定委员会、各分组和部分学位评定分委员会调整名单的通知（南发字【2015】46号）

10. 印发《关于公布南开大学第二届“魅力课堂”获奖名单的通知》（南发字【2015】47号）

11. 南开大学关于 2014—2015 学年第二学期学位授予的决定(南发字【2015】50号)

12.印发<关于设立本科生校外交流助学金的规定>的通知（南发字【2015】55号）

13. 关于印发《南开大学 2015 年度 2015 级学生军事技能训练实施方案》的通知(南发字【2015】57号)

14. 关于修订《南开大学本科学生学则》的通知 (南发字【2015】78号)

15. 印发《关于南开大学本科教学工作审核评估（专家组反馈意见）报告整改任务分解的通知）》(南发字【2015】80号)

16. 关于印发《南开大学教育教学奖励办法》的通知 (南发字【2015】96号)

17. 关于调整校本科生教学指导委员会组成人员及其工作规程通知(南发字【2015】97号)

18. 关于印发《南开大学国际化大讨论方案》的通知(南发字【2015】101号)

19. 转发教育部关于做好2016届全国普通高等学校毕业生就业创业工作的通知(南发字【2015】109号)

图 6-6　南开大学本科教学质量报告教学文件附表截图

表 2-3 学校硬件设施条件指标数据

普通高校硬件设施条件指标	生均值	教育部标准
生均占地面积（m^2）	67.5	59
生均教学行政用房（m^2）	18.9	16
生均宿舍面积（m^2）	12.1	6.5
生均教学科研仪器设备值（元）	29201.04	5,000
新增教学科研仪器设备所占比例（%）	12.3	10
百名学生配教学用计算机台数（台）	53.7	10
百名学生配多媒体教室和语音教室的座位数	105.9	7
生均图书（纸质）	74.9	80

图 6-7 东华大学本科教学质量报告数据与教育部标准对照截图

附件 19

图 6-8 华东师范大学本科教学质量报告支撑数据截图

单独做成一个表并附有与 2015 年数据的对比情况和对这项数据填报的情况说明。更难能可贵的是，其在报告最后还提供了质量报告的执笔人以及联系方式（见图 6-9），这种方式使本科教学质量报告信息公开力度更强，也更方便与公众联系。

学校名称：	西南民族大学						
分管院（校）长	曾明	职务	校党委副书记、校长	电话	85528886	手机	
负责部门	教务处	部门负责人	乌尼乌且	职务	处长	手机	85522019
执笔联系人	漆琦	电话	85522208	手机	18180405078	QQ号码	2033691
质量报告执笔人员姓名	漆琦、陈媛媛、薛子帅、杨敏、高宏旭、苏轶群、刘学明、赵长治、刘薇、张飞飞						
其他							

图 6-9 西南民族大学本科教学质量报告联系方式截图

（6）在同济大学本科教学质量报告中，许多部分有具体的案例专栏作为支撑，使本科教学质量报告更加鲜活有说服力（见图 6-10）。

（7）清华大学等许多高校在发布本科教学质量报告之余，还根据《教育部高等教育司关于进一步完善教学信息公开制度的通知》（教高司函〔2016〕14 号），发布了如

专栏 2　　同济本科生代表队获国际基因工程机器设计大赛金牌

2015 年 9 月 28 日下午，为期 6 天的合成生物学顶尖赛事——国际基因工程机器设计大赛（International Genetically Engineered Machine Competition，iGEM）2015 全球总决赛在美国波士顿落下帷幕，来自生命科学与技术学院的 8 名 2013 级本科生组成的同济大学代表队一举摘得金牌，这是我校继去年首次参赛并获得银牌之后取得的又一骄人战绩。此次同济大学 iGEM 代表队设计利用光遗传技术实现对线虫简单运动的控制，在线虫控制前进后退转弯的特定神经元及全身肌肉中表达视蛋白这种光敏感型通道蛋白，在特定波长光照下将其激活，进而激活某类神经元活动，最终达到控制线虫运动的目的。该实验在神经退行性及瘫痪等疾病治疗中具有潜在的应用价值。

图 6-10　同济大学本科教学质量报告案例专栏截图

《清华大学本科教学信息公开内容(2015—2016 学年)》(见图 6-11)等，这是对本科教学质量报告的有效补充。

2015-2016 学年度清华大学本科教学信息公开内容

教务处

2016 年 10 月

一、本科教育基本情况

清华大学本科教育秉承“厚基础、重实践、求创新”的育人特色，坚持创新人才培养模式，重视学生的学习与发展成效，持续提高教育教学质量，努力实现学生的全面发展和个性发展相结合。

学校以高水平学科建设为依托，不断加强学科建设、调整学科设置，形成了工科优势集聚、文理特色鲜明、交叉形式多样的综合性大学专业结构与布局。截止 2016 年 8 月，全校共设有 20 个学院、54 个系、78 个本科专业，其中 13 个专业同时开设第二学士学位。学科覆盖了理学、工学、文学、艺术学、历史学、哲

图 6-11　清华大学本科教学信息公开内容截图

第七章　三年回望：梳理总结再出发

回望与期望：
信息公开视角下本科教学质量报告测评1.0阶段总结

一、三年回顾：三次测评研究总体情况分析

（一）整体得分，变化后呈现稳定趋势

通过表7-1中去除0分高校（简称“去0”）后测评数据的对比，可以更加直观地显示出质量报告信息公开的真实质量，更能反映出没有及时公开质量报告高校的测评得分对整体测评得分的影响程度。以测评年份为单位的纵向对比发现，75所教育部直属高校在2013年度、2014年度和2015—2016学年本科教学质量报告测评中的平均得分分别为64.56分、55.08分和55.97分。去除历年得0分高校后，测评2013年度、2014年度和2015—2016学年本科教学质量报告时拥有测评数据的高校分别为65所、48所和48所，“去0”后平均得分为74.49分、86.06分和87.46分。可以看出，75所教育部直属高校的本科教学质量报告公开数量与测评平均得分呈现出先下降后稳

表7-1　三年测评整体得分情况纵向对比表

测评报告年份	75所教育部直属高校		
	总分	平均分	平均分（去0）
2013年	4842	64.56	74.49 （n=65）
2014年	4131	55.08	86.06 （n=48）
2015—2016学年	4198	55.97	87.46 （n=48）

注：“（n=X）”中，n为测评中去除得0分高校后具有测评数据高校数量。

定的趋势。但在“去 0”后,具有数据高校的报告测评平均得分呈现出先上升后稳定的趋势,表明经过一段时间的报告撰写与公开探索,各校本科教学质量报告的信息公开质量逐步趋于稳定。

(二) 各类属高校得分,差异明显

在对 2015—2016 学年本科教学质量报告测评时,我们将测评对象扩展为 75 所教育部直属高校和 39 所直属高校,共 114 所高校。通过横向对比,75 所教育部直属高校和 39 所其他部委直属高校 2015—2016 学年报告的平均得分分别为 55.97 分和 40 分(见表 7-2)。75 所教育部直属高校有 27 所为 0 分,占比为 36%;39 所其他部委直属高校有 20 所为 0 分,占比为 51.28%。值得注意的是,39 所直属高校中有半数以上没有在信息公开网上公布相应年份的质量报告。并且按照所属中央部委部门分析,中国科学院、新疆建设兵团、中华妇女联合会、中华全国总工会、海关总署、国家林业和草原局、国家卫生健康委员会等部门所属高校的报告公开率为 100%,国家民族事务委员会、国务院侨务办公室等部门所属高校的报告公开率为 50%,还有 6 个中央部委所属高校的报告公开率为 0%,各类高校差异较为明显。但去除 0 分高校后的测评数据分析显示,48 所有数据的教育部直属高校平均得分 87.46,19 所有数据的其他部委直属高校平均得分 83,两者并无太大差距。这说明公开的质量报告基本都是按照《通知》要求来撰写与发布的。

表 7-2　各类属高校得分横向对比表

测评报告年份	114 所中央部委直属高校			75 所教育部直属高校			39 所其他部委直属高校		
	总分	平均分	平均分(去 0)	总分	平均分	平均分(去 0)	总分	平均分	平均分(去 0)
2015—2016 学年	5768	50.6	86.09 (n=67)	4198	55.97	87.46 (n=48)	1570	40	83 (n=19)

(三) 各项指标得分,相对稳定

在连续三年的测评中,7 项一级指标得分率排名如图 7-1 所示,排名前三位的指标基本都是第三项、第六项、第七项,而第一项、第四项、第五项在三年测评中均处于后三位。7 项一级指标三年测评得分率排名有小幅度变化但整体变化不大。这表明虽然质量报告的各部分的撰写难易程度有区别,但是各校的报告结构质量较为稳定。

在连续三年的测评中,7 项一级指标标准差排名如图 7-2 所示,除了 2014 年排名与 2013 年排名在第一项、第四项、第五项上发生了小幅度的变化外,2014 年与 2015—2016 学年 7 项一级指标标准差排名完全没有改变。总的来看,7 项一级指标三年测评

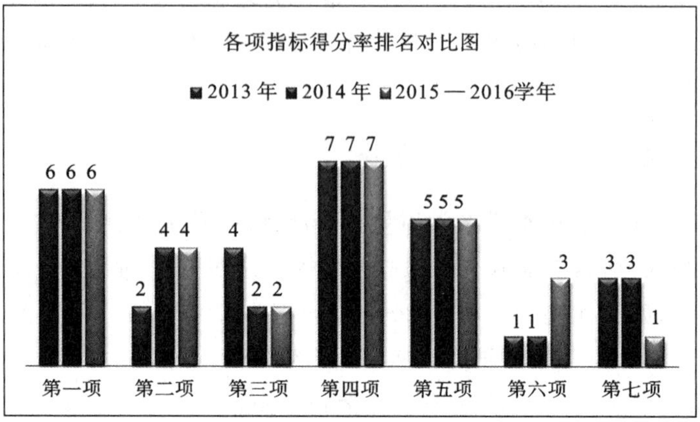

图 7-1 各项指标得分率排名对比图

得分标准差排名有小幅度变化，但整体排名比较稳定，说明各项指标得分率以及分数分布情况相对稳定。在本科教学质量报告的各个部分中，各高校得分相差程度历年保持稳定。但是分析数据也显示，对于定量数据较多的指标，各校质量报告的信息公开程度有较大不同。

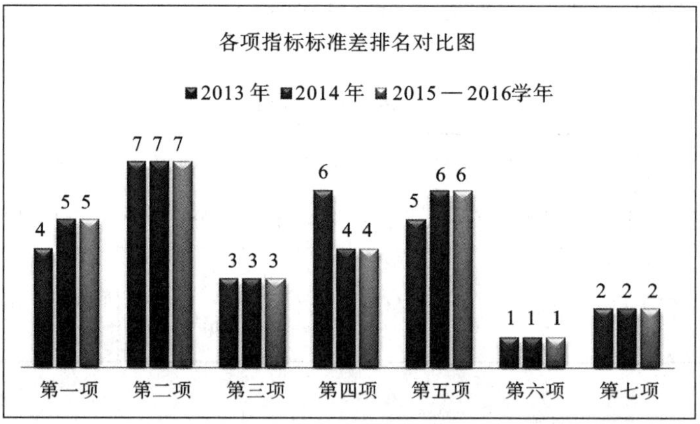

图 7-2 各项指标标准差排名对比图

（四）各层次得分，呈两极分化趋势

三次测评中（见图 7-3），去 0 后的 75 所教育部直属高校测评总分在 60 分以下的高校数量为：15 所、28 所、29 所；测评总分在 80 分以上的高校数量为：25 所、37 所、39 所。可以看出高分（80 分以上）高校数量呈上升趋势，但低分（60 分以下）高校数量也呈上升趋势。这说明各高校报告的信息公开质量差异较大，得分呈两极化分布的趋势，部分高校质量报告的信息公开程度应该得到重视。

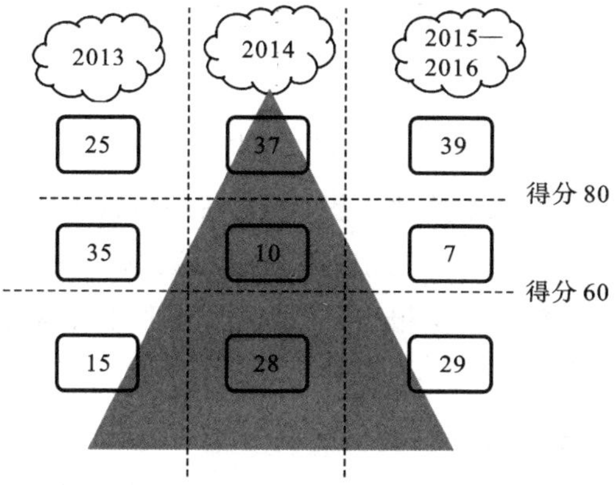

图 7-3　报告测评得分区间数量变化

（五）各校得分，变化较大

《通知》中对2013年度与2014年度报告撰写的方式要求基本没有变化，这两年数据最具有可比性。2015—2016学年测评对象因为加入了其他中央部委直属本科高校而有所不同，因此不便做详细的对比分析，故采取2013年度与2014年度报告得分数据来分析各高校变化情况最能说明问题。

通过对比分析2013、2014两年得分数据可得：得分变化20分以上有18所高校，得分变化10～20分有16所高校，有的高校由41分上升到94分，有的高校由73分下降到26分，变动较大。这说明在质量报告整体得分趋于稳定的整体情况下，高校个体得分情况变化较大（见图7-4）。虽然各校的质量报告编撰和发布积累多年经验，已经形成了较为稳定的模式，但各高校报告的信息公开质量有很大不同，部分高校不同年份的报告质量也存在有较大差别。一方面，它对高校质量报告的测评及反馈起到了一定促进作用，使高校公开的报告质量在第一段时间和一定程度上得以提升；另一方面，还有部分高校对本科教学质量报告编撰和发布还重视不够，报告公开的质量还不稳定，缺乏稳定的质量报告信息公开机制而使报告信息公开质量不能得以保证。

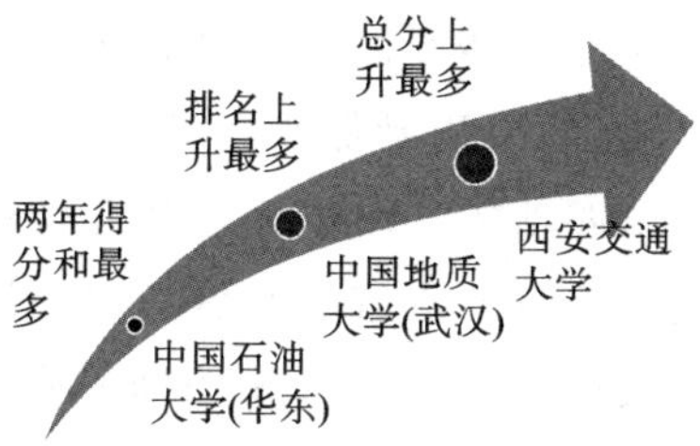

图 7-4　2013、2014年度报告测评变化之“最”

二、三年总结:三次测评研究发现与期望

(一) 1.0 阶段,年度测评研究的诊断性和反馈性作用还不明显

自 2015 年以来,笔者按照相关要求设计了"高等学校本科教学质量报告测评指标体系(1.0 版)"和"高等学校本科教学质量报告支撑数据提取表(1.0 版)",三年来按照这一指标体系进行的本科教学质量报告信息公开测评可以称为本科教学质量报告信息公开测评研究的 1.0 阶段。

1. 本科教学质量报告的公开性有待提高

自 2011 年起,教育部陆续出台了《关于"985 工程"高校公布 2010 年〈本科教学质量报告〉的通知》(教高司函〔2011〕137 号)《关于继续试点部分高等学校编制发布〈本科教学质量报告〉的通知》(教高司函〔2012〕118 号)《关于普通高等学校编制发布 2012 年〈本科教学质量报告〉的通知》(教高厅函〔2013〕33 号)《教育部办公厅关于普通高等学校编制发布 2013 年〈本科教学质量报告〉的通知》(教高厅函〔2014〕35 号)等 4 部文件,高校信息公开事项《清单》50 项事项中也列有"本科教学质量报告"事项,大力推进了高校本科教学质量报告的撰写与公开工作。2015 年开始由国务院教育督导委员会办公室发布《国务院教育督导委员会办公室关于普通高等学校编制发布 2014 年〈本科教学质量报告〉的通知》(国教督办函〔2015〕40 号)将质量报告的撰写与公开上升到国家意志层面。但从三年测评数据中发现,即使是进行了一对一的反馈还有部分高校并没有按照相关要求对质量报告进行公开,不同中央部委所属高校公开情况也有较大差别。各高校所公开的报告中存在一些事项得分率不高的问题,与相关文件要求还有一定的差距,总的来说现阶段本科教学质量报告的公开性还有待提高。

2. 本科教学质量报告中某些指标还需要加强理解

通过三年测评数据分析显示,测评指标中的第二项、第六项、第七项三年得分率较高,第四项质量保障体系连续三年得分率排名在最后。进过分析显示质量报告的撰写还停留在外在描述层面,重在对办学情况的描述和数据的堆砌等,对于教学质量等一些关键的总结和描述并不突出。学校质量保障体系有外部支撑保障系统和内部质量保障系统组成,通过深入分析第四项的二级指标得分可以看出高校质量报告擅长描绘外部支撑保障系统的建设,其实质性的内容如日常监控、认证评估等许多方面内容的深入分析还有所欠缺,对许多关键因素比如人才培养的中心地位落实、校领导班子研究本科教学工作情况等的理解和呈现程度还不够。

3. 本科教学质量报告擅长定性描述而不擅长定量分析

通过三年测评数据分析显示,在公开的质量报告中,以宏观文字描述性为主的指

标得分离散度比较小,得分比较集中,并且平均分较高;以微观数据较多的指标得分离散度比较大,得分区分度比较高,并且平均分较低。这说明高校对本科教学质量的总结和论述中普遍都较擅长文字描述和主观总结,在定性描述方面比较擅长;而在数据的列举和客观分析上各校水平差异较大,部分高校对此部分把握不准,在定量分析与统计方面还需要进一步提升,尤其是对"大数据"时代和高等教育信息化的新要求和新思维的适应程度不够。

4. 1.0 时代的本科教学质量报告测评得分集中在高分段,区分度不够

去除历年得零分高校数据后,测评 2013 年度、2014 年度和 2015—2016 学年本科教学质量报告时拥有测评数据的高校分别为 65 所、48 所和 48 所,2014 年度、2015—2016 年测评"去 0"高校得分中超过 80 分的高校数量达到 80%以上,大多数学校得分普遍集中在高分段,但 1.0 时代的测评对于高分学校的区分度还不够,在指标体系(2.0 版)的设计中不但要按照新要求进行与时俱进的更新,还可以对此进行进一步设计,使测评的区分度更加科学。

5. 质量报告反映出的高等教育质量意识问题值得深思

在 2014 年度报告测评中(见表 7-3),高校公开的质量报告在某些数据中的极值与次极值呈现较大区别,还出现同一篇报告中的同一个数据在两个地方数字不同,说明质量报告中数据的准确性有待商榷。究其原因,是数据采集出现问题或是统计口径出现问题?还是分部门撰写时出现的错误?其中反映出的高等教育质量意识问题值得深思。

表 7-3 2014 年部分提取数据极值与次极值对比表

<table>
<tr><th>项 目</th><th>极 值</th><th>次 极 值</th></tr>
<tr><td rowspan="4">生均图书/(册/生)</td><td>最大值 346</td><td>次大值 214.97</td></tr>
<tr><td>最小值 5.53</td><td>次小值 50.2</td></tr>
<tr><td colspan="2">平均值 94.89</td></tr>
<tr><td colspan="2">同一篇报告分别为 127 和 124.66</td></tr>
<tr><td rowspan="3">生均教学科研仪器设备值/元</td><td>最大值 156900</td><td>次大值 119500</td></tr>
<tr><td>最小值 6400</td><td>次小值 6892.22</td></tr>
<tr><td colspan="2">平均值 32581.51</td></tr>
</table>

通过对比表 7-4 和表 7-5 两张数据提取表可以发现两个反差:一是即使是教育部直属高校,其办学条件数据也没有我们想象中的充足;二是从毕业率和学位授予率来看,教育产出结果没有我们想象中的质量危机。具体来讲,这一数据显示,虽然高校的教学投入有所欠缺,但教学产出结果显示却好的意外,普遍比美国高校毕业率要高,且不同类型和层次高校的毕业率几乎没有什么不同。或许毕业率与学位授予率已经不

能真正成为本科衡量各校本科教学质量的标准，质量报告中最能说明质量的数据失去了质量评价的意义。细细想来，报告中公开的数据没有危机或许就是危机，质量报告中报喜不报忧地描述可能在一定程度上蒙蔽了高等教育质量危机，而这恰恰是一种高等教育质量意识危机。

表 7-4　部分提取数据与教育部普通高等学校基本办学条件指标对比表

项　　目	2013 年《本科教学质量报告》测评数据	2014 年《本科教学质量报告》测评数据	教育部普通高等学校基本办学条件指标
生师比	最大值 21.46	最大值 20.68	合格标准最大值 18
	最小值 5	最小值 5	招生限制最大值 23
	平均值 16.6	平均值 16.94	平均值 17.7①
生均图书/（册/生）	最大值 347	最大值 346	合格标准最小值 70
	最小值 51	最小值 5.53	招生限制最小值 35
	平均值 100.77	平均值 94.89	
生均教学行政用房/（平方米/生）	最大值 36.33	最大值 49.44	合格最小值 9
	最小值 3.39	最小值 7.3	招生最小值 5
	平均值 15.87	平均值 17.35	平均值 13.4①

表 7-5　部分提取数据与美国 323 所大学统计数据对比表

项　　目	2013 年《本科教学质量报告》测评数据	2014 年《本科教学质量报告》测评数据	2015 年美国 323 所大学统计报告②
应届本科生毕业率	最大值 99.75%	最大值 100%	最大值 98%（耶鲁大学）
	最小值 86.63%	最小值 88.11%	最大值 5%（凤凰城大学）
	平均值 97.15%	平均值 96.96%	六年的平均毕业率为 61%
2014 年应届本科生学位授予率	75 所教育部直属高校中的 32 所“985”工程高校平均毕业率为 96.08%		
	75 所教育部直属高校中的 40 所仅“211”工程高校平均毕业率为 97.94%		
	75 所教育部直属高校中的 3 所普通本科高校毕业率为 98.6%（全国平均值 97.61%）		

6. 部分高校能够在《通知》要求的基础上，写出有亮点的报告

在连续几年撰写本科教学质量报告的基础上，部分高校本科教学质量报告已经从信息公开逐步走向公开信息，能在《通知》要求的基础上，写出有亮点的报告。如华中师范大学 2014 年报告中有“上年度存在问题的改进情况”内容的描述；南开大学的

① 数值来源于教育部的《中国教育概况——2014 年全国教育事业发展情况》。

② 数据来源于 2015 年 US news《 National University Colleges Ran kings》。

2015—2016 学年本科教学质量报告中许多数据都有与前一年数据的对比,主动公开了 19 条本科教育教学文件;华东师范大学的报告主动公开了各学部、院系学生学习成绩平均绩点分布情况,各年级学生学习成绩平均绩点分布情况,各学部、院系学生补考人次一览表,各学部、院系学生重修人次一览表,各学部、院系学生转专业人次一览表等相关信息;西南民族大学在报告最后还提供了质量报告的执笔人以及联系方式;同济大学在 2015 年发布的报告为 2014—2015 学年本科教学质量报告,国务院督导委员会在 2016 年才将报告的统计时间区间改为发布学年报告。同济大学具体详情如图 7-5 所示。

图 7-5　同济大学发布报告年份与要求对比图

(二) 完善年度测评研究制度,做好记录质量报告信息公开测评的"编年史"

1. 加强高校本科教学质量报告编撰与公开的宣传与培训工作

从三次测评结果来看,有许多高校还存在本科教学质量报告公开不到位的现象,根据笔者实际了解到的本科教学质量报告编发要求是,所有普通本科高校都会按照要求编撰本校的本科教学质量报告并上报给省级主管部门。这说明所有普通本科高校都编撰了报告,但许多高校却不会公布在其信息公开网上,这就是一个本科教学质量报告的信息公开问题。因此需要各高校主管部门认真贯彻落实国务院教育督导办公室相关文件政策,做好相应的宣传和督查工作,而不仅仅是转发通知和收集报告。另外,大多数高校在撰写本科教学质量报告时对其中一些要求或指标存在疑问,有些高校对本科教学质量报告编制与发布的认识和重视程度不足,还有些高校认为教学质量报告每年都写每年都差不多没有什么改观,这都需要相关部门加强对高校质量报告编撰与公开的培训工作,通过指导与培训让高校真正明白本科教学质量报告的意义,知道怎样写出优秀的本科教学质量报告,了解如何做好本科教学质量报告的信息公开工作，使本科教学质量报告从一种高校内部的自我评估制度走向一种高等教育质量治理的有效工具。

2. 建立相关部门、高校间的本科教学质量报告联动与沟通机制

高校本科教学质量报告的信息公开是一项系统工程，各相关部门、各高校之间应该利用现代通信工具，加强相互之间的沟通，建立联动机制。如建立教育部与其他中央部委之间的联动与沟通机制，教育部和中央部委直属高校之间联动与沟通机制，教育部与各省、自治区、直辖市教育厅之间的联动与沟通机制，各类高校之间的联动与沟通机制。将相关的联动与沟通的方式互相配合，不漏死角，使所有部门和高校能够统一落实本科教学质量报告信息公开的相关要求，共同做好高校教学质量报告信息公开工作。

3. 建立本科教学质量报告问责制度

国务院教育督导委员会办公室在2018年4月23日对各省、自治区、直辖市教育厅、新疆建设兵团教育局分发了《关于对普通高等学校2016—2017学年〈本科教学质量报告〉发布情况督察结果进行确认的通知》反馈其督察结果，并拟向社会公布督察结果。如湖北省，共督察51所本科院校，其中14所学校未按要求发布其报告。这说明国家已经初步运用督察的方式建立了本科教学质量报告信息公开问责制度，各省级部门应该迅速建立相应的问责制度，有效地推动本科教学质量报告信息公开。各高校也应以信息公开为抓手，建立本校的问责制度，完善高教内部治理结构。

4. 提高本科教学质量报告的编发质量

建议高校从以评促建与质量治理的角度重新认识本科教学质量报告撰写与发布的意义，提高本科教学质量报告的编发质量。以质量报告的编撰为契机，系统地梳理和总结学校本学年在本科教学上的成绩、问题，分析出不足与原因，并提出切实可行的改进策略[①]。让本科教学质量报告从一个回答上级部门问责的工具转变为学校诊断教学质量的工具，从发挥质量报告的信息载体功能到发挥质量报告的质量保障功能，在校内以质量报告为抓手形成反馈与改进机制，组成本科教学质量保障的循环闭合系统。利用本科教学质量报告的信息公开发挥本科教学质量报告的质量治理功能，促进利益相关群体能够有更顺畅的途径参与到高等教育质量治理中来。

5. 按照《通知》要求更新指标体系增强区分度与科学性，引导质量报告公开水平与质量水平的双提升

通过对《普通高等学校本科教学质量报告基本要求》进行词频分析（见图7-6），发

---

① 林冬华. 师范大学的现状、问题与特色——基于33所师范大学2013年本科教学质量报告的分析[J]. 中国高教研究，2015(10)：76-81.

现在前 6 位的关键词为教学(15 次)、本科(12 次)、课程(8 次)、专业(7 次)、经费(6 次)、教授(6 次),在本科教学质量报告测评指标体系(2.0 版)制定过程中,可以参考上述关键词,做好信息公开指标体系的基础指导性与高端指引性工作。综合三次测评得分来看,本科教学质量报告的实际质量并没有测评得分数据显示得那么高,只是因为本科教学质量报告测评指标体系 1.0 版着重对信息公开的“有”或“无”层面进行测评,而对信息公开“好”或“坏”的质量层面没有进行过多的要求。这需要在依据《普通高等学校本科教学质量报告基本要求》的基础上,深入开展总结研究,设置更加合理的指标体系,增加从测评的区分度与科学性,使后续测评能够测出质量报告的真实质量,引导报告公开水平与质量水平的双提升。

图 7-6　普通高等学校本科教学质量报告基本要求词频分析图

6. 建立本科教学质量报告年度测评机制,发挥第三方评估作用,做好记录质量报告的“编年史”

本科教学质量报告的年度测评机制应包括本科教学质量报告测评的指标体系更新制度和年度测评总结改进制度。根据国家相关政策文件以及往年测评情况构建出更加科学合理的高校本科教学质量报告测评的指标体系年度微调机制,并在合适的时候进行从 1.0 到 2.0 的大版本更新。通过指标体系的更新制度,建立具有自我容错机制和功能再造机制的本科教学质量报告年度测评机制。中国高等教育学会早在 2014 年就开始高度关注高校信息公开工作,并设立了相关课题组织了一系列测评。后期应充分发挥这些第三方评估机构的作用,通过年度性、连续性对高校本科教学质量报告进行全面系统性的信息公开测评,时时且全面地掌握高校本科教学质量信息与数据,形成一部记录质量报告的“编年史”，为高校本科教学质量分析与研究提供科学的依据和手段。一方面推动高校信息公开透明化理念，使本科教学质量报告从一种高校内部的自我评估制度走向一种高等教育质量治理的有效工具；另一方面测评高校和社会最关心的大众化阶段高等教育质量水平，使本科教学质量报告从文本走向实践，促进高校内涵式发展。

第八章　2018:螺旋升级机制

挑战与应对：
开启本科教学质量报告信息公开测评 2.0 阶段研究

一、信息公开视角下的本科教学质量报告测评 2.0 阶段背景概述

普通高校编制发布《本科教学质量报告》是《国家中长期教育改革和发展规划纲要(2010—2020)》中对高校信息公开的规划部署，也是教育部《高等学校信息公开事项清单》中的一项重要内容。普通高校公开本科教学质量报告既是建立健全高等教育质量保障体系的重要举措，也是高校向社会展示办学特色、宣传办学理念和教学成果的重要途径①。按照《国务院教育督导委员会办公室关于普通高等学校编制发布 2016—2017 学年〈本科教学质量报告〉的通知》(国教督办函〔2017〕86 号)(以下简称《通知》)文件要求，各普通高等学校应编制本校的本科教学质量报告，并自 2018 年 1 月 1 日始在学校门户网站开设的信息公开专栏，向社会公开发布，发布期为 1 年。

本科教学质量报告是我国高校以公开形式向政府和社会汇报学校本科教育质量的文本文件，是社会各界关注者深入洞察和剖析高校教育质量现状的难得机会，也是高等学校走向开放透明、质量一流的必经之路。本科教学质量报告的重要性不言而喻，但本科教学质量报告发挥这些关键作用的前提是保证其撰写与公开质量，否则本科教学质量报告将成为高校敷衍政策或是自娱自乐的工具。因此，笔者在总结连续三年对本科教学质量报告信息公开测评经验和规律的基础上对“高等学校本科教学质量报告测评指标体系(1.0 版)”进行升级，以构建“高等学校本科教学质量报告测评指标体系(2.0 版)”(以下简称“指标体系(2.0 版)”，详见附录)为标志开启信息公开视角下的本科教学质量报告测评 2.0 阶段研究，以期能够更好地反映出教育部直属与中央部委直属高校本科教学质量报告撰写与公开的真实情况，反馈推动本科教学质量报告的

---

① 李奇.我国高校质量年度报告的制度分析[J].清华大学教育研究，2018(04):99-104.

撰写与公开工作更加优化,使高校本科教学质量报告能够发挥其本真作用①。

二、信息公开视角下的本科教学质量报告测评 2.0 阶段升级设计

在三年多连续性对本科教学质量报告信息公开情况进行测评中发现,《通知》对本科教学质量报告的相关要求也在逐年变化并且呈现出越来越严格的规定。因此,在2018 年,笔者按照历年《通知》的变化规律以及三年多测评经验总结,在“高等学校本科教学质量报告测评指标体系(1.0 版)”基础上进一步细化测评工作,升级构建了“高等学校本科教学质量报告测评指标体系(2.0 版)”,“指标体系(2.0 版)”共有一级指标8 项,分别为本科教育基本情况、师资与教学条件、教学建设与改革、质量保障体系、学生学习效果、特色发展、需要解决的问题、发布情况测评。一级指标下设二级指标 24 项三级指标 64 项,第一项一级指标本科教育基本情况下设二级指标 4 项三级指标 8 项赋分值 12 分;第二项一级指标师资与教学条件下设二级指标 4 项三级指标 17 项赋分值 20 分;第三项一级指标教学建设与改革下设二级指标 4 项三级指标 12 项赋分值 18 分;第四项一级指标质量保障体系下设二级指标 3 项三级指标 10 项赋分值 19 分;第五项一级指标学生学习效果下设二级指标 3 项三级指标 8 项赋分值 13 分;第六项一级指标特色发展下设二级指标 1 项赋分值 4 分;第七项一级指标需要解决的问题下设二级指标 3 项赋分值 6 分;第八项一级指标发布情况测评下设二级指标 4 项三级指标 8 项赋分值 8 分,八项一级指标总分值共 100 分。

2017 年 12 月～2018 年 12 月,笔者连续七次对 114 所直属高校 2016—2017 学年本科教学质量报告公开情况进行了测评。其中前六次测评主要针对报告的信息公开概况(包括公开年份、公开及时性、公开方式、公开网址等方面)进行测评。2018 年 12 月份,按照《通知》文件“各普通高等学校本校的本科教学质量报告应自 2017 年 1 月 1 日始在学校门户网站开设的信息公开专栏,向社会公开发布,发布期为 1 年”的要求,于 12 月 10 日～12 月 25 日对 114 所高校 2016—2017 学年本科教学质量报告的信息公开 1 年时间持续情况进行了测评,并在此期间使用“指标体系(2.0 版)”对报告内容进行了信息公开测评及分析,旨在探寻各高校本科教学质量报告的撰写和公开工作的真实情况,反馈增强高校本科教学质量报告信息公开的及时性和建设性。

另外,根据“评指标体系(2.0 版)”配套设计了“本科教学质量报告支撑数据提取表(2.0 版)”(详见附录),共提取 24 大项与本科教学质量相关数据,涵盖学生、师资、教学运行、学生成效、满意度等 29 小项相关数据。

需要说明的是,因 2018 年测评次数较多,历次测评中的本科教学质量报告公开情况变化较大。本次书中各高校本科教学质量报告测评得分与数据提取均以 2018 年

---

① 刘广明. 2013 年中国高等教育大事盘点[J]. 北京教育(高教),2014(01):7-10.

12 月测评时取得的本科教学质量报告为样本进行数据分析与研究。

三、教育部直属高校测评研究结果

（一）报告公开形式测评研究结果概览与对比

教育部直属高校本科教学质量报告有无测评结果如表 8-1 所示。

表 8-1　教育部直属高校本科教学质量报告有无测评结果表

序号	学校名称	第一次（2017.12.29）	第二次（2018.1.5）	第三次（2018.2.2）	第四次（2018.3.2）	第五次（2018.6.3）	第六次（2018.6.19）	第七次（2018.12.12）
1	北京大学	无	无	有	有	无	有	有
2	中国人民大学	无	有	有	有	无	有	无
3	清华大学	无	无	有	有	有	有	有
4	北京科技大学	有	有	有	有	有	有	有
5	北京化工大学	无	无	无	有	有	有	有
6	北京师范大学	有	有	有	有	有	有	有
7	北京语言大学	无	无	有	有	有	有	有
8	北京外国语大学	无	无	有	有	有	有	有
9	北京交通大学	有	有	有	有	有	有	有
10	北京邮电大学	无	有	有	有	有	有	有
11	中国石油大学(北京)	有	有	有	有	有	有	有
12	中国石油大学(华东)	有	有	有	有	有	有	有
13	中国农业大学	有	有	有	有	有	有	有
14	中国传媒大学	无	无	有	有	有	有	有
15	北京林业大学	无	无	无	有	有	有	有
16	中国政法大学	无	无	无	有	有	有	有
17	中央财经大学	无	无	有	有	有	有	有
18	中央音乐学院	有	有	有	有	有	有	有
19	中央戏剧学院	无	无	有	有	有	有	有
20	中央美术学院	无	无	无	无	有	无	无
21	北京中医药大学	无	无	无	有	有	有	有
22	对外经济贸易大学	无	无	有	有	有	有	有
23	南开大学	无	无	无	无	无	有	有
24	天津大学	无	无	无	无	无	无	无
25	华北电力大学	有	有	有	有	有	有	有
26	东北大学	无	无	无	无	有	无	无
27	大连理工大学	无	无	无	有	有	有	有

续表

序号	学校名称	第一次（2017.12.29）	第二次（2018.1.5）	第三次（2018.2.2）	第四次（2018.3.2）	第五次（2018.6.3）	第六次（2018.6.19）	第七次（2018.12.12）
28	吉林大学	无	有	有	有	有	有	无（撤销）
29	东北师范大学	无	无	有	有	无	有	有
30	东北林业大学	无	有	有	有	有	有	有
31	复旦大学	无	无	无	无	有	有	有
32	同济大学	有	有	有	有	有	有	有
33	上海交通大学	无	有	有	有	有	无	有
34	华东理工大学	无	无	无	无	无	无	无
35	东华大学	有	有	有	有	有	有	有
36	华东师范大学	有	有	有	有	有	有	有
37	上海外国语大学	无	无	有	有	有	有	有
38	南京大学	无	无	有	有	有	有	无
39	上海财经大学	有	有	有	有	有	有	有
40	东南大学	无	无	无	有	无	有	有
41	中国矿业大学	有	有	有	有	有	有	有
42	中国矿业大学（北京）	无	无	有	有	有	有	有
43	河海大学	无	有	有	有	有	有	有
44	江南大学	无	有	有	有	有	有	有
45	南京农业大学	无	无	有	有	无	有	有
46	合肥工业大学	无	无	有	有	有	有	有
47	中国药科大学	无	无	有	有	有	有	有
48	浙江大学	无	无	有	有	有	无	无
49	厦门大学	无	无	无	无	无	无	无
50	山东大学	无	有	有	有	有	有	有
51	中国海洋大学	无	无	有	有	有	有	有
52	武汉大学	无	无	有	有	有	有	有
53	华中科技大学	无	有	有	有	有	有	有
54	中国地质大学（武汉）	无	有	有	有	有	有	有
55	中国地质大学（北京）	有	有	有	有	有	有	有
56	武汉理工大学	无	无	无	无	有	有	有
57	华中师范大学	无	有	有	有	有	有	有
58	华中农业大学	无	无	有	有	有	有	有
59	中南财经政法大学	有	有	有	有	有	有	有
60	湖南大学	无	无	有	有	有	有	有

续表

序号	学校名称	第一次（2017.12.29）	第二次（2018.1.5）	第三次（2018.2.2）	第四次（2018.3.2）	第五次（2018.6.3）	第六次（2018.6.19）	第七次（2018.12.12）
61	中南大学	无	有	有	有	有	有	有
62	中山大学	无	无	无	无	无	无	无
63	华南理工大学	有	有	有	有	有	有	有
64	四川大学	无	有	有	有	有	无	有
65	西南财经大学	无	无	无	无	有	有	有
66	西南交通大学	无	无	有	有	有	有	有
67	电子科技大学	无	无	有	有	有	有	有
68	重庆大学	无	无	有	有	有	有	有
69	西南大学	无	有	有	有	有	有	有
70	西安交通大学	无	无	无	无	有	有	有
71	西北农林科技大学	无	有	有	有	有	有	有
72	陕西师范大学	无	无	无	无	有	有	有
73	西安电子科技大学	无	无	有	有	有	有	有
74	长安大学	无	无	有	有	有	有	有
75	兰州大学	无	无	有	有	有	有	有

教育部直属高校本科教学质量报告形式、年份、附件测评结果如表 8-2 所示。

表 8-2　教育部直属高校本科教学质量报告形式、年份、附件测评结果表

序号	学校名称	报告公开形式	报告公开年份	报告附件是否公开
1	北京大学	可下载	学年	未公开
2	中国人民大学	无	无	无
3	清华大学	可下载	学年	未公开
4	北京科技大学	可下载	学年	未公开
5	北京化工大学	可下载	学年	公开
6	北京师范大学	可下载	学年	未公开
7	北京语言大学	可下载	学年	未公开
8	北京外国语大学	可下载	学年	未公开
9	北京交通大学	可下载	学年	未公开
10	北京邮电大学	可下载	学年	未公开
11	中国石油大学（北京）	在线看	学年	未公开
12	中国石油大学（华东）	可下载	学年	公开
13	中国农业大学	可下载	学年	未公开

续表

序号	学校名称	报告公开形式	报告公开年份	报告附件是否公开
14	中国传媒大学	可下载	学年	未公开
15	北京林业大学	可下载	学年	未公开
16	中国政法大学	可下载	学年	未公开
17	中央财经大学	可下载	学年	未公开
18	中央音乐学院	可下载	年度	未公开
19	中央戏剧学院	在线看	年度	未公开
20	中央美术学院	无	无	无
21	北京中医药大学	可下载	学年	公开
22	对外经济贸易大学	可下载	学年	公开
23	南开大学	可下载	学年	未公开
24	天津大学	无	无	无
25	华北电力大学	可下载	年度	未公开
26	东北大学	无	无	无
27	大连理工大学	可下载	学年	公开
28	吉林大学	无	无	无
29	东北师范大学	在线看	学年	未公开
30	东北林业大学	在线看	学年	未公开
31	复旦大学	在线看	年度	部分公开
32	同济大学	可下载	学年	未公开
33	上海交通大学	可下载	年度	未公开
34	华东理工大学	无	无	无
35	东华大学	在线看	年度	未公开
36	华东师范大学	可下载	学年	未公开
37	上海外国语大学	在线看	年度	未公开
38	南京大学	无	无	无
39	上海财经大学	可下载	年度	公开
40	东南大学	可下载	学年	未公开
41	中国矿业大学	在线看	学年	公开
42	中国矿业大学(北京)	可下载	学年	未公开
43	河海大学	可下载	学年	未公开

续表

序号	学 校 名 称	报告公开形式	报告公开年份	报告附件是否公开
44	江南大学	可下载	学年	未公开
45	南京农业大学	可下载	学年	公开
46	合肥工业大学	在线看	学年	未公开
47	中国药科大学	可下载	学年	未公开
48	浙江大学	无	无	无
49	厦门大学	无	无	无
50	山东大学	可下载	学年	未公开
51	中国海洋大学	在线看	学年	未公开
52	武汉大学	可下载	学年	未公开
53	华中科技大学	可下载	学年	公开
54	中国地质大学(武汉)	可下载	学年	未公开
55	中国地质大学(北京)	可下载	学年	未公开
56	武汉理工大学	可下载	学年	未公开
57	华中师范大学	可下载	学年	未公开
58	华中农业大学	可下载	学年	未公开
59	中南财经政法大学	可下载	学年	未公开
60	湖南大学	可下载	学年	公开
61	中南大学	可下载	学年	未公开
62	中山大学	无	无	无
63	华南理工大学	可下载	年度	未公开
64	四川大学	可下载	学年	公开
65	西南财经大学	可下载	学年	未公开
66	西南交通大学	可下载	学年	未公开
67	电子科技大学	可下载	学年	未公开
68	重庆大学	可下载	学年	未公开
69	西南大学	可下载	学年	未公开
70	西安交通大学	可下载	学年	未公开
71	西北农林科技大学	可下载	学年	未公开
72	陕西师范大学	可下载	学年	公开
73	西安电子科技大学	可下载	学年	未公开

续表

序号	学校名称	报告公开形式	报告公开年份	报告附件是否公开
74	长安大学	可下载	学年	公开
75	兰州大学	可下载	学年	未公开

注：本表测评结果以12月份测评数据为样本。

教育部直属高校本科教学质量报告公开网址测评结果如表8-3所示。

表8-3 教育部直属高校本科教学质量报告公开网址测评结果表

序号	学校名称	报告发布网址
1	北京大学	http://dean.pku.edu.cn/notice/content.php? mc=61313&id=1515631702
2	中国人民大学	http://xxgk.ruc.edu.cn/archives/855
3	清华大学	http://www.tsinghua.edu.cn/publish/jwc/7168/2018/20180123083304195815631/20180123083304195815631_.html
4	北京科技大学	http://xxgk.ustb.edu.cn/xinxigongkaimulu/jiaoxuezhiliang/benkejiaoxue/2018-02-02/1441.html
5	北京化工大学	http://xxgk.buct.edu.cn/jxzlxx/bkjxzlbg/94752.htm
6	北京师范大学	http://jwc.bnu.edu.cn/xxgk/bkjxzlbg/index.html
7	北京语言大学	http://wwwnew.blcu.edu.cn/art/2018/1/1/art_7829_1128881.html
8	北京外国语大学	https://xxgk.bfsu.edu.cn/info/1096/1353.htm
9	北京交通大学	http://www.bjtu.edu.cn/pub/xxgk/xxgksxqs/jxzlxx/19675.htm
10	北京邮电大学	https://xxgk.bupt.edu.cn/content/content.php? p=3_11_268
11	中国石油大学(北京)	http://www.cup.edu.cn/openinfo/xxgklm/jxzl/138690.htm
12	中国石油大学(华东)	http://xxgk.upc.edu.cn/2017/1227/c3276a133621/page.htm
13	中国农业大学	http://xxgk.cau.edu.cn/art/2017/10/31/art_16434_541199.html
14	中国传媒大学	http://xxgk.cuc.edu.cn/bkbg
15	北京林业大学	http://xxgk.bjfu.edu.cn/xxgksxqd/qdjxzlxx/bkjxzlbg/index.html
16	中国政法大学	http://xxgk.cupl.edu.cn/info/egovinfo/1031/nry-xxgk/cupl-05-2018-1268.htm
17	中央财经大学	http://op.cufe.edu.cn/info/1149/15050.htm
18	中央音乐学院	http://zhuanti.ccom.edu.cn/xxgk/jxzl/xxgk35/201710/t20171031_45526.html
19	中央戏剧学院	http://web.zhongxi.cn/xxgk/jxzl/zlbg/2018/0108/12655.html
20	中央美术学院	http://xxgk.cafa.edu.cn/info/1582/210004260/con.html
21	北京中医药大学	http://jxw.bucm.edu.cn/xxgk/xmzhbgs_xx/44143.htm
22	对外经济贸易大学	http://xxgk.uibe.edu.cn/docs/20180105152442937761.pdf

续表

序号	学校名称	报告发布网址
23	南开大学	http://xxgk.nankai.edu.cn/2929/list.htm
24	天津大学	无
25	华北电力大学	http://xxgk.ncepu.edu.cn/jxzlxx/35bkjxzlbg/index.htm
26	东北大学	无
27	大连理工大学	http://info.dlut.edu.cn/info/1433/6737.htm
28	吉林大学	http://gongkai.jlu.edu.cn/info/egovinfo/1001/nry/jwc-30/2017-0408002.htm
29	东北师范大学	http://publish.nenu.edu.cn/info/1065/3393.htm
30	东北林业大学	http://xxgk.nefu.edu.cn/index.php? m=Article&a=show&id=2278
31	复旦大学	http://xxgk.fudan.edu.cn/28/14/c12643a141332/page.htm
32	同济大学	http://xxgk.tongji.edu.cn/index.php? classid=4549&newsid=8929&t=show
33	上海交通大学	http://gk.sjtu.edu.cn/Data/List/bkjxzlbg
34	华东理工大学	无
35	东华大学	http://xxgk.dhu.edu.cn/d9/7b/c1587a186747/page.htm
36	华东师范大学	http://xxgk.ecnu.edu.cn/s/202/t/377/70/97/info159895.htm
37	上海外国语大学	http://info.shisu.edu.cn/5f/3a/c63a24378/page.htm
38	南京大学	https://xxgk.nju.edu.cn/9b/7d/c199a236413/page.htm
39	上海财经大学	http://gongkai.sufe.edu.cn/jyjx/list.htm
40	东南大学	http://xxgk.seu.edu.cn/bkjxzlbg_10999/list.htm
41	中国矿业大学	http://xxgk.cumt.edu.cn/47/e0/c2122a411616/page.htm
42	中国矿业大学(北京)	http://xxgk.cumtb.edu.cn/info/1070/1817.htm
43	河海大学	http://xxgk.hhu.edu.cn/9478/list.htm
44	江南大学	http://xxgk.jiangnan.edu.cn/info/1007/1101.htm
45	南京农业大学	http://xxgk.njau.edu.cn/info/1070/2092.htm
46	合肥工业大学	http://xxgk.hfut.edu.cn/2018/0122/c4673a136693/page.htm
47	中国药科大学	http://xxgk.cpu.edu.cn/7269/list.htm
48	浙江大学	http://bksy.zju.edu.cn/attachments/2018-01/01-1515484246-1141915.pdf
49	厦门大学	无
50	山东大学	http://www.bkjx.sdu.edu.cn/info/1081/25686.htm
51	中国海洋大学	http://dxb.ouc.edu.cn/xxgk/47/3f/c6437a149311/page.htm

续表

序号	学校名称	报告发布网址
52	武汉大学	http://info. whu. edu. cn/info/1879/175545. htm
53	华中科技大学	http://xxgk. hust. edu. cn/info/1069/1350. htm
54	中国地质大学(武汉)	http://xxgk. cug. edu. cn/info/1056/1902. htm
55	中国地质大学(北京)	http://bm. cugb. edu. cn/xxgk/jxzl/521636. shtml
56	武汉理工大学	http://xxgk. whut. edu. cn/jxgl/zlnb/bkjx/201803/t20180320_299794. shtml
57	华中师范大学	http://pgzx. ccnu. edu. cn/info/1080/1099. htm
58	华中农业大学	http://xwgk. hzau. edu. cn/info/1050/1373. htm
59	中南财经政法大学	http://xxgk. zuel. edu. cn/2017/1214/c2409a199472/page. htm
60	湖南大学	http://xxgk. hnu. edu. cn/info/1047/3070. htm
61	中南大学	http://xxgk. csu. edu. cn/info/1032/2731. htm
62	中山大学	无
63	华南理工大学	http://202. 112. 17. 81:8780/detail. jsp? newsId=2018
64	四川大学	http://xxgk. scu. edu. cn/index/xsgl/jxzlxx/bkjyzlbg. htm
65	西南财经大学	http://xwgk. swufe. edu. cn/info/1085/2555. htm
66	西南交通大学	http://infpub. swjtu. edu. cn/shownews-4489. html
67	电子科技大学	http://www. xxgk. uestc. edu. cn/xxgk/read_xx. aspx? id=919
68	重庆大学	http://gongkai. cqu. edu. cn/info/1038/1921. htm
69	西南大学	http://xxgk. swu. edu. cn/viscms/xxgkidex/benkejiaoxuezhiliangbaogao9024/20180102/386123. html
70	西安交通大学	http://xxgk. xjtu. edu. cn/content. jsp? urltype = egovinfo. EgovInfoContent&wbtreeid=1001&indentifier=jwc%2F2018-0427001
71	西北农林科技大学	http://xxgk. nwsuaf. edu. cn/xxgkml2015/jxzlxx2015/bkjxzlbg2015/80118. htm
72	陕西师范大学	http://xxgk. snnu. edu. cn/Recruitment. asp? id=61&bh=1153
73	西安电子科技大学	https://xxgk. xidian. edu. cn/info/1669/11092. htm
74	长安大学	http://xxgk. chd. edu. cn/info/1095/3514. htm
75	兰州大学	http://xxgk. lzu. edu. cn/lzupage/2018/02/02/N20180202155936. html

注:本表测评结果包括7次测评中曾经监测到报告的所有网址,包括撤销网址、学校主页、信息公开网、教务处网站等。

为了保证研究的连续性和可比性,在2018年测评分析时,部分数据的展示依然按照75所教育部直属高校和39所其他部委直属高校分开展示的方式进行。通过2018年测评研究发现,75所教育部直属高校中有65所(占75所高校总数的86.67%)高校在2018年12月测评时公开了该校的2016—2017学年或2016年度本科教学质量报告,其中10所(占75所高校总数的13.33%)高校的本科教学质量报告公开形式为网络在线观看,55所(占75所高校总数的73.33%)高校的本科教学质量报告公开形式为可以下载查看。

按照《通知》相关要求，本次本科教学质量报告公开内容时间节点为2016—2017学年，在75所教育部直属高校公开的65份本科教学质量报告中有56份报告(占75所高校总数的74.67%)为2016—2017学年本科教学质量报告，有9份报告(占75所高校总数的12%)依然为2016年度本科教学质量报告，这个数据相比较2017年测评时有23份报告为2015年度本科教学质量报告的测评结果有明显减少，同比减少11.69%。

在《通知》中专门列出了附件2中“普通高等学校2016—2017学年本科教学质量报告支撑数据目录”对支撑数据附表做出了目录式清单规定，并在后续的督察工作中加大了对支撑数据附件的撰写和公开要求。因此，在2018年测评中，笔者还对本科教学质量报告后有无支撑数据附表情况进行了测评，在公开的65份本科教学质量报告中有13份报告(占75所高校总数的17.33%)有支撑数据附表，51份报告(占75所高校总数的68%)没有支撑数据附表，有1份报告有部分支撑数据附表。

参照国务院教育督导委员会反馈的《普通高等学校2016—2017学年〈本科教学质量报告〉发布情况督查结果》，2018年笔者增加了对本科教学质量报告发布网址的测评工作，在测评过程中对所有曾经监测到本科教学质量报告的网址全部进行了记录，一方面使本科教学质量报告信息公开测评体系更加完整，另一方面可以使后续研究中寻找资料更加便捷。75所教育部直属高校中，2018年共监测到报告公开网址70个(占75所高校总数的93.33%)。表8-3中的70个网址为2018年7次测评中曾经监测到报告的所有网址，包括发布在撤销网址、学校主页、信息公开网、教务处网站等网址。但与最后有测评得分数据的65所高校数量相比，说明还有5所高校因报告撤销或发布在其他非信息公开网址上而没有在本年度测评中得分，这些高校需要在今后的本科教学质量报告公开中注意按照《通知》要求，自当年1月1日始在学校门户网站开设的信息公开专栏，向社会公开发布本科教学质量报告，发布期为一年。

(二)报告公开质量测评研究结果概览

1. 总得分与排名情况

总得分(满分100分)及排名如表8-4所示。

表8-4 总得分(满分100分)及排名表

总排名	学校名称	总得分	总排名	学校名称	总得分
1	湖南大学	98	6	中国石油大学(华东)	94
1	长安大学	98	6	东南大学	94
3	北京化工大学	96	6	中国矿业大学	94
3	北京师范大学	96	6	南京农业大学	94
3	武汉大学	96	6	华中科技大学	94

续表

总排名	学校名称	总得分	总排名	学校名称	总得分
11	中国地质大学(北京)	93	44	中国药科大学	84
11	西南大学	93	44	华中师范大学	84
13	北京林业大学	92	46	北京语言大学	83
13	南开大学	92	46	中国农业大学	83
13	河海大学	92	46	中央财经大学	83
13	合肥工业大学	92	46	东北师范大学	83
13	华南理工大学	92	46	西安交通大学	83
13	重庆大学	92	51	东北林业大学	82
19	武汉理工大学	91.5	52	江南大学	81
20	北京科技大学	91	53	中国矿业大学(北京)	80.5
20	北京邮电大学	91	54	上海交通大学	79
20	大连理工大学	91	55	电子科技大学	78
20	中南大学	91	56	北京大学	77.5
24	北京中医药大学	90	57	同济大学	77
24	中国地质大学(武汉)	90	57	中南财经政法大学	77
24	陕西师范大学	90	59	中央音乐学院	74.5
24	兰州大学	90	60	上海外国语大学	73.5
28	北京交通大学	89.5	61	中央戏剧学院	72.5
29	清华大学	89	62	复旦大学	68.5
29	华东师范大学	89	63	东华大学	67.5
29	华中农业大学	89	63	西南财经大学	67.5
29	四川大学	89	65	北京外国语大学	64.5
29	西南交通大学	89	66	中国人民大学	0
29	西北农林科技大学	89	66	中央美术学院	0
29	西安电子科技大学	89	66	天津大学	0
36	中国传媒大学	88.5	66	东北大学	0
37	中国石油大学(北京)	88	66	吉林大学	0
37	中国政法大学	88	66	华东理工大学	0
37	对外经济贸易大学	88	66	南京大学	0
37	华北电力大学	88	66	浙江大学	0
37	中国海洋大学	88	66	厦门大学	0
42	山东大学	87.5	66	中山大学	0
43	上海财经大学	86	—	—	—

注:本章节后续图表,测评结果以12月份测评数据为样本,并列高校不分先后。

2. 分项得分与排名情况

(1) 第一项本科教育基本情况得分及排名(见表 8-5)。

表 8-5 第一项本科教育基本情况得分(满分 12 分)及排名表

排名	学校名称	得分	排名	学校名称	得分
1	北京大学	12	19	西南大学	11
1	北京科技大学	12	30	中央戏剧学院	10.5
1	北京化工大学	12	31	清华大学	10
1	北京师范大学	12	31	中国石油大学(北京)	10
1	中国农业大学	12	31	中国石油大学(华东)	10
1	北京林业大学	12	31	中国传媒大学	10
1	南开大学	12	31	中央音乐学院	10
1	华北电力大学	12	31	北京中医药大学	10
1	中国矿业大学	12	31	大连理工大学	10
1	河海大学	12	31	东北林业大学	10
1	南京农业大学	12	31	上海外国语大学	10
1	合肥工业大学	12	31	上海财经大学	10
1	武汉大学	12	31	东南大学	10
1	中国地质大学(武汉)	12	31	华中科技大学	10
1	湖南大学	12	31	华中农业大学	10
1	中南大学	12	31	华南理工大学	10
1	重庆大学	12	31	陕西师范大学	10
1	长安大学	12	31	西安电子科技大学	10
19	北京语言大学	11	31	兰州大学	10
19	北京外国语大学	11	48	北京交通大学	9.5
19	北京邮电大学	11	49	复旦大学	9
19	中国政法大学	11	49	华中师范大学	9
19	中央财经大学	11	49	四川大学	9
19	东北师范大学	11	49	西北农林科技大学	9
19	山东大学	11	49	华东师范大学	9
19	中国海洋大学	11	54	武汉理工大学	8.5
19	中国地质大学(北京)	11	55	对外经济贸易大学	8
19	西南交通大学	11	55	同济大学	8

续表

排名	学校名称	得分	排名	学校名称	得分
55	江南大学	8	66	中央美术学院	0
55	中国药科大学	8	66	天津大学	0
55	西南财经大学	8	66	东北大学	0
60	西安交通大学	7.5	66	吉林大学	0
61	中南财经政法大学	7	66	华东理工大学	0
62	上海交通大学	6.5	66	南京大学	0
62	东华大学	6.5	66	浙江大学	0
62	中国矿业大学(北京)	6.5	66	厦门大学	0
65	电子科技大学	6	66	中山大学	0
66	中国人民大学	0	—	—	—

(2) 第二项师资与教学条件得分及排名(见表 8-6)。

表 8-6 第二项师资与教学条件得分(满分 20 分)及排名表

排名	学校名称	得分	排名	学校名称	得分
1	清华大学	20	1	东南大学	20
1	北京化工大学	20	1	中国矿业大学	20
1	北京师范大学	20	1	河海大学	20
1	北京语言大学	20	1	江南大学	20
1	北京邮电大学	20	1	南京农业大学	20
1	中国石油大学(北京)	20	1	合肥工业大学	20
1	中国石油大学(华东)	20	1	中国海洋大学	20
1	中国传媒大学	20	1	武汉大学	20
1	北京林业大学	20	1	华中科技大学	20
1	中国政法大学	20	1	中国地质大学(北京)	20
1	中央财经大学	20	1	中南财经政法大学	20
1	中央音乐学院	20	1	湖南大学	20
1	中央戏剧学院	20	1	中南大学	20
1	对外经济贸易大学	20	1	华南理工大学	20
1	南开大学	20	1	四川大学	20
1	华北电力大学	20	1	西南大学	20
1	大连理工大学	20	1	陕西师范大学	20

续表

排名	学 校 名 称	得分	排名	学 校 名 称	得分
1	西安电子科技大学	20	48	电子科技大学	18
1	长安大学	20	48	重庆大学	18
1	兰州大学	20	48	西北农林科技大学	18
38	北京科技大学	19	59	上海外国语大学	16.5
38	同济大学	19	60	中国农业大学	16
38	上海财经大学	19	60	东北林业大学	16
38	中国药科大学	19	62	西安交通大学	15.5
38	山东大学	19	63	复旦大学	13
38	中国地质大学(武汉)	19	64	北京外国语大学	11.5
38	武汉理工大学	19	65	西南财经大学	7
38	华中农业大学	19	66	中国人民大学	0
38	西南交通大学	19	66	中央美术学院	0
38	华东师范大学	19	66	天津大学	0
48	北京大学	18	66	东北大学	0
48	北京交通大学	18	66	吉林大学	0
48	北京中医药大学	18	66	华东理工大学	0
48	东北师范大学	18	66	南京大学	0
48	上海交通大学	18	66	浙江大学	0
48	东华大学	18	66	厦门大学	0
48	中国矿业大学(北京)	18	66	中山大学	0
48	华中师范大学	18	—	—	—

(3) 第三项教学建设与改革得分及排名(见表 8-7)。

表 8-7　第三项教学建设与改革得分(满分 18 分)及排名表

排名	学 校 名 称	得分	排名	学 校 名 称	得分
1	北京交通大学	18	1	武汉大学	18
1	北京邮电大学	18	1	华中科技大学	18
1	中国石油大学(北京)	18	1	华中师范大学	18
1	东华大学	18	1	湖南大学	18
1	东南大学	18	1	中南大学	18
1	合肥工业大学	18	1	华南理工大学	18
1	中国海洋大学	18	1	长安大学	18

续表

排名	学校名称	得分	排名	学校名称	得分
1	华东师范大学	18	22	陕西师范大学	16
16	中国农业大学	17	22	兰州大学	16
16	上海财经大学	17	48	清华大学	15
16	中国药科大学	17	49	中央财经大学	15
16	重庆大学	17	49	西安电子科技大学	15
16	西南大学	17	51	中国传媒大学	14.5
21	电子科技大学	16.5	51	中央音乐学院	14.5
22	北京科技大学	16	53	北京大学	14
22	北京化工大学	16	53	中央戏剧学院	14
22	北京师范大学	16	53	对外经济贸易大学	14
22	北京语言大学	16	53	南开大学	14
22	中国石油大学(华东)	16	53	同济大学	14
22	北京林业大学	16	53	河海大学	14
22	中国政法大学	16	53	江南大学	14
22	北京中医药大学	16	60	复旦大学	13.5
22	华北电力大学	16	60	上海交通大学	13.5
22	大连理工大学	16	62	上海外国语大学	12.5
22	东北师范大学	16	62	中南财经政法大学	12.5
22	东北林业大学	16	62	西南财经大学	12.5
22	中国矿业大学	16	65	北京外国语大学	11
22	中国矿业大学(北京)	16	66	中国人民大学	0
22	南京农业大学	16	66	中央美术学院	0
22	山东大学	16	66	天津大学	0
22	中国地质大学(武汉)	16	66	东北大学	0
22	中国地质大学(北京)	16	66	吉林大学	0
22	武汉理工大学	16	66	华东理工大学	0
22	华中农业大学	16	66	南京大学	0
22	四川大学	16	66	浙江大学	0
22	西南交通大学	16	66	厦门大学	0
22	西安交通大学	16	66	中山大学	0
22	西北农林科技大学	16	—	—	—

（4）第四项质量保障体系得分及排名（见表 8-8）。

表 8-8　第四项质量保障体系得分（满分 19 分）及排名表

排名	学校名称	得分	排名	学校名称	得分
1	北京化工大学	19	16	华中农业大学	17
1	北京师范大学	19	16	中南大学	17
1	对外经济贸易大学	19	16	华南理工大学	17
1	南开大学	19	16	西南交通大学	17
1	上海交通大学	19	16	西安交通大学	17
1	东南大学	19	16	西安电子科技大学	17
1	河海大学	19	16	兰州大学	17
1	武汉大学	19	37	北京大学	15
1	武汉理工大学	19	37	北京科技大学	15
1	湖南大学	19	37	北京邮电大学	15
1	西南财经大学	19	37	中国石油大学（北京）	15
1	重庆大学	19	37	中国农业大学	15
1	西南大学	19	37	中国政法大学	15
1	西北农林科技大学	19	37	华北电力大学	15
1	长安大学	19	37	东北林业大学	15
16	清华大学	17	37	上海财经大学	15
16	北京交通大学	17	37	江南大学	15
16	中国石油大学（华东）	17	37	中国药科大学	15
16	中国传媒大学	17	37	中国海洋大学	15
16	北京林业大学	17	37	华中师范大学	15
16	北京中医药大学	17	37	四川大学	15
16	大连理工大学	17	37	电子科技大学	15
16	中国矿业大学	17	37	陕西师范大学	15
16	南京农业大学	17	37	华东师范大学	15
16	合肥工业大学	17	54	北京外国语大学	13
16	山东大学	17	54	中央财经大学	13
16	华中科技大学	17	54	中央戏剧学院	13
16	中国地质大学（武汉）	17	54	东北师范大学	13
16	中国地质大学（北京）	17	54	复旦大学	13

续表

排名	学校名称	得分	排名	学校名称	得分
54	同济大学	13	66	天津大学	0
54	上海外国语大学	13	66	东北大学	0
54	中国矿业大学(北京)	13	66	吉林大学	0
62	中央音乐学院	11	66	华东理工大学	0
62	中南财经政法大学	11	66	南京大学	0
64	北京语言大学	9	66	浙江大学	0
65	东华大学	4	66	厦门大学	0
66	中国人民大学	0	66	中山大学	0
66	中央美术学院	0	—	—	—

(5)第五项学生学习效果得分及排名(见表8-9)。

表8-9 第五项学生学习效果得分(满分13分)及排名表

排名	学校名称	得分	排名	学校名称	得分
1	清华大学	13	1	河海大学	13
1	北京科技大学	13	1	南京农业大学	13
1	北京化工大学	13	1	合肥工业大学	13
1	北京师范大学	13	1	武汉大学	13
1	北京语言大学	13	1	华中科技大学	13
1	北京邮电大学	13	1	中国地质大学(北京)	13
1	中国石油大学(华东)	13	1	武汉理工大学	13
1	中国传媒大学	13	1	华中农业大学	13
1	北京林业大学	13	1	湖南大学	13
1	北京中医药大学	13	1	华南理工大学	13
1	南开大学	13	1	四川大学	13
1	华北电力大学	13	1	西安交通大学	13
1	东北师范大学	13	1	西北农林科技大学	13
1	东北林业大学	13	1	陕西师范大学	13
1	东华大学	13	1	西安电子科技大学	13
1	东南大学	13	1	长安大学	13
1	中国矿业大学	13	1	兰州大学	13
1	中国矿业大学(北京)	13	36	中国政法大学	12

续表

排名	学 校 名 称	得分	排名	学 校 名 称	得分
36	中央财经大学	12	57	中央音乐学院	9
36	大连理工大学	12	57	中央戏剧学院	9
36	上海交通大学	12	57	复旦大学	9
36	中国海洋大学	12	57	上海财经大学	9
36	中国地质大学(武汉)	12	61	北京大学	8.5
36	西南交通大学	12	61	电子科技大学	8.5
36	重庆大学	12	63	中国农业大学	7
36	西南大学	12	63	西南财经大学	7
36	华东师范大学	12	65	北京外国语大学	4
46	上海外国语大学	11.5	66	中国人民大学	0
47	北京交通大学	11	66	中央美术学院	0
47	中国石油大学(北京)	11	66	天津大学	0
47	对外经济贸易大学	11	66	东北大学	0
47	同济大学	11	66	吉林大学	0
47	中国药科大学	11	66	华东理工大学	0
52	山东大学	10.5	66	南京大学	0
52	中南财经政法大学	10.5	66	浙江大学	0
54	江南大学	10	66	厦门大学	0
54	华中师范大学	10	66	中山大学	0
54	中南大学	10	—	—	—

(6) 第六项特色发展得分及排名(见图 8-10)。

表 8-10　第六项特色发展得分(满分 4 分)及排名表

排名	学 校 名 称	得分	排名	学 校 名 称	得分
1	清华大学	4	1	北京邮电大学	4
1	北京科技大学	4	1	中国石油大学(北京)	4
1	北京化工大学	4	1	中国石油大学(华东)	4
1	北京师范大学	4	1	中国农业大学	4
1	北京语言大学	4	1	中国传媒大学	4
1	北京外国语大学	4	1	北京林业大学	4
1	北京交通大学	4	1	中国政法大学	4

续表

排名	学校名称	得分	排名	学校名称	得分
1	中央财经大学	4	1	中南财经政法大学	4
1	中央音乐学院	4	1	湖南大学	4
1	中央戏剧学院	4	1	中南大学	4
1	北京中医药大学	4	1	华南理工大学	4
1	对外经济贸易大学	4	1	四川大学	4
1	南开大学	4	1	西南财经大学	4
1	华北电力大学	4	1	西南交通大学	4
1	大连理工大学	4	1	电子科技大学	4
1	东北师范大学	4	1	重庆大学	4
1	东北林业大学	4	1	西南大学	4
1	复旦大学	4	1	西安交通大学	4
1	东华大学	4	1	西北农林科技大学	4
1	上海外国语大学	4	1	陕西师范大学	4
1	上海财经大学	4	1	西安电子科技大学	4
1	东南大学	4	1	长安大学	4
1	中国矿业大学	4	1	兰州大学	4
1	中国矿业大学(北京)	4	1	华东师范大学	4
1	河海大学	4	63	北京大学	0
1	江南大学	4	63	同济大学	0
1	南京农业大学	4	63	上海交通大学	0
1	合肥工业大学	4	63	中国人民大学	0
1	中国药科大学	4	63	中央美术学院	0
1	山东大学	4	63	天津大学	0
1	中国海洋大学	4	63	东北大学	0
1	武汉大学	4	63	吉林大学	0
1	华中科技大学	4	63	华东理工大学	0
1	中国地质大学(武汉)	4	63	南京大学	0
1	中国地质大学(北京)	4	63	浙江大学	0
1	武汉理工大学	4	63	厦门大学	0
1	华中师范大学	4	63	中山大学	0
1	华中农业大学	4	—	—	—

(7) 第七项需要解决的问题得分及排名(见图 8-11)。

表 8-11　第七项需要解决的问题得分(满分 6 分)及排名表

排名	学校名称	得分	排名	学校名称	得分
1	北京大学	6	1	中国矿业大学	6
1	清华大学	6	1	中国矿业大学(北京)	6
1	北京科技大学	6	1	河海大学	6
1	北京化工大学	6	1	江南大学	6
1	北京师范大学	6	1	南京农业大学	6
1	北京语言大学	6	1	合肥工业大学	6
1	北京外国语大学	6	1	中国药科大学	6
1	北京交通大学	6	1	山东大学	6
1	北京邮电大学	6	1	中国海洋大学	6
1	中国石油大学(北京)	6	1	武汉大学	6
1	中国石油大学(华东)	6	1	华中科技大学	6
1	中国农业大学	6	1	中国地质大学(武汉)	6
1	中国传媒大学	6	1	中国地质大学(北京)	6
1	北京林业大学	6	1	武汉理工大学	6
1	中国政法大学	6	1	华中师范大学	6
1	北京中医药大学	6	1	华中农业大学	6
1	对外经济贸易大学	6	1	中南财经政法大学	6
1	南开大学	6	1	湖南大学	6
1	华北电力大学	6	1	中南大学	6
1	大连理工大学	6	1	华南理工大学	6
1	东北师范大学	6	1	四川大学	6
1	东北林业大学	6	1	西南财经大学	6
1	复旦大学	6	1	西南交通大学	6
1	同济大学	6	1	电子科技大学	6
1	上海交通大学	6	1	重庆大学	6
1	东华大学	6	1	西南大学	6
1	上海外国语大学	6	1	西安交通大学	6
1	上海财经大学	6	1	西北农林科技大学	6
1	东南大学	6	1	陕西师范大学	6

续表

排名	学校名称	得分	排名	学校名称	得分
1	西安电子科技大学	6	65	天津大学	0
1	长安大学	6	65	东北大学	0
1	兰州大学	6	65	吉林大学	0
1	华东师范大学	6	65	华东理工大学	0
63	中央财经大学	4	65	南京大学	0
63	中央音乐学院	4	65	浙江大学	0
65	中央戏剧学院	0	65	厦门大学	0
65	中国人民大学	0	65	中山大学	0
65	中央美术学院	0	—	—	—

（8）第八项发布情况测评得分及排名（见表 8-12）。

表 8-12 第八项发布情况测评得分（满分 8 分）及排名表

排名	学校名称	得分	排名	学校名称	得分
1	中国石油大学（华东）	8	2	四川大学	6
2	北京科技大学	6	2	陕西师范大学	6
2	北京化工大学	6	2	长安大学	6
2	北京师范大学	6	2	华东师范大学	6
2	北京交通大学	6	23	北京大学	4
2	中国农业大学	6	23	清华大学	4
2	北京中医药大学	6	23	北京语言大学	4
2	对外经济贸易大学	6	23	北京外国语大学	4
2	大连理工大学	6	23	北京邮电大学	4
2	同济大学	6	23	中国石油大学（北京）	4
2	上海财经大学	6	23	中国传媒大学	4
2	中国矿业大学	6	23	北京林业大学	4
2	南京农业大学	6	23	中国政法大学	4
2	华中科技大学	6	23	中央财经大学	4
2	中国地质大学（北京）	6	23	南开大学	4
2	武汉理工大学	6	23	上海交通大学	4
2	中南财经政法大学	6	23	东南大学	4
2	湖南大学	6	23	中国矿业大学（北京）	4

续表

排名	学 校 名 称	得分	排名	学 校 名 称	得分
23	河海大学	4	56	华北电力大学	2
23	江南大学	4	56	东北师范大学	2
23	中国药科大学	4	56	东北林业大学	2
23	山东大学	4	56	东华大学	2
23	武汉大学	4	56	合肥工业大学	2
23	中国地质大学(武汉)	4	56	中国海洋大学	2
23	华中师范大学	4	56	中央戏剧学院	2
23	华中农业大学	4	64	复旦大学	1
23	中南大学	4	65	上海外国语大学	0
23	华南理工大学	4	65	中国人民大学	0
23	西南财经大学	4	65	中央美术学院	0
23	西南交通大学	4	65	天津大学	0
23	电子科技大学	4	65	东北大学	0
23	重庆大学	4	65	吉林大学	0
23	西南大学	4	65	华东理工大学	0
23	西安交通大学	4	65	南京大学	0
23	西北农林科技大学	4	65	浙江大学	0
23	西安电子科技大学	4	65	厦门大学	0
23	兰州大学	4	65	中山大学	0
56	中央音乐学院	2	—	—	—

四、中央部委直属高校测评结果

(一)报告公开情况测评结果概览与对比

中央部委直属高校本科教学质量报告有无测评结果如表 8-13 所示。

表 8-13　中央部委直属高校本科教学质量报告有无测评结果表

序号	学校名称	第一次(2017.12.29)	第二次(2018.1.5)	第三次(2018.2.2)	第四次(2018.3.2)	第五次(2018.6.3)	第六次(2018.6.19)	第七次(2018.12.12)
1	北京航空航天大学	无	无	无	有	有	无	无
2	北京理工大学	无	无	无	无	无	有	有
3	哈尔滨工业大学	无	无	无	无	无	无	无
4	哈尔滨工程大学	有	有	有	有	有	有	有
5	南京航空航天大学	无	无	无	无	无	无	无
6	南京理工大学	无	无	无	无	有	有	有
7	西北工业大学	无	无	无	无	有	有	有

续表

序号	学校名称	第一次(2017.12.29)	第二次(2018.1.5)	第三次(2018.2.2)	第四次(2018.3.2)	第五次(2018.6.3)	第六次(2018.6.19)	第七次(2018.12.12)
8	中央民族大学	无	无	有	有	有	无	无
9	大连民族大学	无	无	无	无	有	有	有
10	中南民族大学	无	无	无	有	有	无	有
11	西南民族大学	无	有	无	无	有	有	有
12	西北民族大学	无	无	无	无	无	无	无
13	北方民族大学	无	无	有	有	有	无	无
14	中国人民公安大学	无	无	有	有	有	无	有
15	中国人民武装警察部队学院	无	无	无	无	无	无	无
16	中国刑事警察学院	无	无	无	无	无	无	有
17	公安海警学院	无	无	无	无	无	无	无
18	铁道警察学院	无	无	无	无	无	无	无
19	中国民航大学	无	无	无	无	有	有	有
20	大连海事大学	有	有	有	有	有	无	无
21	中国民用航空飞行学院	无	无	无	无	有	无	无
22	塔里木大学	无	无	无	无	无	无	无
23	石河子大学	无	无	无	有	有	无	无
24	中国科学院大学	无	无	有	有	有	有	有
25	中国科学技术大学	无	无	无	无	无	无	有
26	华侨大学	无	无	无	无	无	无	有
27	暨南大学	有	有	有	有	有	有	有
28	北京电子科技学院	无	无	无	无	无	有	有
29	北京协和医学院	无	无	有	有	有	有	有
30	外交学院	无	无	有	有	有	有	有
31	北京体育大学	无	无	无	无	有	有	有
32	中华女子学院	无	有	有	有	有	有	有
33	中央团校（中国青年政治学院）	无	无	无	无	无	无	无
34	中国劳动关系学院	无	有	有	有	有	有	有
35	华北科技学院	无	无	无	无	无	无	有
36	防灾科技学院	无	无	无	无	无	无	无
37	中央司法警官学院	无	无	无	无	无	无	无
38	上海海关学院	无	无	无	无	无	无	无
39	南京森林警察学院	无	有	有	有	有	有	有

教育部直属高校本科教学质量报告形式、年份、附件测评结果如表8-14所示。

表8-14 教育部直属高校本科教学质量报告形式、年份、附件测评结果表

序号	学校名称	报告公开形式	报告公开年份	报告附件是否公开
1	北京航空航天大学	无	无	无
2	北京理工大学	可下载	学年	未公开
3	哈尔滨工业大学	无	无	无
4	哈尔滨工程大学	在线看	学年	未公开
5	南京航空航天大学	无	无	无
6	南京理工大学	可下载	学年	未公开
7	西北工业大学	可下载	学年	公开
8	中央民族大学	无	无	无
9	大连民族大学	可下载	学年	公开
10	中南民族大学	可下载	学年	公开
11	西南民族大学	可下载	学年	未公开
12	西北民族大学	无	无	无
13	北方民族大学	无	无	无
14	中国人民公安大学	可下载	学年	未公开
15	中国人民武装警察部队学院	无	无	无
16	中国刑事警察学院	可下载	学年	未公开
17	公安海警学院	无	无	无
18	铁道警察学院	无	无	无
19	中国民航大学	可下载	学年	公开
20	大连海事大学	无	无	无
21	中国民用航空飞行学院	无	无	无
22	塔里木大学	无	无	无
23	石河子大学	无	无	无
24	中国科学院大学	可下载	学年	未公开
25	中国科学技术大学	可下载	学年	未公开
26	华侨大学	可下载	学年	公开
27	暨南大学	可下载	学年	公开
28	北京电子科技学院	可下载	学年	未公开
29	北京协和医学院	可下载	学年	公开

续表

序号	学校名称	报告公开形式	报告公开年份	报告附件是否公开
30	外交学院	可下载	学年	公开
31	北京体育大学	可下载	学年	未公开
32	中华女子学院	可下载	学年	未公开
33	中央团校(中国青年政治学院)	无	无	无
34	中国劳动关系学院	可下载	学年	未公开
35	华北科技学院	可下载	学年	未公开
36	防灾科技学院	无	无	无
37	中央司法警官学院	无	无	无
38	上海海关学院	无	无	无
39	南京森林警察学院	可下载	学年	公开

注:本表测评结果以 12 月份测评数据为样本。

教育部直属高校本科教学质量报告公开网址测评结果如表 8-15 所示。

表 8-15 教育部直属高校本科教学质量报告公开网址测评结果表

序号	学校名称	报告发布网址
1	北京航空航天大学	http://news.buaa.edu.cn/info/1002/42438.htm
2	北京理工大学	http://xxgk.bit.edu.cn/jxzl/bkjxzlbg/116974.htm
3	哈尔滨工业大学	无
4	哈尔滨工程大学	http://xxgk.hrbeu.edu.cn/2017/1025/c5910a167438/page.htm
5	南京航空航天大学	无
6	南京理工大学	http://xxgk.njust.edu.cn/bkjxzlbg/list.htm
7	西北工业大学	http://xxgk.nwpu.edu.cn/info/egovinfo/1001/xxgk-content/10699-B12-0509-2018-0502001.htm
8	中央民族大学	无
9	大连民族大学	http://www.dlnu.edu.cn/new/xxgkw/jxzlxx01/
10	中南民族大学	https://xxgk.scuec.edu.cn/s/258/t/1853/07/a8/info133032.htm
11	西南民族大学	http://www.swun.edu.cn/info/1067/13436.htm
12	西北民族大学	无
13	北方民族大学	http://xww.nun.edu.cn/2066/70770.html
14	中国人民公安大学	http://www.ppsuc.edu.cn/index/xxgk/jxzlxx/bkjxzlbg1.htm
15	中国人民武装警察部队学院	无
16	中国刑事警察学院	http://www.cipuc.edu.cn/info/2786/1682.htm
17	公安海警学院	无

续表

序号	学校名称	报告发布网址
18	铁道警察学院	无
19	中国民航大学	http://www.cauc.edu.cn/xxgk/316.html
20	大连海事大学	https://www.dlmu.edu.cn/info/1092/7143.htm
21	中国民用航空飞行学院	http://www.cafuc.edu.cn/wcm.files/upload/CMScafucw/201801/201801081110053.pdf
22	塔里木大学	无
23	石河子大学	http://www.shzu.edu.cn/2018/0203/c3a105266/page.htm
24	中国科学院大学	http://www.ucas.ac.cn/site/28? u=65723
25	中国科学技术大学	http://xxgk.ustc.edu.cn/13850/list.htm
26	华侨大学	http://xwgk.hqu.edu.cn/content.jsp? urltype=news.NewsContentUrl&wbtreeid=1162&wbnewsid=2865
27	暨南大学	https://www.jnu.edu.cn/44/ab/c2634a83115/page.htm
28	北京电子科技学院	http://www.besti.edu.cn/frontmenu/menulist? id=bf61ff28641a4f8-e9a7ed7d37f6193f3&menuLevel=3
29	北京协和医学院	http://info.pumc.edu.cn/eapdomain/static/component/cms/cmp_cms_pim_show/showInfoDetail.jsp? infoId=18653&config_id=11614how/showInfoDetail.jsp? infoId=18653&config_id=11614
30	外交学院	http://jwc.cfau.edu.cn/art/2018/1/31/art_3830_58456.html
31	北京体育大学	http://xxgk.bsu.edu.cn/gsgg/46421.htm
32	中华女子学院	http://www.cwu.edu.cn/xxgk/gkml/xkzyjs/50088.htm
33	中央团校（中国青年政治学院）	无
34	中国劳动关系学院	http://www.culr.edu.cn/docs/20180102110322405876.pdf
35	华北科技学院	http://xxgk.ncist.edu.cn/article/2018-9-27/art24985.html
36	防灾科技学院	无
37	中央司法警官学院	http://xxgk.cicp.edu.cn/bkzl/3964.jhtml
38	上海海关学院	无
39	南京森林警察学院	http://www.forestpolice.net/2017/1228/c767a72325/page.htm

注：本表测评结果包括7次测评中曾经监测到报告的所有网址，包括撤销网址、学校主页、信息公开网、教务处网站等。

上述表格显示，39所直属高校中有22所高校（占39所直属高校总数的56.41%）

在2018年12月份测评时公开了本科教学质量报告，其中21所高校（占39所直属高校总数的53.85%）本科教学质量报告公开形式为可以下载查看，1所高校（占39所直属高校总数的2.56%）本科教学质量报告公开形式为网络在线观看。公开的22份本科教学质量报告全部为2016—2017学年本科教学质量报告，比2017测评时19份公开报告中有13份为2015学年报告情况有明显好转。

在《通知》中专门列出了附件2中"普通高等学校2016—2017学年本科教学质量报告支撑数据目录"对支撑数据附表做出了目录式清单规定，并在后续的督察工作中加大了对支撑数据附件的撰写和公开要求。本年度对本科教学质量报告后有无支撑数据附表的测评中发现，在39所直属高校公开的22份报告中有9份报告（占39所直属高校总数的23.08%）有支撑数据附表，13份报告（占39所直属高校总数的33.33%）没有支撑数据附表。

在对本科教学质量报告发布网址的监测中。2018年笔者在对39所其他部委直属高校测评过程中共监测到公开网址28个（占39所直属高校总数的71.79%），结果包含7次测评中曾经监测到报告的所有网址，包括撤销网址、学校主页、信息公开网、教务处网站等的所有网址。但与最后有测评得分数据的22所高校数量相比，还有6所高校因报告撤销或发布在其他非信息公开网址上而没有在本年度测评中得分，这部分学校需要在今后的本科教学质量报告公开中注意按照《通知》要求，自当年1月1日始在学校门户网站开设的信息公开专栏，向社会公开发布本科教学质量报告，发布期为一年。

（二）报告公开质量测评结果概览

1. 总得分与排名情况

总得分（满分100分）及排名如表8-16所示。

表8-16 总得分（满分100分）及排名表

总排名	学校名称	总得分	总排名	学校名称	总得分
1	大连民族大学	96	9	中华女子学院	89
2	暨南大学	95	11	中国人民公安大学	88
3	南京森林警察学院	94	12	北京体育大学	84
4	中南民族大学	92	13	哈尔滨工程大学	82.5
4	中国民航大学	92	13	北京电子科技学院	82.5
6	西北工业大学	90	15	南京理工大学	80.5
6	华侨大学	90	16	中国劳动关系学院	80
6	外交学院	90	17	中国刑事警察学院	76.5
9	北京协和医学院	89	18	中国科学技术大学	73.5

续表

总排名	学 校 名 称	总得分	总排名	学 校 名 称	总得分
19	华北科技学院	71.5	23	公安海警学院	0
20	西南民族大学	69	23	铁道警察学院	0
21	中国科学院大学	68.5	23	大连海事大学	0
22	北京理工大学	66	23	中国民用航空飞行学院	0
23	北京航空航天大学	0	23	塔里木大学	0
23	哈尔滨工业大学	0	23	石河子大学	0
23	南京航空航天大学	0	23	中央团校	0
23	中央民族大学	0	23	防灾科技学院	0
23	西北民族大学	0	23	中央司法警官学院	0
23	北方民族大学	0	23	上海海关学院	0
23	中国人民武装警察部队学院	0	—	—	—

2. 分项得分与排名情况

(1)第一项本科教育基本情况得分及排名(见表 8-17)。

表 8-17　第一项本科教育基本情况得分(满分 12 分)及排名表

总排名	学 校 名 称	总得分	总排名	学 校 名 称	总得分
1	大连民族大学	12	9	外交学院	10
1	中南民族大学	12	9	北京体育大学	10
1	华侨大学	12	9	华北科技学院	10
1	北京协和医学院	12	18	中国科学院大学	9
1	中华女子学院	12	19	南京理工大学	8.5
1	南京森林警察学院	12	20	中国科学技术大学	8
7	中国人民公安大学	11	20	中国劳动关系学院	8
7	暨南大学	11	22	北京理工大学	3.5
9	哈尔滨工程大学	10	23	北京航空航天大学	0
9	西北工业大学	10	23	哈尔滨工业大学	0
9	西南民族大学	10	23	南京航空航天大学	0
9	中国刑事警察学院	10	23	中央民族大学	0
9	中国民航大学	10	23	西北民族大学	0
9	北京电子科技学院	10	23	北方民族大学	0

续表

总排名	学校名称	总得分	总排名	学校名称	总得分
23	中国人民武装警察部队学院	0	23	塔里木大学	0
23	公安海警学院	0	23	石河子大学	0
23	铁道警察学院	0	23	中央团校	0
23	大连海事大学	0	23	防灾科技学院	0
23	中国民用航空飞行学院	0	23	中央司法警官学院	0

（2）第二项师资与教学条件得分及排名（见表 8-18）。

表 8-18　第二项师资与教学条件得分（满分 20 分）及排名表

总排名	学校名称	总得分	总排名	学校名称	总得分
1	南京理工大学	20	21	华北科技学院	13
1	西北工业大学	20	22	西南民族大学	11.5
1	大连民族大学	20	23	北京航空航天大学	0
1	中南民族大学	20	23	哈尔滨工业大学	0
1	中国民航大学	20	23	南京航空航天大学	0
1	中国科学院大学	20	23	中央民族大学	0
1	华侨大学	20	23	西北民族大学	0
1	暨南大学	20	23	北方民族大学	0
1	北京电子科技学院	20	23	中国人民武装警察部队学院	0
1	北京协和医学院	20	23	公安海警学院	0
1	外交学院	20	23	铁道警察学院	0
1	北京体育大学	20	23	大连海事大学	0
1	中华女子学院	20	23	中国民用航空飞行学院	0
1	中国劳动关系学院	20	23	塔里木大学	0
1	南京森林警察学院	20	23	石河子大学	0
16	中国刑事警察学院	19	23	中央团校	0
17	中国人民公安大学	17	23	防灾科技学院	0
17	中国科学技术大学	17	23	中央司法警官学院	0
19	北京理工大学	15	23	上海海关学院	0
19	哈尔滨工程大学	15	—	—	—

(3) 第三项教学建设与改革得分及排名(见表 8-19)。

表 8-19　第三项教学建设与改革得分(满分 18 分)及排名表

总排名	学 校 名 称	总得分	总排名	学 校 名 称	总得分
1	中国人民公安大学	18	21	北京理工大学	12
1	外交学院	18	22	中国刑事警察学院	10.5
1	中华女子学院	18	23	北京航空航天大学	0
1	南京森林警察学院	18	23	哈尔滨工业大学	0
5	南京理工大学	16	23	南京航空航天大学	0
5	西北工业大学	16	23	中央民族大学	0
5	大连民族大学	16	23	西北民族大学	0
5	中南民族大学	16	23	北方民族大学	0
5	中国民航大学	16	23	中国人民武装警察部队学院	0
5	华侨大学	16	23	公安海警学院	0
5	暨南大学	16	23	铁道警察学院	0
5	北京体育大学	16	23	大连海事大学	0
5	中国劳动关系学院	16	23	中国民用航空飞行学院	0
14	北京协和医学院	15	23	塔里木大学	0
15	中国科学技术大学	14.5	23	石河子大学	0
15	北京电子科技学院	14.5	23	中央团校	0
17	哈尔滨工程大学	12.5	23	防灾科技学院	0
17	西南民族大学	12.5	23	中央司法警官学院	0
17	中国科学院大学	12.5	23	上海海关学院	0
17	华北科技学院	12.5	—	—	—

(4) 第四项质量保障体系得分及排名(见表 8-20)。

表 8-20　第四项质量保障体系得分(满分 19 分)及排名表

总排名	学 校 名 称	总得分	总排名	学 校 名 称	总得分
1	哈尔滨工程大学	19	6	中南民族大学	15
1	大连民族大学	19	6	中国人民公安大学	15
3	南京理工大学	17	6	华侨大学	15
3	中国民航大学	17	6	北京电子科技学院	15
3	暨南大学	17	6	外交学院	15
6	西北工业大学	15	6	中华女子学院	15

续表

总排名	学 校 名 称	总得分	总排名	学 校 名 称	总得分
6	南京森林警察学院	15	23	西北民族大学	0
14	西南民族大学	13	23	北方民族大学	0
14	中国刑事警察学院	13	23	中国人民武装警察部队学院	0
14	北京协和医学院	13	23	公安海警学院	0
14	华北科技学院	13	23	铁道警察学院	0
18	北京理工大学	11	23	大连海事大学	0
18	中国科学院大学	11	23	中国民用航空飞行学院	0
18	中国科学技术大学	11	23	塔里木大学	0
18	北京体育大学	11	23	石河子大学	0
22	中国劳动关系学院	9	23	中央团校	0
23	北京航空航天大学	0	23	防灾科技学院	0
23	哈尔滨工业大学	0	23	中央司法警官学院	0
23	南京航空航天大学	0	23	上海海关学院	0
23	中央民族大学	0	—	—	—

(5) 第五项学生学习效果得分及排名(见表 8-21)。

表 8-21　第五项学生学习效果得分(满分 13 分)及排名表

总排名	学 校 名 称	总得分	总排名	学 校 名 称	总得分
1	西北工业大学	13	12	外交学院	11
1	大连民族大学	13	15	北京理工大学	10.5
1	中南民族大学	13	16	中国刑事警察学院	10
1	中国人民公安大学	13	16	中华女子学院	10
1	中国民航大学	13	18	中国科学技术大学	9
1	暨南大学	13	18	北京电子科技学院	9
1	北京协和医学院	13	18	华北科技学院	9
1	北京体育大学	13	21	西南民族大学	8
1	中国劳动关系学院	13	22	中国科学院大学	2
1	南京森林警察学院	13	23	北京航空航天大学	0
11	哈尔滨工程大学	12	23	哈尔滨工业大学	0
12	南京理工大学	11	23	南京航空航天大学	0
12	华侨大学	11	23	中央民族大学	0

续表

总排名	学 校 名 称	总得分	总排名	学 校 名 称	总得分
23	西北民族大学	0	23	塔里木大学	0
23	北方民族大学	0	23	石河子大学	0
23	中国人民武装警察部队学院	0	23	中央团校	0
23	公安海警学院	0	23	防灾科技学院	0
23	铁道警察学院	0	23	中央司法警官学院	0
23	大连海事大学	0	23	上海海关学院	0
23	中国民用航空飞行学院	0	—	—	—

(6) 第六项特色发展得分及排名(见表 8-22)。

表 8-22 第六项特色发展得分(满分 4 分)及排名表

总排名	学 校 名 称	总得分	总排名	学 校 名 称	总得分
1	北京理工大学	4	1	华北科技学院	4
1	哈尔滨工程大学	4	1	南京森林警察学院	4
1	南京理工大学	4	23	北京航空航天大学	0
1	西北工业大学	4	23	哈尔滨工业大学	0
1	大连民族大学	4	23	南京航空航天大学	0
1	中南民族大学	4	23	中央民族大学	0
1	西南民族大学	4	23	西北民族大学	0
1	中国人民公安大学	4	23	北方民族大学	0
1	中国刑事警察学院	4	23	中国人民武装警察部队学院	0
1	中国民航大学	4	23	公安海警学院	0
1	中国科学院大学	4	23	铁道警察学院	0
1	中国科学技术大学	4	23	大连海事大学	0
1	华侨大学	4	23	中国民用航空飞行学院	0
1	暨南大学	4	23	塔里木大学	0
1	北京电子科技学院	4	23	石河子大学	0
1	北京协和医学院	4	23	中央团校	0
1	外交学院	4	23	防灾科技学院	0
1	北京体育大学	4	23	中央司法警官学院	0
1	中华女子学院	4	23	上海海关学院	0
1	中国劳动关系学院	4	—	—	—

（7）第七项需要解决的问题得分及排名（见表 8-23）。

表 8-23 第七项需要解决的问题得分（满分 6 分）及排名表

总排名	学校名称	总得分	总排名	学校名称	总得分
1	北京理工大学	6	1	南京森林警察学院	6
1	哈尔滨工程大学	6	22	南京理工大学	0
1	西北工业大学	6	22	北京航空航天大学	0
1	大连民族大学	6	22	哈尔滨工业大学	0
1	中南民族大学	6	22	南京航空航天大学	0
1	西南民族大学	6	22	中央民族大学	0
1	中国人民公安大学	6	22	西北民族大学	0
1	中国刑事警察学院	6	22	北方民族大学	0
1	中国民航大学	6	22	中国人民武装警察部队学院	0
1	中国科学院大学	6	22	公安海警学院	0
1	中国科学技术大学	6	22	铁道警察学院	0
1	华侨大学	6	22	大连海事大学	0
1	暨南大学	6	22	中国民用航空飞行学院	0
1	北京电子科技学院	6	22	塔里木大学	0
1	北京协和医学院	6	22	石河子大学	0
1	外交学院	6	22	中央团校	0
1	北京体育大学	6	22	防灾科技学院	0
1	中华女子学院	6	22	中央司法警官学院	0
1	中国劳动关系学院	6	22	上海海关学院	0
1	华北科技学院	6	—	—	—

（8）第八项发布情况测评得分及排名（见表 8-24）。

表 8-24 第八项发布情况测评得分（满分 8 分）及排名表

总排名	学校名称	总得分	总排名	学校名称	总得分
1	暨南大学	8	2	北京协和医学院	6
2	西北工业大学	6	2	外交学院	6
2	大连民族大学	6	2	南京森林警察学院	6
2	中南民族大学	6	10	北京理工大学	4
2	中国民航大学	6	10	哈尔滨工程大学	4
2	华侨大学	6	10	南京理工大学	4

续表

总排名	学校名称	总得分	总排名	学校名称	总得分
10	西南民族大学	4	23	西北民族大学	0
10	中国人民公安大学	4	23	北方民族大学	0
10	中国刑事警察学院	4	23	中国人民武装警察部队学院	0
10	中国科学院大学	4	23	公安海警学院	0
10	中国科学技术大学	4	23	铁道警察学院	0
10	北京电子科技学院	4	23	大连海事大学	0
10	北京体育大学	4	23	中国民用航空飞行学院	0
10	中华女子学院	4	23	塔里木大学	0
10	中国劳动关系学院	4	23	石河子大学	0
10	华北科技学院	4	23	中央团校	0
23	北京航空航天大学	0	23	防灾科技学院	0
23	哈尔滨工业大学	0	23	中央司法警官学院	0
23	南京航空航天大学	0	23	上海海关学院	0
23	中央民族大学	0	—	—	—

五、2018 年测评研究结果分析

（一）2018 年测评得分情况分析与对比

1. 总体分析

本次测评总得分显示(见表 8-25),114 所直属高校中共有 87 所高校在测评中有实际分数,还有 27 所高校因在 12 月份测评中没有在学校的信息公开网上找到相应学年或年度的本科教学质量报告而得 0 分。教育部直属与中央部委直属高校在本次测评中总平均分为 65 分。虽然 2018 年使用的“指标体系(2.0 版)”与前几年测评使用的“指标体系(1.0 版)”有所不同,但 2018 年测评的总体得分情况与去年测评平均分 50.6 分相比有所上升,总体可以体现出各高校的本科教学质量报告信息公开质量越来越好。在本次测评中,75 所教育部直属高校和 39 所其他部委直属高校的平均得分,分别为 75 分和 47 分,与去年测评结果的 55.97 分和 40 分均有所上升,但从平均得分差距上来看,39 所直属高校的平均得分还与 75 所教育部直属高校的平均分有一定差距。但去除 27 所因 12 月份测评中没有在信息公开网上找到相应学年或年度报告而得 0 分的高校(后简称去 0)后,75 所教育部直属高校和 39 所直属高校的平均得分分别为 87 分与 84 分,差距不明显。这说明 39 所直属高校与 75 所教育部直属高校的得分差距主要在报告是否公开,而发布后的本科教学质量报告的信息公开质量相差不大。

表 8-25　总得分及平均分表

项　　目	114 所直属高校		75 所教育部直属高校		39 所直属高校	
	总分	平均分	总分	平均分	总分	平均分
含 0 分高校	7465	65	5625.5	75	1839.5	47
去除 0 分高校	7465	86(n=87)	5625.5	87(n=65)	1839.5	84(n=22)

在总计 114 所高校中，总得分最高的高校为湖南大学和长安大学，得分为 98 分；有 86 所高校(占 114 所高校总数的 75.43%)在本次测评中得分高于测评平均分；有 27 所高校(占 114 所高校总数的 23.68%)因测评时网页打不开或信息公开网站中没有 2016—2017 学年或 2016 年《本科教学质量报告》或相关报告撤销而得 0 分，其中 75 所教育部直属高校有 10 所高校(占 75 所高校总数的 13.33%)得 0 分，39 所直属高校有 17 所高校(占 39 所高校总数的 47.22%)得 0 分。因本次测评最终取样时间已经是当年的 12 月份，27 所高校在发布期一年的报告公开期限中最后几天还未公开报告，实属不该。

2. 单项得分及得分率

总体而言，114 所直属高校的八项一级指标的得分率处于 60%～70%的及格水平。但去除得 0 分高校后，除第八项外的其他一级指标得分率普遍在 80%以上。可以这样认为，表 8-26 中含 0 分的相关测评数据代表 114 所直属高校本科教学质量报告的整体信息公开工作质量，去 0 分的相关测评数据代表 114 所直属高校所公开的本科教学质量报告中内容的信息公开质量。通过得分情况分析可以说明，部属高校本科教学质量报告内容上的水平普遍有所提升，高校已公开的报告在各项指标公开上已达到了较好水平，但部分高校对于报告按要求公开的重视程度还不够重视。导致总体得分率为 65.48%的原因，一是因部分高校未公开质量报告得了 0 分，拉低了整体高校得分率；二是已发布报告在某些分值较高的公开事项得分率较低，拉低了整体得分率，详细情况见优、劣势指标分析。

表 8-26　114 所直属高校单项得分率表

名称	总分	第一项	第二项	第三项	第四项	第五项	第六项	第七项	第八项
分值	100	12	20	18	19	13	4	6	8
含 0 分平均分	65.48	7.73	14.31	12	11.84	8.82	2.95	4.44	3.43
含 0 分得分率	65.48%	64.42%	71.55%	66.67%	62.32%	67.85%	73.75%	74.00%	42.88%

续表

名称	总分	第一项	第二项	第三项	第四项	第五项	第六项	第七项	第八项
去0分平均分	85.80	10.13	18.75	15.72	15.52	11.56	3.86	5.82	4.49
去0分得分率	85.80%	84.42%	93.75%	87.33%	81.68%	88.92%	96.50%	97.00%	56.13%

从表8-27中可以看出，实际去0后的各项平均分与按总分比率计算去0后的各项平均分还是有一些细微的差距，为体现114所直属高校本科教学质量报告内容信息公开的真实水平，后续分析采用实际去0分高校后的数据。

表8-27　114所直属高校含0分与去0后得分情况对比

名称	总分	第一项	第二项	第三项	第四项	第五项	第六项	第七项	第八项
含0分高校平均分	65.48	7.73	14.31	12	11.84	8.82	2.95	4.44	3.43
按总分比率计算去0分高校后各项平均分	85.80	10.12	18.74	15.71	15.50	11.55	3.86	5.81	4.49
实际去0后高校各项平均分	85.80	10.13	18.75	15.72	15.52	11.56	3.86	5.82	4.49

实去0分高校后的数据显示，8项一级指标得分率由高到低排列分别为：第七项需要解决的问题97%、第六项特色发展96.50%、第二项师资与教学条件93.75%、第五项学生学习效果88.92%、第三项教学建设与改革87.33%、第一项本科教育基本情况84.42%、第四项质量保障体系81.68%、第八项发布情况测评56.13%，八项一级指标得分率总体情况较好。

3. 优、劣势指标

如图8-1所示，在本次测评中第七项需要解决的问题得分率97.00%，是得分率最高的一级指标，为本次测评中的优势指标。从指标赋分权重情况分析，第七项一级指标下虽然设立了三项三级指标，但总分值只有6分，分值较小，因此它对总分的影响权重较小。从指标内容分析，第七项为需要解决的问题，项目本身为论述性为主内容，高校每年都撰写这类问题，且撰写难度较小。加之目前高校外部的大评估环境非常重视“问题与对策”的描述。审核评估的自评报告中更是专门要求1/3的篇幅要谈问题。这对质量报告的撰写有明显的导向和影响作用，促使本项成为得分率最高的项目。

本次测评劣势指标为第八项发布情况测评和第四项质量保障体系。第八项发布

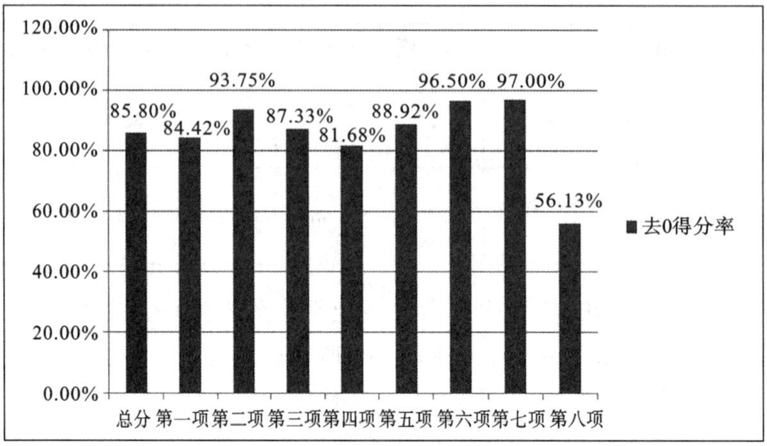

图 8-1　各项指标去 0 得分率

情况测评是《指标体系(2.0 版)》新加入的测评内容,是对本科教学质量报告发布情况的测评,涉及对报告的发布时间、发布方式、发布年份、有无支撑附件等情况的测评。此项指标得分处于劣势,可以反映出高校在质量报告在发布的时效性、便捷性、科学性、准确性上还有待加强。

从报告内容信息公开测评情况来看,劣势指标为第四项质量保障体系,得分率 81.68%。从指标赋分权重情况分析,第四项质量保障体系一级指标下设 10 个三级指标,赋分值 19 分,在八项一级指标中所分值中处于第二高,权重较大,对总体得分的影响较大。从指标内容分析,第四项质量保障体系的三级指标内容为:①学校人才培养中心地位落实情况、②校领导班子研究本科教学工作情况、③出台的相关政策措施、④教学质量保障体系建设、⑤日常监控与运行情况、⑥规范教学行为情况、⑦本科教学基本状态分析、⑧专业评估情况、⑨专业认证、⑩国际评估情况。总观 114 所高校此项测评得分情况,三级指标中③出台的相关政策措施、④教学质量保障体系建设、⑤日常监控与运行情况、⑥规范教学行为情况、⑦本科教学基本状态分析等五项三级指标得分率较高,其余五项三级指标得分率较低,尤其是国际评估此项得分率非常低。

(二) 2018 年测评各单项得分离散程度分析

1. 各单项得分标准差分析

某一项指标得分的离散程度可以理解为各高校此项指标的理解和落实的差异程度,可以通过得分的标准差来分析。114 所直属高校在本次测评中 8 项一级指标单项标准差的排名如图 8-2 所示。八项一级指标得分标准差排名由低到高排列分别为:第六项特色发展、第七项需要解决的问题、第八项公开情况测评、第一项本科教育基本情况、第三项教学建设与改革、第五项学生学习效果、第二项师资与教学条件、第四项质

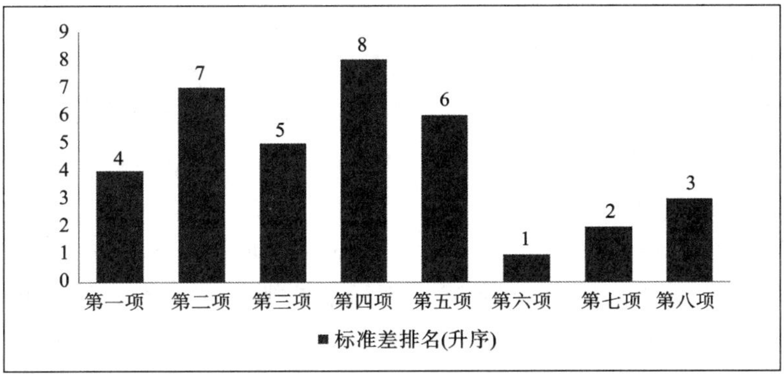

图 8-2　单项标准差柱状图

量保障体系。

在各项一级指标中，第六项特色发展的标准差最小，得分离散程度最小，说明各高校在此单项上得分比较平均，各校对于此项掌握情况比较一致。而第四项质量保障体系的标准差最大，得分离散程度最大，说明各校对此项的理解和把握有较大差异，并且此项在总体得分率中属于劣势指标，说明有相当一部分学校在此项中的问题比较严重。

2. 个性问题与共性问题分析

值得探讨的是，如图 8-3 所示，第二项师资与教学条件的得分率排名第 3，标准差排名第 7，呈现出较大反差。居中的得分率表明各校在此项上平均得分尚可，但较大的标准差表明各校在此项上得分分布较为分散，由此说明各高校此项得分两极分化程度严重，部分高校此项得分较高，还有相当部分高校在此项得分很低，问题比较严重，属于本次测评中小部分高校存在的个性问题。

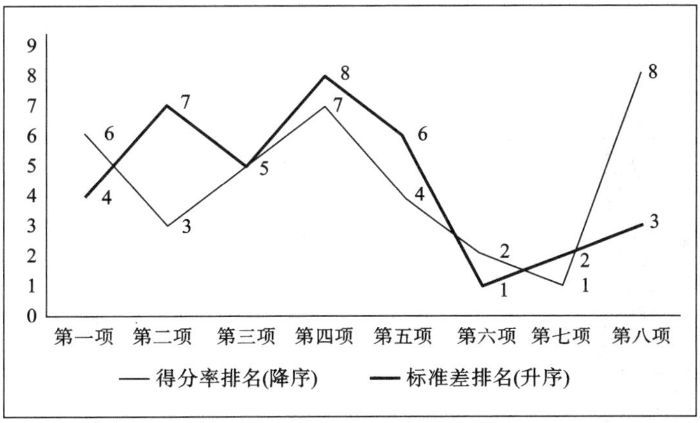

图 8-3　单项得分率与标准差对比图

与第二项相反，第八项发布情况测评的得分率排名第 8，而标准差排名第 3。适中的标准差表明各校在此项上的得分分布差异不是特别大，最低得分率表明各高校此项上得分均较低。由此说明各高校在此项上总体得分比较接近，得分两极分化程度适中，但各高校在此项上整体得分很低，属于本次质量报告信息公开测评中大部分高校存在的共性问题，说明高校在本科教学质量报告信息公开的时效性、便捷性、科学性、准确性上还存在共性问题。

除第八章为对报告整体发布情况测评外，对于质量报告内容本身来讲，第四项质量保障体系也值得注意，得分率排名第7，而标准差排名第8，较高的标准差表明各校在此项上的得分分布差异较大，倒数第二的得分率表明各高校此项上得分均较低。通过第四项二级指标分析发现，在保障系统建设的总体框架下，其部分内容如认证评估等许多方面内容在本科教学质量报告中还有所欠缺，许多关键因素比如人才培养中心地位落实、校领导班子研究本科教学工作情况等还总结撰写不到位，这也折射出在强调“以本为本，四个回归”的时代，高校质量保障体系构建中还存在一定的共性短板问题，值得深入分析其原因。

六、2018年测评研究发现、思考与建议

（一）开启2.0时代，完善本科教学质量报告年度测评螺旋升级制度

1. 部分高校本科教学质量报告信息公开中的问题值得注意

个别高校的本科教学质量报告公开形式为在线网页观看，但过一段时间后，如中国人民大学和南京大学的本科教学质量报告在线观看网页出现打不开或显示不出来等情况，值得注意（见图8-4和图8-5）。

图8-4 中国人民大学本科教学质量报告网页打开错误

图 8-5　南京大学本科教学质量报告网页显示不出来

少数高校在信息公开网站发布本科教学质量报告时,网页设置的发布时间与实际发布时间不一致,如有的高校显示 2017—2018 学年的本科教学质量报告的发布日期为 2016 年 11 月 18 日(见图 8-6)。

图 8-6　中国石油大学(北京)网页设置的发布时间与实际发布时间不一致

仍有少数高校发布的本科教学质量报告是年度质量报告而非学年质量报告(见图 8-7 至图 8-9)。

个别高校发布的本科教学质量报告名称与实际内容不一致。如某高校信息公开网页上报告的名称是 2016—2017 学年本科教学质量报告,打开网页后其实际内容是 2016 年度本科教学质量报告(见图 8-10)。

图 8-7　东华大学发布的报告仍为 2016 年度报告

图 8-8　中央音乐学院发布的报告仍为 2016 年度报告

个别学校提供的支撑数据附表中数据与本科教学质量报告主体中的数据不一致。如北京中医药大学的报告主体中，教学科研仪器设备总值为 43549.14 万元。而在支撑数据中教学科研仪器设备总值为位 336145727 元（见图 8-11）。

图 8-9　复旦大学发布的报告仍为 2016 年度报告

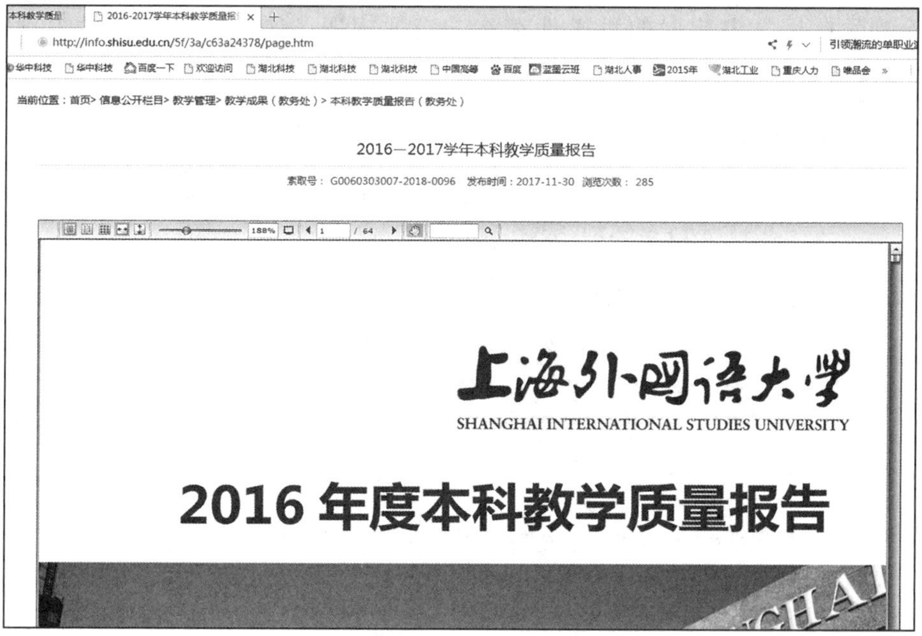

图 8-10　上海外国语大学的报告实际内容与信息公开网名称不一致

目前，学校教学科研仪器设备共计32792台件，总值为43549.14万元。其中教学仪器设备26940台件，总值为26774.07万元；科研教学仪器设备5852台件，总值为16775.08万元。学校为改善教学科研条件，2016-2017学年共新增教学科研仪器设备共计2187台件，总值为3565.26万元。其中教学仪器设备2042台件，总值为2408.24万元；科研教学仪器设备145台件，总值为1157.02万元。学校教学科研仪器设备配备齐全，能够满足教学科研需求，为学校教学科研工作的顺利开展奠定了扎实的物质基础，对学生动手能力的培养、创新意识的培养等均发挥了积极作用。

5、生均教学科研仪器设备值 20823 元

生均教学科研仪器设备值	教学科研仪器设备总值（元）	折合在校生数	20823	生均教学科研仪器设备值=教学科研仪器设备总值/折和在校学生数
	336145727	17600.9		

6、当年新增教学科研仪器设备值 3493.8644 万元

图 8-11　北京中医药大学支撑数据附表中数据与报告主体中的数据不一致

个别学校报告中数据的科学性存在一定的问题。如北京理工大学生师比为23%，单位运用不准确（见图 8-12）。

77北理工2016-2017本...

京市，理科、文科分数线对应的全市考生分数段排名分别实现了自 2013 年全市 4680 名、1700 名到 2017 年 1810 名、850 名大幅迈进；理科分差由 88 分升至 106 分，文科分差由 52 分升至 66 分；2017 年理科、文科分数线分别位居“985 工程”高校第 13 位、第 15 位。

2 加强师资队伍建设，优化本科教学资源

2.1 加强高层次人才队伍建设，注重青年教师的培育扶植

学校教职工总数 3376 人，其中专任教师 2200 人，生师比为 23%。专任教师中，正高级职称 525 人，副高级职称 930 人；具有博士学位的比例达到 81.27%。

学校 2016—2017 学年开设课程总门数 2225 门，教学班 4397 门次，其中教授、副教授担任授课 2386 门次。

2017 年，学校通过实施“卓越学科带头人发展计划”、“杰出学术带头人支持计划”，推进高层次人才队伍和创新团队建设，兼顾好高端引领和整体推进的关系，提升教师

3

图 8-12　北京理工大学报告中数据单位不准确

少数高校在撰写报告时的文字描述还存在不准确问题,如报告中出现错别字,将“麦可思——北京语言大学应届毕业生培养质量评价数据”写成“麦克斯——北京语言大学应届毕业生培养质量评价数据”(见图 8-13)。

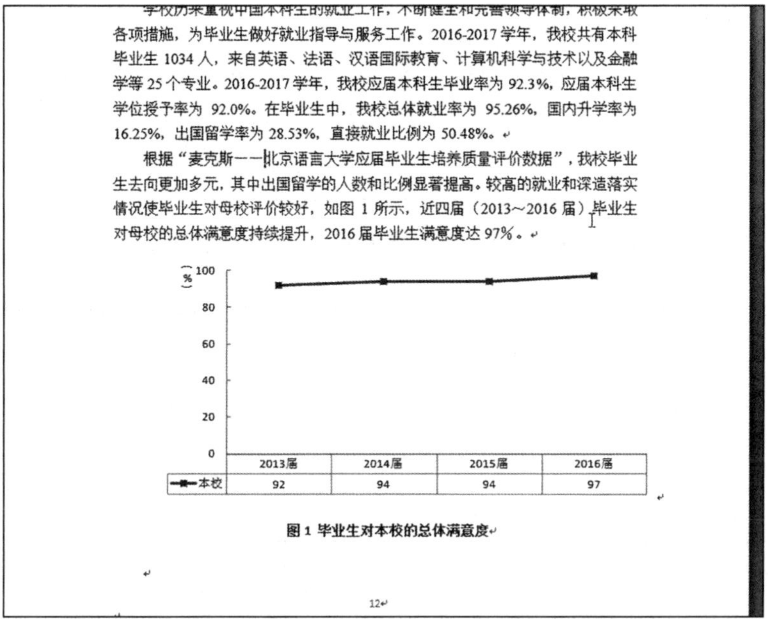

学校历来重视中国本科生的就业工作，不断健全和完善领导体制，积极采取各项措施，为毕业生做好就业指导与服务工作。2016-2017 学年，我校共有本科毕业生 1034 人，来自英语、法语、汉语国际教育、计算机科学与技术以及金融学等 25 个专业。2016-2017 学年，我校应届本科生毕业率为 92.3%，应届本科生学位授予率为 92.0%。在毕业生中，我校总体就业率为 95.26%，国内升学率为 16.25%，出国留学率为 28.53%，直接就业比例为 50.48%。

根据“麦克斯——北京语言大学应届毕业生培养质量评价数据”，我校毕业生去向更加多元，其中出国留学的人数和比例显著提高。较高的就业和深造落实情况使毕业生对母校评价较好，如图 1 所示，近四届（2013～2016 届）毕业生对母校的总体满意度持续提升，2016 届毕业生满意度达 97%。

	2013届	2014届	2015届	2016届
本校	92	94	94	97

图 1 毕业生对本校的总体满意度

12

图 8-13　北京语言大学报告文字描述不准确

个别高校在报告中总结本科教学存在的问题时比较简单,没有认真分析问题原因并提出有针对性的对策(见图 8-14 和图 8-15)。114 所直属高校中有 3 所高校没有总结特色,两所高校没有撰写存在问题(75 所教育部直属高校中 1 所,39 所直属高校中 1 所)。

六、存在的问题与解决思路

总结我校本科教学建设与改革，成绩喜人，但也有需要继续提升之处。如教学体系需要进一步完善，教学方案需要进一步调整，课程建设需要进一步加强，实践教学效果需要进一步提升，学生创新创业能力需要进一步提高，学生评教指标体系需要进一步优化等。

学校将继续牢固树立人才培养的中心地位，以学生成长成才为根本，以提高教育质量为核心，以建设一流本科教育为任务，加快改革创新、内涵提高、特色发展步伐，切实履行质量建设主体责任，继续深化本科教育教学改革，为培养更多精英人才而努力奋斗，力争早日实现“有特色、多科性、国际化高水平研究型大学”的办学目标。

图 8-14　某高校报告总结问题比较简单

按照《普通高等学校本科专业教学质量标准》规定,在音乐类专业的培养方案中实

九、存在的问题及改进措施

2016 年，我院在本科人才培养方面取得了一定的成绩，但在此过程中还存在若一定的问题，还需要在未来的工作中进一步改进和加强。如：专业课和专业基础课教学大纲需要进一步修订，并加强执行力与过程管理。招生体制与模式还需要进一步优化。等等。

中央音乐学院将进一步坚定信念，在深化教育教学改革过程中正确处理好传承、改革和发展之间的关系，教书和育人的关系，教学和科研的关系，积极稳妥地推进全面工作，为建设世界一流音乐学院而奋斗！

中央音乐学院

2017 年 9 月 16 日

图 8-15　中央音乐学院报告总结问题比较简单

践学分应占总学分的 15%～25%，但在中央音乐学院报告中公开的实践教学学分中，有部分专业实践学分在 15%以下（见图 8-16）。

表 5：中央音乐学院本科各专业方向学分要求及比例统计表

序号	系 部（院）	专 业	总学分要求	必修课总学分	选修课	必修课中艺术实践学分	实践教学比重	选修课学分占总学分比例
1	作曲系	作曲	146	122	24	0	0	16.4%
		视唱练耳	130	112	18	0	0	13.8%
2	指挥系	指挥	156	132	24	0	0	15.4%
3	音乐学系	音乐学	140	116	24	0	0	17.1%
		音乐艺术管理	122	104	18	0	0	14.8%
		音乐治疗	141	117	24	0	0	17%
4	音乐教育学院	音乐教育	179	155	24	0	0	13.4%
5	钢琴系	钢琴	131	113	18	3	2%	13.7%
		电子管风琴	128	110	18	3	2%	14.1%
		手风琴	131	113	18	3	2%	13.7%
6	管弦系	管弦乐各专业	165	147	18	3	2%	10.9%
		古典吉他	125	107	18	3	2%	14.4%
7	民乐系	民乐各专业	135	117	18	3	2%	13.3%
8	声乐歌剧系	声乐各专业	163	139	24	3	2%	14.7%
9	提琴制作中心	提琴制作	130	112	18	0	0	13.8%

图 8-16　中央音乐学院报告中实践教学学分比例偏低

在“以学生为中心”的本科教育哲学取向被广泛同和评估认证 OBE 理念深刻影响的背景下，大多数学校的本科教学质量报告中非常重视学生学习满意度调查的呈现。但不同高校的学生满意度调查结果因其调查方法不同而没有可比性，也体现出不同学校对学生学习满意度理解中的巨大差异。不同高校的学生满意度调查具体有以下几种呈现方式。

（1）部分高校采用学生评教情况作为学生学习满意度，如图 8-17 所示。

（2）部分高校采用加入专门的学习情况调查作为学生学习满意度，如图 8-18 所示。

（3）部分高校采用毕业生满意度调查作为学生学习满意度，如图 8-19 所示。

（4）部分高校学生学习满意度分为在校生满意度和毕业生满意度，如图 8-20 所示。

14中国传媒大学.pdf

1．学生学习满意度

自 2007 年春季学期以来，我校坚持利用“教务在线”管理平台组织开展每学期的网上评教工作，对及时总结和反馈学生意见、及时进行教师教学评价、提高课堂教学质量以及加强课程建设发挥了积极作用。

2016 秋季学期的评教结果显示，全校参与网上评教的本科生 84044 人次，参评率达到 97.33%；参评课程为 1610 门次，整体平均分为 90.61 分。其中，达到“非常满意”的课程共 1099 门次，占到所有参评课程的 68.26%，与前一学期（953 门次，61.44%）相比有明显提高；达到“比较满意”的课程共 465 门次，占 28.88%；“一般”的课程共 45 门次，占 2.8%；“不太满意”的课程共 1 门次，占 0.06%。全校所有参评课程的学生评价优良率达 95.68%，与前一学期(2015 春的 95.14%）基本持平。

2017 春季学期的评教结果显示，全校参与网上评教的本科生达 78195 人次，参与率为 98.35%；参评课程为 1555 门次，全校平均分为 89.91 分，与前一学期持平。其中，达到“非常满意”的课程共 970 门次，占到所有参评课程的 62.38%；得分达到“比较满意”的课程共 516 门次，占 33.18%；“一般”的课程共 62 门次，占 3.99%；“不太满意”的课程 7 门次，占 0.45%，“很不满意”的课程门次为零。全校所有参评课程的学生评价优良率达 95.13%，但“非常满意”的课程门次比例有所降低，“不太满意”的课程门次数却明显增多，值得我们警惕。

表 5-1　2016—2017 学年学生评教情况概览

评估课程门次	平均分	A	B	C	D	E	参与人次	时间
1555 门次	89.91	970 门 62.38%	516 门 33.18%	62 门 3.99%	7 门 0.45%	0 门 0.0%	78195	2017 春
1610 门次	90.61	1099 门 (68.26%)	465 门 (28.88%)	45 门 (2.8%)	14 门 (0.06%)	0 门 (0.0%)	84044	2016 秋

30

图 8-17　中国传媒大学采用学生评教情况作为学生学习满意度

二、学生学习满意度情况

2016 年学校继续通过中国大学学情调研(CCSS)开展“大学生学习与发展追踪研究”，采集在校本科生有效样本 3032 人，调查了学生在校满意度，包括学生整体就读满意度、学术经历等单项满意度以及向他人推荐所读院校的意愿的强度。结果表明，学校在校大学生满意度均值为 63.33，学生对大学期间的收获和成长、对大学的整体

13

中国海洋大学2016-2017 学年本科教学质量报告

就读经历、大学的学习风气和学习氛围、专业兴趣、学习硬件（教室、图书馆、实验室、网络等）、生活硬件（食堂、宿舍、体育活动场所、社交场所等）、课程教学师资、校园社交体验、求职就业创业指导和支持、奖助学金和助学贷款等方面都评价较高。

图 8-18　中国海洋大学采用加入专门的学习情况调查作为学生学习满意度

（一）学生对本科工作的满意度

学校注重学生对本科各项工作的反馈意见。除每学期开展网上课程教学评教、组织学生座谈会外，还从 2011 年开始对应届本科毕业生开展本科工作综合满意度调查。2016 年，校本部约 8000 名应届本科毕业生参与满意度调查，参与率达 95%以上。调查问卷还设计了开放式题目，要求学生填报大学期间最喜爱教师、受益最深的课程等。从调查结果看，2016 届本科毕业生对学校各项本科工作满意度总体较高（表 14）。

表 14 西南大学 2016 届毕业生满意度调查统计

序号	测评项目	满意率（%）
1	你对校风的满意度	87.62
2	你对学校教学管理的满意度	88.64
3	你对思想政治理论课程的满意度	84.15
4	你对公共外语课程的满意度	83.93
5	你对公共计算机课程的满意度	82.48
6	你对公共体育课程的满意度	87.08
7	你对通识教育选修课程的满意度	87.95
8	你对图书馆的满意度	95.21
9	你对自习室的满意度	88.75
10	你对计算机机房的满意度	84.31
11	你对就业指导工作的满意度	82.68

图 8-19 西南大学采用毕业生满意度调查作为学生学习满意度

重庆大学 2016-2017 学年本科教学质量报告

（四）学生满意度

1. 学习性投入调查。2016 年，学校对在校本科生开展了“学习性投入调查”（NSSE-China）。在“整体就读经历”和“个人在校期间的收获和成长”两方面的满意度分别为 89.2%、88.9%，在“你会向其他人推荐这所大学”选项上，有 93.2%学生愿意推荐。与 2013 年调查比较，满意度整体提升。

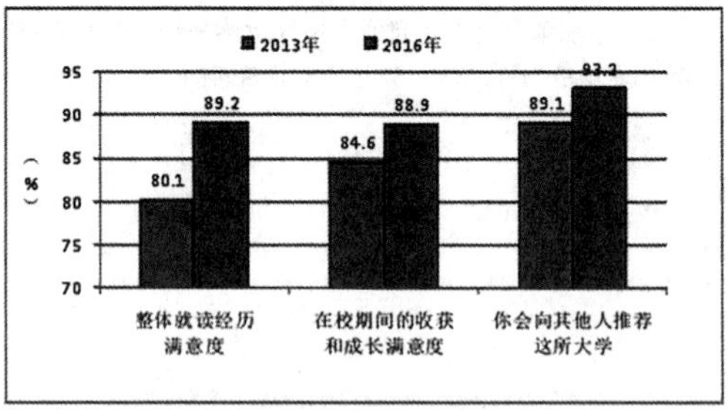

图 10 在校学生满意度

2. 毕业生中期调查。委托麦可思数据有限公司对我校毕业三年后的 2013 届毕业生进行了培养质量中期跟踪评价。共回收问卷 3,206 份，答题率为 46.7%，覆盖了 27 个学院 99 个本科专业。调查包括中期职业发展、学历提升、能力知识素养、就读经历反馈、校友推荐与回馈、创新创业情况、对本地区的人才贡献等方面内容。

图 8-20 重庆大学学生学习满意度分为在校生满意度和毕业生满意度

（5）还有高校，如中南大学自主设计了专门本校学生学习满意度问卷调查并且配套了相关的教师教学满意度调查结果（见图 8-21 和图 8-22）。

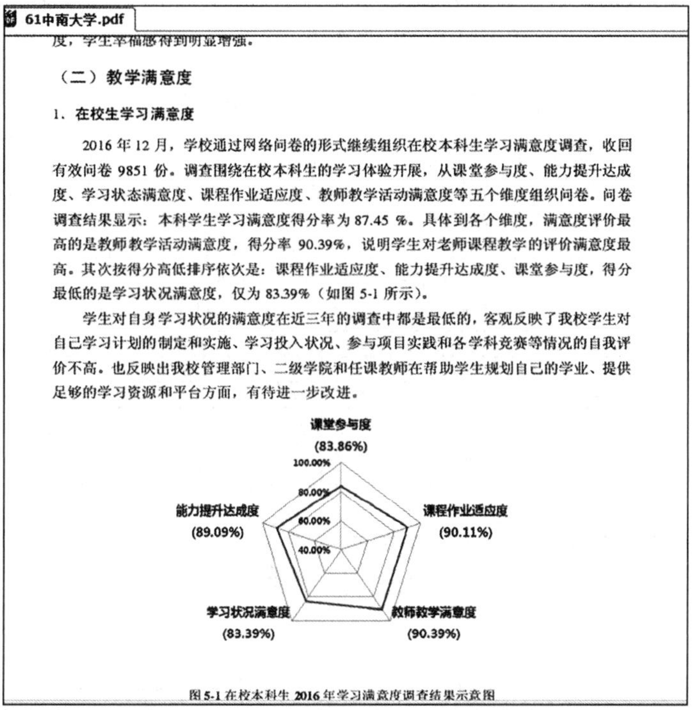
61中南大学.pdf

度，学生幸福感得到明显增强。

（二）教学满意度

1．在校生学习满意度

2016 年 12 月，学校通过网络问卷的形式继续组织在校本科生学习满意度调查，收回有效问卷 9851 份。调查围绕在校本科生的学习体验开展，从课堂参与度、能力提升达成度、学习状态满意度、课程作业适应度、教师教学活动满意度等五个维度组织问卷。问卷调查结果显示：本科学生学习满意度得分率为 87.45 %。具体到各个维度，满意度评价最高的是教师教学活动满意度，得分率 90.39%，说明学生对老师课程教学的评价满意度最高。其次按得分高低排序依次是：课程作业适应度、能力提升达成度、课堂参与度，得分最低的是学习状况满意度，仅为 83.39%（如图 5-1 所示）。

学生对自身学习状况的满意度在近三年的调查中都是最低的，客观反映了我校学生对自己学习计划的制定和实施、学习投入状况、参与项目实践和各学科竞赛等情况的自我评价不高。也反映出我校管理部门、二级学院和任课教师在帮助学生规划自己的学业、提供足够的学习资源和平台方面，有待进一步改进。

图 5-1 在校本科生 2016 年学习满意度调查结果示意图

图 8-21　中南大学自主设计专门的学生学习满意度问卷调查

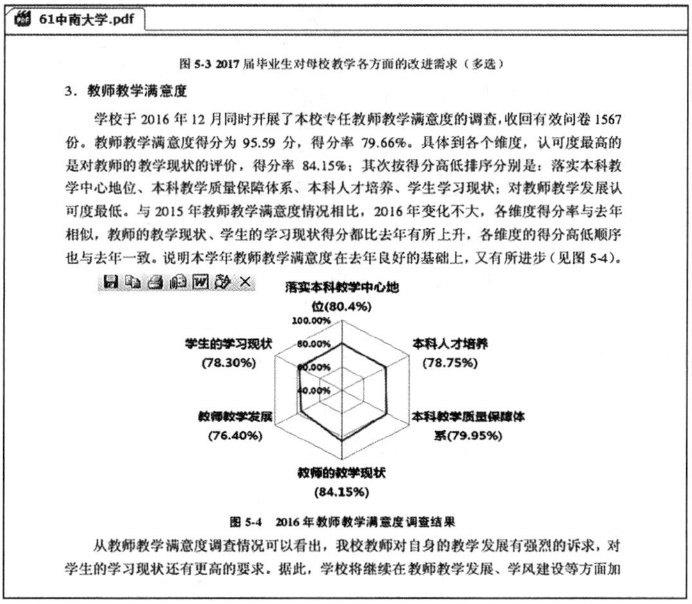
61中南大学.pdf

图 5-3 2017 届毕业生对母校教学各方面的改进需求（多选）

3．教师教学满意度

学校于 2016 年 12 月同时开展了本校专任教师教学满意度的调查，收回有效问卷 1567 份。教师教学满意度得分为 95.59 分，得分率 79.66%。具体到各个维度，认可度最高的是对教师的教学现状的评价，得分率 84.15%；其次按得分高低排序分别是：落实本科教学中心地位、本科教学质量保障体系、本科人才培养、学生学习现状；对教师教学发展认可度最低。与 2015 年教师教学满意度情况相比，2016 年变化不大，各维度得分率与去年相似，教师的教学现状、学生的学习现状得分都比去年有所上升，各维度的得分高低顺序也与去年一致。说明本学年教师教学满意度在去年良好的基础上，又有所进步（见图 5-4）。

图 5-4　2016 年教师教学满意度调查结果

从教师教学满意度调查情况可以看出，我校教师对自身的教学发展有强烈的诉求，对学生的学习现状还有更高的要求。据此，学校将继续在教师教学发展、学风建设等方面加

图 8-22　中南大学配套了相关的教师教学满意度

与学生学习满意度问题相同，在用人单位满意度信息公开方面学校之间也有许多不同的做法，因学校调查方法的不同而导致公开数据的可比性不足，并且大部分高校只公开了一个满意度数字。在报告信息公开测评过程中，部分高校其对于人单位满意度公开比较全面值得借鉴，如图 8-23 和图 8-24 所示。

1. 用人单位对毕业生满意度

通过北京林业大学 2017 年用人单位问卷调查，结果显示：用人单位对于我校毕业生的综合素质及实际工作能力的评价如表 6.1 所示。总体而言，用人单位对我校毕业生的“道德素质”、“学习能力”、“专业知识和技能”和“团队精神”、“综合表现”这几个方面评价较高；而对于毕业生的“职业规划能力”、“管理能力”、“外语水平”“创新能力”以及“人际交往能力”评价相对较低。

表 6.1 用人单位对毕业生的综合素质及各项实际工作能力的评价（满分 100）

题目\选项	分值	题目\选项	分值	题目\选项	分值
道德素质	87.85	学习能力	87.83	专业知识与技能	87.41
团队精神	87.30	综合表现	86.77	事业心和责任感	86.44
适应能力	86.21	计算机水平	86.20	分析解决问题能力	86.00
表达沟通能力	85.95	自我管理能力	85.93	心理素质	85.87
身体素质	85.55	实践能力	85.53	组织协调能力	85.40
人际交往能力	85.39	创新能力	85.32	外语水平	85.16
管理能力	84.72	职业规划能力	84.69		

图 8-23　北京林业大学用人单位满意度描述图 1

表 6.2 用人单位认为学校应对毕业生加强培养和教育的方面（按重要程度排序）

能力	排序 1		排序 2		排序 3		排序 4		排序 5		合计	
	选择人数	占比	选择人数	占比	选择人数	占比	选择人数	占比	选择人数	占比	选择人数	占比
A 组织协调能力	14	25.93%	5	9.26%	3	5.56%	6	12.24%	1	1.96%	29	11.11%
B 外语水平	0		2	3.70%	0		0		2	3.92%	4	1.53%
C 学习成绩	0		4	7.40%	3	5.56%	7	14.29%	1	1.96%	15	5.75%
D 计算机水平	0		4	7.40%	0		1	2.04%	2	3.92%	7	2.68%
E 协作精神	4	7.41%	8	14.81%	10	18.52%	8	16.33%	6	11.76%	36	13.79%
F 专业知识与技能	23	42.59%	8	14.81%	7	12.96%	4	8.16%	2	3.92%	44	16.86%
G 人际交往能力	3	5.56%	10	18.52%	7	12.96%	5	10.20%	7	13.73%	32	12.26%
H 创新能力	1	1.85%	3	5.56%	9	16.67%	6	12.24%	10	19.61%	29	11.11%
I 心理素质	2	3.70%	3	5.56%	2	3.70%	9	18.37%	14	27.45%	30	11.49%
J 实践能力	6	11.11%	7	12.96%	12	22.22%	3	6.12%	6	11.76%	34	13.03%

图 8-24　北京林业大学用人单位满意度描述图 2

2. 部分高校本科教学质量报告的特色值得借鉴

如上海交通大学等高校的本科教学质量报告信息公开时效性非常高，在笔者 12 月份测评 2016—2017 学年报告时发现该学校 2017—2018 学年报告已在该校信息公开网站上进行公开（见图 8-25）。

第一项本科教育基本情况在本次测评中有两项三级指标得分率较低，分别是“当年新增专业名单”和“当年停招专业名单”。对于部分高校来讲，因为本学年没有新增或停招专业导致在本科教学质量报告中没有对上述两项三级指标进行描述。但从信

上海交通大學

2017-2018学年本科教学
质量报告

二〇一八年十月

图 8-25　上海交通大学 10 月已公开 2017—2018 学年报告

息公开的角度来讲，如果没有新增或停招专业也需要进行相应的说明。在本次测评中，外交学院在其本科教学质量报告中对于新增和停招专业的公开方式值得借鉴，如图 8-26 所示。

附2　学科门类与本科专业设置情况

	开设本科专业类（一级学科）	开设本科专业数（二级学科）	当年招生本科专业总数	当年新增本科专业数量	当年撤销专业数	当年停招本科专业数量
经济学	2	2	2	0	0	0
法学	2	2	2	0	0	0
文学	5	5	5	0	0	0
合计	9	9	9	0	0	0

图 8-26　外交学院的本科专业设置公开情况

第四项质量保障体系在本次测评中得分率较低，原因已经在劣势指标分析中论述过，其中对于领导班子研究本科教学情况的描述，北京中医药大学和东南大学给出了比较详细论述，值得借鉴(见图 8-27 至图 8-29)。

（二）校领导高度重视本科教学工作

学校定期召开党委常委会、校长办公会，研究本科教学工作。2016-2017 学年共有 13 次校长办公会、6 次常委会研究了教学工作。

校长办公会具体内容如下：

2016 年 10 月 11 日第 18 次校长办公会，审议了教师教学事故、学生考试作弊事宜；

2016 年 11 月 22 日第 20 次校长办公会，审议了新生学籍问题；

2016 年 12 月 5 日第 22 次校长办公会，审议了专业认证及审核评估工作建议；

2016 年 12 月 27 日第 23 次校长办公会，审议了学籍管理补充规定、中医传统师承人才培养基地事宜；

2017 年 1 月 10 日第 1 次校长办公会，审议了本专科学生奖助学金有关事宜；

2017 年 3 月 7 日第 3 次校长办公会，审议了校级教学实践基地合作签约名单、全校教学工作会议方案；

2017 年 3 月 14 日第 4 次校长办公会，审议了 2017 年本科招生规模及专业计划事宜；

2017 年 5 月 9 日第 9 次校长办公会，审议了学生阶段考试事宜；

2017 年 6 月 2 日第 11 次校长办公会，审议了教学迎评工作人员调配、教材招标事宜；

2017 年 6 月 9 日第 12 次校长办公会，审议了毕业典礼及相关活动方案，审议了学校学生管理规定，审议了学生违纪处理规定，审议了学生申诉管理规定；

2017 年 6 月 20 日第 13 次校长办公会，通报了《北京中医药大学本（专）科学生学籍管理规定》修订情况；

2017 年 6 月 27 日第 14 次校长办公会，通报了 2017 届本、专科学生毕业情

图 8-27　北京中医药大学对于领导班子研究本科教学情况的描述

表 4.1　2016-2017 年度党委常委会和校长办公会研究本科教学工作情况一览表（部分）

会议时间	会议地点	会议名称	会议议题
2016.8.10	四牌楼 老图书馆242室	第 12 次 校长办公会	审议 2016 年“中央高校建设一流大学（学科）和特色发展引导专项资金”建设项目方案
2016.8.26	九龙湖 行政楼 215 室	第 13 次 校长办公会	关于与南京医科大学签订战略合作协议的汇报
2016.12.6	九龙湖 行政楼 215 室	第 20 次 校长办公会	讨论决定少年生班培养改革方案；讨论网络空间安全学院建设事宜；通报师生综合服务大厅建设进展
2017.1.12	九龙湖 行政楼 215 室	第 2 次 校长办公会	讨论决定文科试验班人才培养方案；讨论确定 2017 年基本科研业务费预算安排方案
2017.3.31	九龙湖 行政楼 215 室	第 5 次 校长办公会	讨论决定 2017 年“中央高校建设一流大学（学科）和特色发展引导专项资金”分配方案；讨论决定护理学、科学教育两本科专业招生调整方案
2017.4.21	九龙湖 行政楼 215 室	第 7 次 校长办公会	讨论决定 2017 年本科分专业招生计划并通报江苏省综合评价录取方案；讨论 2017 年中央高校教育教学改革专项经费预算

图 8-28　东南大学对于领导班子研究本科教学情况的描述

表 4.2　2016-2017 学年校发及教务处发布行政公文一览表（部分）

序号	文号	文件名称
1	校机教〔2017〕154 号	关于落实 2017 级本科生按院（系）或专业类招生培养工作的通知
2	校机教〔2017〕143 号	东南大学本科生课外研学学分认定办法（2017 年修订）
3	校机教〔2017〕112 号	关于印发《东南大学全日制本科学生交流学习课程学分认定管理办法》的通知
4	校机教〔2017〕81 号	关于认真做好 2017 年东南大学在线开放课程立项建设工作的通知
5	校机教〔2016〕210 号	关于颁布企业（校企联合）授课课程标准的通知
6	校发〔2017〕283 号	关于实施 2017 级本科生军事技能训练课程的通知
7	校发〔2017〕274 号	关于印发《东南大学关于加强和改进大学生体育育人工作的若干意见》的通知
8	校发〔2017〕269 号	关于成立东南大学本科生学风建设工作小组的通知
9	校发〔2017〕264 号	关于成立师德师风建设工作小组的通知
10	校发〔2017〕263 号	关于调整学校学风建设委员会和学风建设办公室成员的通知
11	校发〔2017〕260 号	关于印发《东南大学关于引进教材选用的管理办法》的通知
12	校发〔2017〕258 号	关于印发《东南大学关于进一步提高课程教学质量的实施意见（修订）》的通知
13	校发〔2017〕254 号	关于印发《东南大学校园网络信息安全管理规定》的通知
14	校发〔2017〕249 号	关于印发《东南大学思想政治研究专项项目管理办法》的通知
15	校发〔2017〕245 号	关于印发《东南大学人才引进工作办法（修订）》的通知
16	校发〔2017〕239 号	关于印发《东南大学教师岗位聘用聘期考核办法（修订）》的通知
17	校发〔2017〕230 号	关于印发《东南大学全日制本科学生学籍管理规定》的通知
18	校发〔2017〕229 号	关于印发《东南大学学生转学管理办法》的通知
19	校发〔2017〕228 号	关于印发《东南大学全日制本科学生公派交流学习管理办法》的通知

图 8-29　东南大学对于本科教学发文情况的描述

与“当年新增专业名单”“当年停招专业名单”两项得分率较低的原因相同，第四项质量保障体系中的“专业评估”“专业认证”“国际评估”三项三级指标得分较低，也是因为部分高校本学年没有进行相关评估和认证而未进行描述。从信息公开视角来讲，中国传媒大学在公开此方面信息有比较清晰的呈现方式可供借鉴，如图 8-30 所示。

14中国传媒大学.pdf

表 4-1 质量监测与保障制度现状

教学质量监控体系建设			
教学质量保障体系建设基	有■无□	毕业综合训练环节评价体系	有■无□
教学工作定期检查制度	有■无□	院（系）或专业本科教学工	有■无□
教学督导机构和制度	有■无□	学校年度教学工作分析报告	有■无□
课程教学评价体系	有■无□	学校教学自我评价及质量改	有■无□
实验教学评价体系	有■无□	学生评教制度	有■无□
实习教学评价体系	有■无□		
开展外部质量评价情况			
同行间的相互评价	有□无■	国际评估	有□无■
专业认证	有■无□	社会评价	有■无□
专业评估	有■无□		

图 8-30　中国传媒大学对于接受评估、认证的描述

第三项教学建设与改革在本次测评中有一项三级指标得分率比较低，即“课堂教学规模”。这是许多高校非常容易忽视而又非常能反映高校教学质量的重要信息。在“课堂教学规模”描述中，同济大学、湖南大学、中南大学的描述方式值得借鉴（见图 8-31 至图 8-33）。

进一步推进小班化教学，30 人以下的小班授课的门次占当年全校开设本科课程比例为 57.68%，较上一学年增加 3.75%，具体如表 4 所示。

表 4 近三学年基础课、专业基础课、专业课班额统计情况

班额	学年	公共基础课	专业基础课	专业课
30 人以下	2016-2017 学年	2127	700	1891
	2015-2016 学年	2274	581	1408
	2014-2015 学年	1875	649	1541
30-60	2016-2017 学年	631	536	840
	2015-2016 学年	919	511	697
	2014-2015 学年	383	499	621
60-90	2016-2017 学年	352	237	151
	2015-2016 学年	366	262	163
	2014-2015 学年	304	258	124
90 以上	2016-2017 学年	481	152	81
	2015-2016 学年	513	163	47
	2014-2015 学年	444	197	52

图 8-31　同济大学课堂教学规模情况描述

湖南大学 2016-2017 学年本科教学质量报告

手段，以提升自主创新能力为核心，以高水平队伍建设为抓手，形成创新、协同、高效的人才培养体系及产学研为一体的创新创业体系。

二、课程建设

1．课堂教学规模

2016—2017 学年，学校共开设本科生课程 2423 门，其中专业选修课程（含专业限选和专业任选）875 门，通识选修课程 188 门。课堂规模情况见表 3-1。

表 3-1　2016-2017 学年本科生课堂基本情况表

课程类别	课程门数	课程门次数	总学时数	课程人次数	平均学时数	平均班规模（人）
通识必修课	27	1932	53640	103188	27.76	53.41
通识选修课	188	305	9464	25894	31.03	84.90
专业课	2208	5658	159538	315182	28.20	55.71
合计	2423	7895	222642	444264	28.20	56.27

注：以上数据包含小班指导课堂

图 8-32　湖南大学课堂教学规模情况描述

图 8-33　中南大学课堂教学规模情况描述

如中国石油大学（华东）本科教学质量报告的内容充实，报告中数据表格一目了然且附有支撑报告的专门数据附件（见图 8-34）。从信息公开的角度分析，这种做法有利于社会大众较快较方便地查阅相应的数据，值得推广。而且在《清单》中，对相应的支撑数据也是用专门的附件名来呈现的，把支撑数据作为附件单列也是对此要求的一种较好回应。

中国石油大学（华东）2016—2017学年本科教学质量报告

附件：2016—2017学年本科教学质量报告支撑数据

附表1　本科教学质量报告支撑数据一览表

序号	数据指标名称	数据
1-1	本科生人数	18971
1-2	折合在校生人数	31972.6
1-3	全日制在校生人数	26060
1-4	本科生占全日制在校生总数的比例	72.80%
2-1	专任教师数量	1633

图 8-34　中国石油大学（华东）本科教学质量报告支撑数据附表截图

如同济大学的本科教学质量报告图文并茂，数据翔实，并且许多数据都有近三年数据的对比，还附有丰富的案例作为报告的支撑，值得各高校借鉴（见图 8-35 和图 8-36）。

如东华大学本科教学质量报告中，许多数据与教育部相关标准有对比，使报告的数据更有对比性和说服力，值得借鉴（见图 8-37）。

如南开大学的本科教学质量报告许多数据都有与前一年数据的对比以及变化程度，最后还附有学校 2016—2017 学年中发布的相关本科教学文件目录作为报告的支撑，值得各高校借鉴（见图 8-38 和图 8-39）。

2.1 师资队伍

2016—2017 学年，学校有教职工 5293 人，其中，中国科学院院士 7 人，中国工程院院士 7 人，“千人计划”入选者 42 人，“青年千人计划”入选者 55 人，“长江学者奖励计划”讲座教授 5 人，“长江学者奖励计划”特聘教授 29 人，“国家杰出青年科学基金”获得者 48 人，专任教师中有海（境）外经历累计一年以上的有 2051 人。见表 2。

表 2 近三学年高层次人才情况

	“千人计划”入选者	“长江学者奖励计划”讲座教授	“长江学者奖励计划”特聘教授	“青年千人计划”入选者	“国家杰出青年科学基金”获得者	有海外经历累计一年以上的专任教师
2016-2017 学年	42	5	29	55	48	2051
2015-2016 学年	42	6	27	46	42	2002
2014-2015 学年	36	8	25	36	37	1047

本学年在编的专任教师为 2726 人，另有外聘教师 606 人，折合教师总数为 3029 人。见表 3。

表 3 近三学年教师总数

	专任教师数	外聘教师数	折合教师总数
2016-2017 学年	2726	606	3029
2015-2016 学年	2708	639	3028
2014-2015 学年	2770	654	3097

图 8-35 同济大学本科教学质量报告三年数据对比截图

学示范课程。

专栏 2　　八旬院士主动请缨为全校学子开人文素养课

中科院院士、我校海洋与地球科学学院汪品先教授，面向全校学子开设一门名为《科学、文化与海洋》的公共选修课，这门课包含 8 次讲座，其中 6 讲由汪品先院士主授，2 讲由校外知名专家讲授。呼吁在科学与文化之间架设桥梁，培育科学创新的文化土壤，以引发同学们对于“科学与文化”二者关系的再认识，启迪、激励年轻人共同深耕校园创新文化土壤，勇于投身科学创新实践。

3 月 7 日晚，以“科学与文化——好奇心、幽默感和创造性”为主题首堂课开讲。

10

在他看来，“科学技术是第一生产力”的提法，极大地提高了科学的地位，但是科学又属于文化范畴，所以科学既是文化又是生产力。而我们过度强调了物质，冷落了科学的文化方面。科学对社会的贡献既包括有形的物质产品，也包括无形的精神升华，为此，科学家的工作不可能单纯用“产生多少价值”，更不能用“拿到多少经费”来衡量。

多姿多彩的海洋生物、一批兼具科学精神与文化素养的中外名家……汪品先院士说，我们从来都是把科学描绘得太严肃了，学生一说科学就是考试，科学本来是“好玩的”，既“有用”，又“有趣”，而“有趣”这点我们说得太少。而真正的原始创新往往是源于“有趣”：我研究这个问题，如果有用那我太高兴了；如果没有用我还是要研究，因为解决不了我睡不好。

图 8-36 同济大学本科教学案例截图

建筑面积 31930 平米。

学校硬件设施条件指标数据见表 2-2。

表 2-2　学校硬件设施条件指标数据

普通高校硬件设施条件指标	生均值	教育部标准
生均占地面积（m2）	66.75	59
生均教学行政用房（m2）	18.73	16
生均宿舍面积（m2）	12.02	6.5
生均教学科研仪器设备值（元）	32,261.90	5,000
新增教学科研仪器设备所占比例（%）	9.95%	10
百名学生配教学用计算机台数（台）	50.91	10
百名学生配多媒体教室和语音教室的座位数	104.77	7
生均图书（纸质）	78.89	80

图 8-37　东华大学本科教学质量报告数据与教育部标准对照截图

表 4.1 南开大学 2016-2017 学年、2015-2016 学年主要数据对比

项目	2016-2017 学年	2015-2016 学年	变化
本科生在校生总人数	14491	14069	+3.00%
本科生占全日制在校生总数的比例	55.61%	55.43%	+0.18%
生师比	16.29	16.77	-2.86%
生均本科教学日常运行支出（元）	6327.78	6533.28	-3.15%
生均本科实验经费（元）	1133.71	826.99	+37.09%
生均本科实习经费（元）	601.02	509.33	+18.00%
本科教学改革和建设专项经费总额（元）	37165837.93	24426061.10	+52.16%
生均教学行政用房（平方米）	31.04	31.16	-0.39%
生均实验室面积（平方米）	15.74	11.60	+35.69%
生均教学科研仪器设备值（万元）	4.33	3.98	+8.79%
当年新增教学科研仪器设备（万元）	17329.18	19873.68	-12.80%
应届本科生毕业率	97.71%	96.70%	+1.01%
应届本科生学位授予率	96.70%	92.87%	+3.83%

15

南开大学 Nankai University　南开大学本科教学质量报告（2016-2017 学年）

图 8-38　南开大学本科教学质量报告数据变化程度截图

本次测评中发现，本科教学质量报告中很少学校在论述本科教育问题时有对上一年的问题的改进情况的反馈。虽然这在相关文件要求中没有相关规定，但这样的反馈

南开大学 Nankai University 1919　南开大学本科教学质量报告（2016-2017学年）

附录：

南开大学本科教育教学文件

1. 关于调整南开大学本科教学事故处理委员会的通知（南发字【2016】66号）
2. 关于修订《南开大学本科生学则》的通知（南发字【2016】70号）
3. 关于公布南开大学2016年教学名师奖和教学团队评审结果的通知（南发字【2016】83号）
4. 转发教育部关于做好2017届全国普通高等学校毕业生就业创业工作的通知（南发字【2016】91号）
5. 南开大学2016—2017学年第一期学位授予的决定（南发字【2016】101号）
6. 印发《南开大学关于进一步促进学生体质健康的规定（试行）》的通知（南发字【2016】107号）
7. 关于开展2017年教学成果奖励工作的通知（南发字【2017】1号）
8. 南开大学关于2016—2017学年第一期（第二次）学士学位授予的决定（南发字【2017】2号）
9. 关于印发《“全球南开”计划（2016-2020）》的通知（南发字【2017】7号）
10. 关于调整校本科生教学指导委员会人员组成的通知（南发字【2017】17号）
11. 关于印发《南开大学强化本科课程质量多维督导评价的指意见》通知（南发字【2017】18号）
12. 关于印发《南开大学生创新业教育改革实施方案》的通知（南发字【2017】19号）
13. 关于成立南开大学教材工作领导小组和南开大学教材审核委员会的通知（南发字【2017】24号）
14. 关于印发《南开大学本科课程基本工作量规定（试行）》的通知（南发字【2017】38号）
15. 关于公布南开大学2017年教学名师奖和教学团队评审结果的通知（南发字【2017】

图 8-39　南开大学本科教学质量报告教学文件附表截图

在本科教学质量循环闭合改进过程中却是必需的。难能可贵的是，在中国石油大学(华东)和中国海洋大学有“上年度存在问题的改进情况”一项，值得推广，具体如图8-40和图8-41所示。

中国石油大学（华东）2016-2017学年本科教学质量报告

八、问题与改进

（一）上一学年突出问题的整改情况

针对本科教学工作中存在的教师教学理念不够先进、信息技术应用能力不足、教学方法改革积极性有待加强等问题，学校以重点课程建设为抓手，通过强化教学资源建设、组织专题研修班、立项专项教改项目、征集优秀教学案例等多种途径，促进教师不断更新教学理念，实现信息技术与课堂教学的深度融合。

一是持续开展重点课程建设。2016年，共有270门重点课程顺利通过验收，建成了丰富的教学资源，并在教学过程中有效利用。2017年，从验收课程中遴选100门进行强化建设，同时新立项88门课程进行二期建设，重点丰富课程教学资源，强化教学资源应用和教学模式改革。组织首批精品在线开放课程建设工作，23门课程获得立项

图 8-40　中国石油大学(华东)对上一年的问题的改进情况的反馈截图

第八部分　存在问题及整改

一、2015 年存在问题及整改成效

在师资结构方面，学校存在具有国际影响的高水平学科领军人才依然不足的问题；在办学规模和空间方面，学校尚无完善的临海基地、海上实验场地，影响了部分学科尤其是工程技术学科的发展；存在提高教与学两方面积极性和创造性的效果尚不明显等问题。针对以上问题，学校从顶层设计着眼长远地制定规划和整改措施。主要开展了以下几项工作。

23

中国海洋大学2016-2017学年本科教学质量报告

1. 2016 年学校加强顶层设计，根据国家做好新时期教育对外开放工作的有关政策，紧密围绕学校"十三五"事业发展规划，制定国际化战略规划（2016—2020），着力打造国际化师资队伍，同时加强教师队伍的国际化水平。学校通过海外引智项目，

图 8-41　中国海洋大学对上一年的问题的改进情况的反馈截图

如复旦大学和中国传媒大学的本科教学质量报告中，主动分专业公开实践学分、选修课学分、毕业率、就业率、学位授予率等数据，使报告更加翔实和科学，值得借鉴（见图 8-42 和图 8-43）。

复旦大学　**2016年本科教学质量报告**

表 5　2017 届本科生毕业率和学位授予率

专业名称	应毕业人数	毕业		学位授予	
		毕业生数	毕业率	获学位人数	学位授予率
保险	30	27	90.0%	27	90.0%
博物馆学	18	17	94.4%	27	94.4%
材料化学	30	30	100.0%	30	100.0%
材料物理	30	28	93.3%	28	93.3%
财务管理	76	75	98.7%	75	98.7%
财政学	29	29	100.0%	29	100.0%
朝鲜语	14	14	100.0%	14	100.0%
传播学	35	35	100.0%	35	100.0%
德语	16	16	100.0%	16	100.0%
电气工程及其自动化	38	37	97.4%	37	97.4%
电子科学与技术	21	21	100.0%	21	100.0%
电子信息科学与技术	86	84	97.7%	84	97.7%
俄语	14	13	92.9%	13	92.9%
法学	139	133	95.7%	133	95.7%
法医学	2	2	100.0%	2	100.0%
法语	29	29	100.0%	29	100.0%
翻译	18	18	100.0%	18	100.0%
飞行器设计与工程	17	13	76.5%	13	76.5%
高分子材料与工程	34	33	97.1%	33	97.1%
工商管理	5	5	100.0%	5	100.0%
公共事业管理	8	6	75.0%	6	75.0%
管理科学	7	6	85.7%	6	85.7%
光信息科学与技术	23	22	95.7%	22	95.7%
广播电视新闻学	30	29	96.7%	29	96.7%
广告学	46	45	97.8%	45	97.8%
国际经济与贸易	71	70	98.6%	70	98.6%
国际政治	77	75	97.4%	75	97.4%
汉语言	27	27	100.0%	27	100.0%
汉语言文学	65	65	100.0%	65	100.0%
行政管理	48	46	95.8%	46	95.8%
核技术	26	26	100.0%	26	100.0%

图 8-42　复旦大学按专业公布数据截图

14中国传媒大学.pdf

强实践教学总体规划的同时，强化实践教学环节，深化实践教学方法改革创新，着力构建长效机制，确保实践育人工作全面开；大力推进选修课建设和拓展，推进公共选修课课程教学模式的改革试点。

表3-5 2014版培养方案修订后学分情况一览表

学科门类	专业类名称	本科专业代码	本科专业名称	本科专业总学分	实践教学学分占总学分比例（%）	选修课学分占总学分比例（%）
法学	法学类	030101K	法学	154.0	18.5	19.5
法学	社会学类	030301	社会学	160	18.8	18.8
工学	电子信息类	080701	电子信息工程	172.25	17.4	8.1
工学	电子信息类	080705	光电信息科学与工程	169	17.8	13.0
工学	电子信息类	080707T	广播电视工程	173.25	17.3	10.4
工学	电子信息类	080703	通信工程	172.5	17.4	13.9
工学	计算机类	080901	计算机科学与技术	173	17.3	17.3
工学	计算机类	080906	数字媒体技术	173	17.3	8.1
工学	计算机类	080903	网络工程	173	17.3	13.3
工学	计算机类	080904K	信息安全	172.5	17.4	17.4
工学	自动化类	080801	自动化	173	17.3	13.3
管理学	工商管理类	120201K	工商管理	169	17.8	18.3
管理学	工商管理类	120203K	会计学	170.5	17.6	17.6
管理学	工商管理类	120202	市场营销	169	17.8	18.3
管理学	工商管理类	120210	文化产业管理（文化经纪方向）	167	18	19.2
管理学	工商管理类	120210	文化产业管理（影视制片管理方向）	167	18	19.2
管理学	公共管理类	120409T	公共关系学	164	18.3	19.5
管理学	公共管理类	120402	行政管理	167	18	18.0
管理学	管理科学与工程类	120102	信息管理与信息系统	170	17.6	17.6
经济学	经济学类	020101	经济学（传媒经济方向）	169	17.8	17.8
经济学	经济与贸易类	020401	国际经济与贸易（国际文化贸易方向）	169.5	17.7	17.7
理学	数学类	070102	信息与计算科学	164	18.3	17.1
理学	统计学类	071202	应用统计学	162.5	18.5	
文学	外国语言文学类	050209	朝鲜语	169	11.8	14.2
文学	外国语言文学类	050203	德语	170	11.8	13.5
文学	外国语言文学类	050202	俄语	170	11.8	15.9
文学	外国语言文学类	050204	法语	170	11.8	13.5
文学	外国语言文学类	050245	荷兰语	170	11.8	14.2

图 8-43　中国传媒大学按专业公布数据截图

如华东师范大学本科教学质量报告中，主动公开许多对 2016—2017 学年的教学状态具有力支撑的数据附件，比如各学部、院系学生学习成绩平均绩点分布情况；各年级学生学习成绩平均绩点分布情况；各学部、院系学生补考人次一览表；各学部、院系学生补考、重修人次一览表；各学部、院系学生转专业人次一览表等，值得借鉴（见图 8-44）。

部分学校主动公开了部分更能说明教学质量的数据，如北京科技大学公开了图书、信息资源及其使用情况（见图 8-45），比单纯公开生均图书数据更能说明问题。

3. 本科教学质量报告的内容总结

从本科教学质量报告测评结果来看，基本上所有高校都开始了大类培养，并且十分注重创新创业教育。从第二项得分和支撑数据的得分率与前几年对比可以发现，质量报告在数据得分上已经逐步上升，报告撰写已经从重定性表述转为重数据支撑的阶段，这是因为本科教学基本状态数据作为一种常态监测手段使各高校的数据意识得到了增强。个别高校的本科教学质量报告会专门为信息公开而对其中内容进行修改和说明，如图 8-46 所示。

表 3 2016—2017 各学部、院系学生补考人次一览表

各学部、学院（系）名称	补考人次
城市与区域科学学院	16
传播学院	124
地理科学学院	61
对外汉语学院	125
法学院	9
国际教育中心	12
化学与分子工程学院	94
计算机科学与软件工程学院	230
教育学部	124
经济与管理学部	303
历史学系	34
马克思主义学院	11
美术学院	27
设计学院	33
社会发展学院	15
生命科学学院	99
生态与环境科学学院	55
数据科学与工程学院	2
数学系	199
体育与健康学院	162
外语学院	102
物理与材料学院	135
心理与认知科学学院	93
信息科学技术学院	192
音乐学系	53
哲学系	7
政治学系	7
中国语言文学系	62
合计	2386

图 8-44 华东师范大学本科教学质量报告补考数据截图

北京科技大学2016-2017...

1）教学用房情况

学校占地面积1205.78亩，校舍建筑面积97.01万平方米。目前有教学行政用房31.42万平方米，生均12.87平方米，其中实验用房13.93万平方米，生均5.71平方米；教室5.53万平方米，学生宿舍用房20.62万平方米。

2）图书、信息资源及其使用情况

截止到2016年底，图书馆馆藏文献总量221.9236万册（件），订有104种、238个数据库，其中电子图书727.6433万册，电子期刊46.4248万册，多媒体资源18种。2016年订购印本中外文图书46530种、80963册，接收赠书246种、457册，订购印本中外文报刊1881种。除国家法定假日外，图书馆全年开放323天，每周开放94.5小时。网上文献信息资源每天24小时对外服务。2016年入馆读者为139万人次，主页访问量72.8万人次，借还纸质图书78.2万册，馆际互借392人481册，完成原文传递67539篇论文、404818页图书，中外文电子图书章节下载43.5347万次，多媒体资源使用98.6093万次，各类数据库全文下载量达到580万余篇。

3）体育、健身设施

6

图 8-45 北京科技大学本科教学质量报告图书使用数据截图

图 8-46　南开大学《本科教学质量报告》信息公开修改版截图

在测评中也同样发现了一些值得注意的现象，如复旦大学本科生比例为 40.3%，说明有部分高校已经不是以培养本科生为主，值得注意(见图 8-47)。

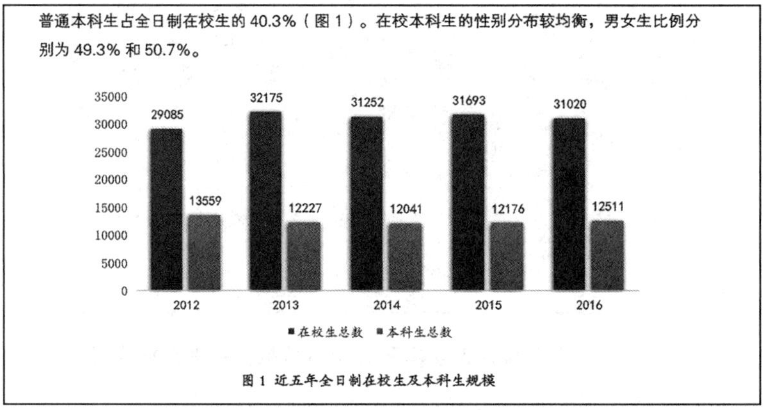

图 8-47　复旦大学本科教学质量报告本科生比例数据截图

复旦大学的本科教学质量报告图文并茂，案例丰富，自成体系，思考深入(见图 8-48 和图 8-49)。虽然从公开角度来讲有多不合要求之处，测评中得分较低，但是也不失为一份有特色的本科教学质量报告。未来在进行本科教学质量报告信息公开测评之余，可以以更多元的视角来分析这类本科教学质量报告。

（二）本科教学质量报告反映出的高等教育问题值得深思

1. 部分高校本科教学质量报告的公开性和时效性依然不强

2018 年经过连续七次对质量报告信息公开形式测评的结果显示，有 27 所高校(占 114 所高校总数的 23.68%)因测评时网页打不开或信息公开网站中没有 2016—2017 学年或 2016 年本科教学质量报告或相关报告撤销而得 0 分，其中 75 所教育部

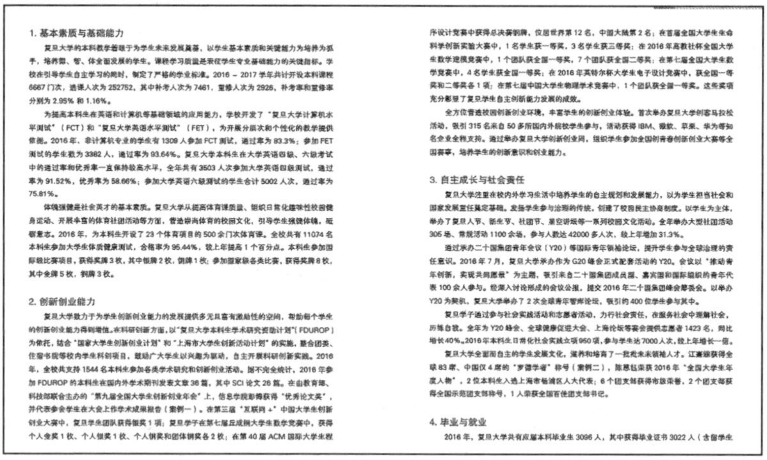

1. 基本素质与基础能力

复旦大学的本科教学着眼于为学生未来发展奠基，以学生基本素质和关键能力为培养为抓手，培养德、智、体全面发展的学生。课程学习质量是表征学生专业基础能力的关键指标。学校在引导学生自主学习的同时，制定了严格的学业标准。2016－2017 学年共计开设本科课程 6667 门次，选课人次为 252752，其中补考人次为 7461，重修人次为 2926，补考率和重修率分别为 2.95% 和 1.16%。

为提高本科生在英语和计算机等基础领域的应用能力，学校开发了"复旦大学计算机水平测试"（FCT）和"复旦大学英语水平测试"（FET），为开展分层次和个性化的教学提供依据。2016 年，非计算机专业的学生有 1309 人参加 FCT 测试，通过率为 83.3%；参加 FET 测试的学生数为 3382 人，通过率为 93.64%。复旦大学本科生在大学英语四级、六级考试中的通过率和优秀率一直保持较高水平，全年共有 3503 人次参加大学英语四级测试，通过率为 91.52%，优秀率为 58.66%；参加大学英语六级测试的学生合计 5002 人次，通过率为 75.81%。

体魄强健是社会英才的基本素质。复旦大学从提高体育课质量、组织日常化趣味性校园健身运动、开展丰富的体育社团活动等方面，营造崇尚体育的校园文化，引导学生强健体魄，砥砺意志。2016 年，为本科生开设了 23 个体育项目的 500 余门次体育课。全校共有 11074 名本科生参加大学生体质健康测试，合格率为 95.44%，较上年提高 1 个百分点。本科生参加国际级比赛项目，获得奖牌 3 枚，其中银牌 2 枚，铜牌 1 枚；参加国家级各类比赛，获得奖牌 8 枚，其中金牌 5 枚，铜牌 3 枚。

2. 创新创业能力

复旦大学致力于为学生创新创业能力的发展提供多元且富有激励性的空间，帮助每个学生的创新创业能力得到增值。在科研创新方面，以"复旦大学本科生学术研究资助计划"（FDUROP）为依托，结合"国家大学生创新创业计划"和"上海市大学生创新活动计划"的实施，整合团委、住宿书院等校内学生科创项目，鼓励广大学生以兴趣为驱动，自主开展科研创新实践。2016 年，全校共支持 1544 名本科生参加各类学术研究和创新创业活动。据不完全统计，2016 年参加 FDUROP 的本科生在国内外学术期刊发表文章 36 篇，其中 SCI 论文 26 篇。在由教育部、科技部联合主办的"第九届全国大学生创新创业年会"上，信息学院彭博获得"优秀论文奖"，并代表参会学生在大会上作学术成果报告（案例一）。在第三届"互联网＋"中国大学生创新创业大赛中，复旦学生团队获得银奖 1 项；复旦学子在第七届丘成桐大学生数学竞赛中，获得个人金奖 1 枚、个人银奖 1 枚、个人铜奖和团体铜奖各 2 枚；在第 40 届 ACM 国际大学生程序设计竞赛中获得总决赛铜牌，位居世界第 12 名，中国大陆第 2 名；在首届全国大学生生命科学创新实验大赛中，1 名学生获一等奖，3 名学生获三等奖；在 2016 年高教社杯全国大学生数学建模竞赛中，1 个团队获全国一等奖，7 个团队获全国二等奖；在第七届全国大学生数学竞赛中，4 名学生获全国一等奖；在 2016 年英特尔杯大学生电子设计竞赛中，获全国一等奖和二等奖各 1 项；在第七届中国大学生物理学术竞赛中，1 个团队获全国一等奖。这些奖项充分彰显了复旦学生自主创新能力发展的成效。

全方位营造校园创新创业环境，丰富学生的创新创业体验。首次举办复旦大学创客马拉松活动，吸引 315 名来自 50 多所国内外院校学生参与，活动获得 IBM、微软、苹果、华为等知名企业全程支持。通过举办复旦大学创新创业周，组织学生参加全国创青春创新创业大赛等全国赛事，培养学生的创新意识和创业能力。

3. 自主成长与社会责任

复旦大学注重在校内外学习生活中培养学生的自主规划和发展能力，以为学生担当社会和国家发展责任奠定基础。发扬学生参与治理的传统，创建了校园民主协商制度。以学生为主体，举办了复旦人节、新生节、社团节、星空讲坛等一系列校园文化活动。全年举办大型社团活动 305 场、常规活动 1100 余场，参与人数达 42000 多人次，较上年增加 31.3%。

通过承办二十国集团青年会议（Y20）等国际青年领袖论坛，提升学生参与全球治理的责任意识。2016 年 7 月，复旦大学承办作为 G20 峰会正式配套活动的 Y20。会议以"推动青年创新，实现共同愿景"为主题，吸引来自二十国集团成员国、嘉宾国和国际组织的青年代表 100 余人参与。经深入讨论形成的会议公报，提交 2016 年二十国集团峰会筹委会。以举办 Y20 为契机，复旦大学举办了 2 次全球青年智库论坛，吸引约 400 位学生参与其中。

复旦学子通过参与社会实践活动和志愿者活动，力行社会责任，在服务社会中理解社会，历练自我。全年为 Y20 峰会、全球健康促进大会、上海论坛等赛会提供志愿者 1423 名，同比增长 40%。2016 年本科生日常化社会实践立项 950 项，参与学生达 7000 人次，较上年增长一倍。

复旦大学全面而自主的学生发展文化，滋养和培育了一批批未来领袖人才。江素璇获得全球 83 席、中国仅 4 席的"罗德学者"称号（案例二），陈思钰荣获 2016 年"全国大学生年度人物"，2 位本科生入选上海市杨浦区人大代表；6 个团支部获得市级荣誉，2 个团支部获得全国示范团支部称号，1 人荣获全国百佳团支部书记。

4. 毕业与就业

2016 年，复旦大学共有应届本科毕业生 3096 人，其中获得毕业证书 3022 人（含留学生

图 8-48　复旦大学本科教学质量报告体系截图

图 8-49　复旦大学本科教学质量报告附件截图

直属高校有 10 所高校(占 75 所总数的 13.33%)为 0 分，39 所直属高校有 17 所高校(占 39 所总数的 47.22%)为 0 分。因为本次测评样本采集已经是在报告发布当年 12 月份进行，为期一年的公开时间中最后几天还未公开，说明这些高校报告的公开性还有待于加强。在已公开的 87 份报告中，有 10 份公开形式为网络在线观看，77 份公开形式为可以下载查看。长达数十页的质量报告只能在信息公开网站上在线观看，无法选定和下载，有些还不能查找标注关键词，不方便阅读和使用，此类报告公开的便捷性还有待提高。

连续七次的信息公开形式测评中，分别有 19 所高校、38 所高校、69 所高校、78 所高校、87 所高校、82 所高校、87 所高校在其信息公开网上公开了本科教学质量报告，

共监测到报告发布网址 98 个(见图 8-50)。尤其是第一次测评时发现有 95 所高校未在国家规定的 2018 年 1 月 1 日时间节点前公开本科教学质量报告。并且在最后一次 2018 年 12 月进行测评时,在《通知》规定的报告公开的最后几天中,仍有 27 所高校未按照要求在学校信息公开网上公开本校本科教学质量报告,这些高校报告公开的及时性还有待提高。

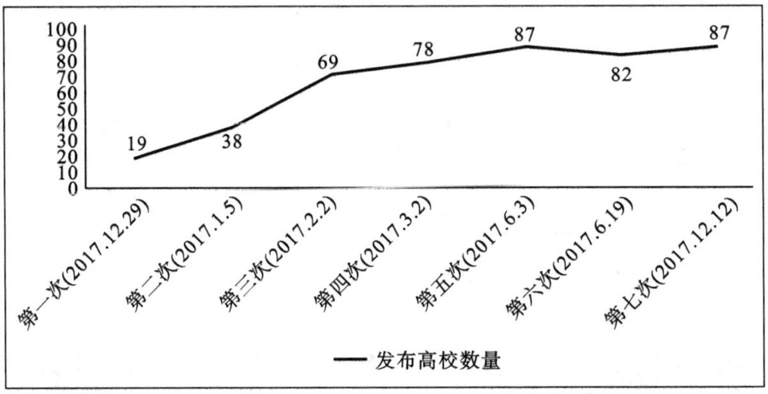

图 8-50　7 次测评发布高校数量变化曲线图

2. 部分高校本科教学质量报告的完整性和准确性依然不够

已发布的本科教学质量报告信息公开质量的高低首先取决于其公开信息的完整性。114 所直属高校在本次测评中的总平均得分仅为 65.48 分,说明部属高校本科教学质量报告的完整程度总体还不高,尤其是在第四项等劣势得分项目上,部属高校本科教学质量报告的完整性还需加强。

按照《通知》的相关要求,从 2017 年开始,本科教学质量报告公开内容时间节点从以往的自然年变为学年,2018 年《通知》要求各校公开的是 2016—2017 学年本科教学质量报告。但测评发现,在 2018 年公开的本科教学质量报告中还有 8 所高校的报告依然为 2016 年度本科教学质量报告,这类年度质量报告在统计时间节点、统计口径上不合要求,这类年度质量报告编撰的准确性还需按照《通知》要求进行加强。

3. 部分高校本科教学质量报告的真实性和科学性依然不足

通过测评发现,大多高校依然采用较为谨慎的态度撰写本科教学质量报告,许多高校本科教学质量报告中提出的本学年"需要解决的问题"等内容过于笼统和宽泛,缺乏针对性。有的学校在总计数以万字的本科教学质量报告中对于问题的描述不足百字。部分高校描述问题避重就轻,回避关键问题,每年的问题都大同小异,这一撰写方式都使报告的真实性打了折扣。

本次测评还发现,高校的本科教学质量报告中部分内容的科学性应更加重视。按照《通知》文件要求,各高校编制的本科教学质量报告应为学年报告,许多教学方面的数据以学年为单位统计更具有科学性。但在国家做出此规定之后的两年中，还有部分高校的质量报告没有按照质量报告本身如何更加科学合理的角度来撰写报告，发布报告的统计时间节点依然为2016年度。并且，有些学校的报告在数据的统计过程中出现前后不一致、单位错误等现象，这类本科教学质量报告的科学性应更加重视，应更多按照本科教学的规律去考虑如何撰写一份高质量的报告。

4. 本科教学质量报告的反馈性作用依然不明显

本次测评各项一级指标得分率显示，第七项需要解决的问题得分率为97%，成为得分率最高的一级指标，是本次测评中的优势指标。但综观各高校报告中所提问题的内容，大多问题是“投入不足”“体制机制不健全”等共性的、整体性的问题，大多数学校的质量报告并没有借学年总结之际深入学校实际中探寻有针对性的个性问题，没有根据报告中统计的数据深入分析相关具体性的细节问题，没有一针见血地指出本学年本科教学质量方面的诊断性的重点问题，以便在下一学年提出切实可行的改进举措。有的学者也指出，本科教学质量报告中的内容很难反映高校在这一学年（或一年）时间里在提高质量方面开展的突出措施①。总体来看，这样的质量报告对本科教学质量本身所起到的反馈和提升作用有限。

5. 本科教学质量报告中反映出的短板问题依旧未变

通过本次测评中对第二项师资与教学条件、第四项质量保障等个性问题与共性问题对比分析发现，第四项质量保障依然属于高校质量报告信息公开的短板问题和共性问题。通过第四项中的三级指标进行深入分析发现，在保障系统建设的总体框架下如认证评估等部分实质性内容还有所欠缺，人才培养中心地位落实、校领导班子研究本科教学工作情况等关键因素还不到位，这也折射出在全面推进“以本为本，四个回归”时代高校本科教学质量保障体系构建中的共性短板问题②。通过何种途径才能使构建促进人才培养质量提高的保障体系真正落到实处，值得深思。

（三）从本科教学质量报告中反映出的问题推进教育教学改革

1. 加强本科教学质量报告公开的时效性

本年度测评中发现，在39所直属高校的主页上，部分高校未建立专门的信息公开网。建议这部分高校按照相关要求建立完善专门的信息公开网页，及时公开本校的质量报告，在公开形式上提高质量报告公开的时效性。同时测评结果表明，教育部直属与中央部委直属高校对本科教学质量报告的公开程度、及时程度都还有待提高，尤其是连续七次测评发现高校质量报告在公开的及时性上有较大提升空间。建议各高校应建立专门的本科教学质量报告公开发布机制，健全内部自我评估机制，从质量报告

---

① 罗建河. 回归知识本身：本科教学质量提升的教学论基础[J]. 新疆教育学院学报，2021，37(02)：5-10.

② 于晴. 我国一流大学建设方案趋同问题研究[D]. 镇江：江苏大学，2020. 13-30.

的公开性、时效性来增强社会责任意识，回应社会关切。

2. 规范本科教学质量报告公开的准确性

本次本科教学质量报告测评重点是报告公开内容完整性和准确性。测评结果显示 114 所直属高校本科教学质量报告的完整性和准确性都还不够。因此建议各高校在编撰和公开本科教学质量报告过程中内容要更加完整，形式要更加严格，数据要更加准确，更新要更加及时，同时规范报告的编制方式方法，从质量报告的完整性和准确性来提升报告的质量。

3. 优化本科教学质量报告公开的科学性

在本科教学质量报告发布内容科学性上，各高校应改变过去描述问题避重就轻、刻意回避的错误思想，通过发布本科教学质量报告向社会公众反映出自己教学质量的真实现状，合理反映本校在过去一年中的优秀做法和存在不足，要有直面问题的气魄，要有自接其短的勇气，也要有准确提出问题和发现问题的方法和手段。从科学性上来讲，高校在编写质量报告时除了要有教育结果的展示，还要有过程的展示和问题的披露。在报告中，除了要按照相关规定来公开数据，也要根据教育规律对指标进行细分和升华，使其能更真实和科学地呈现学校的教育教学质量现状。高校需要通过公开一份真实准确、科学合理的本科教学质量报告提升自身工作透明度和信誉度①。

4. 强化本科质量报告的反馈改进能力

有学者认为，质量报告不仅具有质量保障的功能，同时也具有通过有效反馈改进高校本科教学质量的能力。要真正发挥质量报告的反馈改进能力，就需要首先撰写出具有反馈价值的本科教学质量报告，然后根据本科教学质量报告中的问题进行落实改进。比如在 2018 年的测评中发现中国石油大学(华东)和中国海洋大学两所学校在本科教学质量报告中在关于问题描述时论述到了上一年提出问题的改进情况，值得学习借鉴。高校需要在每年本科教学质量报告的编撰过程中趁机总结上一年度问题的改进情况，同时要深入学校本科教学实际中探寻到有针对性的新鲜问题，根据基于本科教学基本状态数据呈现在报告中的数据情况深入分析相关具体性的细节问题，更需要在对一年来的问题和成绩进行总结凝练的基础上提出下一学年切实可行的改进举措，最后还要建立相应的反馈和改进机制，真正地形成循环闭合，对上一年提出问题的改进情况进行监督，避免问题年年有，年年都“涛声依旧”。这样的质量报告编撰与公开才能对本科教学质量本身所起到应有的保障和提升作用。

5. 改革质量报告中反映出的共性短板问题

在少数几所高校本科教学质量报告中出现的问题是一种个性问题，当大部分高校公开的本科教学质量报告中都出现同一问题时，这些问题很有可能就是中国高校的共

① 刘诚丽，夏焰. 本科教学质量报告研究：现状、问题及对策[J]. 上海教育评估研究，2021，10(02)：73-79.

性短板问题。总结改进这些共性短板问题也是高校本科教学质量报告信息公开测评的价值之一。教育教学改革是高等教育中的长效话题,提高教育教学质量是高等教育中的永恒的主题。本次测评中从质量报告中"第四项质量保障"反映出来的保障系统建设的总体框架下其部分实质性的内容如认证评估等许多方面的内容还有所欠缺,许多关键因素比如人才培养中心地位落实、校领导班子研究本科教学工作情况等还不到位的问题是大多数高校存在的共性问题,这也与教育部提出的"以本为本,四个回归"口号遥相呼应,进一步印证了许多高校对于本科教学重视程度确实不足的现实问题。

从某种意义上来说,一所高校领导层对于本科教学工作的看法和思想观念,几乎可以决定了这所学校本科教学工作态度、方式、力度和成效。从质量报告中反映出来的共性短板来推进教育教学改革,要像"以本为本,四个回归"要求的那样,学校领导班子首先要在真正地做到重视本科教学工作,研究本科教学工作,把人才培养放在中心地位,才能真正地推进一个学校的本科教育教学改革,这同时也是本科教学质量报告信息公开测评中通过第四项质量保障中共性短板问题所总结出来的本科教育教学改革的有效路径。

第九章　2019:版本更新与时俱进

从自我评估到质量治理:
信息公开视角下本科教学质量报告测评 2.1 版本研究与展望

一、信息公开视角下本科教学质量报告测评 2.1 版更新设计

公开本科教学质量报告既是建立健全高等教育质量保障体系的重要举措,也是高等学校向社会展示办学特色、宣传办学理念和教学成果的重要途径。2018 年,为全面贯彻党的十九大和全国教育大会精神,深化教育体制改革,充分发挥学校办学主体作用,推动构建德智体美劳全面培养的教育体系、形成更高水平的人才培养体系①,《国务院教育督导委员会办公室关于普通高等学校编制发布 2017—2018 学年〈本科教学质量报告〉的通知》(国教督办函〔2018〕83 号)(以下简称《通知》)文件要求,各普通高等学校应编制本校的本科教学质量报告,并自 2018 年 12 月 31 日始在学校门户网站开设的信息公开专栏,向社会公开发布,发布期为 1 年。

本科教学质量报告的重要性不言而喻,但本科教学质量报告发挥其作用的前提是保证其撰写与公开质量,否则本科教学质量报告或将成为高校敷衍政策以及自娱自乐的工具。因此,2019 年笔者通过对本科教学质量报告信息公开情况进行连续性的测评,以期能够反映高校本科教学质量报告撰写与公开的真实情况,反馈推动本科教学质量报告的撰写与公开工作,使高校本科教学质量报告能够发挥其本真作用。

2019 年测评中,笔者同时使用"高等学校本科教学质量报告测评指标体系(2.0 版)"(以下简称"指标体系(2.0 版)")和"高等学校本科教学质量报告测评指标体系(2.1 版)"(详见附录,以下简称"指标体系(2.1 版)")对 114 所直属高校本科教学质量报告进行了测评,以保持测评的连续性与可比性,同时又提升测评的科学性和公平性。继续使用"指标体系(2.0 版)"进行测评,是为了保持本次测评数据与历年数据之间的可比性。试用"指标体系(2.1 版)"是因为 2019 年《通知》对本科教学质量报告的要求

---

① 李奇.我国高校质量年度报告的制度分析[J].清华大学教育研究,2018,39(04):99-104.

与前期《通知》文件相比有较大变动，特别是要求报告从原来的七章式结构增加到八章式结构，新增第四章“专业培养能力”，并且要求附件中的“教师数量及结构”“生师比”“实践教学学分占总学分比例”“选修课学分占总学分比例”“主讲本科课程的教授占教授总数的比例”“教授授本科课程占课程总门次数的比例”“实践教学及实习实训基地”“应届本科生毕业率”“应届本科生学位授予率”“应届本科生初次就业率”“体质测试达标率”等11项数据需要提供分专业的详细数据。因此，本次测评在使用“指标体系(2.0版)”的同时还试用了根据最新要求研制的“指标体系(2.1版)”。“指标体系(2.1版)”在最后增加了5分的加分项，总分105分。其中“增加第四章专业培养能力”2分；“相应数据分专业呈现”3分，具体打分规则为“满分3分，其中只有部分数据分专业呈现扣1分，无第19项‘实践教学及实习实训基地’扣1分”。通过使用“指标体系(2.1版)”对质量报告进行测评，对《通知》的最新要求进行了及时呼应，提升了测评的科学性和公平性。

经过连续几年的数据提取，笔者总结了数据提取中的一些问题，在2019年测评中试用了“本科教学质量报告支撑数据提取表(2.1版)”(详见附录，以下简称“数据提取表(2.1版)”)以增加数据提取的准确性与不同高校之间的横向可比性。如“高级职称教师比例”一项数据，有部分高校公开的为所有“高级职称教师比例”，有部分高校公开的为“正高级职称教师比例”，有部分高校公开的“教授职称教师比例”，还有部分高校公开的是“正副教授职称教师比例”，将这些名称不同的数据提取后发现它们的统计口径并不统一，差异较大，放在一起对比反而会造成数据的误读。因此在“数据提取表(2.1版)”中去掉了这一数据的提取，但在测评中保留了相关分数，也就是说还是要公开这一信息才会得分。同样，“学生学习满意度”“用人单位对毕业生满意度”的数据对于判断学校的本科教学质量非常重要，但在这两项数据的统计中，有部分高校采用“学生评教情况”代表学生学习满意度，有部分高校采用“学习情况调查结果”代表学生学习满意度，有部分高校采用“毕业生满意度调查”代表学生学习满意度，有部分高校学生学习满意度分为“在校生满意度”和“毕业生满意度”，还有高校自主设计了专门的“本校学生学习满意度问卷调查”并且配套了相关的“教师教学满意度调查”结果。由于不同高校对于学生满意度的理解和调查方法、统计口径的不同而使这些看似相近的结果数据并没有可比性。因此，在“数据提取表(2.1版)”中去掉了此两项数据的提取。还有如“实践教学学分占总学分比例”“选修课学分占总学分比例”两项，《通知》中早就注明过可按专业进行统计，在2018年的《通知》中更是明确要求了这部分数据应按专业分别统计，大部分高校在几年报告撰写经验的基本上都已经按专业统计了以上两个数据。这样一来，在这两项数据提取时就可能由提取两个数值变成提取近百个数值，又因不同专业相互之间这些数据的可比性也较少，因此在“数据提取表(2.1版)”中去掉了这两项数据的提取，准备在以后的版本中再对其按专业进行专题提取、分析和研究。

二、2019年信息公开视角下本科教学质量报告测评过程

2019年1月2日、2019年5月18日、2019年12月，笔者连续三次对114所部属高校的本科教学质量报告信息公开情况进行了测评。前两次测评主要针对报告的信息公开概况（包括公开年份、公开及时性、公开方式、公开网址等方面）进行了测评。2019年12月，按照《通知》文件要求的“各普通高等学校本校的本科教学质量报告应自2018年12月31日始在学校门户网站开设的信息公开专栏，向社会公开发布，发布期为1年”的要求，对高校教学质量报告发布的持续情况进行了复查，并根据5月份收集的高校2017—2018学年本科教学质量报告同时使用“指标体系（2.0版）”和“指标体系（2.1版）”对报告内容进行了信息公开测评及分析，以求更加科学合理的测评高校本科教学质量报告信息公开的及时性、动态性、建设性、合规性。2019年12月份使用“数据提取表（2.1版）”对相关数据进行了提取及分析，以发掘质量报告公开数据背后的中国高等教育质量问题。

需要说明的是：因2019年以前，两次测评的本科教学质量报告公开情况变化较大，按照与中国高等教育学会“高校信息公开与公开信息”课题组测评数据一致性的原则，本次测评中各高校本科教学质量报告测评得分与数据提取主要以5月18日测评时监测到的本科教学质量报告为样本进行分析，但是将1月2日的监测数据作为对“公开及时性”项目的分析和研究依据。

三、教育部直属高校测评研究结果

（一）报告公开情况测评研究结果概览与对比

教育部直属高校本科教学质量报告有无测评结果如表9-1所示。

表9-1 教育部直属高校本科教学质量报告有无测评结果表

序号	学校名称	第一次（2019.1.2）	第二次（2019.5.18）	序号	学校名称	第一次（2019.1.2）	第二次（2019.5.18）
1	北京大学	无	无	9	北京交通大学	有	有
2	中国人民大学	有	有	10	北京邮电大学	有	有
3	清华大学	有	有	11	中国石油大学（北京）	有	有
4	北京科技大学	有	有				
5	北京化工大学	有	有	12	中国石油大学（华东）	有	有
6	北京师范大学	有	有				
7	北京语言大学	无	有	13	中国农业大学	无	有
8	北京外国语大学	有	有	14	中国传媒大学	有	有

续表

序号	学校名称	第一次（2019.1.2）	第二次（2019.5.18）
15	北京林业大学	无	无
16	中国政法大学	有	有
17	中央财经大学	无	有
18	中央音乐学院	无	无
19	中央戏剧学院	有	有
20	中央美术学院	有	有
21	北京中医药大学	有	有
22	对外经济贸易大学	有	有
23	南开大学	无	无
24	天津大学	无	有
25	华北电力大学	有	有
26	东北大学	无	有
27	大连理工大学	有	有
28	吉林大学	有	有
29	东北师范大学	无	无
30	东北林业大学	有	有
31	复旦大学	有	有
32	同济大学	有	有
33	上海交通大学	有	有
34	华东理工大学	无	无
35	东华大学	有	有
36	华东师范大学	有	有
37	上海外国语大学	有	有
38	南京大学	无	有
39	上海财经大学	有	有
40	东南大学	有	有
41	中国矿业大学	有	有
42	中国矿业大学（北京）	有	有
43	河海大学	无	无
44	江南大学	有	有
45	南京农业大学	无	有
46	合肥工业大学	有	有
47	中国药科大学	无	有
48	浙江大学	有	有
49	厦门大学	无	无
50	山东大学	有	有
51	中国海洋大学	无	有
52	武汉大学	无	有
53	华中科技大学	无	无
54	中国地质大学（武汉）	无	有
55	中国地质大学（北京）	有	有
56	武汉理工大学	无	有
57	华中师范大学	无	无
58	华中农业大学	无	无
59	中南财经政法大学	有	有
60	湖南大学	有	有
61	中南大学	无	有
62	中山大学	无	有
63	华南理工大学	有	有
64	四川大学	有	有
65	西南财经大学	无	有
66	西南交通大学	有	有
67	电子科技大学	无	无
68	重庆大学	无	有
69	西南大学	有	有

续表

序号	学校名称	第一次（2019.1.2）	第二次（2019.5.18）	序号	学校名称	第一次（2019.1.2）	第二次（2019.5.18）
70	西安交通大学	无	无	73	西安电子科技大学	无	有
71	西北农林科技大学	有	有	74	长安大学	无	无
72	陕西师范大学	无	无	75	兰州大学	无	无

教育部直属高校本科教学质量报告形式、年份、附件测评结果如表 9-2 所示。

表 9-2　教育部直属高校本科教学质量报告形式、年份、附件测评结果表

序　号	学校名称	报告公开形式	报告公开年份	报告附件是否公开
1	北京大学	无	无	未公开
2	中国人民大学	可下载	2017—2018 学年	未公开
3	清华大学	可下载	2017—2018 学年	未公开
4	北京科技大学	可下载	2017—2018 学年	公开
5	北京化工大学	可下载	2017—2018 学年	公开
6	北京师范大学	可下载	2017—2018 学年	未公开
7	北京语言大学	可下载	2017—2018 学年	未公开
8	北京外国语大学	可下载	2017—2018 学年	未公开
9	北京交通大学	可下载	2017—2018 学年	未公开
10	北京邮电大学	可下载	2017—2018 学年	公开
11	中国石油大学(北京)	可下载	2017—2018 学年	未公开
12	中国石油大学(华东)	可下载	2017—2018 学年	公开
13	中国农业大学	可下载	2017—2018 学年	公开
14	中国传媒大学	可下载	2017—2018 学年	未公开
15	北京林业大学	无	无	未公开
16	中国政法大学	可下载	2017—2018 学年	公开
17	中央财经大学	可下载	2017—2018 学年	公开
18	中央音乐学院	无	无	未公开
19	中央戏剧学院	可下载	2017—2018 学年	未公开
20	中央美术学院	可下载	2017—2018 学年（网站标题为 2018 年）	公开
21	北京中医药大学	可下载	2017—2018 学年	未公开

续表

序　号	学校名称	报告公开形式	报告公开年份	报告附件是否公开
22	对外经济贸易大学	可下载	2017—2018 学年	公开
23	南开大学	无	无	未公开
24	天津大学	可下载	2017—2018 学年	未公开
25	华北电力大学	可下载	2017—2018 学年	未公开
26	东北大学	可下载	2017—2018 学年	公开
27	大连理工大学	可下载	2017—2018 学年	未公开
28	吉林大学	可下载	2017—2018 学年	未公开
29	东北师范大学	无	无	未公开
30	东北林业大学	可下载	2017—2018 学年	未公开
31	复旦大学	在线看	2017—2018 学年 （网站名为 2017 年）	未公开
32	同济大学	可下载	2017—2018 学年	未公开
33	上海交通大学	可下载	2017—2018 学年	未公开
34	华东理工大学	无	无	未公开
35	东华大学	在线看	2017—2018 学年	未公开
36	华东师范大学	可下载	2017—2018 学年	未公开
37	上海外国语大学	在线看	2017—2018 学年	未公开
38	南京大学	在线看	2017—2018 学年	未公开
39	上海财经大学	可下载	2017 年	公开
40	东南大学	可下载	2017—2018 学年	未公开
41	中国矿业大学	在线看	2017—2018 学年	公开
42	中国矿业大学(北京)	可下载	2017—2018 学年	未公开
43	河海大学	无	无	未公开
44	江南大学	可下载	2017—2018 学年	公开
45	南京农业大学	可下载	2017—2018 学年	公开
46	合肥工业大学	可下载	2017—2018 学年	未公开
47	中国药科大学	在线看	2017—2018 学年	未公开
48	浙江大学	可下载	2017—2018 学年	未公开

续表

序号	学校名称	报告公开形式	报告公开年份	报告附件是否公开
49	厦门大学	无	无	未公开
50	山东大学	可下载	2017 年	公开
51	中国海洋大学	可下载	2017—2018 学年	公开
52	武汉大学	可下载	2017—2018 学年	未公开
53	华中科技大学	无	无	未公开
54	中国地质大学(武汉)	在线看	2017—2018 学年	公开
55	中国地质大学(北京)	可下载	2017—2018 学年	未公开
56	武汉理工大学	可下载	2017—2018 学年	公开
57	华中师范大学	无	无	未公开
58	华中农业大学	无	无	未公开
59	中南财经政法大学	可下载	2017—2018 学年	未公开
60	湖南大学	可下载	2017—1018 学年	公开
61	中南大学	可下载	2017—2018 学年	公开
62	中山大学	可下载	2017—2018 学年	未公开
63	华南理工大学	可下载	2017—2018 学年	公开
64	四川大学	可下载	2017—2018 学年	公开
65	西南财经大学	可下载	2017—2018 学年	未公开
66	西南交通大学	可下载	2017—2018 学年	未公开
67	电子科技大学	无	无	未公开
68	重庆大学	可下载	2017—2018 学年	未公开
69	西南大学	可下载	2017—2018 学年	未公开
70	西安交通大学	无	无	未公开
71	西北农林科技大学	可下载	2017—2018 学年	公开
72	陕西师范大学	无	无	未公开
73	西安电子科技大学	可下载	2017—2018 学年	未公开
74	长安大学	无	无	未公开
75	兰州大学	无	无	未公开

教育部直属高校本科教学质量报告公开网址测评结果如表 9-3 所示。

表 9-3　教育部直属高校本科教学质量报告公开网址测评结果表

序号	学校名称	报告发布网址
1	北京大学	http://dean.pku.edu.cn/pkudean/jgsz/znjs/jxzlxx/
2	中国人民大学	http://xxgk.ruc.edu.cn/jxzl/b9fd66b1495d4af1be32b57b83f4b7f2.htm
3	清华大学	http://www.tsinghua.edu.cn/publish/jwc/7168/index.html
4	北京科技大学	http://xxgk.ustb.edu.cn/xinxigongkaimulu/jiaoxuezhiliang/benkejiaoxue/2018-12-24/1825.html
5	北京化工大学	http://xxgk.buct.edu.cn/jxzlxx/bkjxzlbg/index.htm
6	北京师范大学	http://jwc.bnu.edu.cn/xxgk/bkjxzlbg/index.html
7	北京语言大学	http://www.blcu.edu.cn/col/col7829/index.html
8	北京外国语大学	https://xxgk.bfsu.edu.cn/info/1096/1518.htm
9	北京交通大学	https://www.bjtu.edu.cn/pub/xxgk/xxgksxqs/jxzlxx/19675.htm
10	北京邮电大学	https://xxgk.bupt.edu.cn/content/content.php?p=3_11_299
11	中国石油大学(北京)	http://www.cup.edu.cn/openinfo/xxgklm/jxzl/138690.htm
12	中国石油大学(华东)	http://xxgk.upc.edu.cn/3276/list.htm
13	中国农业大学	http://xxgk.cau.edu.cn/col/col16434/index.html
14	中国传媒大学	http://xxgk.cuc.edu.cn/bkbg
15	北京林业大学	http://jwc.bjfu.edu.cn/xxgk/292599.html
16	中国政法大学	http://xxgk.cupl.edu.cn/info/egovinfo/1002/nry-xxgk/cupl-05-2018-043.htm
17	中央财经大学	http://op.cufe.edu.cn/info/1149/15050.htm
18	中央音乐学院	http://zhuanti.ccom.edu.cn/xxgk/jxzl/xxgk35/
19	中央戏剧学院	http://web.zhongxi.cn/xxgk/jxzl/zlbg/2018/1217/13195.html
20	中央美术学院	http://xxgk.cafa.edu.cn/info/1582/1685/cate.html#
21	北京中医药大学	http://jxw.bucm.edu.cn/xxgk/xmzhbgs_xx/52860.htm
22	对外经济贸易大学	http://xxgk.uibe.edu.cn/jygl/bksjy/bkjxzlbg/index.htm
23	南开大学	http://xxgk.nankai.edu.cn/2929/list.htm
24	天津大学	http://www.tju.edu.cn/xxgkw/xwgbl/
25	华北电力大学	http://xxgk.ncepu.edu.cn/jxzlxx/35bkjxzlbg/index.htm
26	东北大学	http://info.neu.edu.cn/pages/portal/xxgk/top.action
27	大连理工大学	http://info.dlut.edu.cn/info/1433/6916.htm

续表

序号	学校名称	报告发布网址
28	吉林大学	http://gongkai.jlu.edu.cn/qd_list.jsp?urltype=tree.TreeTempUrl&wbtreeid=1264
29	东北师范大学	http://publish.nenu.edu.cn/info/1065/3393.htm
30	东北林业大学	http://xxgk.nefu.edu.cn/index.php?m=Article&a=index&id=24
31	复旦大学	http://www.xxgk.fudan.edu.cn/bkjxzlbg_12643/list.htm
32	同济大学	http://xxgk.tongji.edu.cn/index.php?classid=4549
33	上海交通大学	http://gk.sjtu.edu.cn/Data/List/bkjxzlbg
34	华东理工大学	http://xxgk.ecust.edu.cn/35wbkjxzlbg_9965/list.htm http://jwc.ecust.edu.cn/_t133/2014/0919/c3948a33805/page.htm(乱码)
35	东华大学	http://xxgk.dhu.edu.cn/1587/list.htm
36	华东师范大学	http://xxgk.ecnu.edu.cn/s/202/t/377/p/1/c/5142/d/13815/list.htm
37	上海外国语大学	http://info.shisu.edu.cn/63/list.htm
38	南京大学	http://xxgk.nju.edu.cn/15434/list.htm
39	上海财经大学	http://gongkai.sufe.edu.cn/86/da/c372a100058/page.htm
40	东南大学	http://xxgk.seu.edu.cn/bkjxzlbg/list.htm
41	中国矿业大学	http://xxgk.cumt.edu.cn/2112/list.htm
42	中国矿业大学(北京)	http://xxgk.cumtb.edu.cn/info/1110/1856.htm
43	河海大学	http://xxgk.hhu.edu.cn/9478/list.htm
44	江南大学	http://xxgk.jiangnan.edu.cn/info/1007/1101.htm
45	南京农业大学	http://xxgk.njau.edu.cn/gkml/jxzlxx/bkjxzlbg.htm
46	合肥工业大学	http://xxgk.hfut.edu.cn/4673/list.htm
47	中国药科大学	http://xxgk.cpu.edu.cn/7269/list.htm
48	浙江大学	http://bksy.zju.edu.cn/chinese/redir.php?catalog_id=715829
49	厦门大学	https://gk.xmu.edu.cn/16748/list.htm
50	山东大学	http://www.bkjx.sdu.edu.cn/xxgk/bkjxzlndbg.htm
51	中国海洋大学	http://dxb.ouc.edu.cn/xxgk/zlbg/list.htm
52	武汉大学	http://info.whu.edu.cn/xxgkqd/jxglyzlxx/bksjx/bkjxzlndbg.htm
53	华中科技大学	http://xxgk.hust.edu.cn/xxgkml/jxzlxx/bkjxzlbg.htm
54	中国地质大学(武汉)	http://xxgk.cug.edu.cn/xxgkqd/jxzlxx/bkjxzlbg.htm
55	中国地质大学(北京)	http://bm.cugb.edu.cn/xxgk/jxzl/

续表

序号	学校名称	报告发布网址
56	武汉理工大学	http://xxgk.whut.edu.cn/jxgl/zlnb/bkjx/
57	华中师范大学	http://xxgk.ccnu.edu.cn/info/1011/1694.htm
58	华中农业大学	http://xwgk.hzau.edu.cn/flcx/jxzl/bkjxzlbg.htm
59	中南财经政法大学	http://xxgk.zuel.edu.cn/bkjxzlbg/list.htm
60	湖南大学	http://xxgk.hnu.edu.cn/info/1016/3879.htm
61	中南大学	http://xxgk.csu.edu.cn/jxzlbg.htm
62	中山大学	http://xxgk.sysu.edu.cn/ml/ml05/index.htm
63	华南理工大学	http://xxgk.88a.cas.scut.edu.cn:7070/section/index.jsp?directoryId=108
64	四川大学	http://xxgk.scu.edu.cn/info/1115/2492.htm
65	西南财经大学	http://xwgk.swufe.edu.cn/jyb_gdxxxxgksxqd_/w_jxzlxx/a35_bkjxzlbg.htm
66	西南交通大学	http://infpub.swjtu.edu.cn/shownews-4519.html
67	电子科技大学	http://www.xxgk.uestc.edu.cn/xxgk/listlb_xx.aspx?id=5
68	重庆大学	http://gongkai.cqu.edu.cn/index/rcpy/pygl.htm
69	西南大学	http://xxgk.swu.edu.cn/viscms/xxgkidex/benkejiaoxuezhiliangbaogao-9024/20190101/428298.html
70	西安交通大学	http://xxgk.xjtu.edu.cn/list_lm.jsp?urltype=egovinfo.EgovCustomURl&wbtreeid=1001&type=subcattree&sccode=bkjxzlbg&subtype=1&gilevel=2&openitem=bkjxzlbg:2
71	西北农林科技大学	http://xxgk.nwsuaf.edu.cn/xxgkml2015/jxzlxx2015/bkjxzlbg2015/index.htm
72	陕西师范大学	http://xxgk.snnu.edu.cn/recruitment.asp?id=61
73	西安电子科技大学	https://xxgk.xidian.edu.cn/tjnr/xfjsxx/jxzlbg.htm
74	长安大学	http://xxgk.chd.edu.cn/jxzl/bkjxzlbg.htm
75	兰州大学	http://xxgk.lzu.edu.cn/lzupage/B20150120031157.html

注：本表测评结果包括2019年测评中曾经监测到报告的所有网址，包括撤销网址、学校主页、信息公开网、教务处网站等。

为了保证研究的连续性和可比性，在2019年测评分析时，部分数据的展示依然按照75所教育部直属高校和39所直属高校分开展示的方式进行。按照2018年《通知》文件要求，各高校本科教学质量报告“应自2018年12月31日始在学校门户网站开设的信息公开专栏，向社会公开发布"，因此在2018年12月31日左右开展本科教学质量报告发布及时性测评显得极为必要，经过2019年1月1日的初测摸底，笔者最终在2019年1月2日正式对质量报告信息公开情况进行了测评。1月2日测评结果显示，75所教育部直属高校中有42所高校及时公开了该校的2017—2018学年或2017年度本科教学质量报告。5月18日，笔者对本科教学质量报告发布情况进行了第二次测评。5月18日测评数据显示，75所教育部直属高校中有59所高校（占75所高校总数的78.67%）公开了该校的本科教学质量报告，比1月2日测评时增加了17所，说明这17所高校虽然公开了本科教学质量报告，但是其质量报告公开的及时性不足。

在2019年5月18日测评时公开的报告中，7所高校（占75所高校总数的9.33%）的本科教学质量报告公开形式为在线观看，52所高校（占75所高校总数的69.33%）的本科教学质量报告公开形式为可以下载查看，可下载形式的报告比例比去年测评相关数据有所上升。

按照《通知》的相关要求，本次本科教学质量报告公开内容时间节点为2017—2018学年，在公开的59份本科教学质量报告中有57份报告（占75所高校总数的76.00%）为2017—2018学年本科教学质量报告，有2份报告（占75所高校总数的2.67%）依然为2017年度本科教学质量报告，年度形式的本科教学质量报告比例比前两年测评相关数据有大幅下降（2018年测评时有9份报告为2016年度报告，2017年测评时有23份报告为2015年度报告），这说明经过两年的适应，各教育部直属高校已经普遍接受并采取了以学年为时间节点来撰写本科教学质量报告的方式。

在《通知》中专门列出了附件2"普通高等学校2017—2018学年本科教学质量报告支撑数据目录"对支撑数据附表做出目录式清单规定，加强了对支撑数据附件的撰写和公开要求。因此在2019年测评中，笔者还对本科教学质量报告后有无支撑数据附表进行了专项指标测评，在公开的59份本科教学质量报告中有23份报告（占75所高校总数的30.67%）有支撑数据附表，36份报告（占75所高校总数的48.00%）没有支撑数据附表。

参照国务院教育督导委员会反馈的《普通高等学校2017—2018学年〈本科教学质量报告〉发布情况督查结果》材料，2019年笔者增加了对本科教学质量报告发布网址的测评工作，在测评过程中对所有曾经监测到本科教学质量报告的网址进行了记录，一方面使本科教学质量报告测评体系更加完整，另一方面可以使后续研究中寻找报告更加便捷。75所教育部直属高校中，2019年共监测到报告公开网址76个。表9-3中的网址为2019年两次测评中曾经监测到报告的所有网址，包括发布在撤销网址、学校主页、信息公开网、教务处网站等网址，但并不是所有高校的质量报告都按照《通知》要求上传到了信息公开网上进行公开，因此在后期测评时只对按要求上传到信息公开网的质量报告进行了评分。

（二）报告公开质量测评研究结果概览

1. 总得分与排名情况

总得分（使用“指标体系（2.0 版）”）（满分 100 分）及排名如表 9-4 所示。

表 9-4　总得分（使用“指标体系（2.0 版）”）（满分 100 分）及排名表

总排名	学校名称	总得分	总排名	学校名称	总得分
1	华南理工大学	100	27	武汉理工大学	91
2	北京邮电大学	98	28	中国政法大学	90
2	湖南大学	98	28	西南交通大学	90
4	浙江大学	97	30	北京交通大学	89.5
5	中央财经大学	96	31	中央美术学院	89
5	合肥工业大学	96	31	中国地质大学（武汉）	89
5	中国海洋大学	96	33	北京化工大学	87.5
5	西北农林科技大学	96	34	西南大学	87
9	北京科技大学	95	35	西安电子科技大学	86.5
10	中国石油大学（华东）	94	36	中国石油大学（北京）	86
10	东南大学	94	36	对外经济贸易大学	86
10	中国矿业大学	94	36	上海外国语大学	86
10	南京农业大学	94	36	南京大学	86
10	山东大学	94	36	中南财经政法大学	86
10	四川大学	94	41	天津大学	84.5
16	北京师范大学	93	42	北京语言大学	84
16	东北林业大学	93	42	中国矿业大学（北京）	84
16	同济大学	93	44	上海财经大学	83.5
16	中国地质大学（北京）	93	45	清华大学	83
20	中国传媒大学	92	46	复旦大学	82
20	华北电力大学	92	46	东华大学	82
20	东北大学	92	48	重庆大学	81.5
20	吉林大学	92	49	中国药科大学	81
20	华东师范大学	92	49	武汉大学	81
20	江南大学	92	49	中山大学	81
20	中南大学	92	52	上海交通大学	80.5

续表

总排名	学校名称	总得分	总排名	学校名称	总得分
53	中央戏剧学院	80	60	华东理工大学	0
54	大连理工大学	75.5	60	河海大学	0
55	中国人民大学	75	60	厦门大学	0
56	中国农业大学	74	60	华中科技大学	0
57	北京中医药大学	70	60	华中师范大学	0
58	西南财经大学	60.5	60	华中农业大学	0
59	北京外国语大学	44.5	60	电子科技大学	0
60	北京大学	0	60	西安交通大学	0
60	北京林业大学	0	60	陕西师范大学	0
60	中央音乐学院	0	60	长安大学	0
60	南开大学	0	60	兰州大学	0
60	东北师范大学	0	—	—	—

注：本章节后续图表，测评分数结果以5月份测评数据为样本，并列高校不分先后。

总得分(使用“指标体系(2.1版)”)(满分105分)及排名如表9-5所示。

表9-5 总得分(使用“指标体系(2.1版)”)(满分105分)及排名表

总排名	学校名称	总得分	总排名	学校名称	总得分
1	华南理工大学	105	15	东北林业大学	96
2	北京邮电大学	103	15	合肥工业大学	96
3	中央财经大学	101	15	中国地质大学(北京)	96
3	中国海洋大学	101	15	中南大学	96
5	中国石油大学(华东)	99	15	四川大学	96
5	东南大学	99	20	北京师范大学	95
5	中国矿业大学	99	20	中国传媒大学	95
5	南京农业大学	99	20	华北电力大学	95
5	山东大学	99	23	北京交通大学	94.5
10	北京科技大学	98	24	华东师范大学	94
10	湖南大学	98	25	中国政法大学	93
10	西北农林科技大学	98	25	同济大学	93
13	江南大学	97	25	武汉理工大学	93
13	浙江大学	97	28	中央美术学院	92

续表

总排名	学校名称	总得分	总排名	学校名称	总得分
28	东北大学	92	53	上海交通大学	80.5
28	吉林大学	92	54	大连理工大学	77.5
28	西南交通大学	92	55	中国人民大学	77
32	中国地质大学(武汉)	91	56	中国农业大学	76
33	中南财经政法大学	90	57	北京中医药大学	70
34	中国石油大学(北京)	89	58	西南财经大学	62.5
34	西南大学	89	59	北京外国语大学	44.5
36	上海外国语大学	88	60	北京大学	0
36	南京大学	88	60	北京林业大学	0
38	北京化工大学	87.5	60	中央音乐学院	0
39	北京语言大学	87	60	南开大学	0
39	中国矿业大学(北京)	87	60	东北师范大学	0
41	西安电子科技大学	86.5	60	华东理工大学	0
42	对外经济贸易大学	86	60	河海大学	0
43	天津大学	84.5	60	厦门大学	0
43	上海财经大学	84.5	60	华中科技大学	0
45	东华大学	84	60	华中师范大学	0
46	清华大学	83	60	华中农业大学	0
46	复旦大学	83	60	电子科技大学	0
46	中国药科大学	83	60	西安交通大学	0
49	重庆大学	81.5	60	陕西师范大学	0
50	中央戏剧学院	81	60	长安大学	0
50	武汉大学	81	60	兰州大学	0
50	中山大学	81	—	—	—

如上述两表对比显示，因“指标体系(2.1 版)”与“指标体系(2.0 版)”在第九项附加分上进行了调整，导致两版测评指标总分不一致，因此 75 所教育部直属高校在两个版本测评中的总得分情况有所不同。但在各分项计算上，两个版本指标体系只有第九项有所不同，其余一至八项得分情况完全一致，因此在后续表中对于第一至八项的分析中全部使用“指标体系(2.0 版)”测评数据进行展示，以保证本次分析结果与以往测评数据具有较好的可比性。在第九项上使用“指标体系(2.1 版)”测评数据进行展示。

2. 分项得分与排名情况(使用“指标体系(2.0版)”)

(1)第一项本科教育基本情况得分及排名如表9-6所示。

表9-6 第一项本科教育基本情况得分(满分12分)及排名表

总排名	学校名称	总得分	总排名	学校名称	总得分
1	北京科技大学	12	26	中国农业大学	10
1	北京化工大学	12	26	中国传媒大学	10
1	北京师范大学	12	26	吉林大学	10
1	北京邮电大学	12	26	东北林业大学	10
1	中国石油大学(北京)	12	26	同济大学	10
1	中国政法大学	12	26	华东师范大学	10
1	中央财经大学	12	26	上海外国语大学	10
1	中央戏剧学院	12	26	南京大学	10
1	中央美术学院	12	26	上海财经大学	10
1	华北电力大学	12	26	东南大学	10
1	东北大学	12	26	江南大学	10
1	中国矿业大学	12	26	中国海洋大学	10
1	南京农业大学	12	26	中山大学	10
1	合肥工业大学	12	26	西南交通大学	10
1	浙江大学	12	26	西南大学	10
1	山东大学	12	44	北京交通大学	9.5
1	中国地质大学(武汉)	12	45	北京中医药大学	9
1	湖南大学	12	45	大连理工大学	9
1	中南大学	12	45	武汉大学	9
1	华南理工大学	12	48	天津大学	8.5
1	西北农林科技大学	12	48	重庆大学	8.5
22	北京语言大学	11	50	对外经济贸易大学	8
22	中国地质大学(北京)	11	50	复旦大学	8
22	中南财经政法大学	11	50	东华大学	8
22	西安电子科技大学	11	50	中国矿业大学(北京)	8
26	中国人民大学	10	50	中国药科大学	8
26	清华大学	10	50	武汉理工大学	8
26	中国石油大学(华东)	10	50	四川大学	8

续表

总排名	学 校 名 称	总得分	总排名	学 校 名 称	总得分
57	北京外国语大学	7.5	60	厦门大学	0
58	上海交通大学	6.5	60	华中科技大学	0
59	西南财经大学	5	60	华中师范大学	0
60	北京大学	0	60	华中农业大学	0
60	北京林业大学	0	60	电子科技大学	0
60	中央音乐学院	0	60	西安交通大学	0
60	南开大学	0	60	陕西师范大学	0
60	东北师范大学	0	60	长安大学	0
60	华东理工大学	0	60	兰州大学	0
60	河海大学	0	—	—	—

(2）第二项师资与教学条件得分及排名如表 9-7 所示。

表 9-7　第二项师资与教学条件得分(满分 20 分)及排名表

总排名	学 校 名 称	总得分	总排名	学 校 名 称	总得分
1	北京化工大学	20	1	南京大学	20
1	北京师范大学	20	1	东南大学	20
1	北京语言大学	20	1	中国矿业大学	20
1	北京邮电大学	20	1	江南大学	20
1	中国石油大学(北京)	20	1	南京农业大学	20
1	中国石油大学(华东)	20	1	合肥工业大学	20
1	中国农业大学	20	1	浙江大学	20
1	中国传媒大学	20	1	山东大学	20
1	中国政法大学	20	1	中国海洋大学	20
1	中央财经大学	20	1	中国地质大学(北京)	20
1	对外经济贸易大学	20	1	湖南大学	20
1	华北电力大学	20	1	中南大学	20
1	东北大学	20	1	华南理工大学	20
1	吉林大学	20	1	四川大学	20
1	东北林业大学	20	1	西北农林科技大学	20
1	东华大学	20	33	清华大学	19
1	华东师范大学	20	33	北京科技大学	19

续表

总排名	学 校 名 称	总得分	总排名	学 校 名 称	总得分
33	中央美术学院	19	56	大连理工大学	10.5
33	同济大学	19	57	北京中医药大学	9.5
33	上海交通大学	19	58	北京外国语大学	7
33	中国地质大学(武汉)	19	59	西南财经大学	3
33	武汉理工大学	19	60	北京大学	0
33	中南财经政法大学	19	60	北京林业大学	0
33	西南交通大学	19	60	中央音乐学院	0
33	西安电子科技大学	19	60	南开大学	0
43	北京交通大学	18	60	东北师范大学	0
43	上海外国语大学	18	60	华东理工大学	0
43	中国药科大学	18	60	河海大学	0
43	西南大学	18	60	厦门大学	0
47	上海财经大学	17.5	60	华中科技大学	0
47	武汉大学	17.5	60	华中师范大学	0
47	中山大学	17.5	60	华中农业大学	0
50	中国矿业大学(北京)	17	60	电子科技大学	0
51	天津大学	16	60	西安交通大学	0
51	复旦大学	16	60	陕西师范大学	0
53	中央戏剧学院	14	60	长安大学	0
53	重庆大学	14	60	兰州大学	0
55	中国人民大学	11	—	—	—

(3) 第三项教学建设与改革得分及排名如表 9-8 所示。

表 9-8　第三项教学建设与改革得分(满分 18 分)及排名表

总排名	学 校 名 称	总得分	总排名	学 校 名 称	总得分
1	北京交通大学	18	1	东北林业大学	18
1	北京邮电大学	18	1	华东师范大学	18
1	中国石油大学(北京)	18	1	上海外国语大学	18
1	中国农业大学	18	1	南京大学	18
1	中央财经大学	18	1	东南大学	18
1	对外经济贸易大学	18	1	合肥工业大学	18

续表

总排名	学校名称	总得分	总排名	学校名称	总得分
1	中国海洋大学	18	23	中山大学	16
1	武汉理工大学	18	23	四川大学	16
1	中南财经政法大学	18	23	西南交通大学	16
1	湖南大学	18	23	西南大学	16
1	华南理工大学	18	49	上海交通大学	15
1	西北农林科技大学	18	50	东北大学	14
19	北京师范大学	17	50	大连理工大学	14
19	复旦大学	17	50	中南大学	14
19	浙江大学	17	50	重庆大学	14
22	北京语言大学	16.5	54	北京中医药大学	13.5
23	中国人民大学	16	54	西安电子科技大学	13.5
23	清华大学	16	56	武汉大学	12.5
23	北京科技大学	16	56	西南财经大学	12.5
23	中国石油大学(华东)	16	58	北京化工大学	11.5
23	中国传媒大学	16	59	北京外国语大学	4.5
23	中国政法大学	16	60	北京大学	0
23	中央戏剧学院	16	60	北京林业大学	0
23	中央美术学院	16	60	中央音乐学院	0
23	天津大学	16	60	南开大学	0
23	华北电力大学	16	60	东北师范大学	0
23	吉林大学	16	60	华东理工大学	0
23	同济大学	16	60	河海大学	0
23	东华大学	16	60	厦门大学	0
23	上海财经大学	16	60	华中科技大学	0
23	中国矿业大学	16	60	华中师范大学	0
23	中国矿业大学(北京)	16	60	华中农业大学	0
23	江南大学	16	60	电子科技大学	0
23	南京农业大学	16	60	西安交通大学	0
23	中国药科大学	16	60	陕西师范大学	0
23	山东大学	16	60	长安大学	0
23	中国地质大学(武汉)	16	60	兰州大学	0
23	中国地质大学(北京)	16	—	—	—

(4) 第四项质量保障体系得分及排名如表 9-9 所示。

表 9-9 第四项质量保障体系得分(满分 19 分)及排名表

总排名	学校名称	总得分	总排名	学校名称	总得分
1	天津大学	19	10	西南交通大学	17
1	同济大学	19	10	西安电子科技大学	17
1	浙江大学	19	32	中国地质大学(北京)	16
1	中国海洋大学	19	33	中国人民大学	15
1	湖南大学	19	33	北京中医药大学	15
1	华南理工大学	19	33	华北电力大学	15
1	四川大学	19	33	华东师范大学	15
1	西南财经大学	19	33	上海外国语大学	15
1	重庆大学	19	33	上海财经大学	15
10	北京科技大学	17	33	中国矿业大学(北京)	15
10	北京化工大学	17	33	江南大学	15
10	北京师范大学	17	33	中国药科大学	15
10	北京交通大学	17	33	武汉大学	15
10	北京邮电大学	17	33	中国地质大学(武汉)	15
10	中国石油大学(华东)	17	33	西南大学	15
10	中国传媒大学	17	33	西北农林科技大学	15
10	中央财经大学	17	46	北京语言大学	13
10	东北大学	17	46	中国政法大学	13
10	大连理工大学	17	46	中央戏剧学院	13
10	吉林大学	17	46	中央美术学院	13
10	东北林业大学	17	46	上海交通大学	13
10	复旦大学	17	46	东华大学	13
10	东南大学	17	46	南京大学	13
10	中国矿业大学	17	46	中山大学	13
10	南京农业大学	17	54	清华大学	11
10	合肥工业大学	17	54	中国石油大学(北京)	11
10	山东大学	17	54	对外经济贸易大学	11
10	武汉理工大学	17	54	中南财经政法大学	11
10	中南大学	17	58	北京外国语大学	5

续表

总排名	学校名称	总得分	总排名	学校名称	总得分
59	中国农业大学	3	60	华中科技大学	0
60	北京大学	0	60	华中师范大学	0
60	北京林业大学	0	60	华中农业大学	0
60	中央音乐学院	0	60	电子科技大学	0
60	南开大学	0	60	西安交通大学	0
60	东北师范大学	0	60	陕西师范大学	0
60	华东理工大学	0	60	长安大学	0
60	河海大学	0	60	兰州大学	0
60	厦门大学	0	—	—	—

(5)第五项学生学习效果得分及排名如表 9-10 所示。

表 9-10　第五项学生学习效果得分(满分 13 分)及排名表

总排名	学校名称	总得分	总排名	学校名称	总得分
1	清华大学	13	1	南京农业大学	13
1	北京科技大学	13	1	合肥工业大学	13
1	北京师范大学	13	1	浙江大学	13
1	北京邮电大学	13	1	山东大学	13
1	中国石油大学(北京)	13	1	中国海洋大学	13
1	中国石油大学(华东)	13	1	武汉大学	13
1	中国传媒大学	13	1	中国地质大学(武汉)	13
1	中央财经大学	13	1	中国地质大学(北京)	13
1	华北电力大学	13	1	武汉理工大学	13
1	东北大学	13	1	中南大学	13
1	吉林大学	13	1	华南理工大学	13
1	同济大学	13	1	四川大学	13
1	上海交通大学	13	1	西北农林科技大学	13
1	华东师范大学	13	32	东北林业大学	12
1	南京大学	13	32	中国矿业大学(北京)	12
1	东南大学	13	32	中国药科大学	12
1	中国矿业大学	13	32	西南交通大学	12
1	江南大学	13	32	重庆大学	12

续表

总排名	学 校 名 称	总得分	总排名	学 校 名 称	总得分
32	西南大学	12	57	中国农业大学	7
32	西安电子科技大学	12	57	北京中医药大学	7
39	北京交通大学	11	57	西南财经大学	7
39	中国政法大学	11	60	北京大学	0
39	中央美术学院	11	60	北京林业大学	0
39	对外经济贸易大学	11	60	中央音乐学院	0
39	天津大学	11	60	南开大学	0
39	东华大学	11	60	东北师范大学	0
39	上海外国语大学	11	60	华东理工大学	0
39	中南财经政法大学	11	60	河海大学	0
39	湖南大学	11	60	厦门大学	0
48	中山大学	10.5	60	华中科技大学	0
49	复旦大学	10	60	华中师范大学	0
50	北京语言大学	9.5	60	华中农业大学	0
51	中国人民大学	9	60	电子科技大学	0
51	北京化工大学	9	60	西安交通大学	0
51	中央戏剧学院	9	60	陕西师范大学	0
51	大连理工大学	9	60	长安大学	0
51	上海财经大学	9	60	兰州大学	0
56	北京外国语大学	8.5	—	—	—

（6）第六项特色发展得分及排名如表9-11所示。

表 9-11 第六项特色发展得分(满分 4 分)及排名表

总排名	学 校 名 称	总得分	总排名	学 校 名 称	总得分
1	中国人民大学	4	1	北京交通大学	4
1	清华大学	4	1	北京邮电大学	4
1	北京科技大学	4	1	中国石油大学(华东)	4
1	北京化工大学	4	1	中国农业大学	4
1	北京师范大学	4	1	中国传媒大学	4
1	北京语言大学	4	1	中国政法大学	4
1	北京外国语大学	4	1	中央财经大学	4

续表

总排名	学校名称	总得分	总排名	学校名称	总得分
1	中央戏剧学院	4	1	中南财经政法大学	4
1	中央美术学院	4	1	湖南大学	4
1	北京中医药大学	4	1	中南大学	4
1	对外经济贸易大学	4	1	中山大学	4
1	天津大学	4	1	华南理工大学	4
1	华北电力大学	4	1	四川大学	4
1	东北大学	4	1	西南财经大学	4
1	大连理工大学	4	1	西南交通大学	4
1	吉林大学	4	1	重庆大学	4
1	东北林业大学	4	1	西南大学	4
1	复旦大学	4	1	西北农林科技大学	4
1	同济大学	4	1	西安电子科技大学	4
1	东华大学	4	58	上海交通大学	2
1	华东师范大学	4	59	中国石油大学(北京)	0
1	上海外国语大学	4	59	北京大学	0
1	南京大学	4	59	北京林业大学	0
1	上海财经大学	4	59	中央音乐学院	0
1	东南大学	4	59	南开大学	0
1	中国矿业大学	4	59	东北师范大学	0
1	中国矿业大学(北京)	4	59	华东理工大学	0
1	江南大学	4	59	河海大学	0
1	南京农业大学	4	59	厦门大学	0
1	合肥工业大学	4	59	华中科技大学	0
1	中国药科大学	4	59	华中师范大学	0
1	浙江大学	4	59	华中农业大学	0
1	山东大学	4	59	电子科技大学	0
1	中国海洋大学	4	59	西安交通大学	0
1	武汉大学	4	59	陕西师范大学	0
1	中国地质大学(武汉)	4	59	长安大学	0
1	中国地质大学(北京)	4	59	兰州大学	0
1	武汉理工大学	4	—	—	—

（7）第七项需要解决的问题得分及排名如表 9-12 所示。

表 9-12 第七项需要解决的问题得分(满分 6 分)及排名表

总排名	学 校 名 称	总得分	总排名	学 校 名 称	总得分
1	北京科技大学	6	1	中国矿业大学	6
1	北京化工大学	6	1	中国矿业大学(北京)	6
1	北京交通大学	6	1	江南大学	6
1	北京邮电大学	6	1	南京农业大学	6
1	中国石油大学(北京)	6	1	合肥工业大学	6
1	中国石油大学(华东)	6	1	中国药科大学	6
1	中国农业大学	6	1	浙江大学	6
1	中国传媒大学	6	1	山东大学	6
1	中国政法大学	6	1	中国海洋大学	6
1	中央财经大学	6	1	武汉大学	6
1	中央戏剧学院	6	1	中国地质大学(武汉)	6
1	中央美术学院	6	1	中国地质大学(北京)	6
1	北京中医药大学	6	1	武汉理工大学	6
1	对外经济贸易大学	6	1	中南财经政法大学	6
1	天津大学	6	1	湖南大学	6
1	华北电力大学	6	1	中南大学	6
1	东北大学	6	1	中山大学	6
1	大连理工大学	6	1	华南理工大学	6
1	吉林大学	6	1	四川大学	6
1	东北林业大学	6	1	西南财经大学	6
1	复旦大学	6	1	西南交通大学	6
1	同济大学	6	1	重庆大学	6
1	上海交通大学	6	1	西南大学	6
1	东华大学	6	1	西北农林科技大学	6
1	华东师范大学	6	1	西安电子科技大学	6
1	上海外国语大学	6	55	中国人民大学	4
1	南京大学	6	55	清华大学	4
1	上海财经大学	6	55	北京师范大学	4
1	东南大学	6	55	北京语言大学	4

续表

总排名	学校名称	总得分	总排名	学校名称	总得分
59	北京外国语大学	2	60	华中科技大学	0
60	北京大学	0	60	华中师范大学	0
60	北京林业大学	0	60	华中农业大学	0
60	中央音乐学院	0	60	电子科技大学	0
60	南开大学	0	60	西安交通大学	0
60	东北师范大学	0	60	陕西师范大学	0
60	华东理工大学	0	60	长安大学	0
60	河海大学	0	60	兰州大学	0
60	厦门大学	0	—	—	—

（8）第八项发布情况测评得分及排名如表 9-13 所示。

表 9-13　第八项发布情况测评得分（满分 8 分）及排名表

总排名	学校名称	总得分	总排名	学校名称	总得分
1	北京科技大学	8	13	中国石油大学（北京）	6
1	北京化工大学	8	13	中国农业大学	6
1	北京邮电大学	8	13	中国传媒大学	6
1	中国石油大学（华东）	8	13	中央财经大学	6
1	中国政法大学	8	13	中央戏剧学院	6
1	中央美术学院	8	13	北京中医药大学	6
1	对外经济贸易大学	8	13	华北电力大学	6
1	江南大学	8	13	东北大学	6
1	湖南大学	8	13	大连理工大学	6
1	华南理工大学	8	13	吉林大学	6
1	四川大学	8	13	东北林业大学	6
1	西北农林科技大学	8	13	同济大学	6
13	中国人民大学	6	13	上海交通大学	6
13	清华大学	6	13	华东师范大学	6
13	北京师范大学	6	13	上海财经大学	6
13	北京语言大学	6	13	东南大学	6
13	北京外国语大学	6	13	中国矿业大学	6
13	北京交通大学	6	13	中国矿业大学（北京）	6

续表

总排名	学校名称	总得分	总排名	学校名称	总得分
13	南京农业大学	6	48	西安电子科技大学	4
13	合肥工业大学	6	58	南京大学	2
13	浙江大学	6	58	中国药科大学	2
13	山东大学	6	60	北京大学	0
13	中国海洋大学	6	60	北京林业大学	0
13	中国地质大学(北京)	6	60	中央音乐学院	0
13	武汉理工大学	6	60	南开大学	0
13	中南财经政法大学	6	60	东北师范大学	0
13	中南大学	6	60	华东理工大学	0
13	西南交通大学	6	60	河海大学	0
13	西南大学	6	60	厦门大学	0
48	天津大学	4	60	华中科技大学	0
48	复旦大学	4	60	华中师范大学	0
48	东华大学	4	60	华中农业大学	0
48	上海外国语大学	4	60	电子科技大学	0
48	武汉大学	4	60	西安交通大学	0
48	中国地质大学(武汉)	4	60	陕西师范大学	0
48	中山大学	4	60	长安大学	0
48	西南财经大学	4	60	兰州大学	0
48	重庆大学	4	—	—	—

3. 附加分项得分与排名情况(使用“指标体系(2.1)版”)

第九项附加分测评得分(满分 5 分)及排名如表 9-14 所示。

表 9-14 第九项附加分测评得分(满分 5 分)及排名表

总排名	学校名称	总得分	总排名	学校名称	总得分
1	北京交通大学	5	1	江南大学	5
1	北京邮电大学	5	1	南京农业大学	5
1	中国石油大学(华东)	5	1	山东大学	5
1	中央财经大学	5	1	中国海洋大学	5
1	东南大学	5	1	华南理工大学	5
1	中国矿业大学	5	12	中南财经政法大学	4

续表

总排名	学 校 名 称	总得分	总排名	学 校 名 称	总得分
12	中南大学	4	43	北京化工大学	0
14	北京科技大学	3	43	北京外国语大学	0
14	北京语言大学	3	43	北京林业大学	0
14	中国石油大学(北京)	3	43	中央音乐学院	0
14	中国传媒大学	3	43	北京中医药大学	0
14	中国政法大学	3	43	对外经济贸易大学	0
14	中央美术学院	3	43	南开大学	0
14	华北电力大学	3	43	天津大学	0
14	东北林业大学	3	43	东北大学	0
14	中国矿业大学(北京)	3	43	吉林大学	0
14	中国地质大学(北京)	3	43	东北师范大学	0
24	中国人民大学	2	43	同济大学	0
24	北京师范大学	2	43	上海交通大学	0
24	中国农业大学	2	43	华东理工大学	0
24	大连理工大学	2	43	河海大学	0
24	东华大学	2	43	合肥工业大学	0
24	华东师范大学	2	43	浙江大学	0
24	上海外国语大学	2	43	厦门大学	0
24	南京大学	2	43	武汉大学	0
24	中国药科大学	2	43	华中科技大学	0
24	中国地质大学(武汉)	2	43	华中师范大学	0
24	武汉理工大学	2	43	华中农业大学	0
24	四川大学	2	43	湖南大学	0
24	西南财经大学	2	43	中山大学	0
24	西南交通大学	2	43	电子科技大学	0
24	西南大学	2	43	重庆大学	0
24	西北农林科技大学	2	43	西安交通大学	0
40	中央戏剧学院	1	43	陕西师范大学	0
40	复旦大学	1	43	西安电子科技大学	0
40	上海财经大学	1	43	长安大学	0
43	北京大学	0	43	兰州大学	0
43	清华大学	0	—	—	—

四、中央部委直属高校测评研究结果

（一）报告公开情况测评研究结果概览与对比

中央部委直属高校本科教学质量报告有无测评结果如表 9-15 所示。

表 9-15　中央部委直属高校本科教学质量报告有无测评结果表

序号	学校名称	第一次(2019.1.2)	第二次(2019.5.18)	序号	学校名称	第一次(2019.1.2)	第二次(2019.5.18)
1	北京航空航天大学	无	无	21	中国民用航空飞行学院	无	无
2	北京理工大学	有	有	22	塔里木大学	无	无
3	哈尔滨工业大学	无	无	23	石河子大学	无	无
4	哈尔滨工程大学	有	有	24	中国科学院大学	无	有
5	南京航空航天大学	无	无	25	中国科学技术大学	无	有
6	南京理工大学	有	有	26	华侨大学	无	有
7	西北工业大学	无	无	27	暨南大学	无	无
8	中央民族大学	无	无	28	北京电子科技学院	有	有
9	大连民族大学	有	有	29	北京协和医学院	无	有
10	中南民族大学	无	无	30	外交学院	有	有
11	西南民族大学	有	有	31	北京体育大学	无	无
12	西北民族大学	无	无	32	中华女子学院	无	有
13	北方民族大学	无	无	33	中央团校（中国青年政治学院）	无	无
14	中国人民公安大学	无	有	34	中国劳动关系学院	有	有
15	中国人民武装警察部队学院	无	无	35	华北科技学院	无	无
16	中国刑事警察学院	无	有	36	防灾科技学院	无	有
17	公安海警学院	无	无	37	中央司法警官学院	无	有
18	铁道警察学院	无	无	38	上海海关学院	无	无
19	中国民航大学	有	有	39	南京森林警察学院	有	有
20	大连海事大学	无	无	—	—	—	—

教育部直属高校本科教学质量报告形式、年份、附件测评结果如表 9-16 所示。

表 9-16　教育部直属高校本科教学质量报告形式、年份、附件测评结果表

序号	学校名称	报告公开形式	报告公开年份	报告附件是否公开
1	北京航空航天大学	无	无	未公开
2	北京理工大学	可下载	2017—2018	未公开

续表

序号	学校名称	报告公开形式	报告公开年份	报告附件是否公开
3	哈尔滨工业大学	无	无	未公开
4	哈尔滨工程大学	可下载	2017—2018	未公开
5	南京航空航天大学	无	无	未公开
6	南京理工大学	可下载	2017—2018	未公开
7	西北工业大学	无	无	未公开
8	中央民族大学	无	无	未公开
9	大连民族大学	可下载	2017—2018	公开
10	中南民族大学	无	无	未公开
11	西南民族大学	可下载	2017—2018	未公开
12	西北民族大学	无	无	未公开
13	北方民族大学	无	无	未公开
14	中国人民公安大学	可下载	2017—2018	未公开
15	中国人民武装警察部队学院	无	无	未公开
16	中国刑事警察学院	可下载	2017—2018	未公开
17	公安海警学院	无	无	未公开
18	铁道警察学院	无	无	未公开
19	中国民航大学	可下载	2017—2018	未公开
20	大连海事大学	无	无	未公开
21	中国民用航空飞行学院	无	无	未公开
22	塔里木大学	无	无	未公开
23	石河子大学	无	无	未公开
24	中国科学院大学	可下载	2017—2018	未公开
25	中国科学技术大学	可下载	2017—2018	未公开
26	华侨大学	可下载	2017—2018	公开
27	暨南大学	无	无	未公开
28	北京电子科技学院	可下载	2017—2018	未公开
29	北京协和医学院	可下载	2017—2018	公开
30	外交学院	可下载	2017—2018	公开
31	北京体育大学	无	无	未公开
32	中华女子学院	可下载	2017—2018	公开

续表

序号	学 校 名 称	报告公开形式	报告公开年份	报告附件是否公开
33	中央团校(中国青年政治学院)	无	无	未公开
34	中国劳动关系学院	可下载	2017—2018	未公开
35	华北科技学院	无	无	未公开
36	防灾科技学院	可下载	2017—2018	公开
37	中央司法警官学院	可下载	2017—2018	未公开
38	上海海关学院	无	无	未公开
39	南京森林警察学院	可下载	2017—2018	公开

教育部直属高校本科教学质量报告公开网址测评结果如表 9-17 所示。

表 9-17 教育部直属高校本科教学质量报告公开网址测评结果表

序号	学 校 名 称	报告发布网址
1	北京航空航天大学	http://xxgk.buaa.edu.cn/xxgkml/jxzlxx.htm
2	北京理工大学	http://xxgk.bit.edu.cn/jxzl/bkjxzlbg/138735.htm
3	哈尔滨工业大学	http://xxgk.hit.edu.cn/6290/list.htm
4	哈尔滨工程大学	http://xxgk.hrbeu.edu.cn/5910/list.htm
5	南京航空航天大学	http://www.nuaa.edu.cn/
6	南京理工大学	http://xxgk.njust.edu.cn/bkjxzlbg/list.htm
7	西北工业大学	http://xxgk.nwpu.edu.cn/list_news.jsp? urltype=tree.TreeTempUrl-&wbtreeid=1064
8	中央民族大学	http://www.muc.edu.cn/#5
9	大连民族大学	http://www.dlnu.edu.cn/new/xxgkw/jxzlxx01/
10	中南民族大学	https://xxgk.scuec.edu.cn/s/258/t/1853/p/7/c/10653/d/10806/list.htm
11	西南民族大学	http://www.swun.edu.cn/info/1067/16197.htm
12	西北民族大学	http://www.xbmu.edu.cn/frontChannelPage.action? siteId=1&articleClassId=130&articleId=
13	北方民族大学	http://www.nun.edu.cn/
14	中国人民公安大学	http://www.ppsuc.edu.cn/index/xxgk/jxzlxx/bkjxzlbg1.htm
15	中国人民武装警察部队学院	http://www.wjxy.edu.cn/
16	中国刑事警察学院	http://www.cipuc.edu.cn/info/2786/1682.htm
17	公安海警学院	没有官网,没有信息公开网。

续表

序号	学校名称	报告发布网址
18	铁道警察学院	http://www.rpc.edu.cn/xxgk/jxzlxx/bkndbk/A601104index_1.htm
19	中国民航大学	http://www.cauc.edu.cn/xxgk/333.html
20	大连海事大学	https://www.dlmu.edu.cn/
21	中国民用航空飞行学院	http://www.cafuc.edu.cn/
22	塔里木大学	http://www.taru.edu.cn/index1.htm
23	石河子大学	http://xxgk.shzu.edu.cn/3110/list.htm
24	中国科学院大学	http://www.ucas.ac.cn/site/28
25	中国科学技术大学	http://xxgk.ustc.edu.cn/13850/list.htm
26	华侨大学	http://xwgk.hqu.edu.cn/ssjg.jsp? wbtreeid=1015
27	暨南大学	https://www.jnu.edu.cn/44/ab/c2634a83115/page.htm
28	北京电子科技学院	http://www.besti.edu.cn/frontmenu/menulist? id=bf61ff28641a4f8-e9a7ed7d37f6193f3&menuLevel=3
29	北京协和医学院	http://info.pumc.edu.cn/portal/media-type/html/group/xxgk/page/default.psml/js_pane/P-10ee0b0dd6c-10010
30	外交学院	http://jwc.cfau.edu.cn/art/2018/12/26/art_3830_70134.html
31	北京体育大学	http://xxgk.bsu.edu.cn/
32	中华女子学院	http://www.cwu.edu.cn/xxgk/gkml/xkzyjs/index.htm
33	中央团校（中国青年政治学院）	http://www.cyu.edu.cn/
34	中国劳动关系学院	http://www.culr.edu.cn/xxgkgk/jxzlxx/index.htm
35	华北科技学院	http://www.ncist.edu.cn/column/col1340/index.html
36	防灾科技学院	http://www.cidp.edu.cn/ssjgy.jsp? wbtreeid=1001
37	中央司法警官学院	http://xxgk.cicp.edu.cn/bkzl/index.jhtml
38	上海海关学院	http://xxgk.shcc.edu.cn/810/list.htm
39	南京森林警察学院	http://www.forestpolice.net/2018/1228/c1490a77125/page.htm

注:本表测评结果包括2次测评中曾经监测到报告的所有网址,包括撤销网址、学校主页、信息公开网、教务处网站等。

从上述表格可知,1月2日测评时,39所其他中央部委直属高校中有10所高校及时公开了该校的2017—2018学年或2017年度本科教学质量报告。5月18日第二次测评时,有19所(占39所总数的48.72%)高校公开了该校本科教学质量报告,比1月2日测评时增加了9所,说明这九所高校虽然公开了其本科教学质量报告,但是报告公开的及时性不足。

2019 年 5 月测评时公开的报告中，19 所高校（占 39 所总数的 48.72%）的本科教学质量报告的信息公开方式全部为可以下载查看。虽然 19 所高校占 39 所直属高校总数的绝对值比例在下降，但从已发布报告高校情况来看，可下载报告 19 所高校比例（占已发布 19 所高校数量的 100%）较去年 21 所高校比例（占已发布 22 所高校数量的 95.45%）有所上升，也就是说这一数值在已发布高校的相对值比例中有所上升。

按照《通知》相关要求，本次本科教学质量报告公开内容时间节点为 2017—2018 学年，39 所直属高校公开的 19 份本科教学质量报告全部为 2017—2018 学年本科教学质量报告。2018 年测评时监测到的 22 份报告也全部为 2016—2017 学年报告，比 2017 测评时监测到的 19 份报告中有 13 份报告为 2015 学年报告情况有明显好转。说明经过两年的要求，各中央部委直属高校已经普遍较好的接受并采取了以学年为时间节点来撰写本科教学质量报告。

在对本科教学质量报告后有无支撑数据附表进测评时发现，在 39 所直属高校公开的 19 份本科教学质量报告中有 7 份报告（占 39 所高校总数的 19.94%）有支撑数据附表，12 份报告（占 39 所高校总数的 30.77%）没有支撑数据附表。从已发布报告高校情况来看，7 份有支撑数据附表报告的比例（占已发布 19 所高校总数的 36.84%）较去年 9 份有支撑数据附表报告的比例（占已发布 22 所高校总数的40.90%）有所下降，也就是说这一数值在已发布高校相对值比例上有小幅度下降。

在对本科教学质量报告发布网址的监测中，2019 年共检测到公开网址 38 个（占 39 所总数的 97.43%），结果包括 2 次测评中曾经监测到报告的所有网址，包括撤销网址、学校主页、信息公开网、教务处网站等。但与最后有测评得分数据的 19 所高校数量相比，还有 19 所高校因报告撤销或发布在其他非信息公开网址上而没有在本年度测评中得分，需要在今后的本科教学质量报告公开中注意按照《通知》要求，及时在学校门户网站开设的信息公开专栏，向社会公开发布。这也说明在教育治理能力和治理体系现代化的进程中，高校信息公开作为其中的一项基础性工作得到了普遍的重视，绝大部分中央部委直属高校已经开设建设信息公开网站，但是对于信息公开网站中的内容填充和更新维护还有所不足。

（二）报告公开质量测评研究结果概览

1. 总得分与排名情况

总得分（使用“指标体系（2.0 版）”）（满分 100 分）及排名如表 9-18 所示。

表 9-18 总得分（使用“指标体系（2.0 版）”）（满分 100 分）及排名表

总排名	学校名称	总得分	总排名	学校名称	总得分
1	大连民族大学	94	1	防灾科技学院	94
1	外交学院	94	4	中华女子学院	92

续表

总排名	学 校 名 称	总得分	总排名	学 校 名 称	总得分
4	中央司法警官学院	92	20	西北工业大学	0
4	南京森林警察学院	92	20	中央民族大学	0
7	中国人民公安大学	90	20	中南民族大学	0
8	北京协和医学院	89	20	西北民族大学	0
9	华侨大学	87	20	北方民族大学	0
10	哈尔滨工程大学	86	20	中国人民武装警察部队学院	0
11	中国民航大学	86	20	公安海警学院	0
12	中国劳动关系学院	83	20	铁道警察学院	0
13	中国刑事警察学院	81	20	大连海事大学	0
14	北京电子科技学院	78.5	20	中国民用航空飞行学院	0
15	南京理工大学	75	20	塔里木大学	0
16	西南民族大学	69.5	20	石河子大学	0
17	中国科学院大学	68.5	20	暨南大学	0
18	中国科学技术大学	67.5	20	北京体育大学	0
19	北京理工大学	62.5	20	中央团校（中国青年政治学院）	0
20	北京航空航天大学	0			
20	哈尔滨工业大学	0	20	华北科技学院	0
20	南京航空航天大学	0	20	上海海关学院	0

总得分(使用“指标体系(2.1版)”)(满分105分)及排名如表9-19所示。

表9-19　总得分(使用“指标体系(2.1版)”)(满分105分)及排名表

总排名	学 校 名 称	总得分	总排名	学 校 名 称	总得分
1	防灾科技学院	99	9	华侨大学	87
2	大连民族大学	97	11	哈尔滨工程大学	86
2	中华女子学院	97	12	中国劳动关系学院	84
2	南京森林警察学院	97	13	中国刑事警察学院	82
5	外交学院	95	14	北京电子科技学院	80.5
6	中央司法警官学院	93	15	南京理工大学	78
7	中国人民公安大学	92	16	西南民族大学	69.5
8	北京协和医学院	89	16	中国科学院大学	69.5
9	中国民航大学	87	18	中国科学技术大学	67.5

续表

总排名	学 校 名 称	总得分	总排名	学 校 名 称	总得分
19	北京理工大学	62.5	20	铁道警察学院	0
20	北京航空航天大学	0	20	大连海事大学	0
20	哈尔滨工业大学	0	20	中国民用航空飞行学院	0
20	南京航空航天大学	0	20	塔里木大学	0
20	西北工业大学	0	20	石河子大学	0
20	中央民族大学	0	20	暨南大学	0
20	中南民族大学	0	20	北京体育大学	0
20	西北民族大学	0	20	中央团校（中国青年政治学院）	0
20	北方民族大学	0			
20	中国人民武装警察部队学院	0	20	华北科技学院	0
20	公安海警学院	0	20	上海海关学院	0

同样，因“指标体系(2.1 版)”与“指标体系(2.0 版)”在第九项附加分上进行了调整，导致两版测评指标总分不一致，因此 34 所其他部委直属高校在两个版本测评中的总得分情况有所不同。但在各分项计算上，两个版本指标体系只有第九项有所不同，其余第一至八项得分情况完全一致，因此在后续表中对于第一至八项的分析中全部使用“指标体系(2.0 版)”测评数据进行展示，以保证本次分析结果与以往测评数据具有较好的可比性。在第九项上使用“指标体系(2.1 版)”测评数据进行展示。

2. 分项得分与排名情况(使用“指标体系(2.0 版)”)

(1) 第一项本科教育基本情况得分及排名如表 9-20 所示。

表 9-20 第一项本科教育基本情况得分(满分 12 分)及排名表

总排名	学 校 名 称	总得分	总排名	学 校 名 称	总得分
1	大连民族大学	12	8	中国劳动关系学院	11
1	中国人民公安大学	12	8	防灾科技学院	11
1	北京协和医学院	12	12	哈尔滨工程大学	10
1	外交学院	12	12	西南民族大学	10
1	中华女子学院	12	12	中国民航大学	10
1	中央司法警官学院	12	12	中国科学技术大学	10
1	南京森林警察学院	12	16	中国科学院大学	9
8	中国刑事警察学院	11	17	南京理工大学	8.5
8	华侨大学	11	18	北京电子科技学院	8

续表

总排名	学 校 名 称	总得分	总排名	学 校 名 称	总得分
19	北京理工大学	3.5	20	铁道警察学院	0
20	北京航空航天大学	0	20	大连海事大学	0
20	哈尔滨工业大学	0	20	中国民用航空飞行学院	0
20	南京航空航天大学	0	20	塔里木大学	0
20	西北工业大学	0	20	石河子大学	0
20	中央民族大学	0	20	暨南大学	0
20	中南民族大学	0	20	北京体育大学	0
20	西北民族大学	0	20	中央团校（中国青年政治学院）	0
20	北方民族大学	0			
20	中国人民武装警察部队学院	0	20	华北科技学院	0
20	公安海警学院	0	20	上海海关学院	0

（2）第二项师资与教学条件得分及排名如表 9-21 所示。

表 9-21　第二项师资与教学条件得分(满分 20 分)及排名表

总排名	学 校 名 称	总得分	总排名	学 校 名 称	总得分
1	南京理工大学	20	17	中国科学技术大学	13.5
1	大连民族大学	20	18	北京理工大学	12
1	中国人民公安大学	20	19	西南民族大学	10.5
1	中国民航大学	20	20	北京航空航天大学	0
1	华侨大学	20	20	哈尔滨工业大学	0
1	北京电子科技学院	20	20	南京航空航天大学	0
1	北京协和医学院	20	20	西北工业大学	0
1	外交学院	20	20	中央民族大学	0
1	中华女子学院	20	20	中南民族大学	0
1	中央司法警官学院	20	20	西北民族大学	0
1	南京森林警察学院	20	20	北方民族大学	0
12	防灾科技学院	19	20	中国人民武装警察部队学院	0
13	中国刑事警察学院	18	20	公安海警学院	0
14	哈尔滨工程大学	17	20	铁道警察学院	0
15	中国科学院大学	16	20	大连海事大学	0
15	中国劳动关系学院	16	20	中国民用航空飞行学院	0

续表

总排名	学校名称	总得分	总排名	学校名称	总得分
20	塔里木大学	0	20	中央团校（中国青年政治学院）	0
20	石河子大学	0			
20	暨南大学	0	20	华北科技学院	0
20	北京体育大学	0	20	上海海关学院	0

（3）第三项教学建设与改革得分及排名如表9-22所示。

表9-22 第三项教学建设与改革得分(满分18分)及排名表

总排名	学校名称	总得分	总排名	学校名称	总得分
1	外交学院	18	20	哈尔滨工业大学	0
1	防灾科技学院	18	20	南京航空航天大学	0
1	中华女子学院	18	20	西北工业大学	0
1	中央司法警官学院	18	20	中央民族大学	0
1	中国人民公安大学	18	20	中南民族大学	0
1	南京理工大学	18	20	西北民族大学	0
7	哈尔滨工程大学	17	20	北方民族大学	0
8	南京森林警察学院	16	20	中国人民武装警察部队学院	0
8	中国科学技术大学	16	20	公安海警学院	0
10	北京协和医学院	15	20	铁道警察学院	0
10	中国科学院大学	15	20	大连海事大学	0
12	大连民族大学	14	20	中国民用航空飞行学院	0
12	中国民航大学	14	20	塔里木大学	0
12	中国劳动关系学院	14	20	石河子大学	0
12	中国刑事警察学院	14	20	暨南大学	0
12	北京电子科技学院	14	20	北京体育大学	0
17	西南民族大学	12.5	20	中央团校（中国青年政治学院）	0
18	华侨大学	12			
19	北京理工大学	10.5	20	华北科技学院	0
20	北京航空航天大学	0	20	上海海关学院	0

(4) 第四项质量保障体系得分及排名如表 9-23 所示。

表 9-23　第四项质量保障体系得分(满分 19 分)及排名表

总排名	学校名称	总得分	总排名	学校名称	总得分
1	哈尔滨工程大学	17	20	哈尔滨工业大学	0
1	大连民族大学	17	20	南京航空航天大学	0
1	西南民族大学	17	20	西北工业大学	0
1	华侨大学	17	20	中央民族大学	0
1	防灾科技学院	17	20	中南民族大学	0
6	中国刑事警察学院	15	20	西北民族大学	0
6	中国民航大学	15	20	北方民族大学	0
6	外交学院	15	20	中国人民武装警察部队学院	0
6	中央司法警官学院	15	20	公安海警学院	0
10	北京理工大学	13	20	铁道警察学院	0
10	中国人民公安大学	13	20	大连海事大学	0
10	北京电子科技学院	13	20	中国民用航空飞行学院	0
10	北京协和医学院	13	20	塔里木大学	0
10	中华女子学院	13	20	石河子大学	0
10	中国劳动关系学院	13	20	暨南大学	0
10	南京森林警察学院	13	20	北京体育大学	0
17	中国科学院大学	9	20	中央团校(中国青年政治学院)	0
17	中国科学技术大学	9			
19	南京理工大学	7.5	20	华北科技学院	0
20	北京航空航天大学	0	20	上海海关学院	0

(5) 第五项学生学习效果得分及排名如表 9-24 所示。

表 9-24　第五项学生学习效果得分(满分 13 分)及排名表

总排名	学校名称	总得分	总排名	学校名称	总得分
1	哈尔滨工程大学	13	1	北京协和医学院	13
1	大连民族大学	13	1	中华女子学院	13
1	中国人民公安大学	13	1	中国劳动关系学院	13
1	中国刑事警察学院	13	1	防灾科技学院	13
1	中国民航大学	13	1	中央司法警官学院	13

续表

总排名	学校名称	总得分	总排名	学校名称	总得分
1	南京森林警察学院	13	20	西北民族大学	0
12	南京理工大学	11	20	北方民族大学	0
12	华侨大学	11	20	中国人民武装警察部队学院	0
12	外交学院	11	20	公安海警学院	0
15	中国科学技术大学	9	20	铁道警察学院	0
16	北京理工大学	7.5	20	大连海事大学	0
16	北京电子科技学院	7.5	20	中国民用航空飞行学院	0
18	中国科学院大学	5.5	20	塔里木大学	0
19	西南民族大学	3.5	20	石河子大学	0
20	北京航空航天大学	0	20	暨南大学	0
20	哈尔滨工业大学	0	20	北京体育大学	0
20	南京航空航天大学	0	20	中央团校（中国青年政治学院）	0
20	西北工业大学	0			
20	中央民族大学	0	20	华北科技学院	0
20	中南民族大学	0	20	上海海关学院	0

（6）第六项特色发展得分及排名如表 9-25 所示。

表 9-25　第六项特色发展得分(满分 4 分)及排名表

总排名	学校名称	总得分	总排名	学校名称	总得分
1	北京理工大学	4	1	中华女子学院	4
1	南京理工大学	4	1	中国劳动关系学院	4
1	大连民族大学	4	1	防灾科技学院	4
1	西南民族大学	4	1	中央司法警官学院	4
1	中国人民公安大学	4	1	南京森林警察学院	4
1	中国刑事警察学院	4	18	哈尔滨工程大学	0
1	中国民航大学	4	18	中国科学技术大学	0
1	中国科学院大学	4	20	北京航空航天大学	0
1	华侨大学	4	20	哈尔滨工业大学	0
1	北京电子科技学院	4	20	南京航空航天大学	0
1	北京协和医学院	4	20	西北工业大学	0
1	外交学院	4	20	中央民族大学	0

续表

总排名	学 校 名 称	总得分	总排名	学 校 名 称	总得分
20	中南民族大学	0	20	塔里木大学	0
20	西北民族大学	0	20	石河子大学	0
20	北方民族大学	0	20	暨南大学	0
20	中国人民武装警察部队学院	0	20	北京体育大学	0
20	公安海警学院	0	20	中央团校（中国青年政治学院）	0
20	铁道警察学院	0			
20	大连海事大学	0	20	华北科技学院	0
20	中国民用航空飞行学院	0	20	上海海关学院	0

（7）第七项需要解决的问题得分及排名如表9-26所示。

表9-26　第七项需要解决的问题得分(满分6分)及排名表

总排名	学 校 名 称	总得分	总排名	学 校 名 称	总得分
1	北京理工大学	6	20	哈尔滨工业大学	0
1	哈尔滨工程大学	6	20	南京航空航天大学	0
1	大连民族大学	6	20	西北工业大学	0
1	西南民族大学	6	20	中央民族大学	0
1	中国人民公安大学	6	20	中南民族大学	0
1	中国科学院大学	6	20	西北民族大学	0
1	中国科学技术大学	6	20	北方民族大学	0
1	华侨大学	6	20	中国人民武装警察部队学院	0
1	北京电子科技学院	6	20	公安海警学院	0
1	北京协和医学院	6	20	铁道警察学院	0
1	外交学院	6	20	大连海事大学	0
1	中华女子学院	6	20	中国民用航空飞行学院	0
1	中国劳动关系学院	6	20	塔里木大学	0
1	防灾科技学院	6	20	石河子大学	0
1	中央司法警官学院	6	20	暨南大学	0
1	南京森林警察学院	6	20	北京体育大学	0
17	中国民航大学	4	20	中央团校（中国青年政治学院）	0
18	中国刑事警察学院	2			
19	南京理工大学	0	20	华北科技学院	0
20	北京航空航天大学	0	20	上海海关学院	0

(8) 第八项发布情况测评得分及排名如表 9-27 所示。

表 9-27 第八项发布情况测评得分(满分 8 分)及排名表

总排名	学 校 名 称	总得分	总排名	学 校 名 称	总得分
1	大连民族大学	8	20	哈尔滨工业大学	0
1	外交学院	8	20	南京航空航天大学	0
1	南京森林警察学院	8	20	西北工业大学	0
4	北京理工大学	6	20	中央民族大学	0
4	哈尔滨工程大学	6	20	中南民族大学	0
4	南京理工大学	6	20	西北民族大学	0
4	西南民族大学	6	20	北方民族大学	0
4	中国民航大学	6	20	中国人民武装警察部队学院	0
4	华侨大学	6	20	公安海警学院	0
4	北京电子科技学院	6	20	铁道警察学院	0
10	北京协和医学院	6	20	大连海事大学	0
10	中华女子学院	6	20	中国民用航空飞行学院	0
10	中国劳动关系学院	6	20	塔里木大学	0
10	防灾科技学院	6	20	石河子大学	0
15	中国人民公安大学	4	20	暨南大学	0
15	中国刑事警察学院	4	20	北京体育大学	0
15	中国科学院大学	4	20	中央团校 (中国青年政治学院)	0
15	中国科学技术大学	4	20	华北科技学院	0
15	中央司法警官学院	4	20	上海海关学院	0
20	北京航空航天大学	0	—	—	—

3. 附加分项得分与排名情况(使用“指标体系(2.1 版)”)

第九项附加分测评得分(满分 5 分)及排名如表 9-28 所示。

表 9-28 第九项附加分测评得分(满分 5 分)及排名表

总排名	学 校 名 称	总得分	总排名	学 校 名 称	总得分
1	大连民族大学	5	5	南京理工大学	3
1	中华女子学院	5	6	中国人民公安大学	2
1	防灾科技学院	5	6	北京电子科技学院	2
1	南京森林警察学院	5	8	中国刑事警察学院	1

续表

总排名	学校名称	总得分	总排名	学校名称	总得分
8	中国民航大学	1	14	中国人民武装警察部队学院	0
8	中国科学院大学	1	14	公安海警学院	0
8	外交学院	1	14	铁道警察学院	0
8	中国劳动关系学院	1	14	大连海事大学	0
8	中央司法警官学院	1	14	中国民用航空飞行学院	0
14	北京航空航天大学	0	14	塔里木大学	0
14	北京理工大学	0	14	石河子大学	0
14	哈尔滨工业大学	0	14	中国科学技术大学	0
14	哈尔滨工程大学	0	14	华侨大学	0
14	南京航空航天大学	0	14	暨南大学	0
14	西北工业大学	0	14	北京协和医学院	0
14	中央民族大学	0	14	北京体育大学	0
14	中南民族大学	0	14	中央团校（中国青年政治学院）	0
14	西南民族大学	0			
14	西北民族大学	0	14	华北科技学院	0
14	北方民族大学	0	14	上海海关学院	0

五、2019 年测评结果研究分析

（一）2019 年测评研究各项指标得分情况分析与对比

1. 总体分析

2019 年使用“指标体系(2.0 版)”进行测评的总得分情况显示，114 所直属高校中共有 78 所高校在测评中有实际分数，还有 36 所高校因在 5 月份测评中没有在学校的信息公开网上找到相应学年或年度的本科教学质量报告而得 0 分。从整体情况来看，114 所直属高校在本次测评中总体平均分为 59.04 分，与去年测评时的总体平均分 65 分相比有所下降。本次测评中，75 所教育部直属高校和 39 所直属高校的平均得分分别为 68.65 分和 40.55 分，较去年测评时的平均分 75 分和 47 分均有所下降。

从总体得分数据来看，39 所直属高校的平均得分为 40.55 分，与 75 所教育部直属高校的 68.65 分还存在一定差距(见表 9-29)。但去除因 5 月份测评中没有在信息公开网上找到相应学年或年度报告而得 0 分的 20 所高校数据（后简称去 0）后，75 所教育部直属高校和 39 所直属高校的平均得分分别为 87.27 分和 83.24 分，较去年测评时的去除零分高校平均分 87 分和 84 分几乎没有差距。并且，去 0 分高校后的 39 所直属高校平均得分与 75 所教育部直属高校平均得分之间差距也比较小。这说明 114 所直属高校已发布的本科教学质量报告的信息公开质量性对稳定，历年相差不大。39 所直属高校与 75 所教育部直属高校的得分差距主要在于报告是否及时公开，而已公开发布的本科教学质量报告的信息公开质量相差较小。

表 9-29　2017—2018 学年报告与 2016—2017 学年报告测评总分及平均分对比表

（均为使用“指标体系（2.0 版）”的测评结果）

项　目		114 所直属高校		75 所教育部直属高校		39 所直属高校	
		总分	平均分	总分	平均分	总分	平均分
2017—2018 学年报告	含 0 分高校	6730.5	59.04	5149	68.65	1581.5	40.55
	去除含 0 分高校	6730.5	86.29(n=78)	5149	87.27(n=59)	1581.5	83.24(n=19)
2016—2017 学年报告	含 0 分高校	7465	65	5625.5	75	1839.5	47
	去除含 0 分高校	7465	86(n=87)	5625.5	87(n=65)	1839.5	84(n=22)

本次使用“指标体系（2.0 版）”的测评分数中，114 所直属高校总得分最高的高校为华南理工大学，得分 100 分，较去年测评时的最高得分 98 分有所上升。114 所直属高校中有 75 所高校（占 114 所高校总数的 65.79%）在本次测评中得分高于平均分，只有 3 所不为 0 分高校的得分低于平均分，但也仍有 36 所高校（占 114 所高校总数的 31.57%）因测评时网页打不开或信息公开网站中没有 2017—2018 学年或 2017 年本科教学质量报告或相关报告提前撤销而得 0 分，其中 75 所教育部直属高校有 16 所高校（占 75 所高校总数的 21.33%）得 0 分，比去年测评时的 10 所高校（占 75 所高校总数的 13.33%）得 0 分有所上升。39 所直属高校中有 20 所高校（占 39 所高校总数的 51.28%）得 0 分，比去年测评时的 17 所高校（占 39 所高校总数的 47.22%）有所上升（见表 9-30）。因本次测评为了保持与中国高等教育学会课题组的数据一致性，分析样本的最终取样时间是 2019 年 5 月而不是 2019 年 12 月，比去年测评时 2018 年 12 月的份取样提前了半年，这是导致本年度测评整体分数下降的原因之一。但随着国家对信息公开越来越重视，高校质量报告信息公开测评的要求也应越来越严格，这 36 所高校在为期一年的报告公开期限已经过去近乎一半的时间点上还未公开报告，也是实属不该。

表 9-30　使用“指标体系(2.1 版)”与使用“指标体系(2.0 版)”的总得分及平均分对比表

2017—2018 学年报告		114 所直属高校		75 所教育部直属高校		39 所直属高校	
		总分	平均分	总分	平均分	总分	平均分
2.0 版(满分 100 分)	含 0 分高校	6730.5	59.04	5149	68.65	1581.5	40.55
	去除含 0 分高校	6730.5	86.29(n=78)	5149	87.27(n=59)	1581.5	83.24(n=19)
2.1 版(满分 105 分)	含 0 分高校	6889.5	60.43	5277	70.36	1612.5	41.35
	去除含 0 分高校	6889.5	88.33(n=78)	5277	89.44(n=59)	1612.5	84.87(n=19)

为了测评出高校本科教学质量报告对 2018 年《通知》新公开要求的适应性，本次测评中除了继续使用“指标体系(2.0 版)”进行测评外，还试用了“指标体系(2.1 版)”。“指标体系(2.1 版)”测评总得分情况显示，114 所直属高校总分上升 159 分，78 所发布高校中有 55 所高校得到了附加分，这也说明 23 所高校未得到附加分的高校对于《通知》的新要求完全未采纳。按有实际测评分数的 78 所高校计算，每所高校平均分上升 2.04 分。75 所教育部直属高校和 39 所直属高校中分别有 42 所高校(占 75 所高校总数的 56.00%)和 13 所高校(占 39 所高校总数的 33.33%)高校得到了附加分，平均得分分别上升 2.17 分和 1.63 分，这也说明 39 所直属高校对于质量报告新要求的把握与 75 所教育部直属高校相比还存在一定差距。如表 9-31 所示，虽然运用“指标体系(2.1 版)”后平均分有所上升，但是在得分率方面测评数据均有所下降，尤其是 39 所直属高校得分率下降较多。

表 9-31　使用“指标体系(2.1 版)”与使用“指标体系(2.0 版)”总得分及平均分变化表

2017—2018 学年报告	114 所直属高校		75 所教育部直属高校		39 所直属高校	
	得分率	平均分	得分率	平均分	得分率	平均分
2.0 版	86.29%	86.29	87.27%	87.27	83.24%	83.24
2.1 版	84.12%	88.33	85.18%	89.44	80.83%	84.87

2. 单项得分及得分率分析与对比(使用“指标体系(2.0 版)”)

为保持测评的连续性和可比性，在各单项得分情况分析中使用与前一年相同的“指标体系(2.0 版)”测评数据进行分析。如表 9-32 所示，114 所直属高校在八项一级指标的得分率上大多处于 50%～60%的中间水平。但去除得 0 分高校后，除第四项和第八项外，其他一级指标得分率普遍在 85%以上。可以认为，含 0 分高校的测评数据代表 114 所直属高校本科教学质量报告信息公开工作的质量，去 0 分高校的数据代表 114 所直属高校本科教学质量报告信息公开内容的质量。导致总分得分率为 59.04%的原因，一是因为部分高校未按时公开质量报告导致得分为 0，拉低了高校整体得分率;二是已发布的报告在某些分值较高的公开事项上得分率较低,拉低了整体得分率,详细情况见优、劣势指标分析。表 9-32 的数据说明 114 所直属高校本科教学质量报告整体上的撰写水平普遍较好,但部分高校对于报告按要求公开的重视程度还不够,已经发布的报告在各项指标上普遍已达到了较好水平。

表 9-32 114 所直属高校两次单项得分率对比表

项目	名称	总分	第一项	第二项	第三项	第四项	第五项	第六项	第七项	第八项
	分值	100	12	20	18	19	13	4	6	8
2017—2018学年报告	含 0 分平均分	59.04	7.03	12.41	10.86	10.29	7.89	2.61	3.89	4.04
	含 0 分得分率	59.04%	58.58%	60.05%	60.33%	54.16%	60.69%	65.25%	64.83%	50.50%
	去 0 分平均分	86.29	10.28	18.13	15.88	15.04	11.53	3.82	5.69	5.90
	去 0 分得分率	86.29%	85.67%	90.65%	88.22%	79.16%	88.69%	95.50%	94.83%	73.75%
2016—2017学年报告	含 0 分平均分	65.48	7.73	14.31	12	11.84	8.82	2.95	4.44	3.43
	含 0 分得分率	65.48%	64.42%	71.55%	66.67%	62.32%	67.85%	73.75%	74.00%	42.88%
	去 0 分平均分	85.80	10.13	18.75	15.72	15.52	11.56	3.86	5.82	4.49
	去 0 分得分率	85.80%	84.42%	93.75%	87.33%	81.68%	88.92%	96.50%	97.00%	56.13%

如表 9-32 所示,去除得 0 分高校数据后,114 所直属高校已经发布的本科教学质量报告的八项一级指标得分率由高到低排列分别为:第六项特色发展 95.50%、第七项需要解决的问题 94.83%、第二项师资与教学条件 90.65%、第五项学生学习效果 88.69%、第三项教学建设与改革 88.22%、第一项本科教育基本情况 85.67%、第四项质量保障体系 79.16%、第八项发布情况测评 73.75%。平均得分率 86.29%。各项指标的得分情况总体较好,但第四项与第八项的得分率与其他项得分率差距较大,说明已发布的本科教学质量报告在信息公开质量整体较好的情况下,在“质量保障体系”与“发布情况”指标上还需要加强。

从与上一年同是使用“指标体系(2.0 版)”测评数据的对比情况来看,含 0 分高校数据中,八项一级指标得分率中除第八项外都较去年测评数据有不同程度的下滑,并且有三项一级指标的得分率在 60%以下,其中第二项和第七项下滑最严重。从本科教学质量报告的信息公开工作角度来看,114 所直属高校对 2017—2018 学年本科教学质量报告信息公开的整体重视程度有所下降,但第八项得分率有所上升说明 114 所直属高校对质量报告信息公开形式的理解和执行程度有所上升。去除得 0 分高校数据后,在八项以一级指标中第二、四、五、六、七项一级指标的得分率有小幅度下降。第一、三、八项一级指标的得分率有所上升,其中第八项上升幅度达 17.62%,总体得分率也有所上升。这可以说明,114 所直属高校已经发布的本科教学质量报告中在“师资与教学条件”“质量保障体系”“学生学习效果”“特色发展”“需要解决的问题”等一级指标上的信息公开水平上有小幅度下降,但在“教育基本情况”“教学建设与改革”“发布情况”等一级指标上的信息公开水平上有所上升,其中“发布情况”指标所代表的本科教学质量报告信息公开形式水平有较大提升,说明在经历了多年的本科教学质量报告信息公开制度构建的适应期后,部属高校在本科教学质量报告信息公开的时效性、便捷性、科学性、准确性等方面有了更好的把握,高校本科教学质量报告的信息公开制度正在从内到外进行完善,本科教学质量报告将更好地发挥其从自我评估到质量治理的作用。

3. 优、劣势指标分析(使用"指标体系(2.0版)")

如图9-1所示,去除得0分高校数据后,第七项需要解决的问题的得分率95.50%,是得分率最高的一级指标,为本次测评中的优势指标。从指标赋分权重情况分析,第七项一级指标下虽设了三项三级指标,但总分值只有6分,总体分值较小,因此其对总分的影响权重较小。从指标内容分析,第七项为需要解决的问题,项目本身为论述性内容,每个高校每年都撰写相关内容且撰写难度较小,加之目前高校外部的大评估环境非常重视"问题与对策"的描述。近年来,如本科教学工作审核评估、师范类专业认证的自评报告中都专门要求1/3的篇幅谈问题,这对质量报告的撰写有明显的导向和影响作用,中国高校质量保障体系中的问题公开意识已经初步形成,促使本项成为得分率最高的项目。

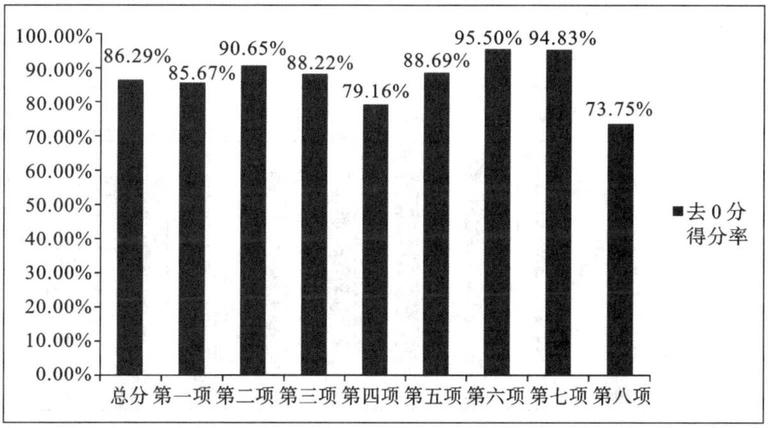

图9-1　2017—2018**学年报告各项指标得分率(去**0**分高校后)**

本次测评劣势指标为第八项发布情况测评和第四项质量保障体系。从质量报告公开工作的测评情况来看,劣势指标为第八项发布情况测评,这一项是对报告整体发布情况要求进行的测评,内容涉及报告的发布时间、发布方式、发布年份、有无支撑附件等情况。虽然第八项得分情况较去年已经得到了较大提升,但依然在所有指标中处于较低水平。此项指标得分劣势可以反映出相比与质量报告的内容,质量报告在发布时效性、便捷性、科学性、准确性等信息公开形式上还有待于加强。

从质量报告内容的测评情况来看,劣势指标为第四项质量保障体系,得分率79.16%。从指标赋分权重情况分析,第四项质量保障体系一级指标下设10个三级指标，赋分值 19 分，在所有一级指标中所赋分值中处于第二高，权重较大，对总体得分的影响较大。

如图 9-2 所示，去除得 0 分高校数据后，在 2017—2018 学年报告与 2016—2017 学年报告各项指标得分率对比中，八项一级指标中有三项指标得分率上升，分别是第一项本科教育基本情况、第三项教学建设与改革、第八项发布情况测评，有五项一级指标得分率下降，但总体得分率有所上升。其中分数上升最多的为第八项“发布情况测评”，得分率由 56.13%上升为 73.75%，提升了 17.62%。第八项“发布情况”包含了时效性、便捷性、科学性、准确性等四项内容，说明经过多年的适应，各高校对本科教学质量报告信息公开要求已经有了比较好的理解与把握。通过对本科教学质量报告信息公开“时效性”“便捷性”“科学性”“准确性”四项二级指标得分率情况的深入分析发现，在“科学性”指标上各高校分数提升巨大，说明大部分高校已经转变了原来以自然年为单位编发本科教学质量报告的习惯而改为以学年为单位编发本科教学质量报告，在报告公开数据上更加科学，而且这一改变使不同高校公开的数据间更具有可比性。分数下降最多的一级指标为第二项“师资与教学条件”，其中包含“教师队伍建设情况”“教师教学投入情况”“教学经费投入情况”“教学设施投入情况”四项二级指标，十五项三级指标，经对十五项三级指标得分率情况的深入分析发现，几项与“生均”相关数据的测评得分有所下降，值得注意。

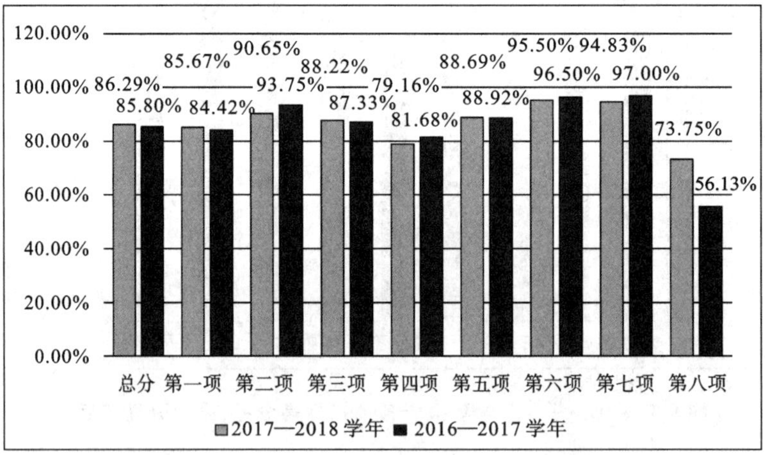

图 9-2 2017—2018 **学年报告与** 2016—2017 **学年报告各项指标得分率对比图(去** 0 **分高校后)**

(二) 2019 年测评研究各单项得分离散程度分析

1. 标准差分析

114 所直属高校在本次测评中八项一级指标单项标准差的排名如图 9-3 所示。八项一级指标得分标准差排名由低到高排列分别为：第六项特色发展、第七项需要解决的问题、第八项公开情况测评、第一项本科教育基本情况、第三项教学建设与改革、第五项学生学习效果、第二项师资与教学条件、第四项质量保障体系。

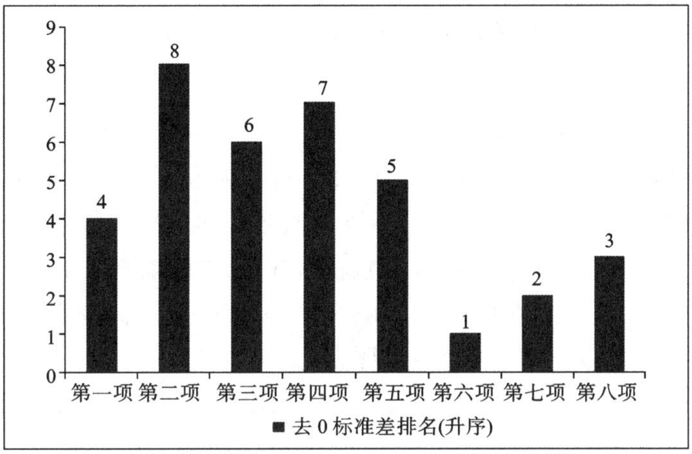

图 9-3　2017—2018 **学年报告单项标准差排序柱状图**

在各项一级指标中,第六项特色发展的标准差最小,得分离散程度最小,说明各高校在此项上的得分比较平均,各校对于此项掌握与执行情况比较一致。而第二项师资与教学条件的标准差最大,得分离散程度最大,说明各校对此项的理解和把握有较大差异,并且此项的总得分率偏低,说明有相当一部分学校在此项中的问题还比较严重。

如图 9-4 所示,在 2017—2018 学年报告与 2016—2017 学年报告单项得分标准差排序对比中,第六项特色发展两年都为第一名,得分离散程度最小,说明各高校在此单项得分比较平均,各校对于此项掌握与执行情况比较一致且稳定。并且第六项、第七项、第八项、第一项这四项一级指标两年的标准差排名没有变化,得分离散情况比较稳定,说明各校在这四项上的信息公开把握与执行程度比较稳定。而第二项师资与教学条件的标准差在 2017—2018 学年报告中超越 2016—2017 年的第四项成为标准差最

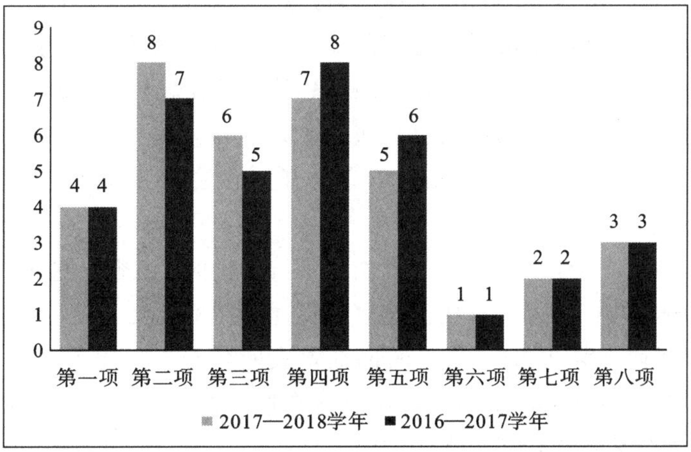

图 9-4　2017—2018 **学年报告与** 2016—2017 **学年报告单项得分标准差排序对比柱状图**

大的一级指标，说明各校 2017—2018 学年报告在此项上的得分情况变得更加离散，得分两极分化现象较为严重。结合此前分析，此项中有相当一部分学校在与“生均”相关数据的信息公开中问题比较严重，这是导致部分高校得分过低而拉高标准差的原因之一。

2. 个性问题与共性问题分析

如图 9-5 所示，在本次测评中，第二项师资与教学条件的得分率排名第 3，标准差排名第 8，呈现出较大反差。居中的得分率表明各校在此项上的平均得分情况尚可，但较大标准差表明各校在此项上得分分布较为分散，由此说明各高校此项得分两极分化程度严重，部分高校在此项上得分较高但还有相当一部分高校在此项上得分较低，属于本次测评中少数高校存在的个性问题。

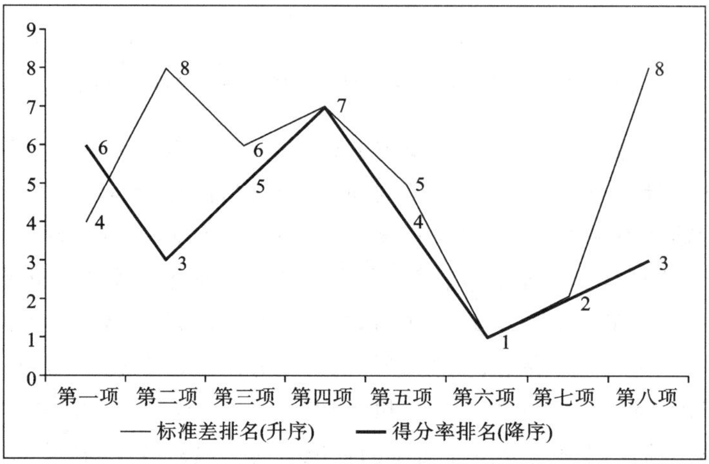

图 9-5 2017—2018 **学年报告单项得分率与标准差排名对比图**

与第二项相反，第八项发布情况测评的得分率排名第 8，而标准差排名第 3。适中的标准差表明各校在此项上的得分分布差异不是特别大，最低得分率表明各高校此项上得分普遍较低。由此说明各高校在此项上总体得分比较接近，得分两极分化程度较小，但各高校整体在此项得分普遍很低，属于本次质量报告信息公开测评中大部分高校存在的共性问题，说明各高校在报告信息公开的时效性、便捷性、科学性、准确性上还普遍存在共性问题。

第八章是对报告整体发布情况进行的测评，对于报告内容质量来讲，第四项质量保障体系的得分率与标准差的对比情况也值得注意。本次测评中，第四项指标的得分率和标准差排名均为第 7，倒数第二的标准差表明各校在此项上的得分分布差异较大，倒数第二的得分率表明各高校此项上得分普遍较低。这说明各高校质量报告中呈现出来的质量保障体系构建还存在一定的共性短板问题，且往年出现过的质量保障体系构建共性问题依然存在。

（三）“指标体系（2.1 版）”重点关注的三级指标测评情况分析

在“指标体系（2.1 版）”设计中，就近年来需要对本科教学质量报告信息公开进行重点关注的三级指标进行了颜色标识。其中按照 2018 年《通知》新要求添加的附加分指标标注为绿色三级指标；高等教育质量监测国家平台中自动生成的本科教学质量报告中缺失部分指标标注为黄色三级指标；研究设计的第八项的具体指标标注为蓝色三级指标；高等教育质量监测国家平台中自动生成的本科教学质量报告中存在但很少出现在学校报告中需特别注意的部分指标标注为红色三级指标。

1. 绿色标识三级指标测评情况分析

绿色标识三级指标为附加分指标，是在“指标体系（2.1 版）”设计中按照《国务院教育督导委员会办公室关于普通高等学校编制发布 2017—2018 学年〈本科教学质量报告〉的通知》（国教督办函〔2018〕83 号）文件新要求特别加入的指标。这项指标反映了各高校的本科教学质量报告对于新的撰写与公开要求的适应程度。从测评得分情况分析来看，只有 32 所高校的本科教学质量报告中按照最新要求加入了第四项内容，有 45 所高校的本科教学质量报告附表数据是分专业呈现。这两项三级指标得分情况如表 9-33 所示，含 0 平均分和含 0 得分率表现出了 114 所直属高校本科教学质量报告在这两项中的信息公开工作整体水平，大致都在 28%左右。两项指标（去 0 平均分和去 0 得分率）表现出了 114 所直属高校已发布的本科教学质量报告在这两项中的信息公开内容质量水平，大致都在 41%。总体来说，不论是从报告的信息公开工作整体水平层面还是报告的信息公开内容质量层面，各校本科教学质量报告对于新要求的适应度都还不够高。114 所直属高校不能置新要求于不顾，年年都按照固有的模式和模板撰写与公开质量报告，而应该按照《通知》每年的不同要求和外部对于高校本科教学质量报告信息公开的新变化撰写与公开其本科教学质量报告。

表 9-33　114 所直属高校绿色标识三级指标分析表

三级指标名称	增加第四章	数据分专业呈现
指标总分值	2	3
含 0 平均分	0.56	0.85
去 0 平均分	0.82	1.24
含 0 得分率	28.00%	28.33%
去 0 得分率	41.00%	41.33%
拥有得分学校数量	32	45

2. 黄色标识三级指标测评情况分析

黄色标识三级指标为高等教育质量监测国家平台中自动生成的本科教学质量报告中缺失的部分指标(见表 9-34)。自 2018 年开始,高等教育质量监测国家数据平台会根据每年学校填写的本科教学基本状态数据自动生成一份“××学校本科教学质量报告”。自动生成的本科教学报告是按照《通知》规定的报告框架生成的,但主体内容基本都是骨架式的数据呈现和数据分析内容,字数大概在 1 万 5 千字,可以称之为骨架板的本科教学质量报告。各高校需要在国家系统自动生成的骨架版报告上按照《通知》的具体要求进行扩充才能得到一份较为完整的本科教学质量报告。自动生成的报告中存在部分内容覆盖不到的情况,因此在“指标体系(2.1 版)”中把这部分覆盖不到的三级指标用黄色标识出来,以测评各高校对自动生成报告的补充完善程度。从得分情况来看,去除 0 分高校后各项三级指标的得分率都在 60%以上,有两项得分率在 80%以上,说明各高校对国家数据平台中自动生成报告的补充工作做得较好。在测评中也同样发现,部分高校对国家数据平台自动生成报告的依赖性虽然不强但同时对其利用程度也不高,甚至有部分高校完全无视国家数据平台自动生成报告的规范和引导作用,在报告撰写时依然我行我素,对报告需要公开并且自动生成报告中已有的数据也未添加利用。这部分高校需要加强对本科教学质量报告编制的执行力并提高对自动生成报告的应用程度,如此才能促进信息技术与本科教育质量保障的深度融合。

表 9-34　114 所直属高校黄色标识三级指标分析表

三级指标名称	服务面向	培养方案特点	中心地位等 8 项	学习满意度等 3 项
指标总分值	2	2	16	6
含 0 平均分	0.82	1.23	8.27	3.32
去 0 平均分	1.21	1.79	12.09	4.86
含 0 得分率	41.00%	61.50%	51.69%	55.33%
去 0 得分率	60.50%	89.50%	75.56%	81.00%
拥有得分学校数量	47	70	77	74

3. 蓝色标识三级指标测评情况分析

蓝色标识三级指标为研究设计中第八项一级指标的下设三级指标(见表 9-35)。第八项指标“信息公开情况”是在“指标体系(2.0 版)”中为了对高校本科教学质量报告撰写与公开情况进行总体判断而添加的指标,第八项一级指标共有三级指标四项,分别是时效性:报告是否在第一次测评(《通知》要求的时间节点)时已发布;便捷性:报告是否可下载;科学性:报告是否按要求为学年形式撰写;准确性:报告是否提供准确的支撑数据附表。

表 9-35　114 所直属高校蓝色标识三级指标分析表

三级指标名称	时效性	便捷性	科学性	准确性
指标总分值	2	2	2	2
含 0 平均分	0.93	1.25	1.33	0.53
去 0 平均分	1.36	1.82	1.95	0.77
含 0 得分率	46.50%	62.50%	66.50%	26.50%
去 0 得分率	68.00%	91.00%	97.50%	38.50%
拥有得分学校数量	53	71	76	30

从得分情况来看，去除 0 分高校后，“便捷性”和“科学性”两项三级指标的得分率在 90%以上，说明各高校已公开的本科教学质量报告在这两项上掌握与执行程度较好，但在“时效性”和“准确性”两项三级指标上，各校的得分率还存在普遍较低的问题。

“时效性”对于本科教学质量报告信息公开的重要性自不用说，但从含 0 得分率数据中可以看出，社会大众在报告规定发布的第一时间只能在信息公开网上找到 46.5%高校的本科教学质量报告，还有 53.5%的高校在质量报告及时公开上执行不到位。按照《通知》的要求，各高校应该在指定的时间点撰写好报告并按照属地化管理原则上交省级教育行政部门，省级教育行政部门对区域内高校质量报告编制发布情况进行监督和审核，并撰写本省(区、市)高校本科教学质量分析报告、发布情况表等材料上交国务院督导委员会办公室。因此可以断定，每个高校在省级教育行政部门和国务院督导委员会办公室的催促下基本上都会按时上交本校的本科教学质量报告，但是已经撰写出来的本科教学质量报告只有 46.5%的高校会按时在信息公开网上向社会公众公开。不得不说，这就是高校对于信息公开工作重视程度不够的一个最真实的缩影。

“准确性”是对本科教学质量报告是否后附准确的支撑数据附表进行的测评。从信息公开角度分析，这种做法有利于社会大众较快较方便地查阅相应数据，值得推广。而且在《清单》中，对相应的支撑数据也是用专门附件形式来呈现的，把支撑数据作为附件单列也是对此要求的一种较好回应。但在本次测评中，仅有 38.5%的高校在其本科教学质量报告后附了准确的支撑数据附表。虽然 2019 年《通知》中“分专业公布相关数据”的要求与以往《通知》的要求相比存在一定难度，但在国家数据平台自动生成的报告中已经按专业提供了较为详细和准确的支撑数据附表，未公布支撑数据附表的高校或是故意不公开这些数据或是对于自动生成的报告利用不到位，这种现象应在以后的质量报告撰写与公开中加以改善。

4. 红色标识三级指标测评情况分析

红色标识三级指标为高等教育质量监测国家平台中自动生成的本科教学质量报告中存在但很少出现在各校公开的本科教学报告中需特别注意的部分指标。介于笔者研究精力所限，在“指标体系(2.1 版)”中仅标注了“课堂教学规模”一项红色指标。因为笔者认为课堂教学规模对于本科教学质量的影响是尤为重要的，不论是生师比还是生均行政用房甚至是教授讲授本科课程比率所反映出的教师教学投入程度，这些衡量一个高校本科教学质量的指标都与课堂教学规模息息相关。我们不否认在课堂教学规模较大的课堂中也能拥有高质量的教学效果，也不否认不同学科的不同课程应有不同的教学规模，但起码在课堂教学规模较小的课堂中生师互动、翻转课堂、小组合作学习、形成性评价等先进的教育教学方式会更容易应用，教师有更充沛的精力去关照每一位学生从而获得更好的教学效果。但是在本次测评中，仅有 47.50% 的报告中提及了其课堂教学规模数据(见表 9-36)。其实在国家平台自动生成的报告中，“表 7 近两学年班额统计情况”就专门统计了课堂教学规模情况。在这样的情况下，还有 52.5% 的高校不公开其课堂教学规模情况，本科教学质量报告的信息公开质量何在？“教学改革改到深处是课程，改到痛处是教师，改到实处是教材”①。本科教学质量报告的撰写与公开过程中如果不触及最真实的、最深层次的课程、课堂、教师的质量数据，仅仅列举如课程门数、博士比例等表面性数据或者是列举几个在课程或教学改革方面的优势案例，那么这些撰写出来的本科教学质量报告的质量则需要打一个大大的问号，本科教学质量报告的质量保障功能和反馈改进功能的实现程度也将大打折扣。

表 9-36　114 所直属高校红色标识三级指标分析表

三级指标名称	课堂教学规模(班额)
指标总分值	2
含 0 平均分	0.65
去 0 平均分	0.95
含 0 得分率	32.50%
去 0 得分率	47.50%
拥有得分学校数量	37

六、2019 年测评研究问题与特色分析

(一) 本科教学质量报告信息公开中的典型问题总结

1. 报告公开的时间问题

2019 年测评中发现，个别高校的本科教学质量报告公开日期存在虚假标注现象。在 2019 年 1 月 2 日测评时，有个别高校没有在信息公开网中发布相关质量报告，但在

---

① 吴岩. 高校教学改革改到深处是课程，改到痛处是教师[EB/OL]. (2021-02-23)[2022-4-23]. https://news.dayoo.com/gzrbyc/202104/09/158752_53868122.htm.

2019 年 5 月 18 日测评时发现这部分高校增加的质量报告在信息公开网站中标注的公开日期为 2019 年 1 月 1 日；有个别高校竟然在信息公开网上公开 2017—2018 学年的本科教学质量报告的时间标注的是 2016 年；有个别高校的报告发布网页上的名称是 2017 年本科教学质量报告，发布日期是 2018 年 9 月，但其报告内容与《通知》要求的 2017—2018 学年的本科教学质量报告内容严重不符；还有的高校 2017—2018 学年的本科教学质量报告在信息公开网上标注的发布日期是“2016 年 11 月 18 日”这样的明显错误。

在报告发布的时间点上，兰州大学的 2017—2018 学年本科教学质量报告一直到 2019 年 11 月 26 日才在网上发布，与此同时上海市的部分高校（如上海外国语大学）在 2019 年 10 月 30 日已经公布了 2018—2019 学年本科教学质量报告（《国务院教育督导委员会办公室关于普通高等学校编制发布 2018—2019 学年本科教学质量报告的通知》（国教督办函〔2019〕52 号）的发文日期是 2019 年 11 月 23 日）。报告发布的太晚，信息公开的时效性不高，但报告撰写与发布得太早，甚至在国家相关《通知》出台之前和本科教学基本状态数据还未收集完毕之前就编撰及发布报告，这样往往会使报告的内容不能符合新的撰写要求且统计数据不一定准确（质量报告中的许多数据需要系统自动生成而靠人工计算是非常困难的），致使报告的科学性和准确性受到限制（见图 9-6 至图 9-9）。

图 9-6　中国石油大学(北京)的报告发布时间为 2016 年 11 月 18 日

2. 报告公开的格式问题

笔者在 2019 年测评过程中特别关注本科教学质量报告公开的格式问题，特别在“指标体系(2.1 版)”中设计了第八项一级指标“信息公开情况”，并用蓝色标识。第八项一级指标中的“科学性”三级指标就是针对报告是否按要求为学年格式撰写而设计的。从得分情况来看，去除得 0 分高校后，此项三级指标的得分率在 97.5%，说明各高校在此项上的掌握与执行程度较好。但如图 9-10 和图 9-11 所示，有个别高校存在报告内容与标题不符的格式问题，即信息公开网页标题名称是 2018 年报告而报告内

图 9-7　上海财经大学 2018 年 9 月就发布了 2017 年度报告

图 9-8　兰州大学 2019 年 11 月 26 日才发布 2017—2018 学年报告

图 9-9　上海外国语大学 2019 年 10 月 30 日发布了 2018—2019 学年报告

图 9-10　华北电力大学网页标题名称是 2018 年报告但内容是 2017—2018 学年报告

图 9-11　复旦大学网页标题名称为 2017 年度报告但内容为 2017—2018 学年报告

容是2017—2018学年报告，这在一定程度上也反映了高校内部负责信息公开的部分与负责质量报告撰写的部分其对于质量报告的理解程度不同。同时也有个别高校经过两年时间，其公开的质量报告依然是年度报告，值得注意（见图9-12）。

山东大学2017年本科教学质量报告

目 录

图9-12 山东大学报告内容依然为2017年度报告

3. 报告公开的方式问题

表9-3和表9-17所记录的本科教学质量报告发布网址为2019年历次测评中曾经监测到报告的所有网址，包括发布在撤销网址、学校主页、信息公开网、教务处网站等。但是按照《清单》以及《通知》的要求，高校应建立专门的信息公开网并将本科教学质量报告发布在信息公开网上，有效期至少为一年。在2019年测评中发现，个别高校仍未建立专门的信息公开网，部分高校质量报告的公开地址为教务处等网站而并非信息公开网。报告公开形式上，大部分学校的报告为可以下载查看，但也有部分学校的长达数十页的质量报告只能在信息公开网站上在线观看，甚至有的学校将报告纸质版扫描后上传，网页上的报告内容无法选定还不能查找关键词，不方便社会公众阅读，更不方便社会公众查找关键信息。这样的质量报告公开形式给社会公众一种“质量报告我公开了，但是公开的不是那么痛快”的感觉，此类报告公开的便捷性还有待提高（见图9-13至图9-15）。

4. 报告公开的内容问题

在已公开的质量报告中，有个别报告存在明显的内容错误（见图9-16至图9-19），如单位错误、表格行列错误、报告字符错误、报告内容矛盾等情况，说明报告撰写的认

图 9-13　哈尔滨工业大学将报告公开在了质量评估处网站上

图 9-14　哈尔滨工业大学信息公开网上无质量报告

真程度还需加强；还有个别高校报告对重点内容论述过于简单(见图 9-20 和图 9-21)，如北京电子科技学院的“需要解决的问题”一章内容太少，问题与对策内容总共了了数行，说明报告撰写的重视程度还需加强。

(二)本科教学质量报告信息公开中的“数据治理”专题研究

1. 数据呈现异常问题

在本次测评中发现了许多数据上的异常错误。比如有的高校报告中“生均支出”标题下内容为“支出总额”且数字为 1214 万元；有的高校其“本科专项教学经费”仅为 19818 元，而“本科教学经费”为 43869 万元；有的高校“生均实验室面积”数据为 0.16 平方米与其他学校严重不符，以上报告内容出现了明显的数据单位错误或填写错误(见图 9-22 至图 9-24)。

大連民族大學

2017—2018 学年本科教学质量报告

2018 年 12 月

图 9-15 大连民族大学为报告纸质版的扫描件，不能选中、搜索、复制

山东大学 2017—2018 学年本科教学质量报告核心支撑数据一览表

序号	数据指标名称	数据	备注
1-1	本科生人数	40784	
1-2	折合在校生人数	69483	未含网络、自考等学生
1-3	全日制在校生人数	62021	未含网络、自考等学生
1-4	本科生占全日制在校生总数的比例	65.76%	
2-1	专任教师数量	4261	
2-2	外聘教师数量	614	
2-3	具有高级职称的专任教师比例	66.55%	
2-4	具有博士学位的专任教师比例	74.78%	
2-5	具有硕士学位的专任教师比例	19.37%	
3-1	全校本科专业总数（国标专业）	120	
3-2	当年本科招生专业总数（国标专业）	113	
3-3	当年新增专业（国标专业）	2	
3-4	当年停招专业（国标专业）	6	撤销了 4 个专业
4	生师比	18.01	
5	生均教学科研仪器设备值（万元）	27425.32	
6	当年新增教学科研仪器设备值（万元）	31587.76	
7	生均纸质图书数（册）	69.92%	
8-1	电子图书（册）	704,665	

图 9-16 山东大学报告中表格数据有单位错误

表 2-4 办学基本条件一览表

类型	项目	数值
教学行政用房	总面积（平方米）	808,183.96
	生均教学行政用房面积（平方米/生）	20.87（合格标准为 14）
运动场	面积（平方米）	179,140
	数量（个）	30
教学、科研仪器设备	资产总值（万元）	258471.08
	生均（万元）	5.37（合格标准为 5）
校园网、图书情况	当年新增所占比例（%）	13.16（合格标准为 10）
	校园网主干带宽（Mbps）	20,000
	网络接入信息点数量（个）	73,483
	纸质图书总量（册）	3,439,560
	纸质期刊种类数（种）	1,590
	数据库（个）	266

图 9-17　大连理工大学报告表格行列分割错误(应在粗线处分割)

·ZJU·

2. 培养方案修订，优化课程体系

学校根据国家社会对人才需求以及学校人才培养目标的变化，定期修订本科专业培养方案。2018 年，学校依据教育部发布的《普通高等学校本科专业类教学质量标准》和《新时代高校思想政治理论课教学工作基本要求》等文件精神，贯彻、落实《浙江大学关于进一步深化教育教学改革的若干意见》（浙大发本〔2017〕1 号）精神和要求，要求各学院（系）、专业坚持以学生为本，以充分发挥学生个性和特长、促进学生全面发展，准确定位“培养目标”和“毕业要求”，并建立“培养目标－毕业要求－课程体系”三者之间的内在逻辑。

根据培养方案，目前全校各类专业实践学分占总学分的整体比率各类专业选修课学分占总学分的整体比率约 29%。

图 9-18　浙江大学报告中有文字错误

6. 专业设置情况

全校本科专业总数：11，当年本科招生专业总数：9

当年新增专业		
序号	校内专业代码	校内专业名称
1	030612TK01	公安管理学
2	030615TK02	警务指挥与战术(特警方向)
3	083108TK01	网络安全与执法
4	083102K01	消防工程

当年停招专业			
序号	校内专业代码	校内专业名称	开设年份
1	083102K01	消防工程	2010
2	030602K03	侦查学(公安情报学方向)	2010

图 9-19　南京森林警察学院报告中有的专业既是新增专业也是停招专业

第八部分 问题与对策

问题 1 部分教师投入本科教学精力不足

问题原因：存在科研硬指标和教学软指标等不均衡客观评价因素，部分教师重科研、轻教学，教师主动投入本科教学和教学能力提升的机制不够完善。

改进措施：从政策制定入手，在教师教学绩效考核和职称评聘等方面向本科教学倾斜，加大教学能力发展的考核力度，进一步提升教师人才培养能力和教学水平。

问题 2 基础课教学“大师”、领军人才较少

问题原因：传统教育教学理念和灌输式的教学方法影响较深，现代教育教学制度下成长起来的，能够深入理解现代教育教学理念、具有丰富一线教学实践经验的“大师”比较匮乏。

改进措施：引培并重，一方面加强现有青年教师的培养力度，一方面制定有利于引入国内外有影响力教学名师的政策。

图 9-20 大连理工大学报告中“问题与对策”章节整体比较简单

八、需要解决的问题

学院自 1992 年开办本科教育以来，经过二十多年的发展建设，教育教学工作取得了显著的成绩，人才培养质量得到了显著的提升，但在本科教育教学等方面还存在一些需要加强和解决的问题。最突出的问题一是硬件条件需要改善；二是信息化建设需要加强；三是教学改革需要深入。

学院将认真学习全国教育大会精神、新时代全国高等学校本科教育工作会议精神和《教育部关于加快建设高水平本科教育全面提高人才培养能力的意见》，积极改善硬件条件，加强信息化建设，深化教学改革。为培养德智体美劳的新时代社会主义事业建设者和可靠接班人作出新的更大贡献。

图 9-21 北京电子科技学院“需要解决的问题”章节整体比较简单

10. 生均本科教学日常运行支出

2017 年，学校教学日常运行支出总额 2219.18 万元。

11. 本科专项教学经费

2017 年，学校教学改革与建设专项经费 2496.9 万元。

12. 生均本科实验经费

2017 年，学校支出本科实验经费 453.46 万元，生均 570.1 元，较上一年度生均增加 70 元。

13. 生均本科实习经费

2017 年，学校支出本科实习经费 965.66 万元，生均实践教学经费 1214.06 万元。

14. 全校开设课程总门数

2017-2018 学年，全校开设课程总门数为 664 门。

15. 实践教学学分占总学分比例

图 9-22 防灾科技学院报告中“生均”标题下内容为“总额”且数值为 1214 万元

浙江大学 2017-2018 学年
本科教学质量报告

（二）教学条件

1. 教学经费

2017 年全校教学经费总额 567063 万元，本科教学经费 43869 万元，其中本科教学日常运行支出 24051 万元（生均 9432 元），本科专项教学经费 19818 元，实验经费支出 4055 万元（生均 1590 元），本科实践经费支出 5025 万元（生均 1970 元）。

2. 教学用房

全校教学行政用房总面积 1618806 平方米，其中本科实验室面积 114843 平方米；全校学生生均教学行政用房 28.41 平方米，本科生均实验室面积 4.50 平方米。

3. 图书资料

目前，学校共有纸质图书 7720543 册，中外文电子图书 9125677 册，纸质期刊 6394 种，电子期刊、图书等数字资源数据库 524 个；其中当年新增纸质图书 208331 册、电子图书 38143 册。全校学生生均纸质图书 92 册。

学校大力加强网络化和数字化文献资源的建设，目前引进的中外文数据库已覆盖学校所有学科范围。

4. 教学仪器设备

截至 2018 年 9 月 1 日，浙江大学全校仪器设备总值 723362 万元，其中当年新增 99906 万元，当年新增所占比例 16%。全校学生生均教学科研仪器设备值达到 8.64 万元。

图 9-23　浙江大学报告中本科专项教学经费仅 19818 元

附表5　2017-2018学年基本办学条件一览表

	项目	数量
01	当年新增教学科研仪器设备值	2474.22万元
02	电子图书总数	657.1万册
03	电子期刊种类数	92.4万种
04	生均图书	91.31册
05	生均教学行政用房	14.12平方米
06	生均实验室面积	0.16平方米
07	生均本科教学日常运行支出	5019.28元
08	生均本科实验经费	152.67元
09	生均本科实习经费	63.50元

图 9-24　上海财经大学报告附表中的生均实验室面积为 0.16 平方米

有的学校同一份报告中前后两个“初次就业率”数据不一致（见图 9-25），有的学校同一份报告中开头论述当年新增一个专业，结尾附表中给出了三个当年新增专业，数据前后矛盾（见图 9-26 和图 9-27）。

从数据内涵上看，还有一些深层次的数据异常问题值得注意，如东南大学的生均日常支出值（13600）是中国矿业大学（北京）生均日常支出值（4648.31）的两倍还多，其生均科研仪器设备值（63309）是中国矿业大学（北京）生均科研仪器设备值（27200）的三倍，其生均实验室面积值（5.33）大于中国矿业大学（北京）的生均实验室面积值（3.58），但其实验经费值（522）却不到中国矿业大学（北京）实验经费值

⊕⊖ < 33 / 40 > 第33页

高校第5位。

5.7 本科教学基本状态分析

2017-2018 学年，学校加大本科教学建设投入，进一步完善教学条件。学校教学科研及辅助用房 844155.00 平方米，比上一学年 838635.70 平方米新增了 5519.3 平方米；图书馆馆藏图书 641.23 万册，比上一学年 633.39 万册新增 7.84 万册，纸质期刊及电子资源均有所增加。

2018 届本科毕业生初次就业率为 97.47%，较上届本科毕业生初次就业率 91.61%有所提高。用人单位对南京大学毕业生的综合评价为“很好”和“较好”的比例为 96.37%。

教学运行与教学管理方面，主讲本科课程的教授占教授总人数的比例为 80.56%，教授讲授本科课程占课程总门数的 49.34%，较上学年主讲本科课程的教授占教授总人数的比例 78.32%，教授讲授本科课程占课程总门次数的 31.54%，提升明显。2017-2018 学年的生师比为 17.14∶1，比上学年稍有上升。主要原因是，在学校专任教师数基本稳定的情况下，博士生和留学生人数有所增加。

6.2 毕业生情况

6.2.1 毕业就业

2018 届有 3041 名本科毕业生，毕业率 93.21%%，学位授予率 91.22%，初次就业率 97.44%，年终就业率为 97.83%，出国率 21.96%，升学率 40.36%。

图 9-25　中央财经大学报告中前后两个初次就业率不一致

2018 年学校共有 80 个专业招生，相对于上一学年，没有停招专业。合肥校区 70 个专业招生，宣城校区 18 个专业招生。2018 年水文与水资源专业恢复招生，新增招生专业机器人工程。合肥校区 31 个省市区，宣城校区 27 个省市区（不含北京，上海，新疆，西藏），共计 116 个批次，其中包含各省的本科一批，部分省市特殊类型如自主招生、美术类、贫困专项、农村单独自主招生、预科生等。

图 9-26　合肥工业大学报告主体中新增专业只有一个

表 14：合肥工业大学 2017—2018 学年新增专业一览表

序号	专业名称	专业代码	学位授予门类	修业年限
1	生物科学	071001	理学	四年
2	城市地下空间工程	081005T	工学	四年
3	机器人工程	080803T	工学	四年

图 9-27　合肥工业大学报告附表中新增专业出现三个

(1075.31)的一半。可以这样理解，东南大学买了中国矿业大学(北京)三倍的器材、建了两倍面积的实验室，共花了两倍的总运行经费，但其实验经费却不足其他学校的一半，这样的数据差异不合乎逻辑。这样的异常数据反映出的是这些高校真实情况的差别还是填报随意造成数据错误？数据意识、数据治理在本科教学质量报告信息公开中显得尤为重要，这也是高校治理体系与治理能力现代化的关键。①

2. 数据统计时间节点不一致问题

按照2018年《通知》和本科教学基本状态数据填报的要求，本科教学质量报告中的财务数据（经费、工资）是要求统计2017年（自然年）的，教学数据（学生、教师、专业、课程）是按2017—2018学年统计。在各校发布的2017—2018学年本科教学质量报告中，在同一指标中有的学校是统计的2017年数据，有的学校统计的是2018年数据。如当年新增专业和停招专业一项上，有的学校统计的是2017年的专业数据，有的学校统计的是2018年的专业数据。在就业数据节点上，有的学校统计到9月，有的学校统计到12月。同一学年的报告中这些数据统计的时间节点不一致，导致了报告中数据的可比性降低（见图9-28和图9-29）。

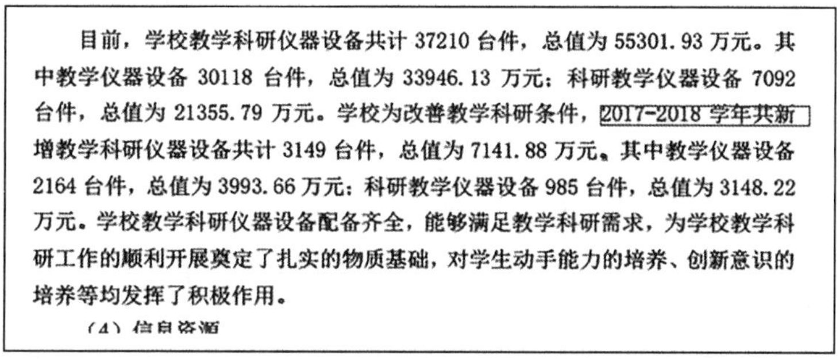
目前，学校教学科研仪器设备共计37210台件，总值为55301.93万元。其中教学仪器设备30118台件，总值为33946.13万元；科研教学仪器设备7092台件，总值为21355.79万元。学校为改善教学科研条件，2017-2018学年共新增教学科研仪器设备共计3149台件，总值为7141.88万元。其中教学仪器设备2164台件，总值为3993.66万元；科研教学仪器设备985台件，总值为3148.22万元。学校教学科研仪器设备配备齐全，能够满足教学科研需求，为学校教学科研工作的顺利开展奠定了扎实的物质基础，对学生动手能力的培养、创新意识的培养等均发挥了积极作用。

（4）信息资源

图9-28　北京中医药大学报告中的新增科研仪器设备值是按照学年统计而非按年度统计

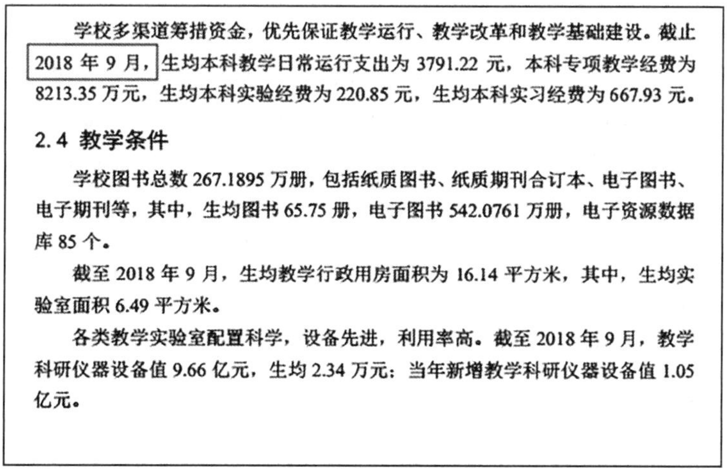
学校多渠道筹措资金，优先保证教学运行、教学改革和教学基础建设。截止2018年9月，生均本科教学日常运行支出为3791.22元，本科专项教学经费为8213.35万元，生均本科实验经费为220.85元，生均本科实习经费为667.93元。

2.4 教学条件

学校图书总数267.1895万册，包括纸质图书、纸质期刊合订本、电子图书、电子期刊等，其中，生均图书65.75册，电子图书542.0761万册，电子资源数据库85个。

截至2018年9月，生均教学行政用房面积为16.14平方米，其中，生均实验室面积6.49平方米。

各类教学实验室配置科学，设备先进，利用率高。截至2018年9月，教学科研仪器设备值9.66亿元，生均2.34万元；当年新增教学科研仪器设备值1.05亿元。

图9-29　华北电力大学报告中的日常运行支出是按照时点统计而非按年度统计

① 李奇，高洋. 从规则到行为：高等教育质量年度报告制度的改进[J]. 复旦教育论坛，2020，18(03)：67-73.

3. 数据统计口径不一致问题

本次测评发现，在报告统计数据中存在一些统计口径不同而造成数据的差异较大问题。如“教授”与“高级职称”、“门数”与“门次”、“生均”与“本科生均”、“就业率”与“初次就业率”等，以上两两相对的概念中有的仅仅相差一两个字，但其统计口径就会因此扩大，得到的数据可能几乎要翻倍。如“门次”和“门”的数据统计中，《通知》要求是按“门”统计课程数量，但许多学校的报告中按“门次”统计这一数据的，将“门次”和“门”数据混淆呈现，会因数据之间的口径不同造成可比性不足，也使社会公众在阅读时产生歧义。如山东大学校本部本科课程总门数为 5469，其中教授授课 1474 门，占 26.95%；总门次数为 97909，其中教授授课 8616 门次，占 8.8%，课程“门”数与“门次”数相差一倍，教授授课比例相差三倍(见图 9-30)。

（二）本科主讲教师情况

本学年高级职称教师承担的课程门数为 1,022，占总课程门数的 63.84%；课程门次数为 3,176，占开课总门次的 60.13%。

正高级职称教师承担的课程门数为 383，占总课程门数的 23.92%；课程门次数为 699，占开课总门次的 13.23%。其中教授职称教师承担的课程门数为 378，占总课程门数的 23.61%；课程门次数为 693，占开课总门次的 13.12%。

副高级职称教师承担的课程门数为 799，占总课程门数的 49.91%；课程门次数为 2,576，占开课总门次的 48.77%。其中副教授职称教师承担的课程门数为 798，占总课程门数的 49.84%；课程门次数为 2,569，占开课总门次的 48.64%。

承担本科教学的具有教授职称的教师有 267 人，以我校具有教授职称教师 313 人计，主讲本科课程的教授比例为 85.3%。

图 9-30　某高校报告中给出的门数和门次数之间的差别

类似的情况还有如“教授”“正教授”“正高职称”等也存在统计口径上不同而导致数据缺乏可比性。《通知》要求是统计“教授讲授本科课程占课程总门次数的比例”，合肥工业大学报告中统计的是“教授给本科生授课数占课程总数的比例”为 25.52%，中国矿业大学(江苏)统计的是“正高职称教师给本科生授课数占课程总数的比例”为 30.03%，东南大学统计的是“教授授本科课程占课程总门次数的比例”为 13.37%，以上三个统计概念看似相同，但在实际统计口径上有较大差别。而同样是“教授讲授本科课程占课程总门次数的比例”，中国药科大学统计数据为 8.61%，相同概念下的统计数据相差较大，不知是否是由于实际统计中的理解口径不同而造成的。同时如图 9-31 至图 9-33 所示，也有的高校给出了高级、正高、教授以及授课门、门次之间的区别。

测评中发现，部分高校可能存在利用模糊数据统计口径而提供对学校更有利数据的打擦边球现象，在呈现数据的时候能用好的数据绝不用差的数据。但这对于如实提供准确数据的高校来讲并不公平，并且对社会公众准确了解各校本科教学质量情况也十分不利，更不用说如果国家用这些口径不同的数据来制定相关政策会造成较大问

2017—2018 学年，学院共开设本科课程 241 门，其中，高级职称教师承担的课程门数为 164，占总课程门数的 68.05%；学院开课总门次数为 562，其中高级职称教师承担的课程门次数为 381，占开课总门次的 67.79%。

2017—2018 学年，正高级职称教师承担的课程门数为 41，占总课程门数的 17.01%；课程门次数为 54，占开课总门次的 9.61%。其中教授职称教师承担的课程门数为 33，占总课程门数的 13.69%；课程门次数为 45，占开课总门次的 8.01%。

2017—2018 学年，副高级职称教师承担的课程门数为 130，占总课程门数的 53.94%；课程门次数为 331，占开课总门次的 58.9%。其中副教授职称教师承担的课程门数为 118，占总课程门数的 48.96%；课程门次数为 314，占开课总门次的 55.87%。

图 9-31 北京电子科技学院报告中给出的高级、正高、教授和门、门次的区别

（二）本科生课程开设情况

学校不断加强公共基础课和核心课程的教师队伍建设，规定主干基础课主持人一般由教授担任。建立由资深教师组成的通选课审查专家组，对课程的内容和任课教师进行审核，确保课程质量和教学实效。通过导师制、本科生科研项目、小班课教学、实验与实践课程、国家人才培养基地和教育部拔尖学生培养试验计划等多种渠道加强教师对学生的指导，提升本科教学质量。

2017-2018 学年，高级职称教师承担的课程门数为 3108，占总课程门数的 81.3%；课程门次数为 7251，占开课总门次的 75.02%。正高级职称教师承担的课程门数为 1627，占总课程门数的 42.56%；课程门次数为 2755，占开课总门次的 28.5%。其中教授职称教师承担的课程门数为 1563，占总课程门数的 40.88%；课程门次数为 2568，占开课总门次的 26.57%。副高级职称教师承担的课程门数为 1951，占总课程门数的 51.03%；课程门次数为 4528，占开课总门次的 46.84%。其中副教授职称教师承担的课程门数为 1888，占总课程门数的 49.39%；课程门次数为 4380，占开课总门次的 45.31%。（数据来源于 2017-2018 学年课表）

图 9-32 武汉大学报告中正高职称和教授职称以及课程门数和门次数上的差别

教授授课率不断提升。学校出台了《中山大学教师编制核定、职位设置与职务聘任规程》和《中山大学教授和副教授职务聘任实施办法（试行）》等文件，将教授、副教授教学投入与教学质量列为职务聘任重要评价指标，巩固了教授授课率，教学氛围愈加浓厚。

本学年高级职称教师承担的课程门数为 3246，占总课程门数的 78.75%；课程门次数为 5957，占开课总门次的 66.79%。

正高级职称教师承担的课程门数为 1711，占总课程门数的 41.51%；课程门次数为 2551，占开课总门次的 28.6%。其中，教授职称教师承担的课程门数为 1647，占总课程门数的 39.96%；课程门次数为 2449，占开课总门次的 27.46%。

副高级职称教师承担的课程门数为 2245，占总课程门数的 54.46%；课程门次数为 4228，占开课总门次的 47.4%。其中，副教授职称教师承担的课程门数为 2038，占总课程门数的 49.44%；课程门次数为 3674，占开课总门次的 41.19%。详见图 2。

我校有国家级、省级教学名师 21 人，本学年主讲本科课程的国家级、省级教学名师 15 人，占比为 71.43%。

图 9-33 中山大学报告中给出的高级、正高、教授和门、门次的区别

题。比如，部分学校存在利用“生均”和“本科生均”的概念转变扩大数据统计口径的从而提供更优化的数据问题，根据中国科学技术大学和西南大学报告中给出的数据，“生均教学科研仪器设备值”与“本科生均教学科研仪器设备值”有近三倍的差距(见图 9-34 至图 9-36)。因此，如果各校在本科教学质量报告中所公开的数据不能严格按照《通知》和本科教学基本状态数据要求统一口径，不但学校内部人员很有可能搞不清楚学校的教学质量数据如何，也会给社会公众监督和治理高等教育质量造成混淆，那么将使本科教学质量报告中的数据失去其自我评价和质量治理的媒介作用。

学校现有教学、科研仪器设备资产总值 403,182.72 万元，生均教学科研仪器设备值 10.81 万元。当年新增教学科研仪器设备值

12

33,057.25 万元，新增值达到教学科研仪器设备总值的 8.93%。

所有教学楼实现空调、暖气、无线网络全覆盖，教室均安装多媒体设备。学校校园网主干带宽达到 10,000Mbps。校园网出口带宽 18,100Mbps。网络接入信息点数量 45,600 个。电子邮件系统用户数 87,288 个。管理信息系统数据总量 51,500GB。信息化工作人员 264 人。

2. 实验室建设

学校现有本科教学实验仪器设备 10,525 台（套），合计总值 21425.51 万元，其中单价 10 万元以上的实验仪器设备 443 台（套），总值 12811.79 万元，按本科在校生 7,372 人计算，本科生均实验仪器设备值 29063.36 元。

图 9-34　中国科学技术大学报告中“生均”和“本科生均”数值相差三倍

4. 仪器设备

学校现有教学、科研仪器设备资产总值 150902.91 万元，生均教学科研仪器设备值 2.45 万元，较去年同期增长 0.27 万元。截止 8 月底，2018 年新增教学科研仪器设备值 19899.21 万元，新增值已达到教学科研仪器设备总值的 15.19%。

本科教学方面，学校现有本科教学专用实验仪器设备 30776 台（套），合计总值 27741.71 万元，其中单价 10 万元以上的实验仪器设备 270 台（套），总值 6378.74 万元，按本科在校生 39033 人计算，本科生均教学实验仪器设备值 7107.25 元。

图 9-35　西南大学报告中“生均”和“本科生均”数值相差近三倍

“就业率”方面的专属概念也很多，容易造成统计口径上的扩大。如有的高校给出的是“就业率”，有的学校给出的是“初次就业率”，有的高校给出的是“一次就业率”，还

（二）仪器设备

学校现有教学、科研仪器设备资产总值 378914.89 万元，生均教学、科研仪器设备总值 4.14 万元。当年新增教学、科研仪器设备值 29805.55 万元，新增教学、科研仪器设备所占比例达 8.54%。

本科教学实验仪器设备 27599 台（套），合计总值 42767.40 万元，其中单价 10 万元以上的实验仪器设备 572 台（套），总值 19911.22 万元。按本科在校生 41901 人计算，生均实验仪器设备值 10206.77 元。

图 9-36　吉林大学“生均教学、科研设备仪器”和“生均实验设备仪器”值的区别

有的高校给出的是“年底就业率”，以上四个“就业率”的统计口径不同，不能放在一起比较（见图 9-37 和图 9-38）。

我校学生素质能力不断发展提高，毕业生就业竞争力持续提升，获得了用人单位的高度肯定评价。2018 届境内本科毕业生 4632 人，本科毕业生就业率为 99.48%，超过预期初次就业率目标，再创历年新高。在升学及出国出境方面，我校 2018 届境内毕业生升学和出国出境人数分别为

18.应届本科生学位授予率：100%

19.应届本科生初次就业率：98.8 %

20.体质测试达标率：90.29 %

图 9-37　同一所高校报告中“就业率”和“初次就业率”的差别

22. 应届本科生初次就业率

截至 2018 年 8 月，本校毕业生一次就业率为 87.2%，年底就业率为 94.47%。

表 10　各专业应届本科生初次就业率情况

序号	专业名称	应届毕业生数	应届毕业生就业人数	初次就业率（%）
1	测绘工程	71	70	98.59
2	英语	67	66	98.51
3	资源勘查工程	65	64	98.46
4	土木工程	125	122	97.6
5	测控技术与仪器	82	80	97.56
6	信息管理与信息系统	90	87	96.67
7	电气工程及其自动化	118	113	95.76
8	地质工程	69	66	95.65

图 9-38　同一所高校报告中的一次就业率与年底就业率区别

本次测评中还发现，对于同一个概念不同学校界定口径存在不同，如存在两个高校对于“智慧教室”的界定口径不同的问题。虽然在本科教学基本状态数据中给出了

“智慧教室指搭建了基于互联网和物联网技术，集智慧教学、人员考勤、环境智慧调节、视频监控及远程控制等于一体的新型现代化智慧教室系统的教室”的概念界定，但目前对于智慧教室的建设而言有很多种标准和规格，有全智慧和半智慧等不同建设类型，每间不同类型的智慧教室的建设费用从十几万元到几百万元不等，但似乎都能满足本科教学基本状态数据中相关的概念要求。有的高校统计的是全智慧教室，有的高校统计的是半智慧教室。这导致同是直属高校，有的高校有336间智慧教室，有的高校仅有3间智慧教室，相差112倍(见图9-39和图9-40)。因为智慧教室这一数据的口径标准尚未完全建立，所以报告中的数据可比性和参考性变得十分有限。

8.生均教学科研仪器设备值：3.49万元；

9.当年新增教学科研仪器设备值：2.12亿元；

10.生均图书：70.77册；

11.电子图书、电子期刊种数分别为：37120381册、54639种；

12.智慧教室数：336间；

13.生均教学行政用房（其中生均实验室面积）：16.03平方米（5平方米）；

14.生均本科教学日常运行支出：4394.36元；

15.本科专项教学经费（自然年度内学校立项用于本科教学改革和建设的专项经费总额）：17246.34万元；

16.生均本科实验经费（自然年度内学校用于实验教学运行、维护经费生均值）：2973.85元；

17.生均本科实习经费（自然年度内用于本科培养方案内的实习环节支出经费生均值）：1030.34元；

18.全校开设课程总门数（学年度内实际开设的本科培养计划内课程总数，跨学期讲授的同一门课程计一门）：2847门；

图9-39　江南大学报告中智慧教室间数为336间

中国矿业大学2017-2018学年本科教学质量报告

式。五是建设多种形式的教室公告（查询）系统。包括教学楼大厅电子屏、智慧班牌等，师生可实时了解教室上课及使用情况，提高教室资源利用率。六是完成学校标准化考场的升级改造。建立安全、可信、实时、高效的教育考试指挥监控体系，加强考试过程管理，切实维护各类考试的公平公正，有效推动了良好的学风和教风建设。

目前，学校建设形成了集多类型、多功能教室并存、教学辅助和服务平台相对齐全的教学保障环境。其中，多媒体教室370间，含智慧教室3间、专业录播教室3间、微课教室3间、研讨型教室16间；教学辅助和服务平台8个：专业直录播系统、智慧教学巡课系统、标准化考场系统、设备智能管理控制系统、IP语音广播系统、楼宇大厅电子公告系统、智慧班牌系统、雨课堂互动教学平台等。这些融教学环境个性化、教学理念先进化、教学方法多样化和教学设备智能化于一体的课堂教学环境，为学校全面推进个性化人才培养改革奠定了基础。

图9-40　中国矿业大学报告中智慧教室数为3间

4. 数据概念混淆问题

本次测评中发现，高校在本科教学质量报告中公开的部分数据存在概念混淆的问题，这些问题已经不是简单的统计口径不同，而是含义完全不同的概念之间相互混淆使用的问题。比如，“当年新增专业”与“新办专业”、“电子图书种数”与“电子图书册数”、“实践教学经费”与“实习经费”、“实践教学经费”与“实验教学经费”、“生均实践教学支出”与“生均实验经费”、“教学改革与建设专项经费”与“本科专项教学经费”、“课堂数”与“课程总门次数”、“课堂平均学生数”与“课堂教学规模或班额”、“选修课学分”与“选修课门数”、“实践教学学分”与“实践学时”等不同含义的概念之间存在相互混淆使用的问题。

以“当年新增专业”与“新办专业”为例，有的高校报告中给出的是“新办专业”数据，而《通知》要求公开的是“当年新增专业名单”数据，两个概念看似内容相近却又很大不同。“当年新增专业”是当年向教育部申请新办的专业，“新办专业”是毕业生不满三届的专业，不同含义的概念在不同高校的质量报告中存在相互混淆使用的问题（见图 9-41）。

> 3. 专业设置情况
>
> （1）本科专业总数：74（截止 2018 年 9 月 30 日，全校 2015-2018 级校内专业名称总数）
>
> （2）当年本科招生专业总数：55（校内专业名称总数）
>
> （3）新专业名单（毕业生不满三届的专业）：精算学、信息与计算科学、贸易经济、翻译。
>
> （4）2018 年停招专业名单：税收学（国际税收方向）、税收学（税务师方向）、金融学（国际货币与国际金融方向）、金融学（互联网金融方向）、会计学（注

图 9-41　中央财经大学高校报告中给出的是新办专业，而不是当年新增专业

如电子图书统计数据的概念问题，报告中要求统计的是“电子图书种类”，数据结果应该是电子图书种类有××万种（见图 9-42）。但在测评过程中发现，有一半以上高校公开的相关数据为电子图书有××万册。暂且不说电子图书有无“册”的概念，就算是有，“种”和“册”概念的不同而造成的统计数据甚至会有几十倍的差距。

关于经费的数据是最容易因概念混淆使用而出现问题的地方。《通知》要求统计的是“生均实习经费”和“生均实验经费”，但是有的高校给出的是“生均实践教学经费”，仅仅是一个字的差别，其概念内涵完全不同，而且这类数据是非专业人士很难察觉的。如果这些概念替换使用，一般社会公众很难发觉其中的不同。如图 9-43 所示，有的高校报告中的“生均实践教学经费”等于“生均本科实验及实习经费”，但大多数高

中国药科大学2017—2018学年本科教学质量报告

作者： 来源：信息公开网 点击数：480 更新时间：2019-01-10

信、阅、咨、研"一体化的管理模式。图书馆拥有馆藏资源总量423.7万册，印刷型文献98.5万册，新增5.8万册；可利用电子图书325.2万册，新增31.2万册，生均纸质图书47.3册。

表1-2-2 教学图书资料指标对比表

图书资料指标内容	2017-2018学年学校图书资料数据	2016-2017学年学校图书资料数据	与2016-2017学年同比
馆藏文献	423.7万册	386.8万册	↑
印刷型文献	98.5万册	92.7万册	↑
电子图书	325.2万册	294万册	↑
生均纸质图书	47.3册/生	45.3册/生	↑
生均电子图书	156册/生	143.6册/生	↑

图9-42 中国药科大学报告中电子图书的统计单位为册数

（二）教学条件

1. 经费投入

学校逐年加大本科教学经费投入。2017年学校本科教学日常运行支出总额2157.11万元，生均3421.27元；本科实践教学支出（含实验及实习经费）205.94万元，生均实践教学经费为436.04元。各项费用用较2015、2016年均有明显增长（见表1）。

表1：教学经费概况一览表

项目	2015年	2016年	2017年
教育经费总额（万元）	24,928.77	25,144.42	31,422.73
本科教学日常运行经费（万元）	1,801.76	1,934.75	2,157.11
生均本科教学日常运行支出（元）	2842.79	3000.07	3421.27
教学改革支出（万元）	99.38	58.64	60.31
专业建设支出（万元）	65.62	179.87	159.66
本科实践教学支出（万元）	121.57	97.18	205.94
生均本科实验及实习经费（元）	135.81	159.39	436.04

图9-43 某高校报告中生均实践教学经费等于生均本科实验及实习经费

校报告中的"生均实践教学经费"与"生均本科实习经费"不等（如中国刑事警察学院，见图9-44），中央司法警官学院报告中"生均实践教学经费"比"生均本科实验经费"加上"生均实习经费"还多19.23元（见图9-45）。有的学校将"教学改革与建设专项经费"和"本科专项教学经费"等同起来，但其实两者是有很大差距的，如中国药科大学报告中两者就有很大差距（见图9-46）。

本年度，全校教学日常运行支出2426.74万元，生均5245.87元；教学改革与建设专项教学经费1802.61万元；实践教学支出158.54万元，生均342.72元，其中，生均实验经费177.93元。学校教学科研仪器设备总值17018万元，生均3.06万元。新增教学科研仪器设备1065万元，占比6.68%。

图9-44 中国刑事警察学院报告中的生均实践教学支出和生均实验经费不同

在高校质量报告的财务数据中，"生均本科实验经费""生均本科实习经费""生均

（二）教学条件

1. 教学经费投入情况

学校牢固树立以教学为中心的理念，多渠道筹措资金，努力加大教学经费投入，尽量满足教学需要。2017 年度本科教学日常运行经费投入 1196.87 万元，生均 1972.10 元。其中，本科专项教学经费投入 259.27 万元。实践教学经费投入 132.94 万元，生均实践教学经费 219.05 元。其中实验经费投入 18.70 万元，生均本科实验经费 30.81 元；其中实习经费投入 102.57 万元，生均本科实习经费 169.01 元。

图 9-45　中央司法警官学院报告中生均实践教学经费比生均本科实验加上生均实习经费还多 19.23 元

（二）教学经费投入情况

学校多渠道筹措本科教学经费，确保教学经费投入优先，教学建设先行。2017 年，本科教学经费 96835.36 万元，教学改革与建设专项经费 3515.48 万元，本科教学日常运行支出 8884.61 万元，占当年本科生学费收入的 49.26%，生均教学日常运行支出为 3612.95 元，生均实践教学经费 523.11 元。

10.生均本科教学日常运行支出：3612.95 元/生

11.本科专项教学经费：7376.02 万元

12.生均本科实验经费：290.52 元/生

图 9-46　中国药科大学报告中教学改革与建设专项经费与本科专项教学经费不同

实践教学经费”和“教学改革与建设专项经费”“本科专项教学经费”这些概念都是不同的，其内涵虽有所交叉，但不能混淆使用，否则高校公布的本科教学质量报告中的数据将不具有可比性。这些专业财务数据的混淆使用比“种”和“册”的数据界定更有难度，一般社会公众很难分辨，甚至放在一起对比会产生较大的误导。大数据时代，在实现高等教育治理体系与治理能力的现代化进程中，首先要“治理数据”才能进行“数据治理”，本科教学质量报告信息公开测评中发现的“治理数据”这一前置性问题值得深思。

关于“学分”“学时”“课堂”等教育学中的专门概念在本科教学质量报告的撰写与公开中也非常容易混淆。如中国科学技术大学给出的是“全校开出的理论课程学时数”和“正高级职称承担学科或专业课堂比例”，两个提法都很新颖，然而其与《通知》规定的“开设课程总门数”和“教授讲授本科课程占总门次比例”概念有很大不同(见图 9-47)。中国科学院大学给出的“选修课占开课总门数的比例”与《通知》要求给出的“选修课学分占总学分比例”概念也不同(见图 9-48)，其给出的“实践教学(含见实习、科研训练课)学时占总学时的比例”与要求给出的“实践教学学分占总学分比例”概念也不同(见图 9-49)，将这些不同概念的数据放在一起公开并进行比较将会非常容易造成误导。

2017—2018 学年，全校共开出理论课程总学时为 98313 学时，正高和副高级职称人员承担学科及专业课堂比例分别为 51.20%和 38.70%；而全校教学科研岗教师中承担本科生教学任务的比例达到 72.91%，承担 46 门本科重要基础课的比例达到 31.24%。体现了我校鼓励具有科研背景的教师参与本科教学，促进科教结合的育人理念。

图 9-47　中国科学技术大学报告中给出的是理论课程学时数、和正高级课堂比例

1. 课程开设情况

国科大本科各专业课程体系的设计均参考了该学科领域五所世界一流大学的课程设置，力求课程体系符合培养一流人才的需求。2017–2018 学年，学校开设本科课程 753 门。其中，必修课 367 门，选修课 173 门，习题课 213 门。开设选修课占开课总门数的 22.97%。教授讲授本科课程占总门数的比例为 60.19%，教授讲授本科课程占总学时的比例为 61.47%。

2. 课堂教学规模

为了提高课堂教学质量和效果，学校实行小班制，控制课堂教学规模。2017–2018 学年，全校各类课程教学班级统计显示，54.85%的课堂规模在 30 人以内，30.41%的班级在 30 人以上，60 人以内。

图 9-48　中国科学院大学报告中选修课占开课总门数的比例与选修课学分占总学分比例概念不同

（四）实践教学

1. 实践教学开展情况：重视实践教学是学校的传统，目前学校临床医学专业教学计划总学时共 8734 学时（含实习、科研训练课），其中实践教学（含实习、科研训练课）共 5100 学时，占总学时的 58.4%。护理本科专业教学计划总学时共 4826 学时，其中实践教学（含见实习）共 2667 学时，占总学时的 55.3%。体现了学校对实践教学的高度重视。

图 9-49　某报告中实践教学(含见实习、科研训练课)学时占总学时的比例与要求实践教学学分占总学分比例概念不同

如果在本科教学质量报告撰写时连相应的“概念”都做不到统一运用，那么概念下的统计数据也呈现五花八门的情况，这也是目前教育质量治理中的重点和难点，只有“概念”治理好了，概念下位的数据才能治理好。如“课堂平均学生数”“课堂教学规模”“班额”可能在高等教育中属于同一个含义的概念，但不同高校在报告中使用的“概念”表述并不一致。面对这种现象，应做好“概念”表述的统一，并使其准确地使用，否则对于社会公众来讲，太多不同的概念表述方式会让其对于认识和监督高等教育的难度增加(如经济领域基本都使用 GDP 这样的概念表述描述而很少自由发挥的使用或创造其他相似概念表述)，不利于高等教育治理体系和教育治理能力的现代化。

5. 数据内涵理解问题

本次测评还发现一个值得研究的问题，即数据内涵理解的误差问题。不同于上述的数据统计口径错误与数据概念错误等容易在主观上犯的错误，数据内涵理解的错误是由于报告撰写者对于相关业务不熟悉导致对于概念内涵不能准确理解而造成的一种错误。

本次测评中发现数据内涵理解问题的典型就是关于“学位授予率”概念内涵的理解错误。最开始发现这一问题是因为笔者在东南大学报告中提取数据时发现其毕业率低于学位授予率。按照笔者的理解，有的本科学生因为四六级没有通过等原因只能拿到毕业证而拿不到学位证，那么只可能存在学位授予率低于毕业率，怎么会出现毕业率低于学位授予率的现象呢？

在分析“学位授予率”概念之前，我们先来列举几个相关概念：“在校生”“毕业生”“应届生”“应届毕业生”“当年实际毕业生”“应届生中未按时毕业生”“授予学位学生”。那么学位授予率应是如何计算呢？是授予学位学生除以应届生吗？还是授予学位学生除以应届毕业生数？分母到底是应届生还是应届毕业人数？在测评中笔者发现有的学校是按应届生人数为分母来计算学位授予率的，所以其毕业率低于学位授予率；有的学校是按照实际毕业人数为分母来计算学位授予率的，所以其学位授予率大于毕业率。因为本科教学质量报告中的数据大多是按照本科教学基本状态数据分析而来，为此笔者专门咨询教育部教学评估中心教学基本状态数据系统管理人员，其回复学位授予率应该是按应届毕业生数为分母来计算的。

如图 9-50 和图 9-51 所示，按照本科教学基本状态数据填报指南表 6-5-2 中的数据内涵解释，应届毕业生是指当年的实际毕业生，而不含应届生中未按时毕业生。毕业生是指当年应毕业的一届学生，包含肄业生。以上提及的几个概念之间的关系如下所示：

毕业生(当年毕业)＝应届生

应届生＝应届毕业生＋应届生中未按时毕业生

应届毕业生＝当年实际毕业生(不包含未按时毕业的学生数)

毕业率＝应届毕业生/应届生

学位授予率＝授予学位学生/应届毕业生

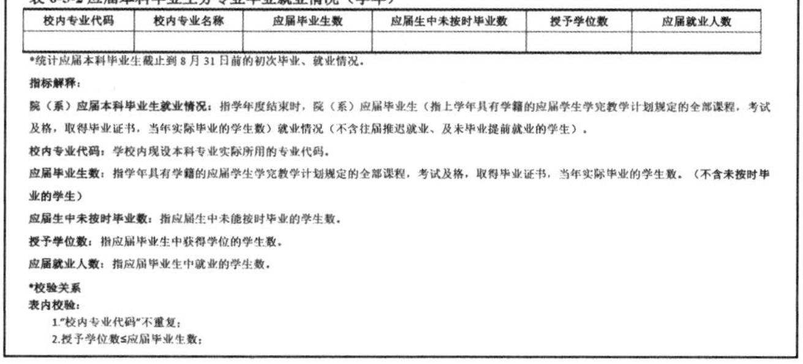
表 6-5-2 应届本科毕业生分专业毕业就业情况（学年）

校内专业代码	校内专业名称	应届毕业生数	应届生中未按时毕业数	授予学位数	应届就业人数

*统计应届本科毕业生截止到 8 月 31 日前的初次毕业、就业情况。

指标解释：

院（系）应届本科毕业生就业情况： 指学年度结束时，院（系）应届毕业生（指上学年具有学籍的应届学生学完教学计划规定的全部课程，考试及格，取得毕业证书，当年实际毕业的学生数）就业情况（不含往届推迟就业、及未毕业提前就业的学生）。

校内专业代码： 学校内现设本科专业实际所用的专业代码。

应届毕业生数： 指学年具有学籍的应届学生学完教学计划规定的全部课程，考试及格，取得毕业证书，当年实际毕业的学生数。（不含未按时毕业的学生）

应届生中未按时毕业数： 指应届生中未能按时毕业的学生数。

授予学位数： 指应届毕业生中获得学位的学生数。

应届就业人数： 指应届毕业生中就业的学生数。

***校验关系**

表内校验：

1.“校内专业代码”不重复；

2.授予学位数≤应届毕业生数；

图 9-50　本科教学基本状态数据填报指南上对应届毕业生数概念的解释

在本次测评中发现，如中国矿业大学(北京)报告中 2018 届毕业生总数为 5833 人，毕业人数为 5345，其毕业率为 91.63%。学位授予人数为 5305，学位授予率为 5305/5833＝90.95%，其应届毕业生人数是正确的(见图 9-52)。

指标解释：

学号：指学校对全日制本科在校生的学籍管理编号。

生源类别：境内、港澳台侨学生、留学生（**注：留学生非学历生不录入**）。

学生类别：在校生、毕业生（**当年毕业**）。（毕业生是指当年应毕业的一届学生，含肄业生）

年级：填写代表年份的阿拉伯数字，例如"2019"。

入学年份：实际到校报到学习起始年份，例如"2019"。

注：此表应录入含19届学生在内的五个年级学生（临床医学、建筑学等专业应为六个年级）。

*校验关系

表内校验：

入学年份

1. "学号"不重复；
2. "入学年份"≤填报年份。

表间校验：

1. "校内专业（大类）代码"、"校内专业（大类）名称"与表1-5-1"校内专业名称"、"校内专业代码"和表1-5-2"大类代码"、"大类名称"保持一致。

图 9-51　本科教学基本状态数据填报指南上对毕业生概念的解释

附件24：应届本科生毕业率（全校及分专业）

2018届毕业生总数5833人，毕业人数5345人，毕业率91.63%。

序号	专业名称	毕业生总数	毕业人数	毕业率
1	材料科学与工程	72	68	94.44%
2	材料成型及控制工程	139	127	91.37%
3	应用物理学	21	19	90.48%

附件25：应届本科生学位授予率（全校及分专业）

2018届毕业人数5345人，学位授予人数5305人，学位授予率99.25%。

序号	专业名称	毕业学生人数	学位授予人数	学位授予率
1	材料科学与工程	68	67	98.53%
2	材料成型及控制工程	127	127	100.00%
3	应用物理学	19	19	100.00%

图 9-52　中国矿业大学（北京）报告中的毕业率、学位授予率计算数据

山东大学等高校只给出毕业率和学位授予率的两个数字，并且两个比率是一样的，应该是以应届生数来做分母。

从部分给出学位授予率计算过程的高校数据来看，如武汉大学、北京交通大学、防灾科技学院报告中的学位授予率是按照应届生为分母来计算，而不是按照应届毕业生为分母来计算（见图9-53至图9-55）。那么没有给出计算过程的高校中，将应届生数作为分母的高校还有多少呢？

在提取到毕业率和学位授予率两个数据的70所高校中，有28所高校的毕业率高于学位授予率，有9所高校的学位授予率与毕业率相等，有33所高校的学位授予率高于毕业率。从这个数据我们大致可以推断出有不少高校在学位授予率上存在概念理解和计算错误。这不禁使我们反思是否概念的名称容易让人误解？或者将应届本科生学位授予率改为应届毕业生学位授予率，这样是否更好理解？更不禁使我们反思诸如此类的数据理解错误在一篇本科教学质量报告中还有多少？在高等教育质量监测国家数据平台的统计数据中又有多少这样的错误？按照这样的数据进行高等教育质

（六）毕业生状况

1. 毕业生数量及升学、出国、就业状况

2017 年，学校本科毕业生 7457 人，获得毕业证书的有 7199 人，所占比例为 96.54%；获得学位证书的有 7198 人，所占比例为 96.53 %；推荐免试研究生 1681 人。有 627 人获得双学士学位，263 人获得辅修证。截至 2017 年 12 月 10 日，2017 届本科毕业生纳入就业方案 6850 人，初次就业率为 96.50%。

有 4022 名本科毕业生国内升学或出国（境）深造，占本科毕业生总数的 58.72%。其中国内升学 2755 人，占本科毕业生总数的 40.22%；出国（境）深造 1267 人，占本科毕业生总数的 18.50%。具体见表 6 所示。

图 9-53　武汉大学报告中的学位授予率是按照应届生为分母计算

以 2014 年入学四年制学生数统计，当年入学学生数 3452 人，其中因留级、退学、入伍等原因未进入毕业环节 308 人，进入毕业环节 3144 人，四年后毕业 3080 人，应届生毕业率 97.96%。其中，获得学士学位人数 3077 人，应届生学位授予率 97.87%。

图 9-54　北京交通大学报告中的学位授予率是按照应届生为分母计算

20. 应届本科生毕业率

2017 届本科毕业学生 1827 人，取得毕业证 1790 人，毕业率 98.02%。

表 8　各专业应届本科生毕业情况

序号	专业名称	应届毕业生数	未按时毕业数	毕业率（%）
1	测绘工程	71	4	94.67
2	英语	67	0	100
3	资源勘查工程	65	1	98.48
4	土木工程	125	3	97.66
5	测控技术与仪器	82	1	98.8
6	信息管理与信息系统	90	7	92.78
7	电气工程及其自动化	118	2	98.33
8	地质工程	69	0	100
9	地质学	66	0	100
10	广告学	78	0	100
11	勘查技术与工程	72	1	98.63
12	汉语言文学	71	0	100
13	计算机科学与技术	118	1	99.16
14	地下水科学与工程	66	1	98.51
15	金融学	96	1	98.97
16	通信工程	74	1	98.67
17	工商管理	59	3	95.16
18	网络工程	117	6	95.12
19	会计学	128	2	98.46
20	工程管理	80	3	96.39
21	地球物理学	82	0	100
22	公共事业管理	33	0	100

21. 应届本科生学位授予率

2017 届本科毕业学生 1827 人，取得学士学位证书 1787 人，学位授予率 97.81%。

图 9-55　防灾科技学院报告中的学位授予率是按照应届生为分母计算

量治理真的可行吗？大数据时代，按照数据进行高等教育质量治理十分重要，但是按照一定的数据标准首先对数据进行治理更加重要！

6. 数据标准合适性问题

按照2004年教育部印发的《普通高等学校基本办学条件指标（试行）》，学校类别分为：综合、师范、民族院校；工科、农、林院校；医学院校；语文、财经、政法院校；体育院校；艺术院校。本科层次这些不同类型高校生均图书（册/生）标准分别为：100；80；80；100；70；80。本次测评中发现，中国矿业大学（北京）的生均图书为55.65册/生，中国矿业大学（江苏）的生均图书为55.77册/生，这些部属高校的生均图书远远达不到教育部要求的相关标准。按照高等教育质量监测国家平台反馈的2018年普通本科高校常模数据也显示，普通本科高校的生均图书只有81.38册/生，许多高校都达不到相应的标准。在如今电子数据盛行的年代，这一数据指标标准的合适性问题值得思考。

（三）本科教学质量报告信息公开中的优秀典型呈现

1. 报告时效性方面的优秀案例

本次测评中发现，部分高校尤其是办学属地在上海市的高校发布本科教学质量报告时间都比较早，如华东师范大学、上海财经大学在2018年9月发布了2017—2018学年本科教学质量报告（见图9-56）。上海外国语大学、上海交通大学在2018年10月发布了2017—2018学年本科教学质量报告（见图9-57）。同济大学在2018年11月发布了2017—2018学年本科教学质量报告（见图9-58）。这可能与上海市对本科教学质量报告工作的部署有关系，也从另一方面体现了地方教育管理部门对于高校信息公开与质量报告工作具有非常强大的推动作用。

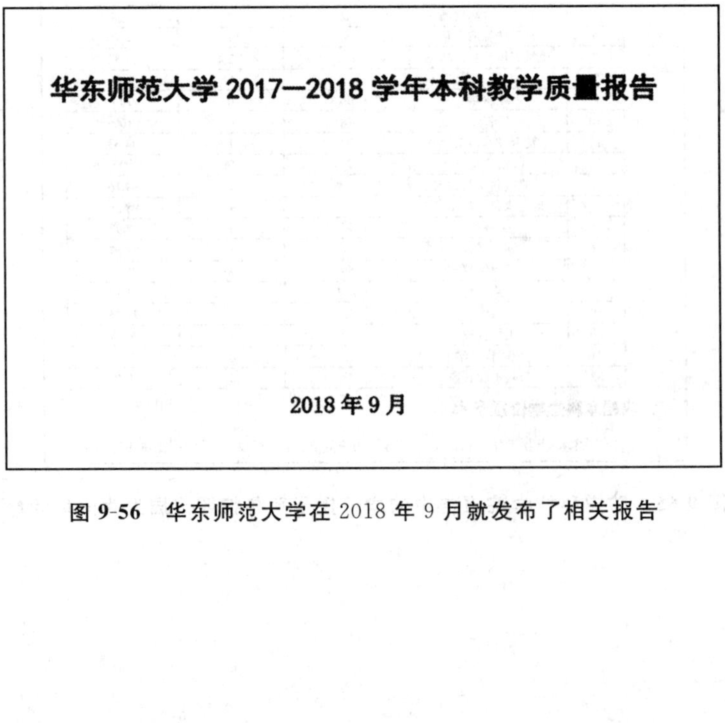
华东师范大学2017—2018学年本科教学质量报告

2018年9月

图9-56 华东师范大学在2018年9月就发布了相关报告

图 9-57　上海外国语大学在 2018 年 10 月就发布相关报告

同舟共济　追求卓越

——同济大学 2017—2018 学年本科教学质量报告

同济大学

二〇一八年十一月

图 9-58　同济大学在 2018 年 11 月就发布了相关报告

2. 报告美化性方面的优秀案例

本次测评中发现，部分高校的 2017—2018 学年本科教学质量报告设计非常优美，报告中有典型案例、精美图标等，图文并茂，令人赏心悦目（见图 9-59 至图 9-62）。

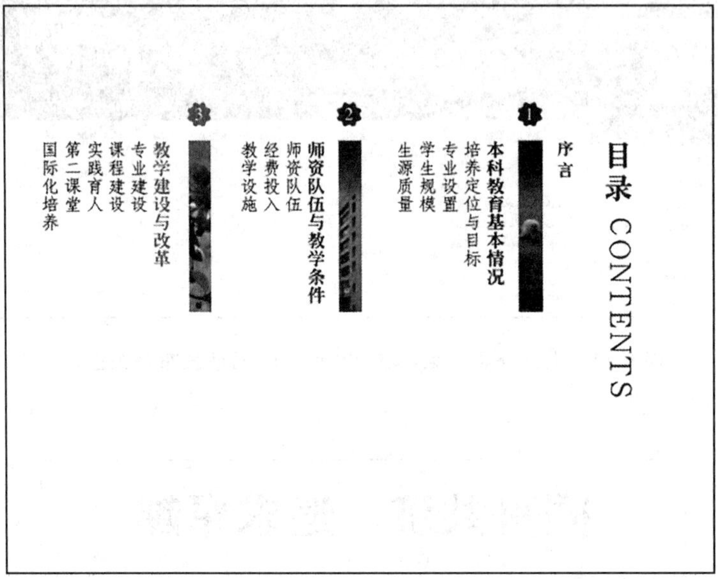
目录 CONTENTS

图 9-59　上海财经大学的报告整体设计优美，目录古色古香

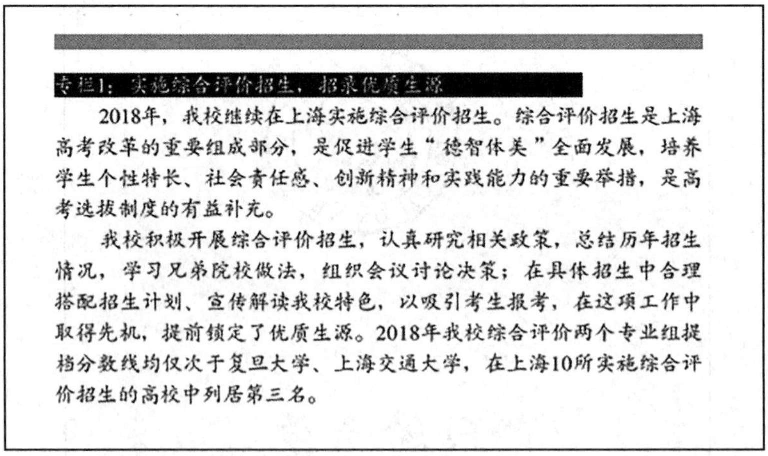
专栏1：实施综合评价招生，招录优质生源

2018年，我校继续在上海实施综合评价招生。综合评价招生是上海高考改革的重要组成部分，是促进学生“德智体美”全面发展，培养学生个性特长、社会责任感、创新精神和实践能力的重要举措，是高考选拔制度的有益补充。

我校积极开展综合评价招生，认真研究相关政策，总结历年招生情况，学习兄弟院校做法，组织会议讨论决策；在具体招生中合理搭配招生计划、宣传解读我校特色，以吸引考生报考，在这项工作中取得先机，提前锁定了优质生源。2018年我校综合评价两个专业组提档分数线均仅次于复旦大学、上海交通大学，在上海10所实施综合评价招生的高校中列居第三名。

图 9-60　上海财经大学的报告有专栏介绍典型案例介绍

3. 报告规范性方面的优秀案例

本次测评中，部分高校的 2017—2018 学年本科教学质量报告在“服务面向”“专业培养能力”“专业评估”等三级指标上的得分不够理想，这几项指标的总体得分率不高。

专栏 1

同济学子在 2018 中美青年创客大赛总决赛中摘得桂冠

同济学子在"共创未来——中美青年创客大赛"中表现突出，上海分赛区共 5 个代表队参加总决赛，其中 4 个代表队来自我校。

2018 中美青年创客大赛是中美人文交流系列活动"亮点"之一。此次大赛共吸引 6400 余名中美青年创客报名参与，参赛作品将近 2000 项。大赛于 5 月 18 日在成都市启动，设立中国赛区（成都、北京、天津、温州、南京、厦门、深圳、海口、西安、上海、苏州、沈阳和武汉十三个分赛区）和美国赛区。经过海选-分赛区预选赛-分赛区决赛的层层选拔，从中美 14 个赛区中突出重围的 75 支创客团队、近 400 名青年创客入围总决赛。

总决赛中，来自我校设计创意学院的一年级本科生王歆懿、冯泗衡的"音乐教具设计—Magic Cube"作品勇夺大赛唯一的一等奖。"音乐教具设计-MagiCube"，面向 3-6 岁的儿童，致力于推广实际体验、动手实践的音乐课堂，通过丰富的交互设计手段，让孩子不仅能够演奏美妙的音乐，更能够在寓教于乐中增进与同伴或父母的交流与互动。

图 9-61　同济大学的报告有特色专栏

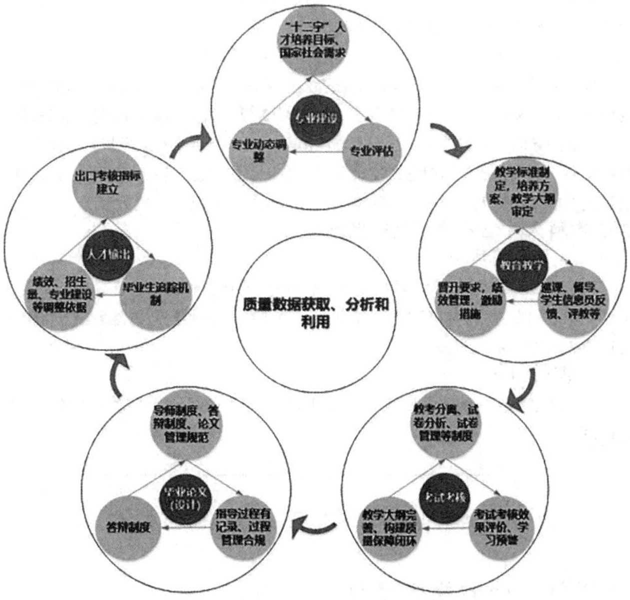

图 5 教学质量监控保障体系示意图

图 9-62　中山大学的报告中图表优美

在这几项指标的信息公开中，有以下高校的报告撰写方式可以作为优秀案例，推荐各校借鉴（见图 9-63 至图 9-66）。

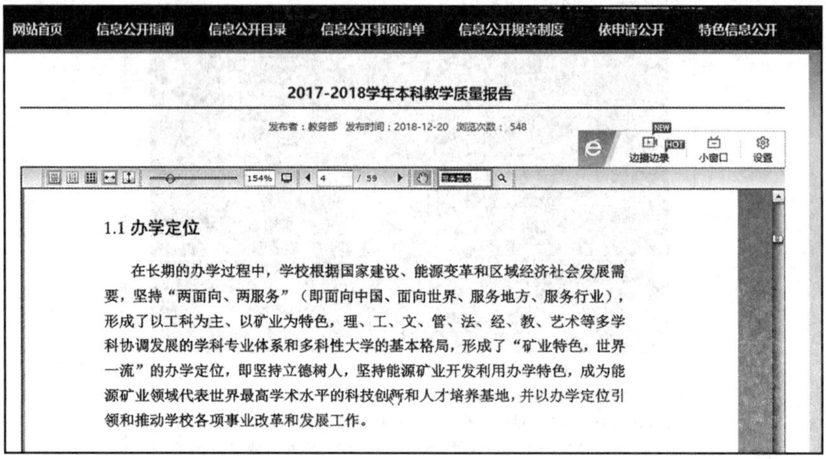

网站首页 信息公开指南 信息公开目录 信息公开事项清单 信息公开规章制度 依申请公开 特色信息公开

2017-2018学年本科教学质量报告

发布者：教务部 发布时间：2018-12-20 浏览次数：548

1.1 办学定位

在长期的办学过程中，学校根据国家建设、能源变革和区域经济社会发展需要，坚持“两面向、两服务”（即面向中国、面向世界、服务地方、服务行业），形成了以工科为主、以矿业为特色，理、工、文、管、法、经、教、艺术等多学科协调发展的学科专业体系和多科性大学的基本格局，形成了“矿业特色，世界一流”的办学定位，即坚持立德树人，坚持能源矿业开发利用办学特色，成为能源矿业领域代表世界最高学术水平的科技创新和人才培养基地，并以办学定位引领和推动学校各项事业改革和发展工作。

图 9-63　中国矿业大学报告中的服务面向示例

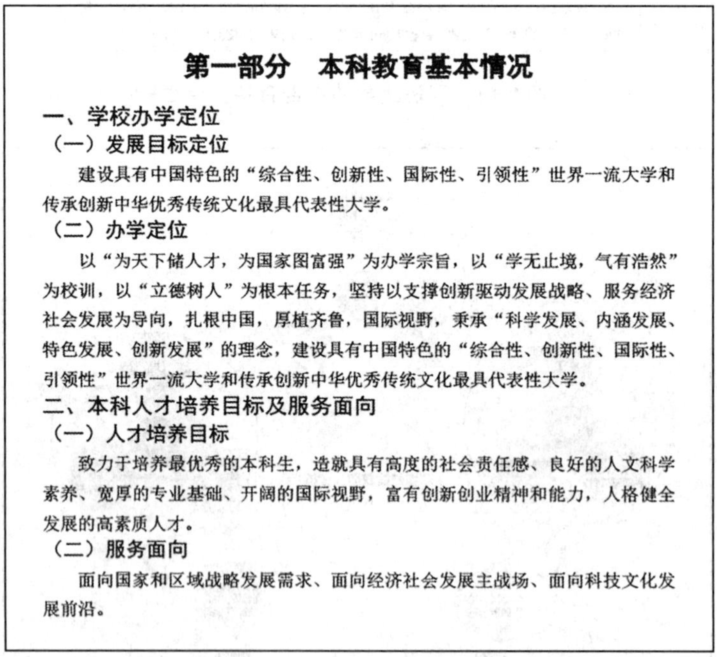

第一部分　本科教育基本情况

一、学校办学定位

（一）发展目标定位

建设具有中国特色的“综合性、创新性、国际性、引领性”世界一流大学和传承创新中华优秀传统文化最具代表性大学。

（二）办学定位

以“为天下储人才，为国家图富强”为办学宗旨，以“学无止境，气有浩然”为校训，以“立德树人”为根本任务，坚持以支撑创新驱动发展战略、服务经济社会发展为导向，扎根中国，厚植齐鲁，国际视野，秉承“科学发展、内涵发展、特色发展、创新发展”的理念，建设具有中国特色的“综合性、创新性、国际性、引领性”世界一流大学和传承创新中华优秀传统文化最具代表性大学。

二、本科人才培养目标及服务面向

（一）人才培养目标

致力于培养最优秀的本科生，造就具有高度的社会责任感、良好的人文科学素养、宽厚的专业基础、开阔的国际视野，富有创新创业精神和能力，人格健全发展的高素质人才。

（二）服务面向

面向国家和区域战略发展需求、面向经济社会发展主战场、面向科技文化发展前沿。

图 9-64　山东大学报告中服务面向示例

4. 报告公开主动性方面的优秀案例

本次测评中，部分高校的 2017—2018 学年本科教学质量报告除了公开了《通知》所规定的项目外，还主动公开了许多与本科教学质量高度相关的事项。有的高校独创

图 9-65　东南大学报告中的专业培养能力目录示例

表 4-2　2017—2018 学年天津大学本科专业认证情况详表

专业	类型	认证机构	参评次数
机械设计制造及其自动化	工程教育专业认证	工程教育专业认证委员会	复评
制药工程	工程教育专业认证	工程教育专业认证委员会	初评
测控技术与仪器	工程教育专业认证	工程教育专业认证委员会	复评
过程装备与控制	工程教育专业认证	工程教育专业认证委员会	初评
建筑学	专业评估	全国高等学校建筑学专业教育评估委员会	复评
化学工程与工艺	国际认证	IChemE	复评

图 9-66　天津大学报告中的专业评估认证展示示例

了与《通知》要求完全不同的本科教学质量报告写作体系，虽然为测评带来了难度，但其报告本身十分具有特色。如虽然《通知》要求公开的是“专业评估”，但上海交通大学报告中提到了更加微观的“课程评估”，课程评估比专业评估的呈现方式更加深入细致。其实近年来，高等教育领域中正在大力开展专业认证工作，高校的专业评估基本上都被专业认证取代。在此情况下，高校在报告撰写中适当改为公开专业认证以及课程评估情况的做法值得推荐。如以下高校报告在公开主动性方面的优秀案例值得各高校深入学习与思考(见图 9-67 至图 9-73)。

表 4.1　2017–2018 年度党委常委会和校长办公会研究本科教学工作情况一览表（部分）

会议时间	会议地点	会议名称	会议议题
2017.9.13	九龙湖行政楼 215 室	第 15 次校长办公会	讨论决定管理、辅导员和教学辅助人员进人事宜
2017.9.30	九龙湖行政楼 215 室	第 19 次校长办公会	讨论决定本科教学审核评估自评报告与相关数据填报事宜
2017.10.12	九龙湖行政楼 215 室	第 20 次校长办公会	通报深化教育体制机制改革培训情况 讨论决定医学教育教学改革与发展实施方案
2017.10.18	九龙湖行政楼 215 室	第 21 次校长办公会	讨论决定国家教育考试标准化考点考场升级建设方案
2018.1.17	九龙湖行政楼 215 室	第 1 次校长办公会	讨论决定 2018 年本科教学总体专项经费预算方案 讨论决定与中国科学技术大学、中国药科大学签署战略合作协议事宜
2018.2.1	九龙湖行政楼 215 室	第 2 次校长办公会	讨论决定部分管理和教学辅助岗位进人事宜
2018.3.2	九龙湖行政楼 215 室	第 3 次校长办公会	讨论决定 2018 年度新教师引进计划 讨论决定“十三五”信息化建设规划方案
2018.3.16	九龙湖行政楼 215 室	第 4 次校长办公会	讨论 2018 年度校内执行预算草案
2018.3.30	九龙湖行政楼 215 室	第 5 次校长办公会	讨论决定东南大学教育思想大讨论工作方案
2018.4.4	九龙湖行政楼 215 室	第 6 次校长办公会	讨论决定 2018 年上半年管理和教辅岗位进人计划
2018.4.28	四牌楼老图书馆 242 室	第 7 次校长办公会	讨论 2018 年“双一流”国拨经费下达方案及 2016-2020 年一流学科建设项目的实施计划 讨论决定 2018 年本科生分专业招生计划

50

图 9-67　东南大学报告中的领导研究本科教学详细情况示例

表 4.2　2016—2017 学年教务处发布行政公文一览表（部分）

序号	文件名称	文件号
1	东南大学关于报送 2017 年度中央高校教育教学改革专项实施情况的函	东大函[2017]160 号
2	东南大学关于报送贯彻落实医学教育改革发展工作会议精神情况的函	东大函[2017]180 号
3	关于印发《东南大学优秀本科生国际交流学习专项奖学金管理办法》的通知	校发[2017]205 号
4	关于印发《东南大学全日制本科学生公派交流学习管理办法》的通知	校发[2017]228 号
5	关于印发《东南大学学生转学管理办法》的通知	校发[2017]229 号
6	关于印发《东南大学全日制本科学生学籍管理规定》的通知	校发[2017]230 号
7	关于印发《东南大学关于进一步提高课程教学质量的实施意见(修订)》的通知	校发[2017]258 号
8	关于印发《东南大学关于引进教材选用的管理办法》的通知	校发[2017]260 号
9	关于成立东南大学医学教育教学改革工作领导小组的通知	校发[2017]316 号
10	关于印发《东南大学医学教育教学改革和发展的进展及进一步深化的实施方案》的通知	校发[2017]317 号
11	关于成立我校省成人学士学位英语水平考试考务考纪领导小组的通知	校发[2017]355 号
12	关于成立测控技术与仪器专业认证领导小组和工作组的通知	校发[2017]360 号

51

图 9-68　东南大学报告中公开的与本科教学相关文件详细列表示例

附件 2：

中国石油大学（北京）近期出台教学管理文件清单

1. 中共中国石油大学（北京）委员会关于印发《关于加快建设一流本科教育的若干意见》的通知（中石大京党〔2018〕63 号）
2. 中国石油大学（北京）关于印发《本科教学质量保障体系实施办法（试行）》的通知（中石大京教〔2018〕28 号）
3. 中国石油大学（北京）关于印发《关于青年教师教学能力培养的实施意见》的通知（中石大京教〔2018〕22 号）
4. 中国石油大学（北京）关于印发《新入职青年教师教学能力培训管理办法（试行）》的通知（中石大京教〔2018〕23 号）
5. 中国石油大学（北京）关于印发《青年教师助教工作管理办法（试行）》的通知（中石大京教〔2018〕24 号）
6. 中国石油大学（北京）关于印发《主讲教师资格认定管理办法（试行）》的通知（中石大京教〔2018〕25 号）
7. 中国石油大学（北京）关于印发《关于加强和改进科研促进教学工作的指导意见》的通知（中石大京科〔2018〕13 号）
8. 中国石油大学（北京）关于印发《关于加强和改进科研促进教学工作的实施方案》的通知（中石大京科〔2018〕14 号）
9. 中国石油大学（北京）关于印发《本博一体化培养实施办法（试行）》的通知（中石大京研〔2018〕34 号）
10. 中国石油大学（北京）关于印发《课程思政建设实施办法》的通知（2018 京教 9 号）
11. 中国石油大学（北京）关于印发《本科教材管理办法》的通知（2018 京教 26 号）
12. 中共中国石油大学（北京）委员会关于印发《师德“一票否决制”实施细则（试行）》的通知（中石大京党师〔2018〕3 号）
13. 中共中国石油大学（北京）委员会关于印发《教师职业道德规范(试行)》的通知（中石大京党师〔2018〕2 号）
14. 《中国石油大学（北京）毕业生跟踪调查实施办法（试行）》（中石大京教〔2018〕29 号）
15. 《中国石油大学（北京）实践教学质量评估办法》（中石大京教〔2018〕30 号）

图 9-69　中国石油大学(北京)报告中的教学管理文件清单示例

案例：《东南大学 2020 一流本科教育行动计划》

教育思想大讨论凝聚全校共识，形成《东南大学 2020 一流本科教育行动计划》。计划围绕党和国家在新时代赋予“双一流”高校的新使命、新要求，按照“1-10-100”的东大梦愿景，全面落实教育思想大讨论所达成的新理念和新共识，以培养具有家国情怀和国际视野、引领未来和造福人类的领军人才为目标，按照“思想引领、知识传授、能力提升”育人新格局，以强化内涵建设为根本，以重构知识体系为重心，以深化模式改革为推力，以完善体制机制为保障，全面提升人才培养质量。

到 2020 年，按照“厚基础、宽口径、重交叉、强创新”的培养路径，重构通识教育基础上宽口径个性化专业培养新体系；实施“三制五化”相结合的人才培养新模式；建立“可视、公开、约束、激励”的教育教学管理新机制；建成一批优质的“双万课程”和优势的“双万专业”；本科生深造率达到 65%以上，基本形成一流本科教育新格局。

在 2020 年之前，全面完成五方面、20 条重点改革任务：

第一方面、重塑人才培养目标

第二方面、重构知识体系，培养领军人才

第三方面、创新培养模式，鼎力学生发展

第四方面、深化体制机制改革，激发办学活力

第五方面、加强教育教学保障，提升培养质量

图 9-70　东南大学报告中的本科行动计划示例

（四）本科教学质量报告信息公开中的数据特色呈现

1. 规范公开数据特色案例

本次测评中，部分高校的 2017—2018 学年本科教学质量报告在“数据附表”“课堂教学规模或班额”等数据公开方面的不够规范，这几项指标上各校高校的总体得分率不高。但以下高校在这几项数据规范公开方面的优秀案例值得借鉴（见图9-74 至图 9-78）。

二、开展教育思想大讨论活动

为深入贯彻党的十九大、全国高校思想政治工作会议和全国高等学校本科教育工作会议精神，学校围绕《教育部关于狠抓新时代全国高等学校本科教育工作会议精神落实的通知》（教高函〔2018〕8号）文件要求，2018年3月-7月，学校以“深化教育综合改革，培养一流创新人才”为主题，围绕一流的教育理念、一流的办学定位、一流的培养目标、一流的培养模式、一流的改革路径、一流的保障体系等核心问题，在全校范围开展教育思想大讨论活动，各学院和相关职能部处按照学校统一部署，精心制定了详细的活动方案。校领导、院（系）、职能部处、师生共同参与大讨论，为学校的人才培养贡献了智慧。(1) 学校策划了多层次、多种形式、条块结合的大会报告、研讨会、座谈会和师生互动活动等。院（系）组织了206场研讨会、73场座谈会和42场师生互动活动；职能部处组织了55

26

场研讨会、25场座谈会和23场师生互动活动；学校组织了二十多场校外企事业用人单位、国内外同行高校专家学者以及校友参加的校外意见征集研讨会。(2) 设立教育思想大讨论专门网站，发布新闻、报道总结、刊登专栏等。通过校内外

图 9-71 东南大学报告中的教育思想大讨论开展情况示例

目 录

1. 本科教学平稳发展......1
1.1 基本情况......1
1.2 课程情况......1
1.3 毕业、就业情况......2
1.4 招生情况......2
1.5 教师情况......2
1.6 基础设施及经费投入情况......3
1.7 图书资料情况......3
1.8 教材建设情况......4
2. 以人才培养目标为导向的系统化教学改革与教学建设......5
2.1 实行宽口径专业培养，积极推进本科生通识教育......5
2.2 完善强基础、促交叉、重实践的大类培养模式......5
2.3 推进办学特区建设，探索多重人才培养模式......6
2.4 推动课程改革，适应新形势发展......9
3. 注重持续性发展的教学质量控制体系建设......11
3.1 监督评价与资源分配挂钩，激励院系提升教学质量......11
3.2 以专业认证为抓手，推动专业教学质量可持续改进......11
3.3 开展课程评估改革，微信评课推动教师教学质量提升......12
3.4 重视过程和节点监控，推动实践教学和毕业设计质量提升......12
4. 完善学生全面成长成才体系......14
4.1 强化价值引领......14
4.2 推进“学在交大”......16
4.3 加强素质培养......16
5. 本科人才培养效果......19
5.1 学生对学校工作的评价......19
5.2 毕业生就业情况和就业满意度......19

图 9-72 上海交通大学报告独特的写作体系示例

3.3 开展课程评估改革，微信评课推动教师教学质量提升

随着教学评价的需要和信息化建设的发展，学校于 2016 年开始研发了微信评课体系，经过一年的并行使用，运行效果良好。微信评课的反馈结果新颖、全面，对教师具有很好的参考作用。目前学校正积极推进将微信评课体系和原有的学生评教系统整合完善，形成更好实施的评课反馈系统。

微信评课体系采用聚类方法进行数据结果统计，并且可根据教学班规模自动判断学生评教所需回答题目的数量。微信评课体系从"教学能力、教学内容、教学方法、师生互动、学生表现、学习效果"这六个纬度反馈教师教学效果。教师根据自己在各个维度上所处的位置，了解自己教学中的优缺点，进而有针对性地进行课程教学质量提升。微信端的使用还大大提升了学生评教的便利性和主动性，受到学生的欢迎。各个学院的课程评估工作不断深入，循序渐进，逐步形成了系列化和体系化。校院协同对课程进行全面综合的分析，提供详细的评价报告，实现了课程教学质量的有效反馈和可持续改进。

通过不断完善课程质量评价体系，学生对各类课程的满意度均有提高，如对数理化课程的满意度从 2015 年的 76%提升至 2017 年的 85%，对专业类课程的满意度从 2015 年的 71%提升至 2017 年的 82%。

图 9-73　上海交通大学报告中公开的课程评估情况示例

湖南大学　2017—2018 学年本科教学质量报告

本科教学质量报告支撑数据表

序号	指标		数据
1	本科生占全日制在校生总数的比例（%）		57.95
2	专任教师（人）		2,020
3	专业设置情况	全校本科专业总数（个）	69
		当年本科招生专业总数（个）	60
		当年新增专业（个）	2
		当年停招专业（个）	7
4	生师比		17. 38
5	具有研究生学位教师占专任教师的比例（%）		94.15
6	具有高级职务教师占专任教师的比例（%）		65.10
7	外校毕业教师（含境外）占专任教师的比例（%）		61.46
8	生均教学科研仪器设备值（万元）		2.78
9	年新增教学科研仪器设备值（万元）		13,085.01
10	生均纸质图书（册）		82.25
11	电子图书、电子期刊种数（册）		3,669,628
12	生均教学行政用房（平方米）		14.86
13	生均实验室面积（平方米）		4.01

图 9-74　湖南大学报告中的支撑数据表示例

2. 详细公开数据特色案例

本次测评中，部分高校的 2017—2018 学年本科教学质量报告中公开的数据非常翔实，数据解释非常详尽，具有特色，也方便社会公众阅读、理解和对比。如以下高校在详细公开数据方面的优秀做法值得借鉴（见图 9-79 至图 9-82）。

5.生均教学科研仪器设备值（元）29198.14

6.当年新增教学科研仪器设备值（万元）27426.07

7.生均图书（册）67.86

8.电子图书（册）2903911

9.生均教学行政用房（平方米）14.22，生均实验室面积（平方米）2.97

10.生均本科教学日常运行支出（元）11269.61

11.本科专项教学经费（自然年度内学校立项用于本科教学改革和建设的专项经费总额）（万元）22593.27

12.生均本科实验经费（自然年度内学校用于实验教学运行、维护经费生均值）（元）2646.08

13.生均本科实习经费（自然年度内用于本科培养方案内的实习环节支出经费生均值）（元）890.42

14.全校开设课程总门数 3,584

注：学年度内实际开设的本科培养计划内课程总数，跨学期讲授的同一门课程计一门

15.主讲本科课程的教授占教授总数的比例（不含讲座）76.29%

16.教授讲授本科课程占课程总门次数的比例 25.8%

17.应届本科生毕业率 97.65%

图 9-75 中南大学报告中的支撑数据表示例

1）本科开课情况

本学年，学校共开设本科生公共必修课、公共选修课、专业课共 9,571 门次。双语教学课程总门数为 27，双语教学课程总门次为 42。为了提高教学效果，加强过程考核，专业课和课堂沟通交流要求较高的外语课以小班教学为主，班额 31-61 人；90 人以上的课堂教学主要是除外语以外的公共必修课、公共选修课、大学适应教育、专业导论、大学生职业规划、形势与政策以及部分专业选修课。近两学年班额统计情况详见表 16。

表 16：近两学年班额统计情况

班额	学年	公共必修课（%）	公共选修课（%）	专业课（%）
30 人及以下	本学年	10.23	11.13	13.27
	上学年	8.48	11.18	12.7
31-60 人	本学年	48.19	12.2	39.38
	上学年	48.66	4.77	37.06
61-90 人	本学年	5.45	7.62	18.21
	上学年	4.71	6.74	20.86
90 人以上	本学年	36.13	69.05	29.14
	上学年	38.15	77.3	29.38

图 9-76 合肥工业大学报告中的班额数据示例

湖南大学 2017—2018 学年本科教学质量报告

表 3-1 2017-2018 学年本科生课堂基本情况表

课程类别	课程门数	课程门次	总学时	课程人次	平均学时	平均班规模（人）
通识必修课	91	2181	60026	131696	27.52	60.38
通识选修课	217	360	11009	31309	30.58	86.97
专业课	2073	5215	144736	286211	27.75	54.88
合 计	2381	7756	215771	449216	27.82	57.92

注：以上数据包含小班指导课堂。

图 9-77 湖南大学报告中的班级规模数据示例

中華女子學院

表 9　2017–2018 学年专业课课堂教学规模

院系名称	专业课课程门次数	30 人及以下课程门次数占比（%）	31–60 人及以下课程门次数占比（%）	61–90 人及以下课程门次数占比（%）	90 人以上课程门次数占比（%）
女性学系	34	73.53	26.47	0.00	0.00
社会工作学院	102	0.00	57.84	40.20	1.96
法学院	49	6.12	55.10	38.78	0.00
管理学院	242	2.48	68.18	22.73	6.61
儿童发展与教育学院	188	43.62	26.06	21.28	9.04
艺术学院	157	91.08	5.73	1.91	1.27
文化传播学院	87	28.74	71.26	0.00	0.00
计算机系	85	21.18	42.35	35.29	1.18
外语系	105	88.57	11.43	0.00	0.00
金融系	80	33.75	37.50	10.00	18.75

图 9-78　中华女子学院报告中的专业课堂教学规模数据示例

附件 3：

南京农业大学 2017–2018 学年各本科专业相关数据

序号	专业名称	实践学分(%)	选修课学分(%)	生师比	主讲本科课程的教授占教授总数比例	实践教学及实习实训基地(数量)	毕业率	学位授予率	应届本科生初次就业率	体质测试达标率
1	生物技术	31.66%	25.00%	10.16	43%	5	94.51%	94.51%	88.17%	89.6%
2	生物科学	31.66%	25.00%	6.08	48%	5	92.31%	92.31%	83.33%	88.9%
3	农学	29.00%	25.00%	5.56	68%	12	97.32%	97.32%	90.07%	93.52%
4	种子科学与工程	29.00%	25.00%	25.22	40%	12	94.23%	94.23%	90.38%	95.00%
5	植物保护	35.00%	25.00%	5.25	73%	22	95.54%	95.54%	92.04%	88.78%
6	生态学	27.08%	25.00%	5.27	44%	4	100.00%	100.00%	65.52%	95.18%
7	农业资源与环境	27.78%	25.00%	6.02	57%	24	97.10%	95.65%	84.06%	92.36%
8	环境工程	27.08%	25.00%	7.44	100%	18	94.44%	94.44%	83.33%	89.53%
9	环境科学	25.83%	25.00%	14.56	44%	21	98.44%	98.44%	78.13%	93.10%
10	园艺	28.94%	25.00%	6.51	90%	16	96.46%	96.46%	81.42%	91.86%
11	园林	33.00%	25.00%	16.00	50%	5	100.00%	100.00%	71.88%	95.33%

图 9-79　南京农业大学报告中按专业呈现多条信息示例

5、生均教学科研仪器设备值

63366.93 元

说明：生均教学科研仪器设备=【 表 2-6 固定资产】中 教学、科研仪器设备资产总值（万元）/折合在校生数，折合在校生数：27679 人

9、生均教学行政用房，其中生均实验室面积

生均教学行政用房面积：18.66 平方米，其中生均实验室面积：10.17 平方米

说明：生均教学行政用房=（教学及辅助用房面积+行政办公用房面积）/全日制在校生数，生均实验室面积=（基础实验室+专业实验室）/本科生数。

图 9-80　中国农业大学报告中每一个数据后面都有计算方式说明示例

表9 西南大学2018届毕业生满意度调查统计

序号	测评项目	满意率
1	你对校风的满意度	89.83%
2	你对学校教学管理的满意度	87.24%
3	你对思想政治理论课程的满意度	86.49%
4	你对公共外语课程的满意度	84.02%
5	你对公共计算机课程的满意度	86.21%
6	你对公共体育课程的满意度	84.93%
7	你对通识教育选修课程的满意度	87.41%
8	你对图书馆的满意度	92.79%
9	你对自习室的满意度	87.98%
10	你对计算机机房的满意度	84.02%
11	你对就业指导工作的满意度	81.35%
12	你对学生评优、评奖制度的满意度	81.94%
13	你对助学贷款制度的满意度	87.31%
14	你对贫困生补助制度的满意度	86.21%
15	你对社团活动的满意度	84.02%
16	你对校园文化生活的满意度	88.01%

图 9-81 西南大学报告中的学生满意度有45项分指标详尽数据示例

三、学生满意度

学校参与“中国大学生学习与发展追踪研究”（CCSS），研究包括“大学生学习投入调查”和“毕业生调查”两部分。2017年度“大学生学习投入调查”获取有效样本1561份。调查数据显示：学生对“学校支持性环境”的满意度均值高于“211”院校常模；在“自我报告的教育收获”与“就业力”指标上，评分均高于全国院校常模、“211”院校常模、“985”院校常模。学生的“在校满意度”均值高于全国院校常模与“211”院校常模，低于“985”院校常模。

表16 学生总体满意度

	南京理工大学	211院校常模		985院校常模		全国院校常模	
	均值（标准差）	均值（标准差）	效应量	均值（标准差）	效应量	均值（标准差）	效应量
支持性环境	73.71 (15.96)	72.31 △ (16.34)	0.09 ***	75.47 ▽ (16.62)	-0.11 ***	73.48 △ (16.38)	0.01
自我报告的教育收获	62.39 (18.57)	59.91 △ (18.33)	0.14 ***	61.90 △ (18.96)	0.03 **	60.68 △ (18.69)	0.09 ***
就业力	60.27 (17.21)	57.08 △ (18.26)	0.17 ***	58.24 △ (18.00)	0.11 ***	56.01 △ (18.22)	0.23 ***
在校满意度	67.88 (20.07)	62.25 △ (18.99)	0.30 ***	71.13 ▽ (18.93)	-0.17 ***	62.63 △ (19.98)	0.26 ***

注释：

1. △ 表示学校学生平均分显著($p<0.05$)高于对比组，且效应量(Effect Size)小于0.3。
2. ▽ 表示学校学生平均分显著($p<0.05$)低于对比组，且效应量(Effect Size)小于0.3。

图 9-82 南京理工报告中有基于CCSS的学生满意度特色分析示例

3. 科学公开数据特色案例

本次测评中,部分高校的 2017—2018 学年本科教学质量报告在数据呈现中有与历年数据的对比以及变化程度情况分析,有些高校的数据还有与教育部相关标准的对比情况,使报告的数据更有对比性和说服力。有些学校在公开数据之后还特别公布了数据的来源并标明数据不能直接用于教学质量的评估比较,使本科教学质量报告中数据的公开和使用更加具有科学性,值得各高校借鉴(见图 9-83 至图 9-87)。

中国药科大学 CHINA PHARMACEUTICAL UNIVERSITY

表 1-2-3 教学经费指标对比表

教学经费指标内容	2017 年教学经费指标内容	2016 年教学经费指标内容	与 2016 年同比
本科教学日常运行经费	5803 万元	5502.2 万元	↑
生均本科教学日常运行支出	5145.4 元	4982.1 元	↑
本科专项教学经费	7456.9 万元	3447 万元	↑
生均本科专项教学经费	6611.9 元	3120.9 元	↑
本科实验经费	1237.3 万元	1660.9 万元	↓
生均本科实验经费	1097.1 元	1503.9 元	↓
学校专项下拨本科实习经费	150 万元	150 万元	→
接受捐赠	2442.7 万元	4527.5 万元	↓

图 9-83 中国药科大学报告中数据有与前一年数据的对比情况示例

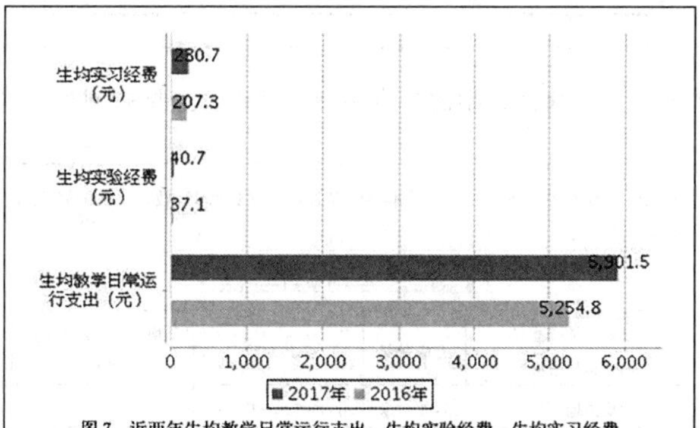

图 7 近两年生均教学日常运行支出、生均实验经费、生均实习经费

图 9-84 中南财经政法大学报告中数据有与前一年数据的对比情况示例

4. 主动公开数据特色案例

华东师范大学、复旦大学的 2017—2018 学年本科教学质量报告中主动公开了许多对 2017—2018 学年的教学状态具有力支撑作用的数据附件,如各学部、院系学生学习成绩平均绩点分布情况;各年级学生学习成绩平均绩点分布情况;各学部、院系学生补考人次一览表;各学部、院系学生补考、重修人次一览表;各学部、院系学生转专业人次一览表等。还有的高校公开了双语教学课程情况、执业医师资格考试情况、图书访

2.1 近三年全校学生和教师数量情况

年份	2015-2016学年	2016-2017学年	2017-2018学年
本科生人数	3438	3440	3466
全日制在校生	5321	4758	5196
折合学生数	6406.2	5790	6304.5
专任教师数	325	445	451
生师比	15.82	11.38	11.59

项目			2015年	2016年	2017年
学校教育经费总额(万元)			52,739.97	58,374.43	58,655.34
教学经费总额(万元)			12,354.58	16,644.52	16,709.07
学校年度教学改革与建设专项经费总额(万元)			4,420.69	11,349.97	11,967.73
本科教育事业收入	经常性预算内教育事业费收入(万元)		19,226.68	24,482.31	26,519.79
	本科生生均拨款总额	其中：国家(万元)	12,630	12,960	12,960
		地方(万元)	0	0	0
	本科生学费收入(万元)		4,904.83	5,371.75	4,979.57
	教改专项拨款	其中：国家(万元)	1,074.4	490	700
		地方(万元)	0	0	488
教学经费支出(万元)	教学日常运行支出(万元)		3,686.33	4,095.34	4,741.34
	教学日常支出占经常性预算内教育事业费拨款与本科学费收入之和的比例（%）		21.02	13.72	15.05
	生均教学日常运行支出(元)		10,722.31	11,905.06	13,679.57
教学改革支出(万元)			962.72	1,244.44	1,802.18
专业建设支出(万元)			3,457.97	4,754.65	4,779.24
实践教学支出(万元)			683.12	1,470.29	924.43
生均实践教学经费(元)			1986.97	4,274.1	2,667.14

图 9-85 中央美术学院报告中数据有近三年数据对比示例

基本满足教育部《普通高等学校基本办学条件指标（试行）》教发［2004］2 号文件要求（表 6）。

表 6 西南大学基本办学条件统计表

普通高等学校基本办学条件指标	合格要求	学校总计	生均（或百名学生）数据
生均占地面积	54 平方米	5336072.8 平方米	102.29 平方米
生均教学行政用房	14 平方米	693150.29 平方米	13.29 平方米
生均教学科研仪器设备值	5000 元	150902.91 万元	2.45 万元
生均图书	100 册	4350741 册	70.59 册
生均宿舍面积	6.5 平方米	433341.44 平方米	8.31 平方米
百名学生配套多媒体和语音实验室座位数	7 个	59116 个	113 个
新增教学科研仪器设备占比	10%	19899.21 万元	15.19%
生均年进书量	4 册	134154 册	2.17 册

图 9-86 西南大学报告中数据有与教育部办学标准对比示例

2. 有关数据的统计口径和统计方式参照《教育部关于印发〈普通高等学校基本办学条件指标（试行）的通知〉》（教发[2004]2 号）、《教育部关于开展普通高等学校本科教学工作合格评估的通知》（教高厅[2011]2 号）和“高等教育质量监测国家数据平台数据填报指南”。

3. 学生学习满意度调查方法：学校通过网络面向 2018 届本科毕业生进行本科教育满意度调查，收到有效问卷 2025 份，涉及 44.20%的本科毕业生。调查问卷由两部分构成：第一部分为本科教育满意度调查，包括 8 个维度的 31 个项目；第二部分为毕业生对提高学校本科教学

38

中国石油大学（华东）2017-2018 学年本科教学质量报告

水平的建议，1 个项目。调查结果显示，2018 届本科毕业生对我校本科教育的满意度为 87.80%。

4. 用人单位对毕业生满意度调查方法：学校在本学年进校招聘的用人单位中，随机抽取 500 家进行调查。调查内容主要涉及用人单位招聘我校毕业生情况、对毕业生“理论功底和专业技能”、“解决实际问题能力”、“团队合作能力”、“工作适应力和独立工作能力”、“职业操守和工作态度”、“计算机及外语应用能力”、“学习领悟能力”等综合素质的评价以及对学校就业工作的评价等。调查结果显示，用人单位代表对我校毕业生总体满意度为 97.44%。

5. 上述单项数据并非教学质量指标，不可用于教学质量的评估比较。

图 9-87　中国石油大学(华东)报告中特别说明数据不能直接用于教学质量的评估比较

问量情况等其他与本科教学质量相关数据中，使报告数据的支撑作用和说服力增强，也反映出高校本科教学质量报告的编撰的科学合理性和主动公开意识正在逐步变强（见图 9-88 至图 9-92）。

表 7　2017-2018 学年各学部、院系学生补考人次一览表

各学部、院系名称	补考人次
物理与材料科学学院	328
体育与健康学院	252
国际教育中心	28
国际汉语文化学院	348
教育学部	216
音乐学院	94
计算机科学与软件工程学院	463
中国语言文学系	105
数据科学与工程学院	3
传播学院	215
美术学院	17
历史学系	81
生命科学学院	201
化学与分子工程学院	168
心理与认知科学学院	132
马克思主义学院	25
地理科学学院	113
生态与环境科学学院	68
政治学系	36
哲学系	19
外语学院	187
数学科学学院	454
经济与管理学部	652
法学院	44
设计学院	77
信息科学技术学院	341
社会发展学院	32
城市与区域科学学院	24
合计	**4723**

表 8　2017-2018 学年各学部、院系学生重修人次一览表

各学部、院系名称	重修人次
体育与健康学院	247
国际教育中心	6

表 6　2017-2018 学年各年级学生学习成绩平均绩点分布情况一览表

学生所在年级	平均绩点分区分布比例（%）				
	[4-3.5]	(3.5-3]	(3-2.5]	(2.5-2]	(2-0]
一年级	22.69%	42.11%	25.80%	8.27%	1.13%
二年级	23.94%	40.89%	24.63%	9.21%	1.33%
三年级	26.07%	38.32%	23.41%	10.20%	2.00%
四年级	22.49%	51.52%	18.86%	5.56%	1.58%

图 9-88　华东师范大学报告中有补考、重修、成绩绩点等数据示例

1. 基本素质与基础能力

复旦大学的本科教学着眼于为学生未来发展奠基，以学生基本素质和关键能力为培养为抓手，培养德智体美劳全面发展的社会主义建设者和接班人。课程学习质量是表征学生专业基础能力的关键指标。学校在引导学生自主学习的同时，制定了严格的学业标准。2017 – 2018 学年共计开设本科课程 6687 门次，选课人次为 262620，其中补考人次为 6184，重修人次为 2713，补考率和重修率分别为 2.4% 和 1.0%。

为提高本科生在英语和计算机等基础领域的应用能力，学校开发了"复旦大学计算机水平测试"（FCT）和"复旦大学英语水平测试"（FET），为开展分层次和个性化的教学提供依据。2017 – 2018 学年，非计算机专业的学生报名参加 FCT 测试的人数为 4778 人，实考人数为 4246 人，通过人数为 2119 人，通过率为 49.9%；报名参加 FET 测试的学生数为 4369 人，实考人数为 3657 人，通过人数为 3341 人，通过率为 91.4%。复旦大学本科生在大学英语四级、六级考试中的通过率和优秀率一直保持较高水平，参加大学英语四级测试的学生累计通过率为 91.0%，优秀率为 53.2%；参加大学英语六级测试的学生累计通过率为 75.4%。

体魄强健是社会英才的基本素质。复旦大学从提高体育课质量、组织日常化趣味性校园健身运动、开展丰富的体育社团活动等方面，营造崇尚体育的校园文化，引导学生强健体魄，砥砺意志。2017 – 2018 学年，为一、二年级本科生开设体育必修课 547 门次，涉及 26 个体育项目；为高年级本科生开设体育选修课 14 门次；暑期开设体育选修课 12 门次。全校共有 11091 名本科生参加大学生体质健康测试，合格率为 95.1%。本科生参加上海市学生锦标赛和阳光体育大联赛获得高校组奖牌 95 枚，其中金牌 38 枚，银牌 32 枚，铜牌 25 枚；参加国家级各类比赛，获得奖牌 26 枚，其中金牌 12 枚，银牌 9 枚，铜牌 5 枚

图 9-89 复旦大学报告中有选课人数、补考人数、重修人数、补考率、重修率等数据示例

表 3-1 2017–2018 学年课程开设情况一览表（不含毕业设计、毕业实习）

课程类别	课程门数	其中：高级职称教师讲授课程门数比例	课程门次数	双语课程门数
专业课	1904	53.9%	2628	104
公共必修课	95	82.1%	953	0
公共选修课	135	62.2%	196	10

图 9-90 中国传媒大学报告中有双语教学门数等亮点数据示例

24. 其他与本科教学质量相关数据

（1）2018 届临床医学（八年制）专业毕业生大学英语四级通过率 100%，大学英语六级通过率 100%

（2）2018 届护理学专业本科应届毕业生大学英语四级考试通过率为 95%

（3）临床医学（8 年制）专业 2017 届毕业生的国家临床医师执业资格考试通过率为 92.86%

（4）护理学本科专业 2017 年毕业生的国家护士执业资格考试通过率为 100%。

图 9-91 北京协和医学院报告中有临床医师执业资格考试通过率等亮点数据示例

3. 图书资源

目前，学校建成以中心图书馆为主体，弘文图书馆、崇实图书馆为重要组成，学院（部）图书馆为辅助的现代大学图书馆系统。全校图书馆总面积达到 70945.27m²，阅览室座位数 6700 个。图书馆拥有纸质图书 435 万册，2017 年新增图书 13.4 万册，生均纸质图书 70.59 册（折合在校生总数为 61636.6 人）。图书馆还拥电子图书 591.8 万册，数据库 191 个。2017 年图书流通量达到 36.3 万本次，电子资源访问量 2342.6 万次。

图 9-92 西南大学报告中有图书流通量和电子资源访问量等亮点数据示例

附录A　本科教学质量报告信息公开测评指标体系(1.0版)

本科教学质量报告信息公开测评指标体系(1.0版)如表A-1所示。

表A-1　本科教学质量报告信息公开测评指标体系(1.0版)

一级指标	序号	二级指标	分值	评分说明
1. 本科教育基本情况(18分)	1	本科人才培养目标及服务面向	4	有本科人才培养目标(2分)、服务面向(2分)
	2	本科专业设置情况	8	全校本科专业总数(2分)、当年本科招生专业总数(2分)、当年新增专业(2分)、停招专业名单(2分)
	3	各类全日制在校学生情况	2	有各类全日制在校学生情况(2分)
	4	本科生占全日制在校生总数的比例	2	有本科生占全日制在校生总数的比例(2分)
	5	本科生源质量情况	2	有本科生源质量情况介绍(2分)
2. 师资与教学条件(25分)	6	师资队伍数量结构情况	2	有师资队伍数量结构情况介绍(2分)
	7	生师比	2	有生师比(2分)
	8	本科生主讲教师情况	2	有本科生主讲教师情况介绍(2分)
	9	教授承担本科课程情况	4	主讲本科课程的教授占教授总数的比例(2分)、教授讲授本科课程占课程总门次数的比例(2分)
	10	教学经费投入情况	8	生均本科教学日常运行支出(2分)、本科专项教学经费(2分)、生均本科实验经费(2分)、生均本科实习经费(2分)
	11	教学用房、图书、设备、信息资源及其应用情况	7	生均教学科研仪器设备值(1分)、当年新增教学科研仪器设备值(1分)、生均图书(1分)、电子图书种数(1分)、电子期刊种数(1分)、生均教学行政用房(1分)、生均实验室面积(1分)

续表

一级指标	序号	二级指标	分值	评分说明
3. 教学建设与改革（12分）	12	专业建设	2	有专业建设介绍（2分）
	13	课程建设	6	全校开设课程总门数（2分）、实践教学学分占总学分比例（2分）、选修课学分占总学分比例（2分）
	14	教材建设	2	有教材建设情况（2分）
	15	教学改革	2	有教学改革情况（2分）
4. 质量保障体系（18分）	16	学校人才培养中心地位落实情况	2	有学校人才培养中心地位落实情况（2分）
	17	校领导班子研究本科教学工作情况	2	有校领导班子研究本科教学工作情况（2分）
	18	相关政策措施	2	有相关政策措施（2分）
	19	教学质量保障体系建设	2	有教学质量保障体系建设（2分）
	20	日常监控与运行情况	2	有日常监控与运行情况（2分）
	21	本科教学基本状态分析	2	有本科教学基本状态分析（2分）
	22	专业评估情况	2	有专业评估情况（2分）
	23	专业认证	2	有专业认证（2分）
	24	国际评估情况	2	有国际评估情况（2分）
5. 学生学习效果（17分）	25	学生学习满意度	4	调查方法（2分）、调查结果（2分）
	26	应届本科生毕业情况	2	本科生毕业率（1分）、体质测试达标率（1分）
	27	学位授予情况	3	有应届本科生学位授予率（3分）
	28	攻读研究生情况	2	有攻读研究生情况介绍（2分）
	29	就业情况	2	有应届本科生初次就业率（2分）
	30	社会用人单位对毕业生的评价	2	调查方法（1分）、调查结果（1分）
	31	毕业生成就	2	有毕业生成就（2分）
6. 特色发展（4分）	32	学校在本科教育教学工作中的特色和经验	4	有学校在本科教育教学工作中的特色和经验（4分）
7. 需要解决的问题（6分）	33	教学质量的突出问题	2	有教学质量的突出问题（2分）
	34	主要原因	2	有主要原因（2分）
	35	解决问题的措施及建议	2	有解决问题的措施及建议（2分）
总分			100	

附录 B　本科教学质量报告支撑数据提取表(1.0版)及部分提取数据实例简析

1. 本科教学质量报告支撑数据提取表(1.0 版)

本科教学质量报告支撑数据提取表(1.0 版)如表 B-1 所示。

表 B-1　本科教学质量报告支撑数据提取表(1.0 版)

项　　目	数据提取 (标明单位)
本科生占全日制在校生总数的比例	
本科生人数/人	
硕士研究生数/人	
博士研究生/人	
专任教师数/人	
具有正高职称/人	
具有副高职称/人	
具有博士学位/人	
全校本科专业总数/门	
当年本科招生专业总数	
生师比	
生均教学科研仪器设备值/元	
当年新增教学科研仪器设备值/万元	
生均图书/册	
电子图书/种	
电子期刊/种	
数据库/个	
生均教学行政用房/平方米	
生均实验室面积/平方米	

续表

项目	数据提取（标明单位）
生均本科教学日常运行支出	
本科专项教学经费/亿元	
生均本科实验经费	
生均本科实习经费	
全校开设课程总门数	
实践教学学分占总学分比例	
选修课学分占总学分比例	
主讲本科课程的教授占教授总数的比例	
教授讲授本科课程占课程总门次数的比例	
应届本科生毕业率	
应届本科生学位授予率	
应届本科生初次就业率	
体质测试达标率	
学生学习满意度	
用人单位对毕业生满意度	
其他与本科教学质量相关数据	

2. 提取数据实例简析（以 2013 年本科教学质量报告提取数据为例）

提取数据的目的是直接对比分析高校本科教学质量报告中公开的信息，有利于从数据层面发现问题进而使高校更加重视教学质量报告信息公开的完整性、准确性、统一性和及时性。因当年测评时，有 10 所高校网页打不开或信息公开网页中没有 2013 年本科教学质量报告以及有的高校 2013 年本科教学质量报告数据不全，因此在相关数据分析过程中将其自动忽略。故以下数据分析结果的平均值的分母不是 75，而是根据实际情况，每一实例分析中平均值数据的分母不尽相同，各分析实例平均值数据在此仅作为参考性数值。

（1）办学规模（见表 B-2）。

表 B-2　办学规模数据提取表

项目	2013 年本科教学质量报告数据
本科生人数	最大值 41281（吉林大学）
	最小值 1278（中央戏剧学院）
	平均值 18014

续表

项　　目	2013年本科教学质量报告数据
本科生占全日制在校生总数的比例	最大值77.22%(中国矿业大学)
	最小值36.64%(北京师范大学)
	平均值61.86%

根据2013年全国教育事业发展统计公报数据显示，我国普通本科院校全日制在校生平均规模为14261人。数据显示，75所教育部直属高校全日制在校生平均规模的平均数值高于全国平均规模26.31%，75所教育部直属高校本科生占全日制在校生总数的平均值61.86%，说明75所教育部直属高校的学生主体还是以本科生为主，教育层次还是以本科教育为主。

(2) 教学条件(见表B-3)。

表B-3　教学条件数据提取表

项　　目	2013年本科教学质量报告数据	教育部普通高等学校基本办学条件指标
生师比	最大值21.46(中国矿业大学北京)	合格标准最大值18
	最小值5(中央音乐学院)	招生限制最大值23
	平均值16.6	—
生均图书/(册/生)	最大值347(中央音乐学院)	合格标准最小值70
	最小值51(中国药科大学、西北农林科技大学)	招生限制最小值35
	平均值100.77	—
生均教学行政用房/(平方米/生)	最大值36.33(中央戏剧学院)	合格最小值9
	最小值3.39(中国政法大学)	招生最小值5
	平均值15.78	—
生均教学科研仪器设备值/元	最大值264808.41(北京大学)	合格最小值3000
	最小值6500(西南财经大学)	招生最小值2000
	平均值35488.46	—
	2013年本科教学质量报告数据	
生均实验室面积/(平方米/生)	最大值15(浙江大学)	
	最小值2.06(上海外国语大学)	
	平均值6.03	

续表

项　　目	2013年本科教学质量报告数据	教育部普通高等学校基本办学条件指标
生均本科教学日常运行支出/(元/生)	最大值26090.38(中央财经大学)	
	最小值1200(中国农业大学)	
	平均值5912.75	
生均本科实验经费/(元/生)	最大值4110.36(中山大学)	
	最小值45.6(中南财经政法大学)	
	平均值908.8	
生均本科实习经费/(元/生)	最大值2335.35(四川大学)	
	最小值115(南开大学)	
	平均值627.93	

根据2013年全国教育事业发展情况数据显示，普通本科院校生师比平均值为17.7。表B-3中的师生比数据表明，虽然75所教育部直属高校的整体生师比小于普通本科院校生师比，但因学科特点等客观条件原因，各高校之间生师比存在不均衡现象，部分高校教师相对数量不足问题突出。表B-3中的生均图书数据显示，75所教育部直属高校在生均图书方面差异较大，部分高校仅达到最低限制条件，亟待改善。表B-3中生均教学行政用房平均值为15.78，略高于2013年全国普通本科院校平均值13.4。数据显示，75所教育部直属高校在生均教学行政用房方面的差异较大，部分部属高校教学条件达不到相应的办学标准。表B-3中生均教学科研仪器设备值平均值35488.46，远远高于合格标准值3000，接近2013年全国普通高校平均值12537的三倍。数据显示，教育部直属高校在生均教学科研仪器设备方面具有较大优势。

(3) 专业建设(见表B-4)。

表B-4　专业建设数据提取表

项　　目	2013年本科教学质量报告数据
本科专业总数/门	最大值133(四川大学)
	最小值10(北京中医药大学)
	平均值68.83

75所教育部直属高校分为综合、理工、农林、师范、财经、艺术等几种类型，在专业设置上有较大差异。在教育部《普通高等学校本科专业目录(2012)》中，共有本科专业506个。在部属高校中，本科专业总数最多的为四川大学(133个)，约占目录总数的1/4，北京中医药大学的本科专业总数(10个)最少，约占目录总数的1/50，75所教育部直属高校的本科专业平均值为68.83，占目录总数的13.6%。

(4) 教授授课(见表B-5)。

表B-5　教师教学投入数据提取表

项　　目	2013年本科教学质量报告数据
主讲本科课程的教授占教授总数的比例	最大值100%(北京科技大学)
	最小值56%(东北师范大学)
	平均值84%
教授讲授本科课程占课程总门次数的比例	最大值81.3%(中南大学)
	最小值9.24%(长安大学)
	平均值27.51%

从平均84%的教授为本科生上课的数据显示,教育部直属高校教师教学投入尤其是教授投入本科教学的总体程度较高,为本科教学质量提供了有力保障。但教授讲授本科课程占课程总门次数的比例平均仅为27.51%,这一数据提示各高校还要加强这方面的工作。

(5) 学习效果(见表B-6)。

表B-6　学习效果数据提取表

项　　目	2013年本科教学质量报告数据
应届本科生毕业率	最大值99.75%(陕西师范大学)
	最小值86.63%(湖南大学)
	平均值97.15%
应届本科生学位授予率	最大值99.64%(陕西师范大学)
	最小值86.50%(湖南大学)
	平均值96.62%
应届本科生初次就业率	最大值99.81%(北京师范大学)
	最小值75.80%(北京中医药大学)
	平均值94.27%
学生学习满意度	最大值99.90%(清华大学)
	最小值64.06%(复旦大学)
	平均值90.19%
用人单位对毕业生满意度	最大值100%(大连理工大学、东北师范大学、合肥工业大学、西北农林科技大学)
	最小值84.10%(南京农业大学)
	平均值95.07%

学生的学习效果是检验本科教学质量的重要指标。表 B-6 中的数据表明，学校、学生、社会等几个方面对教育部直属高校本科教学效果的满意度较高，虽然部分数据因统计口径等原因可能不具有可比性，但总体可以说明教育部直属高校的学生学习效果总体较好。

附录C　本科教学质量报告信息公开测评指标体系(2.0版)

本科教学质量报告信息公开测评指标体系(2.0版)如表C-1所示。

表C-1　本科教学质量报告信息公开测评指标体系(2.0版)

一级指标	二级指标	三级指标		
	名称	序号	名称	分值
1. 本科教育基本情况(12分)	人才培养目标与定位	1	本科人才培养目标	1.5
		2	服务面向	2
	本科专业设置情况	3	全校本科专业总数	1
		4	当年本科招生专业总数	1
		5	当年新增专业名单或情况说明	1
		6	当年停招专业名单或情况说明	1
	在校生情况	7	各类全日制在校学生情况	1.5
		8	本科生占全日制在校生数比例	1.5
	本科生源质量情况	9	本科生源质量情况	1.5
2. 师资与教学条件(20分)	教师队伍建设情况	10	教师队伍数量及结构情况	1.5
		11	生师比	1
	教师教学投入情况	12	本科生主讲教师情况	1.5
		13	主讲本科课程教授占教授数比例	1.5
		14	教授讲授本科课程占总门次比例	1.5
	教学经费投入情况	15	教学经费投入情况	1.5
		16	生均本科教学日常运行支出	1
		17	本科专项教学经费	1
		18	生均本科实验经费	1
		19	生均本科实习经费	1

续表

一级指标	二级指标	三级指标		
	名称	序号	名称	分值
2. 师资与教学条件（20分）	教学设施投入情况	20	教学设施投入情况	1.5
		21	生均教学科研仪器设备值	1
		22	当年新增教学科研仪器设备值	1
		23	生均图书数	1
		24	电子图书、期刊种数	1
		25	生均教学行政用房面积	1
		26	生均实验室面积	1
3. 教学建设与改革（18分）	专业建设情况	27	专业建设情况	1.5
		28	培养方案特点	2
	课程建设情况	29	课程建设情况	1.5
		30	开设课程总门数	1.5
		31	实践教学学分占总学分比例（可按学科门类）	1
		32	选修课学分占总学分比例（可按学科门类）	1
	教材建设情况	33	教材建设情况	1.5
	教学过程与改革情况	34	教学改革情况	1.5
		35	课堂教学规模情况	2
		36	实践教学情况	1.5
		37	毕业论文情况	1.5
		38	创新创业教育情况	1.5
4. 质量保障体系（19分）	人才培养中心地位	39	人才培养中心地位落实情况	2
		40	校领导班子研究本科教学工作情况	2
		41	出台的相关政策措施	2
	教学质量保障体系构建及运行	42	教学质量保障体系建设情况	1.5
		43	日常监控与运行情况介绍	1.5
		44	规范教学行为情况	2
		45	本科教学基本状态分析情况	2
	认证与评估情况	46	专业评估情况介绍或说明	2
		47	专业认证情况介绍或说明	2
		48	国际评估情况介绍或说明	2

续表

一级指标	二级指标	三级指标		
	名称	序号	名称	分值
5. 学生学习效果(13分)	学习效果与满意度	49	应届本科生情况与毕业率	1.5
		50	应届本科生学位授予情况与授予率	1.5
		51	本科生体质测试达标率	1
		52	学生学习满意度调查方法与结果	2
	就业与发展	53	应届本科生就业情况与初次就业率	1.5
		54	应届本科生攻读研究生情况	1.5
	毕业生成就	55	社会用人单位评价调查方法与结果	2
		56	毕业生成就介绍	2
6. 特色(4分)	本科教育教学特色	57	总结本科教育教学工作中的特色和经验	4
7. 问题(6分)	教学质量的突出问题及解决措施	58	有总结影响教学质量的突出问题	2
		59	分析问题主要原因	2
		60	提出解决问题的果实及建议	2
8. 发布情况测评(8分)	时效性	61	报告及时发布(第一次观察时已发布)	2
	便捷性	62	报告可下载	2
	科学性	63	报告按要求为学年形式	2
	准确性	64	有支撑数据附表	2
合计				100分

附录D 本科教学质量报告支撑数据提取表(2.0版)及部分提取数据实例简析

1. 本科教学质量报告支撑数据提取表(2.0版)

本科教学质量报告支撑数据提取表(2.0版)如表D-1所示。

表D-1 本科教学质量报告支撑数据提取表(2.0版)

项　　目	数据提取 (标明单位)
1. 普通本科学生数	
本科生占全日制在校生总数的比例	
2. 专任教师数量	
具有教授职称教师比例	
具有博士学位教师比例	
3. 专业总数	
新增专业数	
停招专业数	
4. 生师比	
5. 生均教学科研仪器设备值	
6. 当年新增教学科研仪器设备值	
7. 生均图书	
8. 电子图书种数	
9. 生均教学行政用房	
生均实验室面积	
10. 生均本科教学日常运行支出	
11. 本科专项教学经费	
12. 生均本科实验经费	
13. 生均本科实习经费	
14. 全校开设课程总门数或门次数(表明单位)	

续表

项　　目	数据提取 (标明单位)
15. 实践教学学分占总学分比例	
16. 选修课学分占总学分比例	
17. 主讲本科课程的教授占教授总数的比例	
18. 教授授本科课程占课程总门次数的比例	
19. 应届本科生毕业率	
20. 应届本科生学位授予率	
21. 应届本科生初次就业率	
22. 体质测试达标率	
23. 学生学习满意度	
24. 用人单位对毕业生满意度	

2. 部分提取数据分析展示(以2016—2017学年本科教学质量报告提取数据为例)

(1) 办学规模。

根据2017年教育部高等教育教学评估中心在本科教学基本状态数据分析报告中反馈的“高等教育质量监控国家数据平台2016年本科高校常模数据”(以下简称常模)显示,普通本科院校全日制在校生平均规模为16460人。从114所教育部直属与中央部委直属高校2016—2017学年或2016年度本科教学质量报告中提取数据显示部属高校的本科生人数平均规模为15856人,低于全国平均水平。测评数据显示,部属高校中本科生人数最多为山东大学,全日制在校生人数为40789人,本科生人数最少为北京协和医学院,全日制在校生人数为1016人。本科生占全日制在校生总数的比例数据中,比例最高的为南京森林警察学院,比例为100%,比例最低的为中国科学院大学,比例为3.01%。部属高校本科生占全日制在校生总数的比例平均值为63%,说明114所部属高校还是以本科生教育为主(见表D-2)。

表D-2　办学规模数据提取表

项　　目	2016—2017学年本科教学质量报告数据
本科生人数	最大值40789
	最小值1016
	平均值15856
本科生占全日制在校生总数的比例	最大值100%
	最小值3.01%
	平均值63%

注:本部分结果仅选取各校2018年12月份监测到的本科教学质量报告中列出该项数据进行计算,质量报告中有缺失的高校在计算过程中自动忽略。

(2) 教学条件。

根据常模数据显示，普通本科院校生师比平均值为 18.97。本次测评提取数据显示 114 所教育部直属和中央部委直属高校生师比最大的为中国劳动关系学院，数值为 22.2，接近教育部普通高等学校基本办学条件指标招生限制最大值 23。生师比最小的为中央音乐学院，数值为 4.5。114 所教育部直属和中央部委直属高校生师比平均值为 16.89，低于普通本科院校生师比平均值。

根据常模数据显示，普通本科院校生均纸质图书为 77.67 册，本次提取数据显示 114 所教育部直属和中央部委直属高校生均图书平均值为 95.60，生均图书最大的为北京协和医学院，数值为 351.02 册。生均图书最小的为中国药科大学，数值为 45.27 册，这一数值高于教育部普通高等学校基本办学条件指标招生最小值 35，但低于教育部普通高等学校基本办学条件指标合格标准最小值 70。由此显示部属高校在生均图书方面差异较大，部分部属高校仅达到最低的限制条件，部分图书条件亟待改善。

根据常模数据显示，普通本科院校生均教学行政用房平均值为 15.24 平方米，本次提取数据显示 114 所教育部直属和中央部委直属高校生均教学行政用房平均值为 18.74，高于全国常模数值。但部属高校生均教学行政用房最小的为北京中医药大学的 2.07 平方米，低于教育部普通高等学校基本办学条件指标招生最小值 5，生均教学行政用房最大的为北京协和医学院的 138.79 平方米。数据显示 114 所教育部直属和中央部委直属高校在生均教学行政用房方面的差异较大，部分部属高校教学条件达不到相应标准。

根据常模数据显示，普通本科院校生均本科教学日常运行支出为 2848 元，本次提取数据显示 114 所教育部直属和中央部委直属高校生均本科教学日常运行支出为 7987.82 元，远高于全国平均水平。114 所教育部直属和中央部委直属高校生均本科教学日常运行支出最大的为外交学院 39791.02 元，最小的为中央财经大学 2006.57 元。数据显示 114 所教育部直属和中央部委直属高校在本科教学日常运行支出方面较其他不同本科高校有较大的优势。

此外，2018 年测评时还提取了诸如生均实验室面积、生均本科实验经费、生均本科实习经费等数据。各项提取数据均值显示，部属高校教学条件差异较大，但均超过全国平均水平，经费较为充足(见表 D-3)。

表 D-3 教学条件数据提取表

项目	2016—2017 学年本科教学质量报告数据	教育部普通高等学校基本办学条件指标
生师比	最大值 22.2	合格标准最大值 18
	最小值 4.5	招生限制最大值 23
	平均值 16.89	—

续表

项　目	2016—2017学年本科教学质量报告数据	教育部普通高等学校基本办学条件指标
生均图书/(册/生)	最大值351.02	合格标准最小值70
	最小值45.27	招生限制最小值35
	平均值95.60	—
生均教学行政用房/(平方米/生)	最大值138.79	合格最小值9
	最小值2.07	招生最小值5
	平均值18.74	—
生均本科教学日常运行支出/(元/生)	最大值39791.02	
	最小值2006.57	
	平均值7987.82	

(3) 专业建设。

114所部委直属高校分为综合、理工、农林、师范、财经、艺术等几种类型，尤其是39所除教育部外的中央部委直属高校许多为行业类型高校，因此在专业设置上有较大差异。在教育部《普通高等学校本科专业目录(2012)》中，共有本科专业506个。本次测评显示，部属高校中本科专业总数最多的为北京大学(123个)，约占目录总数的1/4;北京协和医学院的本科专业总数最少(2个)，约占目录总数的1/253;114所教育部直属和中央部委直属高校的本科专业平均值为58.61，占目录总数的11.58%(见表D-4)。这一数值与普通本科院校本科专业常模值51个相比较多，可见部属高校专业门类广泛，有的综合性强，有的独树一帜。

表D-4　专业建设数据提取表

项　目	2016—2017学年本科教学质量报告数据
本科专业总数(个)	最大值123
	最小值2
	平均值58.61

(4) 教师教学投入。

2018年6月21日，时任教育部部长陈宝生在新时代全国高等学校本科教育工作会议上强调“坚持以本为本，推进四个回归，建设中国特色、世界水平的一流本科教育”，并认为教授应该坚持为本科生上课。相应的，教育部出台了一系列规范教授授课的文件。本次测评提取数据显示，114所教育部直属和中央部委直属高校中在此方面执行最好的为东华大学，其中99.56%的教授为本科生上课。执行一般的如北京语言大学，有55.56%的教授为本科生授课。教授讲授本科课程占课程总门次数的比例中最高的为北京中医药大学85%，最低的为中国药科大学7.83%。以部属高校平均88.22%的教授为本科生上课，平均24.61%本科课程由教授授课的数据与常模中的普通本科院校79.95%的教授为本科生上课，平均16.93%的本科课程由教授授课相比，114所教育部直属和中央部委直属高校总体的教授教学投入程度较高，教授们较大的教学投入为部属高校本科教学质量提供了有力保障(见表D-5)。

表D-5　教师教学投入数据提取表

项　目	2016—2017学年本科教学质量报告数据
主讲本科课程的教授占教授总数的比例	最大值99.56%
	最小值55.56%
	平均值88.22%
教授讲授本科课程占课程总门次数的比例	最大值85%
	最小值7.83%
	平均值24.61%

(5) 学习效果。

学生的学习效果是检验本科教学质量的重要指标。114所教育部直属和中央部委直属高校中提取数据显示，平均97%的应届本科生毕业率、平均97.2%的应届本科生学位授予率、平均94.4%的应届本科生初次就业率都高于常模中普通本科高校的96.77%的应届本科生毕业率、平均96.94%的应届本科生学位授予率、平均88.59%的应届本科生初次就业率，表明部委直属高校学生学习效果总体较好。其中，应届本科生毕业率最高的为北京协和医学院、中国刑事警察学院、北京电子科技学院三所学校均为100%，最低的为中国传媒大学的86.42%；应届本科生学位授予率最高的为哈尔滨工程大学、东华大学、中国刑事警察学院、外交学院、大连民族大学、湖南大学、华东师范大学7所高校均为100%，最低的为中国传媒大学的85.28%；应届本科生初次就业率最高的为北京电子科技学院的99.56%，最低的为兰州大学的75.36%(见表D-6)。

表D-6　学习效果数据提取表

项　目	2016—2017学年本科教学质量报告数据
应届本科生毕业率	最大值100%
	最小值86.42%
	平均值97%
应届本科生学位授予率	最大值100%
	最小值85.28%
	平均值97.2%
应届本科生初次就业率	最大值99.56%
	最小值75.36%
	平均值94.4%

附录E　本科教学质量报告信息公开测评指标体系(2.1版)

本科教学质量报告信息公开测评指标体系(2.1版)如表E-1所示。

表E-1　本科教学质量报告测评指标体系(2.1版)

<table>
<tr><th rowspan="2">一级指标</th><th>二级指标</th><th colspan="3">三级指标</th><th rowspan="2">测评得分</th><th rowspan="2">项目得分</th><th rowspan="2">备注</th></tr>
<tr><th>名称</th><th>序号</th><th>名称</th><th>分值</th></tr>
<tr><td rowspan="9">1.本科教育基本情况(12分)</td><td rowspan="2">人才培养目标与定位</td><td>1</td><td>本科人才培养目标</td><td>1.5</td><td></td><td rowspan="9"></td><td></td></tr>
<tr><td>2</td><td>服务面向*</td><td>2</td><td></td><td></td></tr>
<tr><td rowspan="4">本科专业设置情况</td><td>3</td><td>全校本科专业总数</td><td>1</td><td></td><td></td></tr>
<tr><td>4</td><td>当年本科招生专业总数</td><td>1</td><td></td><td></td></tr>
<tr><td>5</td><td>当年新增专业名单或情况说明</td><td>1</td><td></td><td></td></tr>
<tr><td>6</td><td>当年停招专业名单或情况说明</td><td>1</td><td></td><td></td></tr>
<tr><td rowspan="2">在校生情况</td><td>7</td><td>各类全日制在校学生情况</td><td>1.5</td><td></td><td></td></tr>
<tr><td>8</td><td>本科生占全日制在校生数比例</td><td>1.5</td><td></td><td></td></tr>
<tr><td>本科生源质量情况</td><td>9</td><td>本科生源质量情况</td><td>1.5</td><td></td><td></td></tr>
<tr><td rowspan="10">2.师资与教学条件(20分)</td><td rowspan="2">教师队伍建设情况</td><td>10</td><td>教师队伍数量及结构情况</td><td>1.5</td><td></td><td rowspan="10"></td><td></td></tr>
<tr><td>11</td><td>生师比</td><td>1</td><td></td><td></td></tr>
<tr><td rowspan="3">教师教学投入情况</td><td>12</td><td>本科生主讲教师情况</td><td>1.5</td><td></td><td></td></tr>
<tr><td>13</td><td>主讲本科课程教授占教授数比例</td><td>1.5</td><td></td><td></td></tr>
<tr><td>14</td><td>教授讲授本科课程占总门次比例</td><td>1.5</td><td></td><td></td></tr>
<tr><td rowspan="5">教学经费投入情况</td><td>15</td><td>教学经费投入情况</td><td>1.5</td><td></td><td></td></tr>
<tr><td>16</td><td>生均本科教学日常运行支出</td><td>1</td><td></td><td></td></tr>
<tr><td>17</td><td>本科专项教学经费</td><td>1</td><td></td><td></td></tr>
<tr><td>18</td><td>生均本科实验经费</td><td>1</td><td></td><td></td></tr>
<tr><td>19</td><td>生均本科实习经费</td><td>1</td><td></td><td></td></tr>
</table>

续表

一级指标	二级指标	三级指标			测评得分	项目得分	备注
	名称	序号	名称	分值			
2. 师资与教学条件（20分）	教学设施投入情况	20	教学设施投入情况	1.5			
		21	生均教学科研仪器设备值	1			
		22	当年新增教学科研仪器设备值	1			
		23	生均图书数	1			
		24	电子图书、期刊种数	1			
		25	生均教学行政用房面积	1			
		26	生均实验室面积	1			
3. 教学建设与改革（18分）	专业建设情况	27	专业建设情况	1.5			
		28	培养方案特点*	2			
	课程建设情况	29	课程建设情况	1.5			
		30	开设课程总门数	1.5			
		31	实践教学学分占总学分比例（可按学科门类）	1			
		32	选修课学分占总学分比例（可按学科门类）	1			
	教材建设情况	33	教材建设情况	1.5			
	教学过程与改革情况	34	教学改革情况	1.5			
		35	课堂教学规模情况（班额情况）**	2			
		36	实践教学情况	1.5			
		37	毕业论文情况	1.5			
		38	创新创业教育情况	1.5			
4. 质量保障体系（19分）	人才培养中心地位	39	人才培养中心地位落实情况*	2			
		40	校领导班子研究本科教学工作情况*	2			
		41	出台的相关政策措施*	2			
	教学质量保障体系构建及运行	42	教学质量保障体系建设情况	1.5			
		43	日常监控与运行情况介绍	1.5			
		44	规范教学行为情况*	2			
		45	本科教学基本状态分析情况*	2			
	认证与评估情况	46	专业评估情况介绍或说明*	2			
		47	专业认证情况介绍或说明*	2			
		48	国际评估情况介绍或说明*	2			

续表

一级指标	二级指标	三级指标			测评得分	项目得分	备注
	名称	序号	名称	分值			
5. 学生学习效果(13 分)	学习效果与满意度	49	应届本科生情况与毕业率	1.5			
		50	应届本科生学位授予情况与授予率	1.5			
		51	本科生体质测试达标率	1			
		52	学生学习满意度调查方法与结果*	2			
	就业与发展	53	应届本科生就业情况与初次就业率	1.5			
		54	应届本科生攻读研究生情况	1.5			
		55	社会用人单位评价调查方法与结果*	2			
	毕业生成就	56	毕业生成就介绍*	2			
6. 特色(4 分)	本科教育教学特色	57	总结本科教育教学工作中的特色和经验*	4			
7. 问题(6 分)	教学质量的突出问题及解决措施	58	有总结影响教学质量的突出问题*	2			
		59	分析问题主要原因*	2			
		60	提出解决问题的果实及建议*	2			
8. 发布情况测评(8 分)	时效性	61	报告及时发布(第一次观察时已发布)***	2			
	便捷性	62	报告可下载***	2			
	科学性	63	报告按要求为学年形式***	2			
	准确性	64	有支撑数据附表***	2			
小计				100 分			
加分项	增加第四章专业培养能力****	65		2			
	数据分专业呈现****	66	部分数据分专业呈现扣 1 分部分;无第 19 项“实践教学及实习实训基地”扣 1 分	3			
总分				105 分			

注：* 为国家数据平台报告未自动生成的部分指标。* * 为国家数据平台报告中自动生成但很少出现在学校报告中的指标。* * * 为研究设计第八项具体指标。* * * * 为附加分指标。

附录 F　本科教学质量报告支撑数据提取表(2.1版)及部分提取数据实例简析

1. 本科教学质量报告支撑数据提取表(2.1 版)

本科教学质量报告支撑数据提取表(2.1 版)如表 F-1 所示。

表 F-1　本科教学质量报告支撑数据提取表(2.1 版)

项　　目	数据提取 (标明单位)
1. 普通本科学生数	
本科生占全日制在校生总数的比例	
2. 专任教师数量	
~~具有教授职称教师比例~~(单位不统一,无法比较)	
具有博士学位教师比例	
3. 专业总数	
新增专业数	
停招专业数	
4. 生师比	
5. 生均教学科研仪器设备值	
6. 当年新增教学科研仪器设备值	
7. 生均图书	
8. 电子图书种数	
9. 生均教学行政用房	
生均实验室面积	
10. 生均本科教学日常运行支出	
11. 本科专项教学经费	
12. 生均本科实验经费	
13. 生均本科实习经费	
14. 全校开设课程总门数或门次数(表明单位)	
~~15. 实践教学学分占总学分比例~~(分专业统计,无法对比)	
~~16. 选修课学分占总学分比例~~(分专业统计,无法对比)	

续表

项　　目	数据提取 (标明单位)
17. 主讲本科课程的教授占教授总数的比例	
18. 教授授本科课程占课程总门次数的比例	
19. 应届本科生毕业率	
20. 应届本科生学位授予率	
21. 应届本科生初次就业率	
22. 体质测试达标率	
~~23. 学生学习满意度~~(标准不统一,无法对比)	
~~24. 用人单位对毕业生满意度~~(标准不统一,无法对比)	

2. 部分提取数据分析展示(以2017—2018学年本科教学质量报告提取数据为例)

(1) 办学规模。

根据教育部高等教育教学评估中心在本科教学基本状态数据分析报告中反馈的"高等教育质量监控国家数据平台2017年普通本科高校常模数据"(以下简称常模)显示,普通本科院校全日制在校生平均规模为16206人。从114所教育部直属和中央部委直属高校在2017—2018学年本科教学质量报告中提取的数据显示,本科生人数最多的为吉林大学全日制在校生人数41901人,本科生人数最少的为北京协和医学院全日制在校生人数1091人(见表F-2)。本科生占全日制在校生总数的比例数据中,比例最高的为南京森林警察学院,比例为100%,比例最低的为中国科学院大学,比例为3.10%,本科生占全日制在校生总数的比例平均值为62.67%,比高等教育质量监控国家数据平台2017年普通本科高校常模数据的85.29%少了22.62%。这说明114所高校教育主体还是以本科生教育为主,但拥有一定比例的研究生教育。

表F-2　办学规模数据提取表

项　　目	2017—2018学年本科教学质量报告数据	高等教育质量监控国家数据平台2017年普通本科高校常模数据
本科生人数	最大值41901	16206
	最小值1091	
	平均值16256	
本科生占全日制在校生总数的比例	最大值100%	85.29%
	最小值3.10%	
	平均值62.67%	

注:本部分结果仅选取各校2019年监测到的本科教学质量报告中列出该项数据进行计算,质量报告中有缺失的高校在计算过程中自动忽略。

(2) 教学条件。

根据常模数据显示，普通本科院校生师比平均值为18.34。本次提取数据显示114所教育部直属和中央部委直属高校生师比最大为对外经济贸易大学，生师比为23.21，高于教育部普通高等学校基本办学条件指标招生限制最大值23。生师比最小的为北京协和医学院，数值为4.83。114所教育部直属和中央部委直属高校生师比平均值为17.32(见表F-3)。生师比数据显示，部属高校办学师资力量上比一般普通高校有一定的优势，但也存在不平衡的问题，甚至有的部属高校师资已经出现了严重不足。

表F-3 教学条件数据提取表

项 目	2017—2018学年本科教学质量报告数据	教育部普通高等学校基本办学条件指标	高等教育质量监控国家数据平台2017年普通本科高校常模数据
生师比	最大值23.21	合格标准最大值18	18.34
	最小值4.83	招生限制最大值23	
	平均值17.32	—	
生均图书/(册/生)	最大值359.63	合格标准最小值70	80.60
	最小值26	招生限制最小值35	
	平均值95.28	—	
生均教学行政用房/(平方米/生)	最大值91.71	合格最小值9	15.77
	最小值2.57	招生最小值5	
	平均值18.49	—	
生均本科教学日常运行支出/(元/生)	最大值31229.42		3000.74
	最小值1228.43		
	平均值7378.28		

根据常模数据显示，普通本科院校生均纸质图书为80.60册。114所教育部直属和中央部委直属高校生均图书平均值为95.28，生均图书最大为北京协和医学院，生均359.63册。生均图书最小值为中国地质大学(北京)，生均26册，低于教育部普通高等学校基本办学条件指标招生最小值35，说明有的部属高校的图书资源已经出现严重不足。

根据常模数据显示，普通本科院校生均教学行政用房平均值为15.77平方米，本次提取数据显示114所教育部直属和中央部委直属高校生均教学行政用房平均值为18.49，高于全国常模。但部属高校生均教学行政用房最小值为中国科学院大学的2.57，低于教育部普通高等学校基本办学条件指标招生最小值5。生均教学行政用房最大值为北京协和医学院的91.71。这显示出部属高校生均教学行政用房在总体达标的情况下也存在部分高校用房不足的问题。

根据常模数据显示，普通本科院校生均本科教学日常运行支出为3000.74元。114所教育部直属和中央部委直属高校生均本科教学日常运行支出为7378.28元，远高于全国平均水平。114所教育部直属和中央部委直属高校生均本科教学日常运行支出最大的为外交学院31229.42元，最小的为北京电子科技学院1228.43元。

2019年测评中还提取了诸如生均实验室面积、生均本科实验经费、生均本科实习经费等数据。数据显示各部属高校教学条件差异较大，但超过全国平均水平，经费较为充足，具有一定优势。

(3) 专业建设。

114所部委直属高校分为综合、理工、农林、师范、财经、艺术等几种类型，尤其是39所教育部外的中央部委直属高校许多为行业类型高校，因此在专业设置上有较大差异。在教育部《普通高等学校本科专业目录(2012)》中，共有本科专业506个。本次测评显示，部属高校中本科专业总数最多的为四川大学(132个)超过目录总数的1/4，北京协和医学院的本科专业总数最少(5个)，114所教育部直属和中央部委直属高校的本科专业平均值为60.14占目录总数的11.86%。与常模显示普通本科院校本科专业平均值51个相比较多，可见部属高校专业门类广泛，有的综合性强，有的独树一帜(见表F-4)。

表F-4 专业建设数据提取表

项　　目	2017—2018学年本科教学质量报告数据	高等教育质量监控国家数据平台2017年普通本科高校常模数据
本科专业总数/个	最大值132	51
	最小值5	
	平均值60.14	

(4) 教师教学投入。

教师教学投入方面，114所教育部直属和中央部委直属高校中执行最好的如东华大学，其中98.24%的教授为本科生授课；执行一般的如北京语言大学，只有53.21%的教授为本科生授课。教授讲授本科课程占课程总门次数的比例中最高的为中国科学院大学60.19%，最低的为北京电子科技学院8.01%。从提取数据来看，部属高校平均88.22%的教授为本科生授课，平均22.59%的本科课程由教授授课，与常模中的普通本科院校79.92%的教授为本科生上课，平均17.47%的本科课程由教授授课相比，114所教育部和中央部委直属高校总体的教师教学投入尤其是教授教学投入程度较高(见表F-5)。

(5) 学习效果。

学生的学习效果是检验本科教学质量的重要指标。114所教育部直属和中央部委直属高校提取数据显示，平均97%的应届本科生毕业率、平均97.2%的应届本科生

表 F-5 教师教学投入数据提取表

项　　目	2017—2018 学年本科教学质量报告数据	高等教育质量监控国家数据平台 2017 年普通本科高校常模数据
主讲本科课程的教授占教授总数的比例	最大值 98.24%	79.92%
	最小值 53.21%	
	平均值 80.38%	
教授讲授本科课程占课程总门次数的比例	最大值 60.19%	17.47%
	最小值 8.01%	
	平均值 22.59%	

学位授予率、平均 93.71%的应届本科生初次就业率，比高等教育质量监控国家数据平台 2017 年普通本科高校常模数据平均 96.80%的应届本科生毕业率、平均 90.30%的应届本科生初次就业率要高，与平均 97.2%的应届本科生学位授予率数据相同。这说明部属高校的学生学习产出效果较好。

其中，应届本科生毕业率最高的为中华女子学院、外交学院、中国刑事警察学院、北京电子科技学院等 4 所学校，均为 100%，最低的为中国传媒大学的 88.01%；应届本科生学位授予率最高的为中华女子学院、中国刑事警察学院、大连民族大学、吉林大学、四川大学、哈尔滨工程大学、华南理工大学、华侨大学、东华大学、中国海洋大学等 10 所高校，均为 100%，最低的为中国传媒大学的 86.80%；应届本科生初次就业率最高的为北京邮电大学的 99.75%，最低的为中央司法警官学院的 42.89%（见表 F-6）。

表 F-6 学习效果数据提取表

项　　目	2017—2018 学年本科教学质量报告数据	高等教育质量监控国家数据平台 2017 年普通本科高校常模数据
应届本科生毕业率	最大值 100%	96.80%
	最小值 88.01%	
	平均值 97%	
应届本科生学位授予率	最大值 100%	97.20%
	最小值 86.80%	
	平均值 97.2%	
应届本科生初次就业率	最大值 99.75%	90.30%
	最小值 42.89%	
	平均值 93.71%	

附录G　关于对教育部直属高校××××年本科教学质量报告测评情况一对一反馈的函

××××大学：

2014年7月25日，教育部根据《中华人民共和国政府信息公开条例》和《高等学校信息公开办法》，印发了《高等学校信息公开事项清单》（以下简称《清单》），要求教育部直属高校于2014年10月31日前在各自门户网站开设信息公开专栏，公布《清单》中的各项内容。

《本科教学质量报告》是《清单》中列出的重要公开内容。2014年9月10日教育部办公厅发布了《教育部办公厅关于普通高等学校编制发布2013年〈本科教学质量报告〉的通知》（教高厅函〔2014〕35号）（以下简称《通知》），要求进一步推动高等教育内涵发展、提高质量，建立普通高等学校本科教学质量年度报告发布制度。2015年7—8月课题组根据《通知》要求，针对2013年本科教学质量报告制定了《2013年本科教学质量报告测评指标体系》和《2013年本科教学质量报告支撑数据提取表》。2015年8月10日—16日课题组使用该测评指标对75所教育部直属高校进行了第一次测评，并进行了数据提取。

为了服务于贵校信息公开事项建设，现将对贵校本次测评情况及今后工作建议反馈给你们，以便工作中参考。

本项工作由课题组分别与75所部直属高校一对一进行，各校之间互不知晓反馈的内容，课题组更不向社会公布（但整体排名、单项测评及极特殊实例除外）。测评情况反馈属于内部性、单独性、工作性和服务性。希望贵校妥善保存该材料，不要外泄。我们今后还会不定期反馈对贵校信息公开事项测评的情况，以期望能为贵校信息公开事项建设提供更好的服务。

联系人及电话：

×××（×××）×××××××

邮箱：×××××××××××

××××××
××××年×月×日

附录H　对××××大学××××年本科教学质量报告测评情况反馈示例

一、测评指标说明

课题组根据教育部发布的《通知》，制定了测评指标，一级指标7项，分别是本科教育基本情况、师资与教学条件、教学建设与改革、质量保障体系、学生学习效果、特色发展、需要解决的问题；二级指标35项，7个一级指标所含二级指标数分别为5、6、4、9、7、1、3个。7个一级指标的分值分别是18、25、11、18、17、4、7分，总分100分。

二、本次测评结果

本次测评结果：得分××分，在75所直属高校中排名第××名。

三、存在的问题

（一）第2项“本科专业设置情况”

问题：无全校本科专业总数、当年本科招生专业总数，当年新增专业、停招专业名单。

（二）第3项“各类全日制在校学生情况”

问题：无各类全日制在校学生情况介绍。

（三）第4项“本科生占全日制在校生总数的比例”

问题：无本科生占全日制在校生总数的比例。

（四）第5项“本科生源质量情况”

问题：无本科生源质量情况介绍。

（五）第6项“师资队伍数量结构情况”

问题：无师资队伍数量结构情况。

（六）第7项“生师比”

问题：无生师比。

（七）第8项“本科生主讲教师情况”

问题：无本科生主讲教师情况介绍。

（八）第9项“教授承担本科课程情况”

问题：主讲本科课程的教授占教授总数的比例、教授讲授本科课程占课程总门次数的比例。

（九）第10项“教学经费投入情况”

问题：无生均本科教学日常运行支出、本科专项教学经费、生均本科实验经费、生均本科实习经费。

（十）第11项“教学用房、图书、设备、信息资源及其应用情况”

问题：无生均教学科研仪器设备值、当年新增教学科研仪器设备值、生均图书、电子图书种数、电子期刊种数、生均教学行政用房、生均实验室面积。

（十一）第13项“课程建设”

问题：无全校开设课程总门数、实践教学学分占总学分比例、选修课学分占总学分比例。

（十二）第22项“专业评估情况”

问题：无专业评估情况。

（十三）第23项“专业认证”

问题：无专业认证。

（十四）第24项“国际评估情况”

问题：无国际评估情况。

（十五）第26项“应届本科生毕业情况”

问题：无本科生毕业率、学位授予率、体质测试达标率。

（十六）第27项“学位授予情况”

问题：无应届本科生学位授予率。

（十七）第 30 项“社会用人单位对毕业生的评价”

问题：无调查方法、调查结果。

（十八）第 31 项“毕业生成就”

问题：无毕业生成就。

（十九）第 32 项“学校在本科教育教学工作中的特色和经验”

问题：无学校在本科教育教学工作中的特色和经验。

（二十）第 33 项“教学质量的突出问题”

问题：无教学质量的突出问题。

（二十一）第 34 项“主要原因”

问题：无主要原因分析。

（二十二）第 35 项“解决问题的措施及建议”

问题：无解决问题的措施及建议介绍。

四、改进建议

补全上述未发布内容。进一步建立信息公开的机制，增强信息公开的及时性和完整性，加大信息公开网站的建设力度。

参 考 文 献

[1] [英]边沁.政府片论[M].沈叔平,等译.北京:商务印书馆,1995.
[2] [美]弗兰克·费希尔.公共政策评估[M].吴爱明,等译.北京:中国人民大学出版社,2003.
[3] [美]乔.萨托利.民主新论[M].冯克利,阎克文,译.北京:东方出版社,1998.
[4] [美]约翰·罗尔斯.正义论[M].何怀宏,等译.北京:中国社会科学出版社,2009.
[5] [美]威廉·N·邓恩.公共政策分析导论[M].2版.谢明,杜子芳,译.北京:中国人民大学出版社,2010.
[6] [美]埃贡·G.古贝,伊冯娜·S.林肯.第四代评估[M].秦霖,蒋燕玲,等译.北京:中国人民大学出版社,2008.
[7] [美]斯坦弗比尔姆.评估模型[M].苏锦丽,等译.北京:北京大学出版社,2007.
[8] 于向英.教育测量与统计[M].郑州:郑州大学出版社,2015.
[9] 马怀德.公立高校信息公开研究[M].北京:中国法制出版社,2012.
[10] 马海群.高校信息公开制度与评价研究[M].北京:知识产权出版社,2015.
[11] 马海群.高校信息公开政策研究[M].北京:知识产权出版社,2014.
[12] 王英杰.认证体系与认证有效性量化评价[M].北京:中国质检出版社,2017.
[13] 王新华,韩沚清.质量管理学[M].北京:中国矿业大学出版社,1999.
[14] 方鸿琴.我国高校质量保障体系一般模式构建与质量审计[M].北京:中国社会科学出版社,2013.
[15] 邓国胜,肖明超.群众评议政府:理论、方法与实践[M].北京:北京大学出版社,2006.
[16] 冯平.评价论[M].北京:东方出版社,1997.
[17] 朱科蓉.教育信息公开研究[M].重庆:重庆大学出版社,2005.
[18] 刘庆红.日本高校信息公开研究——面向利益相关者的社会责任[M].北京:人民出版社,2017.
[19] 严芳.教育元评估的理论与实践[M].上海:华东师范大学出版社,2013.
[20] 李允杰,丘昌泰.政策执行与评估[M].北京:北京大学出版社,2008.
[21] 汪红驹.中国货币政策有效性研究[M].北京:中国人民大学出版社,2003.

[22] 张会杰.教育评估公信力研究[M].上海:上海三联书店,2016.
[23] 张红伟.中国高等教育评估管理机制研究[M].北京:北京师范大学出版社,2014.
[24] 张远增.公共政策执行评估学理[M].北京:中国社会科学出版社,2018.
[25] 张金马.公共政策分析:概念·过程·方法[M].北京:人民出版社,2004.
[26] 张维迎.博弈论与信息经济学[M].上海:上海人民出版社,2004.
[27] 陈庆云.公共政策分析[M].北京:北京大学出版社,2006.
[28] 周国雄.博弈:公共政策执行力与利益主体[M].上海:华东师范大学出版社,2008.
[29] 荀振芳.大学教学评价的价值反思[M].青岛:中国海洋大学出版社,2006.
[30] 查有良.系统科学与教育[M].北京:人民教育出版社,1993.
[31] 袁振国.教育政策学[M].南京:江苏教育出版社,2001.
[32] 郭洪.走向均衡:教育五级评价系统开发[M].北京:教育科学出版社,2015.
[33] 教育部政务公开办公室.《高等学校信息公开办法》读本[M].北京:中国法制出版社,2011.
[34] 马怀德,林华.论高校信息公开的基本原则[J].甘肃社会科学,2014(03):94-97.
[35] 马怀德,林华.高校信息公开在中国:历史溯源、文本解读与制度展望[J].国家教育行政学院学报,2014(07):19-24.
[36] 马海群,王英.高校信息公开政策在大学治理中的价值定位[J].图书情报工作,2012 (18):14-17.
[37] 马海群,左晨.我国高校网站信息公开效果评价指标体系构建研究[J].情报科学,2015 (01):139-145.
[38] 马海群,吕红.我国高校信息公开网站建设现状调查与优化对策[J].图书情报工作,2012 (05):128-133.
[39] 马海群,吕红.高校信息公开制度体系的构建[J].情报资料工作,2012(03):10-15.
[40] 马海群,吕红.高校信息公开政策实施效果评价体系构建研究[J].情报科学,2013 (07):3-9+35.
[41] 马海群,周超.基于层级分析法的高校信息公开绩效评价指标体系构建[J].图书馆理论与实践,2014(02):1-5.
[42] 马海群.高校信息公开行政诉讼制度的探索[J].现代情报,2015(01):3-6.
[43] 马赫,王阮.国内高校信息公开研究现状与热点——基于 CNKI 期刊文献(2000—2017 年)的分析[J].情报科学,2019(10):172-178.
[44] 王延明,许宁.高校信息公开与信息安全保障策略研究[J].情报科学,2015(06):71-75.
[45] 王志蔚,张彩云.本科教学质量报告“需要解决的问题”评析[J].中国大学教学,2016(05):76-80.

[46] 王敬波. 现代大学制度与高校信息公开的三维透视[J]. 中国高等教育，2015(24)：24-27.

[47] 王鹏. 从《本科教学质量报告》透视农林大学本科教育的现状、问题与特色[J]. 河北科技大学学报(社会科学版)，2018 (02)：94-101.

[48] 王霁霞. 高校信息公开的法律规制逻辑——以 32 起高校信息公开行政诉讼案件为切入点的分析[J]. 国家教育行政学院学报，2019(01)：55-61.

[49] 牛军明，张德祥. 高校信息公开的缘由、现状与策略研究——基于 2016 年度教育部 75 所直属高校的信息公开年度报告[J]. 中国高教研究，2018(02)：29-35.

[50] 尹宁伟. 中国一流大学实践教学体系建构的新趋势——基于《“985 工程”大学 2010 年度本科教学质量报告》的文本分析[J]. 中国大学教学，2012(05)：82-88+96.

[51] 尹晓敏. 我国高校信息公开法律制度研究——基于教育部新颁《高等学校信息公开办法》的分析[J]. 现代教育科学，2011(05)：88-92.

[51] 尹晓敏. 高校信息公开若干疑难问题解析[J]. 高等教育研究，2011(07)：46-50.

[53] 石义秀，刘冬冬. 独立学院内涵式发展的困境及其消解——基于山东省 11 所独立学院的本科教学质量报告[J]. 河北科技大学学报(社会科学版)，2019(04)：104-112.

[54] 龙红霞. 基于《本科教学质量报告》的西部高校教育改革探析[J]. 教育评论，2015(10)：47-50.

[55] 白逸仙. 走向“以学生为中心”的评估模式——以中国《本科教学质量报告》与美国 NSSE 为比较对象[J]. 中国高教研究，2014(11)：64-68.

[56] 吕红，马海群. 我国高校信息公开公众响应情况及意识需求调查分析报告[J]. 现代情报，2011 (03)：12-17.

[57] 吕红. 高校信息公开政策评价理论体系的构建研究[J]. 图书情报工作，2012(18)：25-28.

[58] 朱茹华，宫富. 我国高校信息公开研究的现状、热点与趋势[J]. 语文学刊，2018(06)：98-105.

[59] 邬大光，别敦荣，赵婷婷，等. 高等学校《本科教育教学质量报告》透视(笔谈)[J]. 高等教育研究，2012 (02)：41-57.

[60] 刘飞燕. 湖北省属高校本科毕业生就业状况探析——基于 12 所省属学校 2018 年本科毕业生就业质量年度报告的分析[J]. 现代教育科学，2019(10)：128-135.

[61] 刘尧. 本科教学质量报告要全面真实[J]. 教育与职业，2012(07)：22.

[62] 刘春艳，周超. 高校信息公开年度报告制度建设的发展现状及应对举措——基于政府信息公开年报制度的研究[J]. 情报资料工作，2012(03)：16-19.

[63] 刘娜. 东北三省重点高校本科教学质量保障体系研究——基于 2016 年《本科生

教学质量报告》的文本分析[J]. 黑龙江工业学院学报(综合版),2018(11):11-13.

[64] 刘静. 对美国高校信息公开的几点思考[J]. 图书馆工作与研究,2012(01):16-19.

[65] 刘磊,魏丹,王浩. 大学生对高校信息公开的反应——基于南京市的调查分析[J]. 大学图书馆学报,2010 (01):105-110.

[66] 安泽会. 高等农林院校创新创业教育体系建构的新趋势——基于15所农林院校《2015年本科教学质量报告》及《2016年毕业生就业质量报告》的分析[J]. 黑龙江畜牧兽医,2018(21):233-237.

[67] 许南阳. 本科教学质量报告制度促进教学质量改进的研究[J]. 中国中医药现代远程教育,2020 (01):153-154.

[68] 苏堪华,龙学渊,王均,等. 基于本科教学质量报告的石油类高校本科教学质量保障体系分析[J]. 科教导刊(上旬刊),2018(07):16-17.

[69] 李小娃,莫玉婉. "211工程"大学本科毕业生就业结构研究——基于《211工程大学本科教学质量报告》的分析[J]. 现代教育管理,2014(08):56-60.

[70] 李文章,于小艳. 政策工具视角下本科教学质量报告的选择、问题及对策[J]. 扬州大学学报(高教研究版),2016 (03):52-55.

[71] 李世颖. 国内高校信息公开研究综述[J]. 图书馆学刊,2015(08):126-131.

[72] 李红惠. 我国研究型大学本科教育培养目标定位研究——基于"985"高校2010年度"本科教学质量报告"的文本分析[J]. 国家教育行政学院学报,2012(05):72-77.

[73] 李奇,高洋. 从规则到行为:高等教育质量年度报告制度的改进[J]. 复旦教育论坛,2020 (03):67-73.

[74] 李奇. 我国高校质量年度报告的制度分析[J]. 清华大学教育研究,2018,39(04):99-104.

[75] 李国强. "管办评分离"进程中的高校外部质量保障体系建设[J]. 中国高教研究,2016(01):12-20.

[76] 李博,马海群. 我国高校信息公开的特点、原则、主要问题及相关制度建设[J]. 现代情报,2011 (03):7-11.

[77] 杨佳乐,高耀. 民办本科院校毕业生就业状况——基于陕西省15所高校2014年就业质量报告的量化分析[J]. 现代教育管理,2016(07):120-124.

[78] 杨宾峰,冯启高,张社字. 职业技术师范院校"双师型"教师培养本位回归与路径选择——基于2018年本科教学质量报告分析[J]. 职教论坛,2020(01):84-93.

[79] 肖丹,张旭. 教育部直属75所高校"信息公开清单"合规性分析——基于2014—2015年数据的比较[J]. 现代教育管理,2017(03):71-78.

[80] 肖智，杨文军. 基于 jQuery Mobile 的移动高校信息公开系统的设计与开发[J]. 图书馆学研究，2012(23)：47-51.

[81] 吴凡. 我国“985”工程高校本科教育教学国际化研究——基于 2010 年度《本科教育教学质量报告》的文本分析[J]. 高等理科教育，2013(05)：26-34.

[82] 别敦荣. 关于发布年度《本科教学质量报告》相关问题的探讨[J]. 中国高等教育，2012(Z1)：51-53.

[83] 邹晓平. 本科教学质量：高等学校如何报告？[J]. 高教探索，2013(02)：79-83.

[84] 张甫香. 基于《本科教学质量报告》中生均指标的探讨[J]. 教育财会研究，2015(02)：51-55.

[85] 张海滨，姜璐，董维春. 农林院校的现状、问题与特色——基于 25 所高校 2016—2017 年度本科教学质量报告的分析[J]. 高等农业教育，2018(04)：16-25.

[86] 陈佳伟，刘叶云. 我国高校人才培养信息披露质量分析——基于“985”高校本科年度教学质量报告的思考[J]. 大视野，2020(03)：17-21.

[87] 陈炎辉，黄敏. 论人才培养的目标定位与特色发展——基于福建省 20 所高校 2012—2014 年《本科教学质量报告》的文本分析[J]. 高等农业教育，2017(02)：22-27.

[88] 陈盈，李磊. 高校财务信息公开的现状探讨——基于高校预决算报表信息公开数据视角[J]. 教育财会研究，2014(03)：45-49.

[89] 陈罡，何融泉，柳亮. 高校本科教学质量保障体系现状研究——基于 12 所普通高校 2018—2019 学年《本科教学质量报告》的文本分析[J]. 教育观察，2020(25)：1-4.

[90] 林冬华. 师范大学的现状、问题与特色——基于 33 所师范大学 2013 年本科教学质量报告的分析[J]. 中国高教研究，2015(10)：76-81.

[91] 林剑. 国内顶尖大学本科毕业生就业情况及趋势分析——基于 C9 高校 2017—2019 年毕业生就业质量报告的调查[J]. 高等教育研究学报，2020(03)：11-18.

[92] 罗云，韩阿伟. “985”高校 2010 年度《本科教学质量报告》分析[J]. 高校教育管理，2013(04)：89-94.

[93] 周丽霞，刘转平. 我国高校信息公开网站建设状况调查报告[J]. 情报科学，2013(03)：113-116.

[94] 周丽霞，杨志和. 基于民众公平诉求的高校信息公开制度核心框架构建[J]. 情报资料工作，2012(03)：6-9.

[95] 周超，马海群. 基于模糊综合评价法的高校信息公开绩效评价研究[J]. 图书馆理论与实践，2014(02)：6-10.

[96] 孟凡芹，曲鑫建. 中国高等教育质量标准演变历程及反思[J]. 信阳师范学院学报(哲学社会科学版)，2018 (04)：75-79.

[97] 孟浏今.教育治理背景下的本科教学质量信息公开:基于政策证据视角的分析[J].教育发展研究,2015 (03):22-29.
[98] 赵培云,郑春辉.大数据时代高校信息公开:问题及其对策[J].现代情报,2016(05):47-51.
[99] 查自力,熊庆年,李威.我国高校信息公开第三方评估机制研究[J].现代大学教育,2016(02):99-105.
[100] 施林淼,刘贵松.我国研究型大学教学科研融合的方式、问题及对策——以清华大学等6所高校发布的本科教学质量报告为例[J].中国高教研究,2015(03):31-35.
[101] 施彦军,陈俊源.当代高校信息公开法治化建设:价值分析、现实困境与突破路径[J].黑龙江高教研究,2019 (12):34-38.
[102] 姚金菊.美国高校信息公开研究[J].行政法学研究,2010(04):99-104.
[103] 贺延辉.我国高校信息公开制度建设——基于高校网站的调查与分析[J].现代情报,2012(04):25-30.
[104] 夏欢欢.高校信息公开:现代大学制度建设的法理依据与现实路径[J].重庆高教研究,2015(05):45-50.
[105] 徐敏.高校信息公开与现代大学制度建设[J].江苏高教,2011(01):43-45.
[106] 郭卉,唐巍华,刘琳.高校自我评估与教学质量改进[J].高等工程教育研究,2012(03):146-152.
[107] 郭兆红.治理体系中高校信息公开的阻滞因素及破解——基于利益相关者理论[J].江苏高教,2017(09):45-49.
[108] 黄艳丽,杨葛君,吴磊.《本科教学质量报告》相关研究热点以及趋势分析[J].上海教育评估研究,2018 (05):67-72.
[109] 黄浩,余雪.新建本科院校编制《本科教学质量报告》相关问题的探讨——基于安徽省12所新建本科院校2013年《本科教学质量报告》的文本分析[J].淮南师范学院学报,2016(06):123-128.
[110] 黄敏,陈炎辉.我国研究型大学拔尖创新人才培养模式研究——基于“985工程”大学《2010年度本科教学质量报告》的文本分析[J].国家教育行政学院学报,2012(10):51-56.
[111] 黄敏,陈炎辉.教育供给侧结构性改革下的大学生就业问题研究——基于福建省20所高校《毕业生就业质量报告》与《本科教学质量报告》的分析[J].大学(研究版),2017(09):73-80.
[112] 董云川,徐娟.真正的“本科教学质量报告”在哪里?——对七所“985工程”高校教学质量报告的文本分析[J].上海教育评估研究,2013(01):28-34.
[113] 韩阿伟.本科教学走向公开透明——基于“985”高校发布《本科教学质量报告》

的视角[J].学园,2013(15):30-31.
[114] 韩建华.普通本科高校内部质量保障体系建设的成效、问题与对策——基于31所普通本科高校2015-2016学年度“本科教学质量报告”的文本分析[J].高教学刊,2020(02):187-189.
[115] 韩彬彬.高校信息公开背景下高校档案馆职能转型研究[J].档案学通讯,2013(04):94-97.
[116] 程琥.高校信息公开行政诉讼若干问题研究[J].行政法学研究,2013(02):22-28.
[117] 储昭霞,陈永红,鲁先文.论地方应用型本科高校教学质量保障体系的构建——基于25所院校本科教学质量报告文本的分析[J].淮南师范学院学报,2017(02):129-133.
[118] 童杰,张晓鹏.国内高水平大学通识教育实践现状扫描——基于39所大学本科教学质量报告的分析[J].新课程研究(中旬刊),2012(06):5-9.
[119] 谢宙,周博文.15所副省级城市大学本科教学质量保障体系探析——基于2017—2018年度《本科教学质量报告》的文本分析[J].现代教育科学,2020(03):100-106.
[120] 蔡文伯,张雪.西北五省区重点高校本科教学质量探析——基于2014年度《本科教学质量报告》的文本分析[J].高校教育管理,2016(05):91-98.
[121] 王克娜.内蒙古自治区高校本科教学质量报告现状研究[D].呼和浩特:内蒙古大学,2019.
[122] 王彤.高等学校信息公开制度研究[D].北京:中国政法大学,2010.
[123] 方燕飞.高校信息公开法律问题研究[D].上海:华东师范大学,2013.
[124] 尹艳君.我国高水平研究型大学本科教学质量分析与评价[D].长沙:湖南大学,2016.
[125] 吕红.高校信息公开政策评价研究[D].哈尔滨:黑龙江大学,2012.
[126] 朱处处.合肥地区本科高校信息公开研究[D].合肥:安徽大学,2016.
[127] 朱梦娇.我国本科教学质量评估问题研究[D].杭州:浙江大学,2017.
[128] 刘佳.《本科教学质量报告》质量改进研究[D].武汉:湖北大学,2016.
[129] 李志冈.移动互联网环境下的高校信息公开研究[D].哈尔滨:黑龙江大学,2014.
[130] 李婷婷.从中国一流大学《质量报告》透视其本科教育质量观[D].北京:首都师范大学,2013.
[131] 杨佳锦.高校信息公开问题研究[D].西安:长安大学,2015.
[132] 邱梓荣.广州市高校信息公开研究[D].昆明:云南财经大学,2015.
[133] 宋晓洁.民办本科高校教学质量保障体系研究[D].南宁:广西师范学院,2017.

[134] 张金丽.高校信息公开及其法律规范[D].苏州:苏州大学,2014.
[135] 林杨.高校信息公开内容与效果评价研究[D].哈尔滨:黑龙江大学,2013.
[136] 周超.基于模糊层次分析法的高校信息公开绩效评价[D].哈尔滨:黑龙江大学,2013.
[137] 郎惠孟.我国高校信息公开范围的完善[D].上海:上海师范大学,2017.
[138] 赵云彤.我国高校信息公开问题研究[D].北京:首都经济贸易大学,2016.
[139] 赵东海.论我国高校信息公开制度[D].上海:华东政法大学,2014.
[140] 段自珍."双一流"大学本科生就业前景评价的特征及影响因素研究[D].上海:华东师范大学,2019.
[141] 段江净.陕西省民办高校本科教学质量报告现况研究[D].西安:西北大学,2017.
[142] 姜维.江西省高校信息公开制度研究[D].武汉:华中师范大学,2014.
[143] 殷子寓.我国一流大学本科教育资源投入状况研究[D].广州:华南理工大学,2019.
[144] 高玉容.高校信息公开政策效应研究[D].深圳:深圳大学,2017.
[145] 高阳.我国高校信息保密制度的构建与评估研究[D].哈尔滨:黑龙江大学,2014.
[146] 郭颖《本科教学质量报告》的问题与改进[D].长沙:湖南大学,2017.
[147] 郭磊.理工院校本科教学质量现状、问题与对策研究[D].武汉:武汉理工大学,2017.
[148] 唐云天.高校信息公开评价指标体系构建与实证研究[D].哈尔滨:黑龙江大学,2014.
[149] 谌思宇.我国高校信息公开现状研究及其国际经验借鉴[D].上海:上海交通大学,2016.
[150] 韩宏亮.基于第三方微博平台的高校信息公开机制构建[D].哈尔滨:黑龙江大学,2014.
[151] 韩阿伟.我国"985"大学《本科教学质量报告》研究[D].兰州:兰州大学,2014.
[152] 焦丰年.直属高校网站信息公开效果与政策预期比较研究[D].兰州:兰州大学,2016.
[153] 曾兵.高校信息公开制度建设研究[D].厦门:厦门大学,2006.
[154] Anonymous. Qinghai quake information open to media, no need to cover up-spokesman[J]. BBC Monitoring Media, 2010(3): 123-130.
[155] Chao Gao. The Practice of University Information Disclosure in the United States and Its Enlightenment to Chinese Universities-Ilustrated by the Case of University of California[J]. International Journal of Science, 2020(3): 87-93.

[156] Dudley Nigel. Timely access to information[J]. Clinical researched,2009(3):147-158.

[157] Shepherd,Elizabeth. Freedom of Information, Right to Access Information, Open Data: Who is at the Table? [J]. The Round Table,2015(6):715-726.

[158] Ji Hye,Yong Cheol. Calculation of the Duration of Sunshine Using a Three-Dimensional Spatial Information Open Platform[J]. Journal of the Korean Association of Geographic Information Studies,2017(3):47-53.

[159] Jingui Dai,Yinjia Li. Main problems and countermeasures of China's university information disclosure under the perspective of the new media-A case study of some universities[J]. Research on Modern Higher Education, 2017(2):113-118.

[160] Kang Jin A,Song Ki Sung. A Study on Making Beginner Utilization Guide of the Spatial Information Open Platform[J]. Journal of Cadastre & Land InformatiX,2014(1):234-241.

[161] Kim Kyeong Min,Kim Chan Yong,Choi Yun Woong,et al. 3D modeling of Korean Traditional House based on BIM for Uploading to Spatial Information Open Platform[J]. Journal of Cadastre & Land InformatiX,2014(2):103-107.

[162] Lingling Chen. Analysis and Evaluation of Undergraduate Teaching Quality Based on Undergraduate Teaching Quality Report[J]. Frontiers in Educational Research,2019(4):81-87.

[163] Nicolas Whybrow. Introducing Dr. Thomas Doughty,Teaching Quality Reporting Assessor[J]. Studies in Theatre Production,1998(1):24-30.

[164] Dekker K.. Open Building Systems:a case study[J]. Building Research & Information,1998(5):311-318.

[165] Shanyong Wang,Jing Wang,Shoufu Lin,et al. How and when does information publicity affect public acceptance of nuclear energy? [J]. Energy,2020(1):198.

[166] Shanyong Wang,Jinpeng Wang,Shuliang Zhao,et al. Information publicity and residents waste separation behavior:An empirical study based on the norm activation model[J]. Waste Management,2019(8):33-42.

[167] Wellington Beverly. Setting up and evaluating patient information open evenings[J]. Nursing times,2003(44):70-76.

[168] Zhaohua Wang,Dongxue Guo,Xiaomeng Wang,et al. How does information publicity influence residents' behaviour intentions around e-waste recycling? [J]. Resources, Conservation and Recycling,2018(33):1-9.

后　　记

本书是在我五年多来对信息公开视角下的本科教学质量报告相关测评研究的基础上修改而成的。2015 年，我有幸到中国高等教育学会秘书处任学术部学术助理一职，在学会领导的带领下，全程参与了中国高等教育学会“高校信息公开与公开信息监测分析研究”系列课题的研究工作。刚刚毕业并投身高等教育质量评估事业的我，在高校信息公开领域中寻找到了本科教学质量报告信息公开这一相对独立的“小天地”进行研究。在对本科教学质量报告信息公开的研究过程中，从指标体系设计到测评实施，大多由我按总课题组进度安排独立组织进行。多年来，在原中国高等教育学会秘书处康凯秘书长、叶之红副秘书长和中国高等教育学会秘书处学术部高晓杰主任等领导前辈的亲自指点和言传身教下，我才得以在高校信息公开领域一窥门径。其后多年，我陆续主持了中国高等教育学会 2015 年重点研究项目“高校信息公开视域中的本科教学质量报告监测与研究”、中国高等教育学会教育科学“十三五”规划一般课题“高校信息公开视角下的本科教学质量报告年度监测制度研究”、中国高等教育学会教育科学“十三五”规划重点课题子课题“高校教学质量报告测评与研究”、中国高等教育学会 2019 年研究项目“高校本科教学自我评估制度现状研究”、湖北省社科基金一般项目“从自我评估到质量治理——信息公开视角下的本科教学质量报告五年研究”等多项课题，不仅对高校信息公开进行了成体系的研究，也从不同角度加深了对本科教学质量评估的理解，还在课题研究中广交了朋友，开阔了眼界。在本书即将付梓之际回望这段最宝贵的研究经历和经验积累，深感难得且值得！

在攻读硕士和博士阶段，我都一直在高等教育质量评估领域进行研究与探索。进行信息公开视角下的本科教学质量报告测评研究，是在中国高等教育学会总课题组研究主题与个人研究领域之间寻找契合点的思考与探索中产生的。令人感到高兴的是，这一研究题目得到了学会领导和相关专家的认可，正是这一份信任和鼓励支撑着我连续多年对这一研究题目进行了系统研究。在多年的研究过程中，我也经历了从测评本科教学质量报告到撰写本科教学质量报告再到组织填报支撑本科教学质量报告的本科教学基本状态数据的实践行动转变。这些实践行动转变都让我收获了许多新的感悟与思考。经过亲身撰写本科教学质量报告，我对测评中发现的质量报告信息公开问题产生的原因有了更加深刻的理解。经过组织填报支撑质量报告的本科教学基本状态数据信息，我对测评质量报告中的数据产生了兴趣并在2019年测评中开辟了“数据治理”专题研究章节。

本书旗帜鲜明地提出了信息公开视角下的本科教学质量报告将逐渐发挥从促进高校自我评估到促进高等教育质量治理的作用。从信息公开视角来连续地测评和分析本科教学质量报告，一方面促进政府主导的高校信息公开制度的建立与完善，通过有效地促进高校信息透明化为高等教育质量治理打好基础；另一方面测评社会公众最关心的高等教育质量水平，使社会公众能够参与到高校的教学质量治理中来，提供一条促进高校治理体系与治理能力现代化的可行道路。但由于研究条件和个人能力限制，对于信息公开视角下的本科教学质量报告测评研究还存在诸多不足与遗憾。例如，即使是2.1研究阶段，测评重点也还大多停留在对本科教学质量报告本身信息载体功能的测评上，对于如何发挥本科教学质量报告的质量保障功能，还需要进一步研究。因此在后续的研究中，我还会将信息公开视角下的本科教学质量报告测评指标体系2.1版进行2.2版……3.0版等更新与实施，通过不断更新的年度测评制度，促使本科教学质量报告从发挥“以评促建、评建结合”的自我评估作用，到发挥促进高等教育治理提升的质量治理作用。在本科教学质量报告这一功能转变过程中，存在种种阻力，如何解决这些问题，不但需要通过优化相关测评研究进行引导，也需要更多的政策制定者、高校管理者、一线教职工和社会公众关注、践行本科教学质量报告的深层次价值。

本书的顺利出版需要感谢很多人。首先要感谢带我走上高校信息公开研究道路的原中国高等教育学会秘书处康凯秘书长、叶之红副秘书长和中国高等教育学会秘书处学术部高晓杰主任等各位领导，他们不但在学术上给了我指引，也让我在生活上加入了中国高等教育学会这个温暖的大家庭。其次还要感谢中国高等教育学会课题组的于洪洪、刘好汉、陈欣、王森、肖笑飞、朱诗威、许焘、张杰、王耀祖、王怡倩、董维、窦道阳、高良军、张文雅、陈加新、高盼望、陶爱萍、董飞、车如山等成员，与各位师友反复切磋高校信息公开测评的本质、方法和指标体系等，提升了我自身对高校信息公开的理论体系的认知。还要感谢对本研究进行指导的姚聪莉教授、李友玉研究员、吴立保教授、高传平主任、罗国华主任等各省高等教育学会信息公开测评专家，能得到各位专家的指点真是与有荣焉！感谢湖北科技学院的各位领导、同事和参与过测评的各位学生，本书的出版离不开大家的鼓励、帮助和支持。感谢华中科技大学出版社的汪粲编辑，你在本书的审稿、编辑工作中付出了大量的心血，一丝不苟的工作态度令人钦佩。要感谢的人还很多，无法一一列出，但我将铭记于心！

赵强

2023年2月